编委会

陈其人文集

第五卷

下册

陈其人 著

复旦大学出版社

陈其人

1924—2017

　　陈其人，广东新会人，著名的马克思主义政治经济学家、上海首批社科大师、上海市哲学社会科学"学术贡献奖"获得者、复旦大学国际关系与公共事务学院教授，一生致力于对《资本论》的深入研究和阐释以及对马克思主义政治经济学的传承和发展。

　　陈其人雕像于2023年11月13日在复旦大学文科楼和五教间的"国箴园"揭幕。

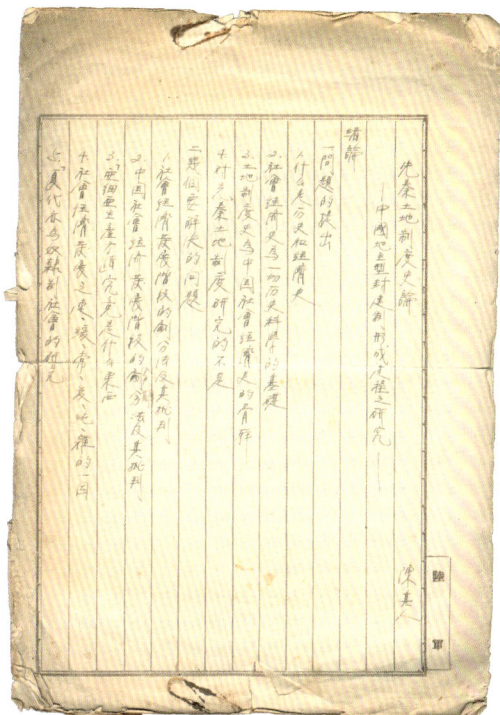

陈其人著《先秦土地制度史论——中国地主型封建制形成过程之研究》手稿

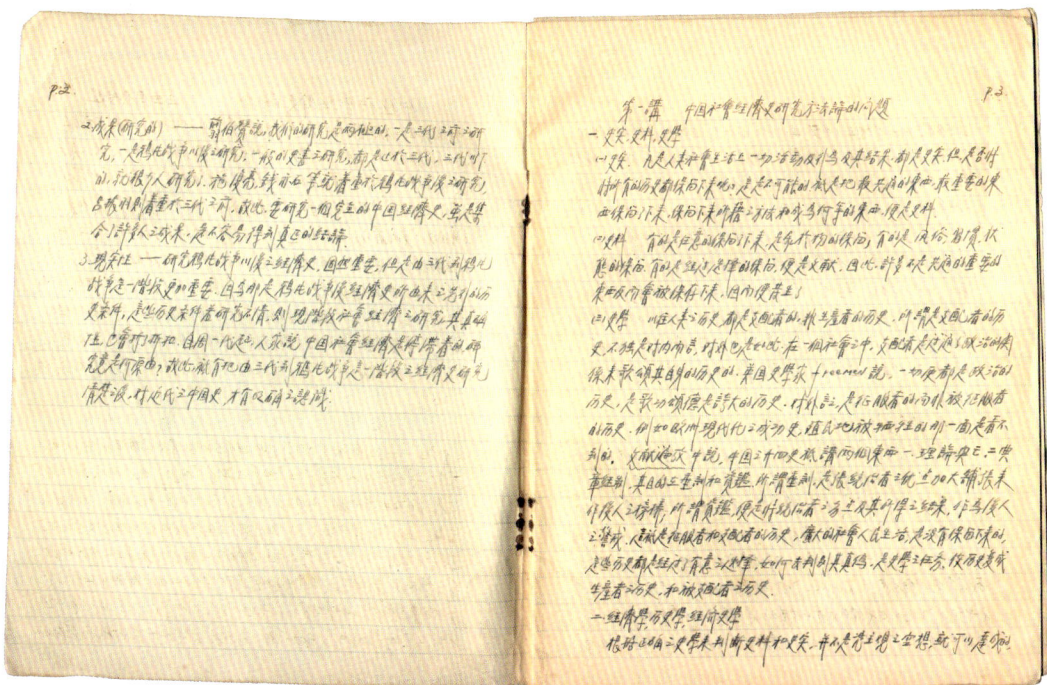

王亚南先生讲"中国社会经济史论纲"，陈其人笔记手稿

目录

陈其人著《〈资本论〉中的政治学原理》手稿

殖民地与帝国主义理论（下册）

第六部分

帝国主义经济与政治概论

（本部分内容根据陈其人先生著、复旦大学出版社
2013 年 12 月出版的《帝国主义经济与政治概论》一书校
订刊印）

前　　言

将本书献给读者的时候,我要作些必要说明:(1)写作本书的动机和经过;(2)贯串全书的问题和由此决定的全书的结构;(3)虽经努力仍然未能解决好的问题。

一

本书的基础,是我对复旦大学国际政治系学生讲授"帝国主义经济与政治概论"的讲稿。

为什么开设这门课? 国际政治专业的专业课,都从不同的侧面涉及当代资本主义的阶级、国家、民族、殖民地、工人运动以及国际关系的基本理论问题。不同的专业课的侧重点不同,但没有一门课将这些问题构成一个体系,并以统一的方法加以阐述,给学生打下一个牢固的理论基础。基于这种考虑,便需要开设相应的课程。

这门课为什么定名为"帝国主义经济与政治概论"? 换句话说,国际政治专业研究的应是政治问题,上述的基本理论问题也是政治问题,既然这样,开设一门帝国主义政治概论便可以了,为什么要将它和帝国主义经济结合起来加以研究呢? 主要理由有两点:(1)不分析帝国主义经济,就不可能深刻地分析帝国主义政治;(2)目前,政治经济学这门课对帝国主义经济的讲授,从理论体系上看是有缺点的①,还不能达到用以分析帝国主义政治的要求。这样,就有必要在一个被认为较为科学的理论体系上,将帝国主义经济与政治的研究结合起来,即开设一门课程。

----

① 陈其人:《政治经济学帝国主义部分理论体系探索》,《经济研究》1982 年第 5 期。

这门课程酝酿于 70 年代中期,正式开讲于 1981 年春天,至今已讲授过五次,其中有些论点已写成论文发表。每次讲授,都能从学生方面得到反应;发表的论文,有的也从读者方面得到反应;本书定稿之前,也从师友方面得到对未定稿的具体意见;所有这些都是我修改书稿的重要依据。因此,这门课程或本书的产生过程,同时也是我向学生、读者、师友学习的过程。

二

除论述经济思想和政治思想的某些篇章外,贯串全书的问题是垄断利润问题,即垄断利润的必要、实质、来源、攫取以及由此产生的经济和政治问题。这是从马克思对资本主义经济的研究得到启示的。我们知道,马克思是将剩余价值的生产和实现作为资本主义经济的核心问题来处理的。

我对垄断利润的必要、实质、来源等问题的认识,应该说,同目前大多数政治经济学教材的看法不同。以垄断利润的来源来说,我不同意那些认为垄断利润可以从垄断企业本身生产出来的看法。这是因为,只要坚持马克思的劳动价值理论,分析到底,垄断利润就只能来自非垄断的资本主义经济以及前资本主义经济。这就决定了垄断资本主义经济的存在,要以其他经济成分供其攫取垄断利润为条件。帝国主义就是垄断资本主义向其统治下的其他经济成分攫取垄断利润的世界体系。

由此就决定了本书论述经济思想和政治思想之前的篇章结构。这就是:垄断资本主义的经济关系、垄断资本主义的殖民地的经济关系、垄断资本主义国家和国外殖民地之间的经济关系,这三篇专门研究帝国主义经济。我认为殖民地可以分为国外的和国内的两种,因而和许多人的理解不同。第四篇是帝国主义的政治上层建筑,包括垄断资本主义宗主国全面反动的政治和殖民帝国的形成和变化两章,是专门研究帝国主义政治的。这就是说,我不仅将帝国主义宗主国的政治上层建筑,而且将殖民帝国本身都包括在帝国主义政治上层建筑之中,它的经济基础就是帝国主义这个攫取垄断利润的世界体系。第五篇是帝国主义世界体系的基本矛盾和逐步崩溃,将帝国主义经济与政治综合起来加以研究,指出其发展趋势。

三

本书中的有些问题虽经努力，但未能解决好，现在提出来，向大家请教。我根据先师王亚南教授的有关著作，将中国封建社会分为领主经济和地主经济两个阶段，本书主要涉及后一阶段。在这里我遇到困难：封建社会的基础是封建土地所有制，而地主型封建经济的调节者是高利贷资本的利息率，即在这个条件下，不仅商业利润，而且地租都由高利贷利息率来调节。这样，在分析地主型封建经济时，从叙述方法说，应从地主土地所有制开始呢，还是应从高利贷资本的作用开始？我现在的做法是从后者开始，但总觉得没有解决好。

本书还有很多缺点。例如，在分析帝国主义政治上层建筑时，没有论述教会的作用。在我看来，有些教会实质上是政治上层建筑，是应该加以论述的。我曾多次着手研究这个问题，但总觉得理解不深，只好作罢。这虽不是浅尝辄止，但到底是止了。当然，还有很多我没有发现的缺点。

最后要说明的是，我在本书中提出的只是一些思想材料。这些思想材料和观点，是根据 20 世纪 80 年代我对帝国主义经济与政治的认识和理解所阐发的。今天，世界经济与政治形势已发生了很大变化，政治学、经济学等学科领域的研究也产生了许多新的成果。但由于年龄、身体状况所限，我已经无法对原定书稿作新的修改和补充了。对此，我深表遗憾。但我希望，经过广大读者的帮助和我的努力，本书所阐述的内容能成为一种理论体系。我期待着大家的帮助。

陈其人

2013 年 8 月

第一篇
垄断资本主义的经济关系

帝国主义是垄断资本主义对殖民地进行剥削的世界体系。因此,研究帝国主义经济要从分析垄断资本主义的经济关系开始。这是第一篇的对象。

这一篇共六章。第一、二、三章按照马克思分析资本主义经济关系的方法,依次分析垄断资本主义的产生、垄断资本主义的流通和垄断资本主义生产的总过程。这里要特别加以说明的是,根据马克思的劳动价值理论,我认为垄断利润不可能是垄断资本主义经济生产出来的,因此,第一章只分析垄断资本主义的产生,而不分析垄断利润的生产。

垄断资本主义的统治使资本主义的基本矛盾加深,掌握政权的那部分垄断资本家,通过政权来相对地解决这个矛盾——这就是第四章要分析的国家垄断资本主义。这表明垄断资本主义的经济关系在这一点上不同于一般的资本主义经济关系,即不分析国家政权对它的反作用,就不可能对它有全面的理解。作为第四章的逻辑发展,第五章分析国家垄断资本主义条件下资本主义再生产的特点。

作为第一篇的结束,第六章根据马克思和斯大林的有关论述,分析垄断资本主义的基本经济规律。

第一章　垄断资本主义的产生

第一节　股份公司和国家资本主义产生的原因

在资本主义商品生产制度的竞争压力下，生产力的发展比在封建主义制度下迅速。随着生产力社会化的发展，一些具有社会规模的巨大企业，如铁路、运河、电报等，便陆续出现。这种巨大企业，如果由个人资本家将剩余价值积累为资本来创办，其过程必然是很长的，这就妨碍了生产力的进一步发展。为了解决这个矛盾，在信用制度的基础上，股份公司产生了。股份公司是资本集中的一种形式。资本集中是将现有的个人资本和某些人的收入，通过信用的形式集中起来。这样，巨大的资本额很快就能筹集，解决了上述矛盾。马克思说："假如必须等待积累去使某些单个资本增长到能够修建铁路的程度，恐怕直到今天世界上还没有铁路。但是，集中通过股份公司转瞬之间就把这件事完成了。"①

从实质上看，在资本主义初期，股份公司就产生了。这是因为，即使在这个时期，某些生产部门创办时所需的最低限额的资本，也不是在个人资本家的手中短期能够积累起来的。马克思指出："这种情况一方面引起国家对私人的补助，如柯尔培尔时代的法国和直到目前的德意志若干邦就是这样的；另一方面，促使对某些工商业部门的经营享有合法垄断权的公司的形成，这种公司就是现代股份公司的前驱。"②

股份公司并不能完全解决生产力社会化的发展所引起的矛盾。原因有

---

① 马克思：《资本论》（第一卷），载《马克思恩格斯全集》（第二十三卷），人民出版社 1972 年版，第 688 页。

② 同上书，第 343 页。

两个:其一、有些巨型企业兴建的时间长,资本周转时间也长,投下去的资本短期内不能攫取利润,创办股份公司不能解决这个矛盾;其二、有些企业如果由股份公司经营,会引起资产阶级内部发生矛盾,例如,一个地区的发电厂的收费标准便有这个问题。为了解决股份公司无法解决的矛盾,由资产阶级国家经营的国营企业便产生了。恩格斯说:"只有在生产资料或交通手段真正发展到不适于由股份公司来管理,因而国有化在经济上已成为不可避免的情况下,国有化——即使是由目前的国家实行的——才意味着经济上的进步,才意味着由社会本身占有一切生产力方面达到了一个新的准备阶段。"①他认为这种国营企业是社会主义的步骤。他还指出,那些纯粹为了增加国家财政收入,以及为了增加官僚们的选票而办的国营企业,就不是这样。

我把个人资本办的企业称为个人资本主义,把股份公司称为集团资本主义,把国营企业(因生产力社会化而产生的)称为国家资本主义。

第二节　卡特尔、托拉斯一类的企业产生的原因

资本主义生产方式的基本矛盾的表现之一是:个别企业的生产是有组织的,全社会的生产却是无政府状态的。这个矛盾是靠价值规律的自发作用来调节的。价值规律则在竞争中贯彻其作用。竞争不可避免地使部分企业破产,使部分企业致富。这种情况随着生产力的发展和资本集中的进行,便会变成一个生产部门内的企业联合起来,组成卡特尔,调节生产,以便适应市场需要,减少生产的无政府状态。恩格斯在《资本论》(第三卷)的插话中指出:"历来受人称赞的自由竞争已经日暮途穷,必然要自行宣告明显的可耻破产。这种破产表现在:在每个国家里,一定部门的大工业家会联合成一个卡特尔,以便调节生产。"②这里要指出的是,恩格斯虽然提到垄断利润,但并没有说明卡特尔一类的企业为什么要攫取垄断利润。

---

① 恩格斯:《反杜林论》,人民出版社1970年版,第274页注。
② 马克思:《资本论》(第三卷),载《马克思恩格斯全集》(第二十五卷),人民出版社1974年版,第495页。

　　列宁分析了垄断的产生。他说:"集中发展到一定阶段,可以说,就自然而然地走到垄断。因为几十个大型企业彼此之间容易成立协定;另一方面,正是企业的规模巨大,造成了竞争的困难,产生了垄断的趋势。"①这里所说的协定,一个内容就是恩格斯所说的调节生产,以适应市场需要;另一个内容应是价格的制定。垄断价格和垄断利润相联系。这是恩格斯谈论卡特尔一类的企业产生时,所说的预先规定的卖价。列宁在其论帝国主义的著作中,多次谈到垄断价格和垄断利润,但没有说明卡特尔一类的企业为什么要制定价格,为什么要攫取垄断利润。这个问题要解决。

　　在探讨这个问题之前,先要解决一个问题,这就是马克思多次提到的、股份资本提供的利润率低于平均利润率,而又不参加利润率的平均化的问题。他认为这是阻止平均利润率下降趋势的一个因素。我们知道,卡特尔一类的企业是在股份公司的基础上产生的。如果它连平均利润都可以不要,那就当然谈不上攫取垄断利润了。我认为,马克思说的情况只是股份公司初办时的情况。这种企业的资本有机构成高,周转时间长,产品的生产价格高于价值,商品按生产价格出卖,对竞争不利,比如铁路一开始就按生产价格收费,便可能竞争不过马车,因此,它便只按价值收费,得到的利润少于平均利润,只能付股息,没有什么积累。但当它站稳脚跟,打倒对手,并且需要进行扩大再生产时,这个生产条件就使它非获得平均利润不可。否则,它就不可能生存下去。

第三节　卡特尔一类的企业必须攫取垄断利润的原因

　　卡特尔一类的企业为什么必须攫取垄断利润,这个问题可以说是帝国主义理论中的核心,但至今似乎没有得到科学的说明。有的经济学家引用马克思在《剩余价值学说史》中的这段话来说明,这就是:"资本主义生产的永恒目的,是用最小的垫付资本生产最大限度的剩余价值或剩余产品。"②这

---

①　列宁:《帝国主义是资本主义的最高阶段》,人民出版社1964年版,第13页。
②　马克思:《剩余价值学说史》(第二卷),郭大力译,人民出版社1978年版,第634页。

是很不够的,因为这里说的是剩余价值而不是垄断利润,并且适用于任何时候的资本主义生产,不能说明垄断资本主义区别于一般资本主义的特点。

我们应该以经济条件来说明垄断利润的必要性。马克思分析过两种垄断利润产生的经济条件。一种是由于有了垄断价格,作为一种结果,垄断利润产生了。例如,用从特殊土壤中栽培的葡萄酿制的葡萄酒,由于不能用其他办法再生产,它便以垄断价格(其高度取决于购买者的嗜酒程度和支付能力)出售,作为一种结果,垄断利润产生了,它转化为垄断地租。一种是由于进行生产,作为一种原因,垄断利润产生了。例如,畜牧业用地要交纳地租,这些租额的基础由具有同样质量的农业耕地地租额决定,但畜牧业资本的有机构成很高,其产品的生产价格高于价值,而农业资本的有机构成较低,其产品的生产价格低于价值,产品按价值出售,便能有一个可以转化的绝对地租的超额利润的情况不同,这样,为了交纳畜牧业的用地地租,畜产品的价格就要在生产价格之上加上前面提到的农业耕地地租,这是高于生产价格的垄断价格,其中的垄断利润就转化为地租。很明显,经营畜牧业就要交纳地租,这个生产条件是原因,垄断利润从而垄断价格是结果。

斯大林明显地感到,应该从生产条件来说明垄断利润的必要。他说:"现代资本主义即垄断资本主义不能满足于平均利润,何况这种平均利润由于资本有机构成的增高而有下降趋势。现代资本主义所要求的不是平均利润,而是比较正常地实现扩大再生产所必需的最大限度的利润。"[1]我认为,斯大林提出的攫取垄断利润(应该用垄断利润这个概念来取代最大限度利润的概念)是垄断资本主义实现扩大再生产所必需的论点,方向是正确的,只是没有具体论证。

关于这个问题,我在 1957 年便提出看法。[2] 经过长时期的反复考虑,我仍然坚持当时的认识方向,只是有些补充。我的看法如下:卡特尔一类的企业是庞大的企业,其产品在本生产部门中占绝大多数,其生产条件成为平均的生产条件,其商品的个别价值决定该商品的社会价值,其商品如按价值(或生产价格)出售,它就只得到平均利润,得不到超额利润;而这个平均利

---

① 斯大林:《苏联社会主义经济问题》,人民出版社 1961 年版,第 29 页。
② 陈其人:《论资本主义基本经济规律及其在资本主义各个阶段上的具体形式》,上海人民出版社 1957 年版,第 36 页。

润相对于垫付总资本来说,还会因此而迅速减少,因为这类企业的资本有机构成很高,导致平均利润率迅速下降。这是一方面。另一方面,竞争迫使这类企业提高生产力,扩大生产,但又按市场需要调节生产,就必然有一部分设备闲置起来,或生产过剩的产品在国外市场上低价倾销,其中的损失,不能由根据市场需要而生产的那部分商品按价值(或生产价格)出售获得利润来弥补;此外,由于企业规模巨大而又要进行竞争,固定资本的精神磨损厉害,企业耗费巨大;收买新发明而加以垄断,以及在经济外进行竞争,也是如此。利润率下降而必需的弥补和开支却巨大,这就是生产条件形成的矛盾。这个矛盾的解决,就是卡特尔一类的企业向其他经济成分和社会阶层夺取其部分收入并归为己有。这就是垄断利润的必要性。而这类企业在经济上所居的地位,又使它攫取垄断利润成为可能。

只有科学地说明了卡特尔一类的企业攫取垄断利润的必要性,我们才能最后从经济上说明它们是垄断企业。

第四节 垄断资本主义存在的前提

垄断利润既然不能由垄断企业本身生产出来,而要从其他经济成分和社会阶层那里来,那就等于说,垄断资本主义的存在要以其他经济成分和社会阶层的存在为前提。

垄断利润的一个来源,是非垄断的资本主义的部分剩余价值。但是,只有这一个来源是不够的。因为随着垄断资本主义的发展,垄断企业的比重增大,非垄断的资本主义企业的比重降低,靠攫取后者的部分剩余价值来满足前者所需要的巨大资金,是困难的。更何况要攫取它们的部分剩余价值,便要让它们能勉强生存下去,这就不能过多地攫取它们的剩余价值。这就是说,当作一个总体来看,垄断资本主义向非垄断的资本主义攫取部分剩余价值,客观上有一个经济界限。垄断利润的另一个来源,是工人的部分劳动力价值。根据同样的道理,它也有客观上的经济界限。垄断利润的第三个来源,是小生产者和一般居民的部分收入。这也是有客观上的经济界限的。

从上述可以得出这样的结论:垄断资本主义经济就是对其统治下的一

切人进行剥削的世界体系。

由此就产生两个理论问题:第一,认为垄断资本主义的经济存在,要以其他经济成分和社会阶层的存在为前提,是否符合历史唯物主义原理。这是一个需要深入研究的问题。根据目前的说法,各种生产方式和经济成分都能独立存在,不以其他生产方式和经济成分的存在为前提。但仔细研究一下就可以看出,有的生产方式似乎不是这样。例如,奴隶制就是这样。在奴隶制条件下,劳动生产率极低,剩余生产物极少,奴隶这种劳动力的再生产,一般不采取让奴隶成立家庭、自然繁殖的办法,而采取向其他生产方式捕捉劳动力、使其变成奴隶的办法。马克思说:"奴隶市场本身是靠战争、海上掠夺等才不断地得到劳动力这一商品的,而这种掠夺又不是以流通过程为媒介,而是要通过直接的肉体强制,对别人的劳动力实行实物占有。"①即使在北美洲,美国南部奴隶制经济的劳动生产率比古代的奴隶制高些,又存在着北部和南部之间的豢养奴隶的中间地带,但它仍不能用自然繁殖奴隶的办法来解决奴隶的来源问题,而要不断地从非洲捕捉黑人来补充。这就是说,奴隶制生产方式,要以其他生产方式的存在为前提。

第二,认为垄断资本主义是一个世界体系,这和卢森堡的理论,即资本主义要以非资本主义的经济存在为前提,从而资本主义是一个世界体系,有何区别? 我们知道卢森堡的理论是错误的。因为她认为,在只有资本家和工人的资本主义条件下,剩余价值是无法转化为资本的;一定要有一种"第三者",剩余价值才能转化为资本;这就是资本家将用于积累的剩余价值的物质担当者,卖给"第三者"例如小生产者,从中取得货币;然后再用货币向"第三者"购买扩大再生产所需要的物质资料和劳动力。其实,这个条件完全可以由资本主义生产条件本身来提供:用于积累的剩余价值的物质担当者,其中属于生产资料的,满足两个生产部类扩大再生产的需要;属于消费资料的,满足两个生产部门追加劳动力的需要。从这点看,资本主义再生产完全不需要"第三者"便能进行。垄断资本主义与此不同。它的再生产的进行,没有垄断利润不行;垄断利润的攫取,没有垄断资本主义以外的经济成

---

① 马克思:《资本论》(第二卷),载《马克思恩格斯全集》(第二十四卷),人民出版社1972年版,第539页。

分和社会成分不行。从某种意义上看,资本主义可以不是一个世界体系,垄断资本主义则必然是一个世界体系。

第五节　资本主义生产关系的部分质变

从上面的分析可以看出,随着生产力社会化的发展,在个人资本主义存在的同时,出现了集团资本主义和国家资本主义,在股份公司即集团资本主义的基础上出现了垄断资本主义,这表明资本主义生产关系在发生部分质变。

首先,在生产资料资本主义所有制的基础上,资本关系日益社会化,即从个人资本到集团资本再到国家资本。但这只是一种形式,资本的性质并没有发生根本的质变。正是通过这种形式的变化,社会的资本日益被少数人利用,资本日益私人化。在集团资本里,在股票的基础上,小股东的资本被大股东控制;并用划分优先股和普通股的办法,使股份公司发起人(大股东)分配到更多的股息,使其向社会索取的贡物,远远大于其直接拥有的资本权力。在国家资本里,资本由国家(总的资本家)拥有,而国家是用政治的力量筹集资本的,来自公民的资本却被总的资本家占有。从实质上看,这样一来,生产力和资本主义生产关系之间的矛盾更加尖锐了。

其次,在生产资料资本主义所有制的基础上,产生了无政府状态的对立物——计划化的因素。垄断资本主义是根据市场需要来调节生产的。当垄断企业不单统治一个生产部门,而且统治几个生产部门时,计划化的因素还要大些。资本主义是商品生产制度,商品生产的基本矛盾是私人劳动和社会劳动之间的矛盾。相对于一般资本主义来说,垄断资本主义有利于这个矛盾的解决。但是,这种解决由于是用按垄断价格出售商品来实现的,这就使其他经济成分的商品生产的基本矛盾加深,因为它们要提供部分收入给垄断企业,它们的商品价值实现困难。由此,又使生产力和资本主义生产关系之间的矛盾更为尖锐。

特别需要指出的是,计划化只是组织生产的一种方法,正如无政府状态也是组织生产的一种方法一样,它本身并不直接表明这种生产的社会性质。

因此,不能认为计划化本身就是社会主义,这正如不能认为无政府状态本身就是资本主义一样。

最后,在生产资料资本主义所有制的基础上,自由竞争发展为它的对立物——垄断统治,与此相应,资产阶级内部的平等关系,部分地被破坏了,垄断利润的产生,表明资本主义的共产主义,即资产阶级共剩余价值之产这种关系已被破坏。在自由竞争的条件下,每一个具有中等条件的资本,不管投到哪里,都像是在一个持有平等股票的股份公司里一样,得到相应的股息,即平均利润。在垄断统治的条件下,情况起了变化,资本主义的共产主义部分地被破坏了。垄断资本和一般资本之间不存在这种关系;垄断资本内部也不存在这种关系,因为垄断程度不同,其利润率也不同。在垄断资本的条件下,无产阶级受的剥削也加深了。这归根结底使资本主义生产方式的基本矛盾更为尖锐。

资本主义生产关系的部分质变,资本主义发展为垄断资本主义,由于是由生产力的发展所引起的,最初也能促进生产力的发展。只是由于上述原因,其后便变成为妨碍生产力的发展了。

由于它妨碍了生产力的发展,生产力的发展便要求它发生根本的质变,即由生产资料公有制来代替生产资料资本主义所有制。只有这样,上述矛盾才能解决。这种部分质变已经为根本质变准备了充分的条件。马克思指出:"资本主义的股份企业也和合作工厂一样,应当被看作由资本主义生产方式转化为联合的生产方式的过渡形式,只不过在前者那里,对立是消极地扬弃的;而在后者那里,对立是积极地扬弃的。"①国家资本主义和垄断资本主义也是这种过渡形式。这是因为,前者只要国家政权掌握在无产阶级的手里,它就完成了根本质变;后者只要由无产阶级政权加以社会化,它也就完成了根本质变。但是,生产关系的根本质变,同自然界的从部分质变自发地变成根本质变不同,由于统治阶级利用国家政权维护腐朽的生产关系,无产阶级不夺取国家政权,资本主义的生产关系是不可能自发地完成其根本质变的。在资本主义生产关系内,不可能自发地产生社会主义生产关系。

---

① 马克思:《资本论》(第三卷),载《马克思恩格斯全集》(第二十五卷),人民出版社1974年版,第498页。

第六节　评一种错误的资本主义生产关系自我扬弃论

有一篇题为《试论资本主义生产关系的自我扬弃》的文章①，其主要论点是和我们前面的全部分析相对立的。因此，有必要表明我对该文的看法。

该文作者起初认为，资本主义生产关系的扬弃，是"资本主义社会内一种'新社会的要素'"，后来便将论点说成是"社会主义生产关系可以并且在资本主义社会内逐步产生出来"，最后便逻辑地批判"在无产阶级夺取政权以前，社会主义生产关系不可能产生"这个正确论点。这是非常错误的。

第一，该文作者说，"在马克思看来，正像资本主义生产关系曾经在封建社会内形成起来一样，社会主义生产关系也已经在资本主义社会内逐步地发展起来"。这个问题对他来说具有方法论的意义，非常重要。

马克思曾经指出，从封建生产方式开始的过渡有两条途径：生产者变成商人和资本家，商人直接支配生产者②，这就是说，资本主义生产关系是在封建社会内形成起来的。但马克思并不认为，社会主义生产关系可以在资本主义社会内产生。他指出："生产资料的集中和劳动的社会化，达到了同它们的资本主义外壳不能相容的地步。这个外壳就要炸毁了。资本主义私有制的丧钟就要敲响了。"③很明显，生产社会化和生产计划化虽然要求生产资料社会化和它相适应，但是由于资产阶级政权的保护，生产资料就不能社会化，资本主义私有制这个外壳是要由无产阶级来炸毁的。这样，社会主义生产关系就不可能在资本主义社会内产生。

第二，该文作者列举了资本主义经济的新特点，认为是资本主义生产关系的自我扬弃和"新社会的要素"。据我看有些问题还可以商榷。

1. 认为国家、国家和私人联合、劳动者都占有生产资料，便是资本家私

---

① 《世界经济》增刊，1980 年第 5 期，第 44 页。

② 马克思：《资本论》（第三卷），载《马克思恩格斯全集》（第二十五卷），人民出版社 1974 年版，第 373 页。

③ 马克思：《资本论》（第一卷），载《马克思恩格斯全集》（第二十三卷），人民出版社 1972 年版，第 831—832 页。

人占有在资本主义生产方式范围内的扬弃。从形式上看是这样,从内容上和实质上看就不是这样了。这里的国家是垄断资产阶级的国家。因此,国家占有以及国家和私人联合占有会促进垄断资产阶级占有,这是清楚的,不必说了。现在谈劳动者的占有,这主要表现在劳动者拥有股票上。这又有两种情况:一种是被迫购买的或得奖接受的本企业股票,这留到下面再谈;另一种是购买一般的股票。劳动者购买股票是为了保障生活。存款、买公债、买股票对劳动者来说经济意义相同,并不真正意味着劳动者就占有生产资料了。恰恰相反,正如前面已经指出的,在股份公司的形式下,资本家能更多地利用别人的资本和收入作为自己的资本来使用,促进了资本家私人占有。

2. 认为资本主义的计划化,便是生产无政府状态在资本主义生产方式范围内的扬弃。从某一点看这是可以的。但是由此进一步认为这是"新社会的要素",就要分析了。计划化是组织生产的方法,不是进行生产的目的。因此,说它是"新社会的要素"时,就只能是从方法这方面说的。如果不加区别,笼统地说计划化就是社会主义或社会主义的要素是不妥当的。英国著名历史学家威尔斯就是这样,他对斯大林说,罗斯福搞计划经济,就是社会主义。斯大林回答说,社会主义的计划经济要消灭失业,它的产品是为了满足人民的需要;罗斯福不能实行这样的计划经济原则,他搞的不是社会主义。所以,不能笼统地说计划化就是社会主义。

3. 认为工人参加企业管理,是资本家行使生产管理权在资本主义生产方式范围内的扬弃。从形式上看问题,可以这样说;从内容上看问题,从它所要达到的目的看问题,就不能这样说。随着资本主义生产社会化的发展,资本家逐渐脱离了生产过程,将其管理企业的职能分由具有专门知识的人担任,这是一种趋势。在这当中,他采纳工人的意见并给予奖励,从工人中选用管理人才,并让工人拥有股票,使工人更好地为企业出力,资本家多得利益,这正是他行使生产管理权的巧妙方法。

4. 认为体力劳动日益和脑力劳动相结合,便是脑力劳动和体力劳动对立的旧分工在资本主义生产方式范围内的扬弃。资本主义国家的工人,是否完全实现了脑力劳动和体力劳动相结合,这还是一个问题。即使是这样,也不能说这种对立的旧分工的扬弃,便意味着阶级对立的消失,因而它便是

"新社会的要素"。恩格斯曾经指出,体力劳动和脑力劳动分工的规律是阶级划分的基础,同时又指出,这种阶级划分是通过暴力、掠夺、狡诈和欺骗来实现的。① 既然这样,我们怎么能设想,工人实现了脑力劳动和体力劳动的结合,便消灭了阶级对立,便是"新社会的要素"呢?

5. 认为工人分配到的消费品,不仅包括生存资料和发展资料,而且还包括享受资料,如能够储蓄和旅游,便是劳动力作为商品买卖的性质在资本主义生产方式范围内的扬弃,这是不能同意的。从 60 年代到 70 年代初,发达资本主义国家在业工人的实际工资的确有增长的趋势;战后以来,资本主义国家的社会保险和社会福利对工人生活也起了保障作用。但这正如马克思所说的,只是"雇佣工人为自己铸造的金锁链已经够长够重,容许把它略为放松一点"②,劳动力作为商品的性质并没有变化。这里就涉及一个根本理论问题:构成劳动力价值的物质要素是否包括享受资料? 马克思在分析劳动力价值如何构成时指出,工人必不可少的需要范围,是历史的产物,多半取决于一个国家的文化水平;这种需要包括身体的需要,精神的需要和社会的需要。既然这样,怎么能说工人有了享受资料就不是出卖劳动力了呢?

第三,该文作者作了上述论证之后指出:"没有这种社会主义生产关系新质要素的产生、发展和积累,资本主义生产关系就无法转变为社会主义生产关系。"照此说法,资本主义生产关系转变为社会主义生产关系,是资本主义生产关系中产生的"新社会的要素"发展和积累的结果。我不同意这种看法。在资本主义所有制及其保护者资产阶级政权存在的条件下,"新社会的要素"即便能够发展和积累,也不会消灭资本主义所有制,社会主义生产关系怎能产生呢? 用他的例子说,这就是资产阶级国家占有的财产、工人拥有的股票增加了,计划化扩大了,资本家让工人参加企业管理的现象增加了,工人的文化提高了,即使是这样,难道这就是社会主义的生产关系? 我认为,只要资产阶级政权和资产阶级所有制存在一天,它就仍然是资本主义的生产关系。在这种条件下,工人仍然出卖劳动力,其消费就要受到劳动力价值的限制,而不能像他所说的那样增长。

---

① 恩格斯:《反杜林论》,人民出版社 1970 年版,第 278 页。
② 马克思:《资本论》(第一卷),载《马克思恩格斯全集》(第二十三卷),人民出版社 1972 年版,第 676 页。

他曾经谈到,"生产关系的社会化形式如果再向前发展的话,资本主义生产关系就要发生根本性质的'飞跃'"。这是正确的。可惜的是,他没有指出,这种"飞跃"是要由无产阶级夺取政权、消灭资本主义所有制来完成。

第四,该文作者论证社会主义生产关系已经在资本主义社会内产生出来时,特别强调指出工人合作工厂,认为它就是社会主义的生产关系。为此,他引用马克思的话作为证明,马克思说:这种工厂表明,"一种新的生产方式怎样会自然而然地从一种生产方式中发展并形成起来"。① 这就关系到我们应当怎样完整地理解马克思的论述。

我认为马克思在这里所谈的实质是:工人合作工厂是从以资本主义生产方式为基础的工厂制度和信用制度中产生出来的②,而不是从资本主义生产方式中产生出来的。不过,这和我们讨论的问题没有重大关系。重要的是,资本主义社会中的合作工厂的生产关系是不是社会主义的? 马克思在分析这个问题时指出:这种合作工厂"在自己的实际组织中,当然到处都再生产出并且必然会再生产出现存制度的一切缺点"。③ 这是什么意思呢? 1.在合作工厂中,工人是劳动者,这和股份公司不同,但除根据活劳动进行分配外,工人入厂的生产资料也要参加分配,"即工人作为联合体是他们自己的资本家"④;2.在竞争的压力下,合作工厂也要积累,也要扩大再生产。这样,它的发展决定它要雇佣工人,"再生产出现存制度的一切缺点"。正是这样,列宁在《论合作制》中便认为,在资本主义国家中,合作社是集体的资本主义组织。

总之,资本主义出现的新的经济特点,其中有的是资本主义生产关系的自我扬弃,但这并不就是社会主义生产关系的产生;在资本主义社会中早就形成的合作工厂,也不是社会主义生产关系的产生;离开了消灭资产阶级政权和资产阶级所有制,社会主义的生产关系是不可能产生的。

---

① 马克思:《资本论》(第三卷),载《马克思恩格斯全集》(第二十五卷),人民出版社 1974 年版,第 498 页。

② 同上。

③ 同上。

④ 同上。

第二章 垄断企业通过经济渠道攫取垄断利润——垄断资本主义的流通

第一节 在商品交换中攫取垄断利润

垄断企业必须攫取垄断利润,但垄断利润是不可能从垄断企业本身生产出来的。它只能从其他经济成分那里分割而来,垄断企业多得的部分,就是其他经济成分少得的部分。其他经济成分既可以是国内的,也可以是国外的。从垄断企业攫取垄断利润的来源说,国家界限的意义是不大的。

垄断资本主义是建立在商品生产基础上的,因此,通过商品生产和商品交换,是垄断企业攫取垄断利润的最根本的渠道。其他的渠道,不管其多么重要,都是从这里产生的。

垄断企业在商品交换中攫取垄断利润的重要工具是价格,即各种形式的垄断价格。但在说明这个问题之前,有些问题先要解决。

有一种看法认为,垄断企业的产生,意味着资本不能自由地流入这个生产部门,这样,只要垄断企业按等于价值的价格出卖产品,便能经常地得到超过平均利润的巨额利润。如果是这样,这种价格从理论上说,就不是垄断价格,而且用这种办法是得不到垄断利润的。第一,前面说过,垄断企业在一个生产部门中占统治地位,其个别价值决定社会价值,或个别生产价格等于社会生产价格,按等于社会价值或社会生产价格的价格出卖商品,便得不到超额利润。第二,持这种看法的人认为,垄断部门一旦形成,资本不能自由流入,在这个部门生产价格便不能形成,产品按价值出卖,便能得到垄断利润。这是假定了该部门的产品价值是高于生产价格的。我们知道,只有低位资本有机构成的产品,如农业和手工业的产品,其价值才是高于生产价格的,高位资本有机构成的产品,如重工业的产品,其价值则是低于生产价格的。因此,这种看法从原理看是错误的;从事实看,等于认为只有农业和手工业是形成垄断的,因而可以按等于价值的价格出售产品,攫取垄断利润,这也是错误的。

还有一种看法认为,垄断资本主义国家出口高位资本有机构成的产品,以换取落后国低位资本有机构成的产品,按照上面的说明,两者按生产价格交换,其内容便是前者以较小的价值或劳动和后者较大的价值或劳动交换,前者由于剥削了后者,利润率因这种对外贸易而提高。这是正确的,马克思曾深刻地分析过这种情况。但这只是使出口高位资本有机构成的产品的国家提高平均利润率,而不能使该国的垄断企业因而得到垄断利润,因为该国进口生产价格低于价值的产品,由此得益的是一般资本主义企业。如果经营这种产品的部门形成了垄断,它是可以由此得到垄断利润的。但不经营这种产品的垄断部门,则得不到垄断利润。所以,这不是取得垄断利润的一般方法。

第二节　垄断价格的本质和高度

垄断企业的价格有许多种,即在一般情况下出售产品时制定的高于价值的价格,在特殊情况下出售产品时制定的低于价值甚至低于生产成本的价格,以及在一般情况下向其他经济成分购买产品时制定的低于价值的价格。

我们知道,价值和生产价格的形成只与生产商品所耗费的社会必要劳动时间有关,而与供求情况是没有关系的。市场价格的形成,不仅与生产商品的劳动有关,而且与供求情况也有关。垄断价格是一种特殊的市场价格。当垄断企业进行价格战时,市场价格就往往低于价值,甚至低于生产成本;当它较为巩固地垄断了市场后,便把市场价格提到价值以上,这就是垄断价格。

这几种经济范畴反映的人与人的关系是不同的。价值反映的是商品生产者之间平等地交换劳动的关系。生产价格反映的是资产阶级在共同剥削无产阶级的基础上的平等关系,马克思说,平均利润(生产价格中所包含的)是资产阶级的共产主义,说的就是这个意思。① 一般的市场价格反映的是全体商品生产者和购买者之间的平等关系,它是在他们之间进行自由竞争、平等议价的结果。垄断价格反映的则是垄断企业和购买者之间的不平等关系。

在垄断资本主义以前,就出现了某些以垄断价格出售的商品,因而也就出现了关于垄断价格高度的理论。李嘉图早就指出,像稀有的艺术品、古董、名贵的葡萄酒,"它们的价值与原来生产时所必需的劳动量全然无关,而只随着希望得到它们的人的不断变动的财富和嗜好一同变动"。② 在这里,李嘉图在混淆了价格和价值的条件下,说明了垄断价格的高度是怎样决定的。对此,马克思是同意的。③ 我认为,李嘉图的这个原理只适用于完全排除了竞争的,或者不可能再生产的、不可能有代替物的那种只有一个供给者的商品,而不适用于一般的垄断企业生产的商品。

关于一般的垄断企业的商品的垄断价格高度的问题,目前西方资产阶级经济学家的说明,基本上是 19 世纪上半期法国资产阶级经济学家库尔诺和 19 世纪末 20 世纪初英国资产阶级经济学家马歇尔的理论的翻版。他们认为,垄断价格的高度取决于这几个因素:在成本为一定的时候,价格高低和利润多寡的关系;价格高低和销路大小的关系;销路大小即产量大小和成本高低的关系;在价格为一定的时候,成本高低和利润多寡的关系。由于有这几种关系,一定高度的垄断价格,就有与它相应的销售量、总成本、总收益和总利润。其中,能够获取最大总利润的价格,便是垄断企业出售商品时规定的垄断价格。

根据库尔诺的说明,资产阶级认为可以这样确定垄断价格④,这就是垄

① 《马克思恩格斯通信集》(第四卷),李季译,生活·读书·新知三联书店 1958 年版,第 55 页。

② 大卫·李嘉图:《政治经济学及赋税原理》,郭大力、王亚南译,商务印书馆 1962 年版,第 8 页。

③ 马克思:《资本论》(第三卷),载《马克思恩格斯全集》(第二十五卷),人民出版社 1974 年版,第 861 页。

④ 萨缪尔森:《经济学》,高鸿业译,商务印书馆 1979 年版,第 158—159 页。

断企业增加产量①,降低售价,扩大销售量,使由于增加产量而增加的边际成本,恰好等于由于增加销售量而增加的边际收益(由于降低售价而对收益发生的影响已计算在内),这时的利润量是最大的,与它相应的售价便是垄断企业所确定的垄断价格。这是因为,边际成本如小于边际收益,就应增加产量以增加利润;如果大于边际收益,就应减少产量以增加利润;两者相等时,利润最大。

这种理论有一个明显的缺点:它的分析说到底是以一个一个的产品增减为条件,从而是以若干分之一的劳动力和机器的使用为条件,不符合现代资本主义成批地生产产品的情况。因此就出现了马歇尔的垄断价格理论。后来马歇尔的门徒将它发展了,其内容可以表解如下。

表 6-1 马歇尔的垄断价格理论

(1) 售价	(2) 产(销)量	(3) 不以生产规模为转移的成本	(4) 以生产规模为转移的成本	(3)+(4) 总成本	(1)×(2) 总收益	(1)×(2) —(3)—(4) 总利润
3	4 200	10 000	2 100	12 100	12 600	500
4	4 000	10 000	2 000	12 000	16 000	4 000
5	3 600	10 000	1 800	11 800	18 000	6 200
6	3 000	10 000	1 500	11 500	18 000	6 500
7	2 100	10 000	1 050	11 050	14 700	3 650

数字是假设的。它表明单位商品售价(1)和销售量(2)成反比例,并假设生产量和销售量相等;它还表明生产量和单位商品成本成反比例,这一点只要看一看生产量从 2 100 增为 4 200 即增加了一倍,而总成本只从 11 050 增为 12 100 即仅增加约十分之一便知道了。这是因为有些成本如厂房折旧费用、行政办公费用,并不因生产量大小而发生变化,(3)说明的情况就是这样,也就是说,生产量越大,单位产品中包含的这部分成分越小。(4)说明除上述成本外,每生产一个产品还要耗费 0.5 的成本。总成本由(3)加(4)构成。总收益由(1)乘(2)构成。总收益减总成本便是总利润,即(1)×(2)—

---

① 应该说调整产量,产量可以增加,也可以减少。为简明起见,这里假设是增加。

(3)－(4)＝总利润。按此计算,售价即垄断价格的高度应为6,因为由它形成的总利润是最大的。

关于上述两种说法,有许多问题要研究。

首先,它的前提是垄断绝对排斥了竞争,不仅排除了同种商品的不同生产者之间的竞争,而且排除了同用途的商品的不同生产者之间的竞争。库尔诺将这种垄断称为纯粹垄断,马歇尔则将垄断定义为只有一个供给者的状态,只有这样,囊括市场的垄断企业才能计算价格、产销量、成本和利润。这就把建立在私有制商品生产制度基础上的垄断资本主义,看成纯粹的垄断资本主义和有组织的资本主义了。

一般说来,大工业的垄断部门不可能只有一个垄断企业,而往往有几个这样的企业;除了垄断企业之外,还有不加入垄断组织的所谓局外企业;它们之间存在着竞争。至于同用途的商品之间的竞争,如火车与轮船、飞机与火车、火车与汽车之间的竞争,则是常见的。此外,还有一个国外生产者参加竞争的问题。高额关税政策,不能消除这种竞争。因为你有高关税来保护,他就有补助性倾销来打破你的垄断。此外,内外勾结的走私也起一定的作用。

在不存在纯粹垄断的条件下,如果甲企业降低它的商品价格,便可能扩大商品销路,但主要是把顾客从乙、丙等企业那里吸引过来。这些企业必然进行报复,使甲处于不利地位。这样,单独一个企业不可能知道什么价格将使它的利润成为最大限度的利润。一个企业为了获取垄断利润而制定的价格事实上必然是多种多样的。竞争使这种价格经常发生变化。凯恩斯也说:"当雇主决定其生产规模时,对某特定产量之售价,并不只有一个确切预期,而是有好几个假设预期,每个之或然性与确定性不同。"[1]

其次,这种说法抹杀了资本主义的基本矛盾,否认资本主义经济发展具有高涨——危机——萧条——复苏周期循环的特性,认为最广大的购买者即劳动群众的购买力是稳定的,没有陡然下降的情况。在这里我们应该指出,上表中与售价相应的销售量的大小完全是一种假设,是没有可靠的根据的。它所根据的只能是在这之前的经验。但是,资本主义的经济情况,从而

---

[1]　凯恩斯:《就业、利息和货币通论》,徐毓枬译,商务印书馆1963年版,第27页,注3。

劳动者的收入是经常发生变化的,这样,与售价相应的销售量的大小便完全是一种猜想。销售量无法确定,生产量便无法等于销售量。

最后,从分析市场价格所要遵守的方法论原则来看,它也是错误的。垄断价格是一种特殊的市场价格,这就决定了不能离开供给和需求的关系来谈论它的形成(当然也不能离开价值)。但是,这种说法却在无法说明销售量大小的基础上,认为生产量和销售量,也就是供给和需求是均等的。将市场条件的变化抽去,这当然是错误的。诚然,列宁曾经说过,垄断"同盟对市场的容量也进行大致的估计,并且根据协定来'瓜分'这些市场"。① 但这并不能理解为垄断企业的生产量和销售量是均等的,更不能理解为垄断企业之间以及它们和局外企业之间不进行价格战。正是列宁分析了垄断使竞争更为尖锐,价格战十分厉害,这就必然推翻了种种关于垄断价格高度的计算。

那么,垄断价格的高度到底是怎样决定的? 对于这个问题,我们将私人垄断资本主义企业的垄断价格,分为在一般市场上出售的和由国家购买的两种来谈。这里先谈前一种。

美国经济学家卡普兰等三人以美国铝公司制定价格的情况为例,指出:同大多数在不同市场上销售其产品的多种产品公司一样,美国铝公司也根据其产品的性质、需要特点、竞争的激烈程度、市场的特殊性等来改变其定价目标。这就是说,垄断企业往往经营多种产品,它考虑的是各种产品竞争程度不同,因而各种产品分别获得的垄断利润对成本的比例不同,但各种产品的利润总和要成为最大的,即垄断利润。

就一种产品来说,在其定价要达到上述目标的前提下,也按各个时期供求关系的变动制定不同的价格。新创的产品,问世时价格极高,单个产品取得的垄断利润最高;非新创品种,为了参加竞争,初出时价格相对不高,但站稳脚跟时,价格便大为提高;上述两者随着时间迁移,价格降低,因为产品老,竞争者日多。

垄断价格的制定要以垄断国内市场为条件。在这个条件下,有的垄断企业生产的产品在国内市场销售不掉,便以低价,有时甚至低于生产成本在

---

① 列宁:《帝国主义是资本主义的最高阶段》,人民出版社 1964 年版,第 21 页。

世界市场上倾销。如 1970 年日本 19 寸座式彩电,成本为 40 000 日元,国内售价为 18 万 5 千日元,出口价为 64 000 日元,如果对外倾销低于成本,产生亏损,亏损数要由国内赢利来弥补。如 1970 年日本对外倾销水泥 200 万吨,共亏损 3 亿 6 千万日元,国内销售量 1 200 万吨,每吨负担倾销亏损 30 日元。据 1983 年《大公报》报道,运抵新加坡的日本面粉每公吨的批发价格是 200 美元,本地面粉为 270 美元,日本国内的售价则为 455 美元。

由此可见,垄断企业总是借助国家机器,极力垄断国内市场,尽管过剩商品很多,也极力把价格提高到生产成本甚至价值以上。这时,如果竞争很激烈,垄断价格就低些;如果竞争不很激烈,垄断价格就高些。在国内市场上销售不掉的商品,则低价向外倾销,待打倒其对手后,再极力提高价格。这些过程反复进行,这就再一次说明关于垄断价格的计算方法都是不能成立的。

那么,垄断价格到底是怎样决定的? 它当然是在价值或生产价格(其实,这时的生产价格已不再存在,理由下述)以上,至于其具体高度,从某点说是无法确定的。一般的市场价格围绕着价值或生产价格上下波动,其具体高度也是无法确定的。因为市场价格的经济内容,就是生产商品的总劳动量和需要这种商品的总劳动量相交换,在私有制下,两者都是经常变动的,无法确定。我们只能说,垄断企业总是按照生产成本,加上比非垄断企业所能获得的更高的利润来确定垄断价格;它索取的利润有多高,要根据竞争情况而定。其实,资产阶级经济学家也认为除了纯粹垄断条件下的垄断价格外,其他垄断即所谓的双头垄断和寡头垄断条件下的垄断价格,都是无法确定的。因为它们之间存在着竞争,各自都要扩大生产量和销售量,致使两者不等并经常变动。这样,垄断价格就必然具有不确定和不稳定的性质。所谓的纯粹垄断即绝对排除了竞争的垄断,正如我们已经指出的那样,是不存在的。所以,总起来说,在理论上具体确定垄断价格的高度是不可能的。

垄断企业向其他经济成分购买产品时,由于它是最大的买主,又具有很大的经济势力,就能够在价值或平均价格(不是这时已不存在的生产价格)以下购买,利用这些产品作为生产资料进行生产,然后按价值或平均价格计算生产成本,再在这个基础上以高于价值的垄断价格出售产品,以攫取垄断利润。这种低于价值或平均价格的价格的高度,有没有客观的限制?

先谈向资本主义企业购买产品。这种产品的价值是 C+V+M,生产成本是 C+V,在一般情况下,这种价格不能低于 C+V,M 则由全体垄断资本和非垄断资本家来瓜分,两者之间的量的分割,一方面取决于两者的力量对比,另一方面取决于资本主义企业必须的积累。垄断资本家瓜分到的部分,就是这种产品的价格低于价值的部分。

再谈向个体生产者购买产品。个体经济的再生产条件是,生产者能够从出售产品的价格中取回耗费的生产资料和取得生活资料,因此,用资本主义的经济范畴来表示,这种价格的最低点是 C+V,再低于它,个体生产者的再生产条件便遭到破坏。至于这种产品价值中相当于 M 的部分,究竟由垄断资本家拿去多少,则取决于购买这种产品的垄断资本家、一般资本家(如果他们也购买)和出售产品的个体生产者的力量对比。垄断资本家瓜分到的部分,就是这种产品的价格低于价值的部分。

以上说明了从垄断企业看,有三种价格范畴:1.一般条件下出售商品时的高于价值的垄断价格;2.特殊条件下倾销商品时的低于价值甚至生产成本的倾销价格;3.向其他经济成分购买产品时的低于价值的价格。对这三者,应该称作什么,现在看法不一。马克思和列宁称第一种为垄断价格;列宁称第二种为倾销价格;他们对第三种有论述但没有定名。现在我国有人称第一种为垄断高价,第三种为垄断低价,第二种为倾销价格。到底如何定名才较为科学,是一个可以探讨的问题。

第三节　垄断价格和技术发展的关系

垄断企业制定高于价值的垄断价格出售商品,以攫取垄断利润。在一定条件下,会妨碍技术的改进,因为这样一来,改进技术的刺激便减少了。这种趋势应该看到。但是,过分强调这一点,甚至只看到这一点,那就不对了。这样一来,就无法解释在垄断资本义条件下技术为什么能发展,有时甚至是迅速发展了。

因此,在看到垄断价格的制定有妨碍技术发展的作用时,也要看到它有促进技术发展的作用。前面说明,攫取垄断利润的必要性,就在于托拉斯一类的企业要进行扩大再生产,而扩大再生产就意味着要提高技术。从这点看,为了攫取垄断利润而制定垄断价格,是促进技术的发展的。

此外,垄断并不消灭竞争,而在竞争条件下,垄断企业终究是要发展技术的,否则,它最终在竞争中就站不住脚。这也使垄断价格的制定不能完全阻止技术的发展。

为了加深对这个问题的理解,我们可以拿行会制度的手工业和垄断企业作一比较。行会制度是在以手工劳动为技术条件的小商品生产基础上产生的。因此,相对地说,它能限制竞争,限制工艺改进,规定工匠、学徒的数目,制定统一的价格。从这方面看,它具有垄断性。但是,因为它不进行扩大再生产,不改进技术,便不要制订垄断价格,以攫取垄断利润。垄断企业不是这样,它是由于要扩大再生产,要改进技术,才攫取垄断利润,才制定垄断价格的。所以,垄断价格和技术发展的关系要具体分析。

第四节 在私有权收入的资本化中攫取垄断利润

垄断资本家拥有各种私有权,它们能带来相应的收入,他将这些收入资本化,以攫取垄断利润。在资本主义制度下,私有权能够带来收入,如股票私有权带来股息,土地私有权带来地租,特种商标私有权带来特种利润,甚至名誉私有权也能带来某种收入。转让这种能够带来收入的特权,形式上好像是买卖商品,其实不是,因为这种特权不是劳动生产物,不是商品,也没有价值。转让时受授的货币额在形式上好像是价格,其实不是,因为它不是价值的货币表现;它是这种特权的收入的资本化。所谓资本化,就是把这种特权带来的收入,设想为一定资本额的产物,这样,这种特权便转化为一定的资本额。私有权的收入的资本化的公式是:私有权的"价格"=私有权带来的收入÷利息率。其实这并不是设想,而是资本主义生产关系的反映。

在私有权收入的资本化中攫取垄断利润,最常见的有两种:金融欺诈和土地投机。

要了解为什么能从金融欺诈中攫取到垄断利润,先要了解虚拟资本这个经济范畴。前面曾经谈过股份公司。股份公司是由股东所有的,每个股东拥有的资本额以股票的形式表现出来。这种资本投在生产或经营中,这是一回事。股票可以转让,这种转让并不影响投在生产或经营中的资本,这是另一回事。股票转让时,它的行市(价格)和它的面值没有关系,只和它每年能分到的股息(收入)与银行利率有关系,也就是说,股票行市(价格)=股息÷利率。例如,一张股票不问其面值为何,其年股息为 5 元,而利率是年率 0.05,那么,股票行市便是 100 元。股票转让时受授的货币额,和实际投在股份公司中发生作用的资本是两回事,这叫作虚拟资本。很明显,虚拟资本可以大于、等于、小于实际资本。它的增加并不表明实际资本的增加。

这种作为一种特权收入的资本化的形式之一的虚拟资本,是希法亭根据马克思的收入资本化的理论,在《金融资本》(1910 年)中提出来的。马克思的《资本论》也有虚拟资本的理论。一种是,"对于国家的债权人来说,1.他持有一张比如说 100 镑的国债券;2.他靠这张国债券有权从国家的年收入即年税收中索取一定的金额,比如说 5 镑,或 5%;3.他可以随意把这张 100 镑的债券卖给别人。如果利率是 5%,国家提出的保证又很可靠,那么所有者 A 通常就可以按 100 镑把这张债券卖给 B,因为对 B 来说,无论是把 100 镑按年利率 5% 借给别人,还是通过支付 100 镑而从国家的年赋税中保证每年得到 5 镑,是完全一样的"。[①] 如果利率是 2.5%,这张国债券就可以按 200 镑卖给别人。"在这一切场合,这种资本,即把国家付款看成自己的幼仔(利息)的资本,是幻想的虚拟资本。"[②]另一种指的是贸易上的欺诈。马克思指出:"在东印度贸易上,人们已经不再是因为购买了商品而开出汇票,而是为了能够开出可以贴现,可以换成现钱的汇票而购买商品。"比如,"伦敦的 A 托 B 向曼彻斯特工厂主 C 购买货物,准备运往东印度 D 那里去。B 凭 C 向 B 开出的以六个月为期的汇票向 C 支付。B 也用向 A 开出的以六个月为期的汇票使自己得到补偿。货物一经起运,A 又凭提单向 D 开出以六个月为期的汇票"。[③] 在 D 向 A 支付前,A 可以将汇票以提单为担保向银行贴现,

① 马克思:《资本论》(第三卷),载《马克思恩格斯全集》(第二十五卷),人民出版社 1974 年版,第 527 页。
② 同上。
③ 同上书,第 461 页。

拿到现金。可以说，他是为了得到现金才向 C 购买的。这是贸易上的虚拟资本。这就是说，"当事人越穷，就越需要购买……购买不是由供求来调节，而是成了一个陷于困境的商行进行金融活动的最重要组成部分"。① 这种活动的基础，是来往东印度的贸易必须绕过好望角用帆船来运送；自从商品通过苏伊士运河并用汽船运送，它的基础就丧失了；用电报沟通西方市场后，这办法就行不通了。希法亭在新的条件下，将第一种含义的虚拟资本予以新的解释，提出创业利润的范畴。

垄断企业是在股份公司的基础上产生的。新创办的垄断企业由于在商品交换中攫取了垄断利润，其股票的股息便可以大大超过银行利息。根据上述原理，垄断企业的股票行市就大大超过其面值，如面值 100 元，实收资本也是 100 元，但由于这股票能分到股息 10 元，如银行利率为 0.05，那么，股票行市便为 $10 \div 0.05 = 200$ 元。假如这个股份公司的创办人创办一个资本 100 万元的股份公司，分为 1 万股，每股 100 元，自己认购 5 000 股，共 50 万元，余 5 000 股共 50 万元由其他人认购。企业创办一年，如能发股息 10 万元，即每股发 10 元，而银行利率为 0.05，那么，每股便能卖 200 元，创办人出售 5 000 股，便得 100 万元，他认购时，只拿出 50 万元，超出的 50 万元便是创业利润。当然，他为了控制这个企业，不能全部出售股票，比如出售 2 500 股，留下 2 500 股，出售得到的是 50 万元，和他认购时支出 50 万元相等，好像没有得到创业利润。其实是得到的，因为他手里留下的 2 500 股值 50 万元，便是白白拿到的创业利润。其他股东如果这样做，也可得到创业利润。创业利润是垄断利润的一种形式。

创业利润只是创办作为股份公司的垄断企业时得到的。以后转让股票，如果得到赢利，就不是创业利润了。

创业利润还可以以其他形式出现，比如创办垄断企业的人可以凭空得到普通股票。在资本主义信用制度下，一些在资本主义竞争中崭露头角但缺乏资本的人，可通过信用发行股票，以解决资金来源问题。仍以上例为例，但略加改变。假定创办人办企业的资金全由别人买股票筹集。按上例，

---

① 马克思：《资本论》（第三卷），载《马克思恩格斯全集》（第二十五卷），人民出版社 1974 年版，第 461 页。

该企业便要在年终拿出 10 万元股息，可是企业初办，第一年终便拿出 10 万元作股息是困难的。但为了使一般股东能够以 200 元购买面值 100 元的股票，便将这种股票定为优先股票，即平均说来，每年股息大体固定，如 10 元，这样，一般股东便购买，该企业出售 5 000 股优先股票便得 100 万元。而支付这 5 000 股优先股的股息，只要 5 万元即可。其余的股票归创办人，叫作普通股票。在企业初创赢利不是很大时，普通股票可暂不分股息，但创办人便能控制企业。待赢利增加，因优先股票的股息固定，普通股票股息便可大为增加。很清楚，在这条件下，这种普通股票本身就是创业利润。

当然，实际情况要比这复杂得多，购买股票的人，对于股息的多少，购买时只是一种猜测，是有风险的。因此，股票行市的决定还要加上风险因素，即要在银行利息率上加上这一点，把利息率估计得稍高一些。但基本原理是这样的。

资本掺水也是一种垄断利润。其实质和创业利润相同。将一些小公司合并成一个垄断的股份公司，由于估计到要获得垄断利润，能够用来支付股息的份额很大，便可以把原来的资本额凭空地扩大若干倍，即所谓的掺水，只要这个扩大了的资本额分到的股息等于或加上风险略高于银行利息便可。这个增加即掺水的部分便是垄断利润，将这些掺水部分的股票出售，便能凭空得到垄断利润。

创业利润和资本掺水这两个范畴，是希法亭在虚拟资本理论的基础上予以阐述的。后来列宁在论帝国主义的著作中对它们又作了说明。

要了解为什么能从土地投机中攫取垄断利润，先要了解建筑地段地租和土地价格这两个经济范畴。建筑地段地租的基础是农业用地地租；然后再加上由于这个地段具有的特殊条件，在其中经营的工商企业、旅游服务业等，较之不在这特殊条件下经营的多生产的利润。比如，在最热闹的商业区，以同样的资本额经营商业，由于商品销售快，较之在偏僻地方经营的商业便有较多的利润，这种由于经营地段而产生的利润，由于商业资本家之间的竞争，便转化为建筑地段的地租。土地价格其实是土地私有权带来的地租，即收入的资本化。和股票行市决定的公式一样，土地价格决定的公式是：地租÷利息率。在利率不变时，地租升高，土地价格便升高。

垄断企业完全有可能用种种办法，造成建筑地段的地租上升，然后出卖土地,获得垄断利润。例如,买进一块土地,在其上盖工厂、商店,使这个地段繁华起来,地租便上涨,然后以较高的价格出售土地,其中的地价差额便成为买卖土地的资本的利润。这是正常情况。有一种完全是欺诈、投机。例如,在一块地上盖大楼,看来这块地很快就繁华起来,地价要高涨,但事实上大楼只盖了一部分便停下来,但在这之前,土地已以高价卖出,全部卖出后,大楼再不盖了,地段并没有真正繁华起来,地价下落,但此时,土地投机者已赚取了大量的地价差额,该差额扣除盖楼费用后余下来的便是投机收入。这也是垄断利润。因为能够这样做的是已经创办的垄断企业,是一般人信任的企业。

关于这个问题,列宁写道:"拿发展得很快的大城市近郊的土地来做投机生意,也是金融资本的一种特别盈利业务。在这方面,银行的垄断同地租的垄断,也同交通运输业的垄断结合起来了。因为地价上涨以及土地能不能分成小块有利地卖出去等,首先要看同市中心的交通是否方便,而掌握交通运输业的,是通过参与制和担任经理职务同这些银行有联系的大公司。"①

土地价格增长,给垄断企业带来垄断利润,但它并不意味着社会财富的真正增长。

很明显,通过特权带来的收入的资本化攫取垄断利润,是以通过垄断价格或商品交换攫取垄断利润为基础的。以创业利润和资本掺水来说,如果垄断企业不在商品交换中攫取到垄断利润,发的股息不大大超过银行利息,它们就根本不可能发生。土地投机也要以已经形成工业、银行、交通上的垄断为条件,而工业和交通的垄断也以垄断价格为前提。

---

① 列宁:《帝国主义是资本主义的最高阶段》,人民出版社 1964 年版,第 50 页。

第三章 垄断资本主义生产的总过程

第一节 垄断利润和各阶级、阶层的关系

垄断企业在商品交换中,低价购买一般资本主义企业和小生产者的产品,分别将他们的部分剩余价值和收入变为垄断利润,损害这些阶层和阶级的利益,这是清楚的。垄断企业在商品交换中,还以垄断高价出售产品的办法,向其购买者攫取垄断利润,其中涉及的各阶级、阶层的关系较为复杂,需要论述。

垄断企业向一般购买者(区别于国家这个购买者)出售的产品有两种:生产资料和消费资料。生产资料的购买者是一般资本家和小生产者。他们以垄断高价购买生产资料,生产成本增加了,出售价格似乎可以相应地提高。但是,这里有两种情况要加以区别:第一,如果他们生产的产品和垄断企业的产品相同,那么,垄断企业制定的价格便是这种产品价格的最高界限。但是,其生产成本比垄断企业高,其获得的利润比垄断企业少。第二,如果他们生产的产品和垄断企业的产品不同,那么,其增大的生产成本便全部转移到价格中去,其获得的利润比上述情况可能多些。但由于在这些企业和小生产者内部存在着竞争,竞争会引起其购买价格和出售价格的变动,从而使其利润和收入在降低的条件下趋于平均。这样一来,这个阶层和阶级便被垄断企业剥削了。

消费资料的购买者主要有三种人:小生产者、一般资本家和工人。前两者以垄断高价购买消费资料,其收入和剩余价值的一部分便转化为垄断利润。工人以垄断高价购买消费资料,如果其货币工资不增加,工人的部分劳动力价值便转化为垄断利润。垄断价格高于价值的部分,就是劳动力价值

丧失的部分。但在这个条件下，完全不增加工人的货币工资是不可能的。如果货币工资的增加和垄断价格高于价值的部分相等，那么，货币工资的增加部分，即垄断价格高于价值的部分或垄断企业得到的垄断利润，便是一般资本家丧失的部分剩余价值。在多数情况下，货币工资的增加是落后于垄断价格的增大的。这样，货币工资的增加部分，便是一般资本家丧失的那部分剩余价值；其增加落后于垄断价格的部分，便是工人丧失的那部分劳动力价值。

关于这种关系，马克思作过深刻的分析。他说："某些商品的垄断价格，不过是把其他商品生产者的一部分利润，转移到具有垄断价格的商品上。剩余价值在不同生产部门之间的分配，会间接受到局部的干扰，但这种干扰不会改变这个剩余价值本身的界限。如果这种具有垄断价格的商品进入工人的必要消费，那么，在工人照旧得到他的劳动力的价值的情况下，这种商品就会提高工资，并从而减少剩余价值。它也可能把工资压到劳动力价值以下，但只是工资要高于身体最低限度。这时，垄断价格就要通过对实际工资……的扣除和对其他资本家的利润的扣除来支付。"①

有的人不这样理解问题。他们认为，既然一般资本家以垄断高价购买生产资料，增加了生产成本，但也能提高价格，那么，他们支付给工人的货币工资，因工人以垄断高价购买消费资料而增加，这也是增加了生产成本，理应也能提高价格。如果能够这样，一般资本家的剩余价值是不会因此而减少，即变成垄断利润的。

这种看法是不对的。其所以不对，是由于它不理解：生产资料的价值，既构成生产成本，也构成价值，它的增加既使生产成本增加，又使价值或价格增加；工资只构成生产成本，不构成价值，它的增加只能使生产成本增加，不能使价值或价格增加，它增加了，利润便相应地减少了。

我们设想一下由于货币工资增加，一般资本家便相应提高价格的情况。对于生产生活必需品的资本家来说，此时必然有一部分产品销售不掉，价格因此要降下来。因为工人增加货币工资，是消费资料以垄断高价出售且价

---

① 马克思：《资本论》(第三卷)，载《马克思恩格斯全集》(第二十五卷)，人民出版社 1974 年版，第 973—974 页。

格增加的缘故。如果货币工资的增加等于垄断价格的提高,必需品的销售便不受影响,但由于一般资本家因此要提价,工人便只能以其货币工资买到原来要买的必需品的一部分,一部分过剩,价格便要降下来。根据基本原理,生产奢侈品和生产资料的资本家也不能因此提高价格。

垄断企业要向一般资本主义企业和小生产者攫取垄断利润,这就是说,后者的存在是前者存在和发展的前提。前者要剥削后者,但如果剥削过度,后者都消灭了,前者也就不可能存在和发展了。这就是为什么没有纯粹的垄断资本主义,以及垄断资本主义国家为什么要实行扶植中小生产者的政策的原因。

第二次世界大战后,垄断资本主义国家扶植小农经济是个普遍现象。其所以如此,除了上述原因外,还有一种重要原因,一定高度的农业劳动生产率,是资本主义剩余价值生产的自然基础。因为直到现在为止,工人的消费资料大部分直接或间接地是农业生产的;要使工人的必要劳动时间缩短,生产的剩余价值增大,就要提高农业的劳动生产率。第二次世界大战前,垄断资本主义国家的农业生产落后,殖民地附属国的农业生产也落后,但垄断资本主义国家用低价购买殖民地附属国粮食的办法,来达到缩短工人必要劳动时间的目的。第二次世界大战后,殖民地体系瓦解,使用这种办法越来越难。因此,垄断资本主义国家便扶植农业,使农业生产有较快的提高。有些国家农业资本的有机构成已大大提高,甚至超过工业资本的有机构成。

第二节　生产价格和平均利润规律退出历史舞台

垄断企业攫取垄断利润的对象有一般资本主义企业、小生产者和工人等。就资本主义经济来说,由于垄断企业剥削一般资本主义企业,"自由"竞争的经济关系已遭破坏,作为这种关系的反映的生产价格和平均利润规律,便随之退出历史舞台。

当然,在垄断企业以外的资本主义经济中,还是存在自由竞争的。这主要存在于这两种企业中:一种是垄断的生产部门中的非垄断企业,即所谓的局外企业。在多数情况下,垄断的生产部门不能完全消灭非垄断企业,后者的生产条件尽管很差,但由于它不要求垄断利润,而又能以接近于垄断价格的价格出售商品,便能存在;另一种是非垄断的生产部门的一般资本主义企业。这两种企业之间,存在自由转移资本的可能性,使其利润有平均化的趋势,使其产品以平均价格出售。但这不是生产价格和平均利润,因为生产价格是价值的转化形态,总生产价格等于总价值;平均利润是剩余价值的转化形态,总平均利润等于总剩余价值。现在的非垄断的资本主义经济,由于部分剩余价值已被垄断企业剥削,其总平均利润不等于总剩余价值,总平均价格不等于总价值。

垄断企业也不存在作为价值的转化形态的生产价格;垄断利润的本质排斥利润率的平均化。当然,垄断统治并不消灭竞争,这就使垄断程度相同的企业的利润率近于平均。经济和政治势力最大的垄断企业,其利润率也最高。这里不存在一个统一的平均利润率,也不存在生产价格。

生产价格和平均利润并不是同资本主义同时产生的。马克思指出,商品依照生产价格进行交换,必须在资本主义发展到一定的高度以后,才能够发生。当资本主义工业还处于单纯协作和工场手工业阶段时,行会制度和个体经济还大量存在,而以手工劳动为技术基础的单纯协作和工场手工业又不能有效地摧毁行会制度和个体经济,资本自由转移受到限制,平均利润和生产价格就无法形成。随着产业革命的进行,自由竞争充分展开,不同生产部门的特殊利润率趋于平均化,平均利润和生产价格由此形成。

平均利润和生产价格是资本主义的共产主义,它反映着资产阶级在剥削无产阶级中的平等关系。随着垄断的形成和垄断利润的产生,垄断资本家不仅剥削无产阶级,而且将一般资本家剥削到的剩余价值挖一部分过来,据为己有,成为垄断利润。这样,资产阶级内部的平等关系部分地被破坏了,作为这种关系的反映的平均利润和生产价格便退出历史舞台。

有人对此持不同的看法。他们认为,即使在垄断条件下,和自由竞争条件下一样,资本还是能够自由转移的,因此,平均利润还是存在的。他们举的例子,就是垄断企业的股票是自由买卖的,这就是自由转移资本。由于这样,股息有平均化的趋势。

这种看法是不正确的。第一,一般说来,垄断企业的股票诚然是自由买卖的,在这个条件下,股息诚然是有平均化趋势的。但这只是就股票行市这种虚拟资本的股息来说的。对虚拟资本来说,股息当然是有平均化趋势的,因为虚拟资本的行市本来就由股息÷利率来决定。因此,说自由买卖股票使股息有平均化的趋势,这实质上是同义反复。就执行资本职能的实际资本来说,垄断企业的实际资本的利润率比一般资本主义企业高得多。这是垄断企业的经济性质决定了的。

第二,上述看法不仅将财产资本得到的利息或股息的平均化,即一般的利率的存在,看成平均利润率的存在,而且实质上认为,平均利润率的存在可以不以生产价格的存在为条件。离开生产价格,是不能说明平均利润率的高度的;在这个条件下,平均利润率是10%还是50%,都是偶然的。而在垄断统治条件下,生产价格是不存在的,因为它只存在于自由竞争充分展开的资本主义阶段。

有一种提法,我认为也是不对的,即认为垄断企业的垄断价格,是由生产价格和垄断利润构成,或垄断价格是高于生产价格的价格。这种提法以生产价格的存在为前提,因此是错误的。这时的垄断价格,应该是高于价值的价格。马克思曾经指出,垄断价格是高于价值或生产价格的价格,那是指自由竞争时期的垄断价格,因为那时存在生产价格。垄断时期的垄断价格就不应这样提了。

第三节　垄断利润的攫取使资本主义生产和消费的矛盾尖锐

前面曾经说过,垄断利润的必要性是为了扩大再生产,从这方面看,制定垄断价格以攫取垄断利润,是能促进生产发展的;垄断价格的制定,由于能够保证攫取到垄断利润,在一定的条件下,便可能妨碍技术的发展。现在论述了垄断利润的来源后,便可以了解,垄断利润的攫取使资本主义生产发展的无限扩大的趋势和广大群众消费相对落后之间的矛盾尖锐化,从而妨碍生产的发展。

生产无限扩大的趋势和广大群众消费相对落后的矛盾,是资本主义生产方式基本矛盾的一个方面。这是由资本主义的商品生产制度存在着竞争,促使生产发展,而广大工人群众的消费又由劳动力的价值规律来调节,因而不能随着生产的发展而相应地提高所造成的。垄断利润的攫取,加深了这个矛盾。它一方面使技术和产量有了巨大发展的可能性,另一方面又削减了工人和基本劳动者的收入,使他们的消费基金在国民收入中占的比重缩小,这样,使生产的发展和消费的落后陷于矛盾,周期地发生普遍的生产过剩的经济危机。撇开了以后要论述的国家垄断资本主义的作用这一点不谈,在垄断资本主义阶段,普遍的经济危机是要比自由资本主义阶段更为深刻的。这是垄断资本主义阶段生产关系妨碍生产力发展的明显标志。

我是从生产发展和消费相对落后的矛盾来谈资本主义的普遍的经济危机的发生的。由此得出的结论便是,垄断阶段的经济危机更为尖锐。有人认为,普遍的经济危机的原因是生产的无政府状态。持这种看法的人,就应得出垄断时期的经济危机日益减弱的结论。因为垄断统治使生产无政府状态减轻。这样,这种看法尽管承认垄断统治使生产与消费的矛盾尖锐,但又不能说清这种矛盾爆发的表现形式是什么。

这是一个很重要的理论问题,应该很好地解决。生产无政府状态可能使生产部门之间的比例失调,这是清楚的。但由此只能产生局部的即涉及几个生产部门的经济危机,而不能使所有生产部门都发生经济危机,即普遍的生产过剩的经济危机。我们知道,煤炭、锅炉、钢铁、织机、棉布之间,存在着一定的比例关系。从比例关系说,这个部分过多了,就是另一部分过少了,而不可能所有部分同时都过多,因为同时过多,它本身又符合比例关系了。所以,比例失调只能使局部的经济危机发生,而不能使普遍的经济危机发生。但是,生产发展和消费相对落后之间的矛盾就不是这样,它使普遍的生产过剩的经济危机发生。以煤炭等产品之间的关系来说,如果没有生产和消费之间的矛盾,它们由于符合比例关系,便全部都可以出售,不发生生产过剩问题。现在由于生产发展了,消费相对地落后于它,棉布部分地销售不掉。影响所及,织机、钢铁、锅炉、煤炭都成为过剩的,这就是普遍的经济危机。这种危机即使在各生产部门间的比例关系是匀称的条件下,也是必然发生的。

关于这个问题,马克思有过深刻的论述。他说:"局部的危机,能由不平衡的生产生出……并且这种不平衡的一般形式,可以是固定资本的生产过剩,也可以是流动资本的生产过剩。"①他又说:"一切真正危机的最根本的原因,总不外乎群众的贫困和他们的有限的消费,资本主义生产却不顾这种情况而力图发展生产力,……"②恩格斯虽然在《反杜林论》中谈到社会的生产无政府状态使经济危机发生,但他并不认为是比例失调引起的,而是生产和消费之间的矛盾引起的。他认为,社会的生产无政府状态,是"一种迫使各个工业资本家不断改进自己的机器,不断提高机器的生产能力的强制性法令";但是,这样一来,"一部分人的过度劳动成了另一部分人的失业,而全世界追逐新消费者的大工业,却在国内把群众的消费限制在需要忍饥挨饿这样一个低水平,从而破坏了自己的国内市场";"市场的扩张赶不上生产的扩张。冲突成为不可避免的了"。③ 这就爆发普遍的生产过剩的经济危机。

这是经济危机理论的方法论问题,长期以来经济学家对此有不同的看法。正确地解决这个问题,对于加深认识资本主义生产方式的基本矛盾,对于研究垄断资本主义经济条件下的经济危机,以及对于即将谈论到的研究国家垄断资本主义条件下的经济危机,即第二次世界大战后的经济危机,都有很重要的意义。

第四节　过剩的垄断资本产生的原因

垄断企业由于要攫取垄断利润,垄断利润积累为垄断资本,随着这个过程的不断进行,过剩的垄断资本便产生。

资本过剩这个概念是马克思首先予以科学解释的。资本的物质担当者是生产资料和劳动力,这两者结合起来便能生产出物质财富,便能提高人们的生活。从这个意义上说,它永远不会过剩。那么,资本过剩是什么呢? 它是怎样产生的? 马克思说:"只要为了资本主义生产的目的而需要追加的资本=0,就会有资本的绝对生产过剩。……因此,只要资本同工人人口相比

---

① 马克思:《剩余价值学说史》(第二卷),郭大力译,人民出版社1978年版,第602页。

② 马克思:《资本论》(第三卷),载《马克思恩格斯全集》(第二十五卷),人民出版社1974年版,第548页。

③ 恩格斯:《反杜林论》,人民出版社1970年版,第271—272页。

已增加到如此程度,以致既不能延长这些人口所提供的绝对劳动时间,也不能增加相对剩余劳动时间……就是说,只要增加以后的资本同增加以前的资本相比,只生产一样多甚至更少的剩余价值量,那就会发生资本的绝对生产过剩;这就是说,增加以后的资本 C＋ΔC 同增加 ΔC 以前的资本 C 相比,生产的利润不是更多,甚至是更少了"。这是资本的绝对生产过剩。它的产生原因,"是可变资本货币价值的提高(由于工资已经提高),以及与此相适应的、剩余劳动同必要劳动相比的相对减少"。①

过剩的垄断资本,就是得不到垄断利润的资本。其产生原因,是由于垄断企业是按市场容量来调节生产的,如果增加投资,增加产量,超过市场容量,反而引起垄断价格下降,总垄断利润减少。这样,积累起来的资本,就不能投到已有的生产部门,形成所谓的过剩的垄断资本。当然,新的垄断部门形成后,这部分过剩的垄断资本便有了投资的场所,但这要取决于生产力和社会分工的发展,也要取决于一个起码的垄断资本数额,当这个条件不具备时,过剩的垄断资本是存在的。

第一个研究垄断资本的英国经济学家霍布森认为,可以用发展落后的资本主义农业和提高劳动人民生活水平的办法,来消灭这种过剩的垄断资本。这是离开了垄断资本主义的实质来谈问题。只要能从落后国取得廉价粮食和农业原料,资本主义就不去发展其农业;只要资本主义还是资本主义,就不会用提高劳动人民生活水平的办法来消灭过剩的资本,更何况是垄断资本主义。在垄断资本主义条件下,过剩的垄断资本是必然存在的。

过剩的垄断资本向落后国输出的根本原因,是落后国家的利润率和利率比先进国中非垄断的资本主义利润率和利率高。之所以如此,是由于落后国家资本主义发展水平低,以及存在着前资本主义经济,而根据经济规律,越是落后的经济,利润率和利率便越高。如果输出到落后国家的垄断资本经营的又是垄断企业,其利润率就更高。这个问题留在下面再谈。

这里要指出的是,我们要正确地理解资本输出理论的方法论。我们研究的垄断资本主义经济是一种经济成分,而不是一个具体的垄断资本主义

---

① 马克思:《资本论》(第三卷),载《马克思恩格斯全集》(第二十五卷),人民出版社 1974 年版,第 280 页。

国家;同样的道理,我们研究的资本输出,是垄断资本主义经济成分向落后的经济成分输出资本以攫取垄断利润,而不是垄断资本主义经济相互间超越国家界限,即垄断资本主义经济内部的资本流动。当然,在坚持这种方法论时,有时也会谈论到某一具体垄断资本主义国家,但分析问题时,始终要从垄断资本主义经济成分着手,而不要从垄断资本主义国家着手,只要坚持这种方法论,就能消除某些糊涂观念。

我认为,这种糊涂观念是存在的。例如,有些经济学家认为,第二次世界大战后,垄断资本主义国家之间,主要是美国、西欧和日本之间的资本流动(他们称为资本输出)总额,比上述诸国对落后国家的资本输出总额还要大些,根据这一点,他们便怀疑列宁根据其前人的理论而提出的资本输出这个帝国主义特征是否仍然存在。在他们看来,这一特征已发生了质的变化,即不存在了。这是一种由于不理解资本输出理论的方法论而产生的糊涂观点。其实,垄断资本主义国家之间的资本流动,只要它们是投在垄断资本主义经济成分中的,那就和在一国内部在垄断资本主义经济成分中转移资本的经济性质没有两样。在研究垄断资本主义经济时,垄断资本集团的界限比垄断资本主义的国家界限具有更重要的意义。

第四章　垄断企业通过政权盗窃国库、攫取垄断利润——国家垄断资本主义的产生

第一节　国家垄断资本主义产生的原因

前面说明了生产力的发展和资本主义生产关系之间的矛盾,使资本主义从个人资本主义发展为集团资本主义、国家资本主义和垄断资本主义。现在要进一步说明,由于这种矛盾的发展,垄断资本主义怎样发展为国家垄断资本主义。

根据前面的说明,垄断资本主义的产生,是由于要解决生产社会化和由资本主义所有制而产生的无政府状态之间的矛盾,即解决市场问题。资本主义的市场问题,从现象或形式上看,是产品的实现问题;产品实现所以成为问题,其原因除上述矛盾外还有另一矛盾,即生产发展的无限趋势和消费相对落后之间的矛盾。这个矛盾是由资本主义既是商品生产制度、又是剩余价值生产所产生的。这就使所有产品都有一部分销售不掉,即消费资料部分过剩,生产消费资料的生产资料部分过剩,生产生产资料的生产资料部分过剩,就是说,发生市场问题。

马克思在论述剩余价值的剥削和实现的条件时说:"直接的剥削条件和实现这种剥削的条件,不是一回事。二者不仅在时间和空间上是分开的,而且在概念上也是分开的。前者只受社会生产力的限制,后者受不同生产部门的比例和社会消费力的限制。"他在这里事实上论述了资本主义的市场受两种条件限制:各部门之间的比例性(是否盲目生产或盲目生产的程度)以及消费力落后于生产力的程度。关于后者,马克思继续写道:"社会消费力既不是取决于绝对的生产力,也不是取决于绝对的消费力,而是取决于以对

抗性分配关系为基础的消费力;这种分配关系,使社会上大多数人的消费缩小到只能在相当狭小的界限以内变动的最低限度。这个消费力还受到追求积累的欲望的限制,受到扩大资本和扩大剩余价值生产规模的欲望的限制。"①这就是说,生产扩大和消费相对落后,是资本主义产生市场问题的另一种重要矛盾。

根据恩格斯关于卡特尔和托拉斯一类的企业产生原因的分析,因无政府状态而产生的市场问题,自从垄断组织产生后,它便在垄断资本主义经济这个范围内得到相对地解决。这是因为正如恩格斯所说的,"在托拉斯中,自由竞争变为垄断,而资本主义的无计划生产向着未来社会主义社会的有计划生产投降"。② 与此不同,因消费相对落后而产生的市场问题,不仅不能由垄断组织产生而得到解决,反而由此而更为严重。这是因为,垄断利润的攫取使消费更加落后。恩格斯也说,在垄断"这种形式下,剥削已变得十分明显⋯⋯"③因此,垄断统治使市场问题特别严重。

由于这样,掌握国家政权的那部分垄断资本家,便运用政权再分配国民收入,使其于己有利,解决市场问题,实现垄断利润。这种经济关系,我理解为国家垄断资本主义。这就是说,国家政权为其服务的那部分垄断资产阶级,是用政治力量,损害其他垄断资本家、一般资产阶级、个体生产者和一般居民的利益,劫众济寡,来解决市场问题和实现垄断利润的。

一般说来,可能有不利用国家政权的个人资本主义和集团资本主义,但不可能有不利用国家政权的垄断资本主义,因为它总要利用国家政权,制订保护关税,垄断国内市场,然后以垄断高价出售商品,攫取垄断利润。但这并不是再分配国民收入,这是和国家垄断资本主义不同的。

---

① 马克思:《资本论》(第三卷),载《马克思恩格斯全集》(第二十五卷),人民出版社1974年版,第272—273页。
② 同上。
③ 《马克思恩格斯通信集》(第三卷),李季译,生活·读书·新知三联书店1958年版,第435页。

第二节　国家垄断资本主义的本质和形式

关于这个问题,目前存在不同的看法。我觉得问题的关键,在于区别国家资本主义和国家垄断资本主义。有的看法认为,在垄断资本主义条件下,国家资本主义再也不存在了,历史上曾经存在过并且遗留下来的国家资本主义,都自然而然地变成国家垄断资本主义;有的看法则认为,在垄断资本主义以前存在的国营和地方国营企业以及市政企业,即我们称为国家资本主义的,一开始就是国家垄断资本主义。这两者表现形式不同,实质是一样的:否认国家资本主义和国家垄断资本主义的区别。在这些共同的基础上,前者认为,因生产力社会化而产生的国营企业,在垄断前是国家资本主义,在垄断后则无条件地是国家垄断资本主义;后者认为,垄断前和垄断后一样,都存在国家垄断资本主义。这种看法是不能接受的。

我认为,因生产力社会化而产生的国营和地方国营企业,不论垄断前和垄断后,都是国家资本主义,不言而喻,它们是有利于掌握政权的那个阶级或阶层的,但它们的经济内容,毕竟和具体的垄断企业,利用政权,为本企业的利益而再分配国民收入或盗窃国库不同,即和国家垄断资本主义不同。国家垄断资本主义的产生,虽是为了解决因生产和消费的矛盾而产生的市场问题,但解决市场问题只是一种手段,其目的是攫取和实现垄断利润。垄断资本主义企业利用国家政权,在解决市场问题的基础上,还可以有多种攫取利润的方法,最根本的就是盗窃国库。

关于国家垄断资本主义的本质,瓦尔加有一个定义:"通过国家来对国民收入作有利于垄断资本的分配。"[①]这个定义,我认为是从列宁这段说明引申而来的:"为战争服务的资本主义经济(直接或间接地同供应军需品有关的经济),是系统地取得法律保障的盗窃国库行为。"[②]列宁这段话具有当时正在进行世界大战这样的特点,将这个历史特点去掉,便是瓦尔加的定义。

---

① 瓦尔加:《二十世纪的资本主义》,沈永、金作善译,生活·读书·新知三联书店1962年版,第92页。

② 《列宁全集》(第二十五卷),人民出版社1958年版,第52—53页。

我根据这看法,将国家垄断资本主义看成垄断资产阶级取得法律保障而盗窃国库的经济关系。

将国家垄断资本主义看成垄断资本主义的国家机器经营的经济事业,就必然从此出发去区别其形式,即国营企业,国私合营企业,加工订货等。有的则扩展为国家的财政、金融政策,只要是对垄断资本有好处的,也认为是国家垄断资本主义。我不同意这种区分法。

我认为,从再分配国民收入或盗窃国库的角度看,国家垄断资本主义的形式可区分为国家购买产品、国家财政补贴和国家信贷优惠。由国家购买的垄断企业的产品,其中属于军需品的,用于国家消费;属于生产资料的,由国家来办公共工程和国营企业(这种由于包买过剩的生产资料而兴办的国营企业,与由于生产力社会化而产生的国营企业,形式相同,起因和经济性质不同,前者是国家垄断资本主义,后者是国家资本主义);属于消费资料的,虽不一定完全由国家直接购买,有的是由国家财政支出而由个人购买的,都可称为社会福利。① 以上三者又可以用于对外军事"援助"和经济"援助"。

从这里,我们可以看到,垄断资本主义条件下的国营企业可能是国家资本主义,也可能是国家垄断资本主义,这要取决于其经济内容。把国营企业廉价转让为私人垄断资本家所有,这种经济关系在主张国家垄断资本主义是国营企业的人看来,就不是国家垄断资本主义,在我们看来则是,因为这实质上是国家财政补贴。社会福利、福利国家也是国家垄断资本主义,因为经营这种福利的物质资料的垄断资本家,也能从中盗窃国库。

现在流行的看法认为,第二次世界大战后科技的巨大发展,是国家垄断资本主义迅速发展的物质基础。我则认为,由此而产生的国营企业和事业,如果没有其他经济作用,应该是国家资本主义;由于生产巨大发展、消费相对落后、市场问题严重,而产生的种种国营企业和其他种种事业,如生产军火、改造国土、宇宙飞行、地下城市等,则是国家垄断资本主义。

---

① 由国家财政支出购买的构成社会福利的物资料,有的是非垄断企业生产的。在这个条件下,这些企业就由国家政策加以扶植的。前面说过,这是垄断资本主义所要求的。

第三节 国家垄断资本主义条件下的垄断价格

掌握国家政权的那部分垄断企业,盗窃国库以攫取垄断利润,便成为国家垄断资本主义企业。盗窃国库的办法有多种,其中,以按垄断价格出售产品给国家,或反过来说,接受国家订货时以垄断利润计价,最为重要。这反映出垄断资本主义是在商品生产的基础上发展为国家垄断资本主义的。财政补贴和信贷优惠,也是建立在这个基础上的。

前面曾经谈过一般垄断资本主义企业出售产品时的垄断价格,即垄断高价是怎样制定的,其原则是限制供给,以高额关税垄断国内市场,然后按高于价值的垄断价格出售产品,因此,这种垄断高价是在特殊的供需关系的基础上产生的市场价格。国家垄断资本主义条件下的垄断高价,其形成条件与此不同。我们看一看美国的材料。

美国政府向企业定货有三种办法:1.公开投标,即由各个愿意接受定货的企业之间进行竞争,同政府议价,最后由政府选中的企业同政府签订合同,规定价格;2.同几个承包人直接签订合同;3.同一个总承包人直接签订合同。很明显,随着最大的垄断资本家本人,或其利益代表者,如总统、副总统、部长、议员,控制政府和议会,公开投标的办法已成为次要的,同几个承包人特别是同总承包人直接签订合同、规定价格的办法,日益成为主要的。以合同规定的价格,又有两种形式:直接规定价格和按生产成本再加规定的报酬构成价格。这里主要谈后者。

这种计价办法必然使垄断企业极力提高生产成本,而它们在政府和议会中的代理人又极力掩盖这一点,使真实的生产成本成为不可知的。这里有一个例子。美国政府和威斯汀豪斯公司签订供应原子核反应堆零件的合同,公司说价格是按成本加10%的利润计算的。但由垄断企业之间的竞争而揭露的材料证明,其利润是成本的40%—65%。由于这种揭露,其后便在原有办法的基础上加了一条:实际成本和合同成本的正负差额,成为利润的扣除和附加。但这样一来,承包人又极力预先提高成本,以便获得附加利润。

总承包人是在上述计算价格的基础上,再向分包人定货的。分包人的生产成本加利润,即商品的垄断价格,又反过来成为总承包人的生产成本,他再在这上面加上利润。这就是说,分包层次越多,总承包人的利润越高。不言而喻,总承包人往往是最大的垄断企业,受其控制的小垄断企业,即分包人越多,其垄断利润便越多,其向政府索取的垄断价格就越高。这里有一个例子。根据合同,在 12 年中,西方电气公司生产奈克式导弹,共得利润 1 亿 1 千 2 百万美元,为全部定货额 15 亿美元的 7.9%。但是,它自己生产的货价仅为 3 亿 5 千 9 百万美元,上述利润为货价的 31%。道格拉斯公司是它的分包人之一,所包货价为 6 亿 4 千 5 百万美元,得的利润是 4 千 6 百万美元,但自己生产的货价仅为 1 亿 3 百万美元,利润是货价的 44%。道格拉斯公司又有自己的分包人。因此,"总承包人从分包人生产的产品取得利润,这已成为执行军事定货时的常见做法"。[①]

这就说明,在国家垄断资本主义条件下,垄断价格到底高出生产成本多少,要取决于生产该商品的垄断资本主义企业在经济上和政治上的地位。如果它的经济力量最雄厚,而在接受定货合同时又遇到竞争对手,它便提出较低的生产成本和利润,待打败其对手后,再来提高。如果它在政府和议会中的力量最强大,它便提出较高的生产成本和利润,这样,垄断价格一开始就很高。因此,我们将一般垄断企业制定垄断价格的原则,和国家垄断资本主义条件下制定垄断价格的原则结合起来看,便知道资产阶级政治经济学关于垄断价格高度决定的理论是错误的。

第四节　国家垄断资本主义的生产是国民经济的一种特殊形式

既然一般垄断资本主义企业的产品由国家包买下来,是国家垄断资本主义的一种形式,那么,从这方面看,它就是国民经济的一种特殊形式。列宁说:"资本家为国防即为国家工作,这已经不是'纯'资本主义了(这是明显

---

① 杜沙:《武器、货币和政治》,1965 年纽约版,第 82 页。

的事实），而是国民经济的一种特殊形式。纯资本主义是商品生产。商品生产是为不可知的自由市场工作的。为国防'工作'的资本家则完全不是为市场'工作'，而是按照国家订货甚至往往是为了取得国家贷款而'工作'的。"①在这里，只要将列宁这段话的历史特点去掉，将国防去掉，那么，国家垄断资本主义中为国家进行生产的形式，就是一种为可知的市场而进行生产的形式，是国民经济的一种特殊形式。

我们知道，商品生产的基本矛盾，是私人劳动和社会劳动的矛盾。由于这个矛盾，由商品交换所构成的市场就是不可知的，也就是生产商品的私人劳动的质，即具体劳动是否为社会承认，私人劳动的量，即抽象劳动量是否符合社会必要劳动量，以及投在这种商品生产上的总社会劳动量，是否符合社会需要，所有这些都要由不可知的市场来自发解决。国家垄断资本主义的生产虽然也建立在私有制的基础上，其商品生产虽然也存在私人劳动和社会劳动的矛盾，和一般商品生产的矛盾本来没有什么不同，但由于其商品是由国家包买的，其价格是事先制定的，这样，从企业方面看，它是为有保证的、可知的市场生产的，商品生产的基本矛盾从商品投入生产时便已解决。因此，这种生产是国民经济的一种特殊形式。当然，从国家或社会方面看，商品生产的基本矛盾并不因国家包买就必然解决。因为国家包买下来的商品，有许多并没有得到社会的承认，并没有进入生产消费或个人消费，而是堆积在那里或者白白地浪费掉，最明显的例子就是大量生产的军火，以及与此相类似的产品或劳务。

这种国民经济的特殊形式，如果不从资本主义生产的角度，而从社会生产的角度，不从生产的物质内容，而从生产的组织形式来看，那么，我认为它将是从商品生产过渡到产品生产的中间形态，虽然它本身还是商品生产，但它是朝着产品生产发展的商品生产。这个问题，布哈林事实上已经谈到了。美国著名的布哈林研究者科恩指出，从1915年到1928年，布哈林曾四次提到这个问题，现举两次为例加以说明。他在1915年说："我们可能得到一种全新的经济形式。它不再是资本主义，因为商品生产已经消失了；它更加不

---

① 列宁：《实行社会主义还是揭露盗窃国库的行为？》，载《列宁全集》（第二十五卷），人民出版社1958年版，第52—53页。

是社会主义,因为一个阶级对另一个阶级的权力还保持着(甚至更会加强)。这样一种经济结构可能和没有奴隶市场的奴隶制经济最为相像。"①认为它不是社会主义,当然是正确的;但认为它不再是资本主义,其理由是商品生产已经消失,这是错误的,因为它仍然是资本主义,仍然是商品生产。布哈林之所以有这种错误,是由于他错误地认为垄断资本主义囊括全部国民经济,并发展为全国唯一的国家垄断资本主义企业。但在这种错误的前提下,他认为商品生产已经消失,这个论点虽然错误,却值得深思。从这里出发,他在 1928 年又说:"在这里存在着'有计划的经济',不仅在不同生产部门的联系和相互关系方面而且在消费方面也实行着有组织的分配。这个社会里的奴隶取得他的一份口粮,他的一份构成总劳动产品的实物。"②他认为国家垄断资本主义存在有计划的经济,这种看法是正确的。这是因为,在这里,也仅仅在这里而不是在资本主义社会全部国民经济,是按国家计划进行生产的,不存在产品的实现问题,即市场问题。

布哈林一方面错误地认为国家垄断资本主义囊括全部国民经济,因而商品生产已消失,另一方面又正确地认为国家垄断资本主义存在着有计划的经济、因而不存在市场问题,这就影响他对过渡时期经济的看法,认为此时商品生产已全部消灭,变成直接供消费的产品生产。认为过渡时期商品生产已消灭,这是错误的;但认为过渡时期有的产品可以不经交换便直接进入消费,这是正确的。这是因为国家垄断资本主义企业的生产和社会主义国营企业的生产,就其产品不经过一般意义上的市场便进入消费这一点上说,是有物质上的联系的。这个问题后面还要谈到。

这种国民经济之所以是一种特殊形式,就在于它虽然是商品生产,却不存在市场或其市场不发生问题。从这一点看,国家垄断资本主义的生产的物质内容,第一,最好是没有成果的,这自然不存在市场;第二,如有物质成果,就最好与个人消费无关,因为与个人消费有直接或间接关系的物质资料,归根到底都存在着因生产发展和消费落后而产生的市场问题;第三,如果是消费资料,并且要由个人直接消费,就特别要由国家预算的支出来购

---

① 《论布哈林和布哈林思想》,贵州人民出版社 1982 年版,第 327 页。
② 同上。

买。根据这个原则,国家垄断资本主义的生产,有这五种形式。

第一,由国家出钱,垄断企业进行无效劳动。凯恩斯说:"设财政部以旧瓶装满钞票,然后以此旧瓶,选择适当的深度,埋于废弃不用的煤矿中,再用垃圾把煤矿塞满,然后把产钞区域之开采权租于私人,出租以后,即不再问闻,让私人企业把这些钞票再挖出来,——如果能这么办,失业问题就没有了;而且影响所及,社会之真实所得与资本财富,大概要比现在大许多"[1],又说:"利用储蓄,'在地上挖窟窿',不仅可以增加就业量,还可以增加有用之物以及有用之劳役,换句话说,增加真实的国民所得"[2],就是这个意思。30年代危机时,美国罗斯福总统实行"新政",对失业青年实行以工代赈,要他们挖土防洪,守林防火,实质上也是这样。

第二,生产货币。货币是没有出卖、没有市场问题的。凯恩斯说:"设货币可以像农作物一样生长,或像汽车一样制造,则不景气可以避免或减少;盖在此种情形下,当其他资产之价格……下降时,劳力可转而生产货币",就是这个意思。在他看来,遗憾的是:不是到处都能生产金银货币,只是在"采金之国,确有如此情形,但就整个世界而论,劳力之可以转而从事采金者,其最大量亦微小不足道。"[3]

第三,生产军火,卖给国家,虽有市场问题存在,但这个市场是有保证的。凯恩斯接着说:"金矿对于文明非常重要,非常有贡献。恰如从事战争,乃是政治家认为大量举债支出之唯一正当用途",所以,"金矿和战争都对人类进步有贡献"。[4] 这就是为什么多数垄断资本主义国家实行国民经济军事化的经济原因。

第四,由国家出钱建造公共工程,如水库、高速公路、桥梁、公园之类,美国的戴维营也在此列。这类工程也没有市场问题。凯恩斯说:与开纸币矿相比,"当然大兴土木要比较合理些"[5],又说:"豪富之家,生前建大厦作住宅,死后造金字塔为坟墓;或为忏悔前非,建造教堂,资助寺院,接济传教团

---

[1]　凯恩斯:《就业、利息和货币通论》,徐毓枏译,商务印书馆1963年版,第110页。
[2]　同上书,第185页。
[3]　同上书,第194页。
[4]　同上书,第110页。
[5]　同上。

体,则因资本丰富,以致物产反而不能丰富之日,也许可以延迟"①,就是这个意思。这类"产品"不直接供个人消费。

战后,大搞宇宙飞行、改造国土、建人工岛、修海上机场,不过是公共工程和军火生产的结合物。

第五,生产由国家预算资金予以保证销路的消费资料,其名曰搞社会福利,名目繁多,其经济意义在于这种产品的市场是有保证的。

所有这些生产,都是由国家预算支持的,它的存在和发展不直接依赖于个人的消费力或购买力,这是和其他物质资料的出售最终要依赖于个人消费力不同的。但是,这种生产不能孤立存在,它必然要和其他物质资料生产并存,社会生产也不能单纯建立在这种生产上。这样,在国家预算的来源和支出方面,这两种生产之间存在着矛盾,这种矛盾的阶级内容,就是盗窃国库的那部分垄断资本家,和其他阶层的资本家以及其他阶级的社会成员之间的矛盾。

第五节　通货膨胀是国家垄断资本主义的经济支柱

从上述可以看出,国家垄断资本主义经济要由国家成为其产品的包买者,并接受国家的财政赠予和信贷优待,就必然要求国家有一笔巨大的资金成为其经济支柱。只要这样,从社会看,虽然成为国家垄断资本主义的垄断企业的商品生产的基本矛盾没有解决,但从企业看,这个矛盾是解决了的,因为产品已由国家包买了。因此,只要国家握有源源不断的购买力,国家垄断资本主义经济便能存在。

为了深刻地理解这个问题,我们举一个历史上著名的例子。这就是英国伟大的空想社会主义者欧文于 1832—1834 年兴办的交换银行或劳动市场。作为改造私有社会的第一步,欧文认为对个体生产者进行改造有两大环节,这就是在流通领域中办劳动市场和在生产领域中办合作社。前者指的是,个体生产者将其产品带到市场来,由专家计算其生产的必要劳动时

---

① 凯恩斯:《就业、利息和货币通论》,徐毓枏译,商务印书馆 1963 年版,第 185 页。

间,发给一种凭证即劳动货币,生产者以这种凭证换取其所需要的、与凭证有相同劳动时间的其他产品。劳动货币不是货币,不能解决商品生产的基本矛盾,有大批商品没有人需要,积压在那里,这是劳动市场必然倒闭的原因。但是,如果欧文有源源不断的购买力,那么,商品尽管积压,他却能够另外购买一批生产者所需要的商品,矛盾也能相对地解决。从这点看,源源不断的购买力是非常重要的。

国家垄断资本主义经济既然要有巨大的资金来支持,国家从哪里得到这些资金呢? 当然不能用创办企业、用经济即生产的办法来取得,因为用这种办法,它本身就有一个市场问题,而这正是一般垄断企业所遇到而要国家解决的问题。只能用政治的办法对国民收入进行再分配来取得。这又有两种办法。一种是税收,这当然是很重要的。但这种方法不是万灵的,因为它有可能引起人们的反对,就是宁可坐班房,也不肯纳税。所以,这种方法虽然是基本的,但不能保证国家能拥有源源不断的购买力。因此,就产生另一种办法,即废除金本位制,然后滥发纸币,使纸币发行量超过实现商品总价值的金量。这样,纸币的购买力便下降,广大劳动人民的收入便打了折扣,折扣的部分便成为国家拥有的购买力,主要通过国家预算,满足掌握政权的那部分垄断资本家的需要。

我们知道,货币流通量取决于商品总价值和货币流通速度。假如在一个月中商品总价值是 10 万个劳动小时,货币流通速度是 5 次,那么,在一个月中需要的货币流通量便是 2 万个劳动小时的金币(或银币),再假定一个劳动小时生产的金为 1 元,就需要 2 万元金币。如果使用可以随时兑换金币的银行券,就需要 2 万元银行券。如果废除金本位制,银行券不能兑现,就成为纸币。如果流通的纸币仍为 2 万元,那就同金币一样,购买力不变。如果流通的纸币超过 2 万元,而是 4 万元,其购买力就下降二分之一,因为每单位纸币代表的金量减少二分之一,物价就上涨一倍,人们的纸币收入如不随物价同步增加,实际收入便降低,即打了折扣。纸币流通量超过实现商品总价值所需要的金币,由此引起物价上涨,这就是通货膨胀。

由于通货膨胀是国家垄断资本主义经济的经济支柱,我们便可以理解,为什么只有在 1929—1933 年的经济危机中,主要资本主义国家先后都废除了金本位制,并程度不同地实行通货膨胀政策后,国家垄断资本主义才成为一种巩固的经济形式。早在第一次世界大战时,国家垄断资本主义经济便产生,而在战时是停止银行券对金币的兑换的,是存在通货膨胀的。但是第一次世界大战后,金本位制恢复了,国家垄断资本主义经济便收缩了。从这里也可以看出,通货膨胀和国家垄断资本主义经济有着密切的关系。

凯恩斯主义的一个重要内容,就是主张废除金本位制度,而由政府根据需要随意印刷纸币。他认为只有这样才能防治经济危机。在他看来,经济危机的原因,说到底是利润率下降到利率以下,因而投资中止,危机和失业便产生。原来他认为,产品价值并不分解为资本,而只是全部分解为收入,收入又分解为消费和投资。据说人们的心理作用,使得收入增加时,消费部分占的比重降低,这样,消费资料便发生过剩。这时就要增加投资,以资弥补。但投资要受利润率和利率的制约,即要前者高于后者,人们才投资。但他认为前者的下降是快于后者的下降的。他认为利润是流通中产生的,是卖价高于成本的差额。随着生产的增加,工资因劳动需求增加而增加,成本因而增加,但卖价却因产量即供给增加而降低,于是利润率下降。而利率不是这样,它取决于货币的供给和需求,货币(金币)的供给有限,对它的需求却无限,因此,利率不易下降。这样,当利润率下降到利率以下时,危机便发生。因此,"如果人民所要的东西(如货币)不能生产,而对此东西之需求又不容易压制,劳动力便无法就业。唯一补救之道,只要公众相信:纸币也是货币,而由政府来统制纸币工厂,换句话说,由政府来统制中央银行"。①

通货膨胀有利于从国库得到利益的一部分垄断资本家,不利于一般固定收入的人,不利于无产阶级,这是清楚的。但在这总的前提下,它对资产阶级的不同阶层或集团的利害关系也不相同。这里谈两种主要情况。

第一,如果利率的提高低于通货膨胀率的提高,那么,它便对生产资本家有利,对借贷资本家不利。

第二,通货膨胀率过高,物价陡然上升,使一般资本家销售困难,而对由国家包买其产品的资本家来说,则没有这个问题。

一般说来,资产阶级是主张实行通货膨胀政策的,因为它能降低工人的实际工资,增加利润,但膨胀的程度对资产阶级不同阶层的利害关系不同,

---

① 凯恩斯:《就业、利息和货币通论》,徐毓枬译,商务印书馆1963年版,第198页。

因此,垄断资产阶级在制定财政金融政策时存在着斗争。

第六节　国家垄断资本主义意味着资本主义生产关系部分质变已达到极限

国家垄断资本主义的产生,是由于要解决因生产和消费的矛盾而产生的市场问题。如上所述,由于资产阶级国家包买一部分垄断企业的商品,对这部分企业来说,这个矛盾是解决了的。但对于其他垄断资本主义企业以及一般资本主义企业来说,则恰恰相反,由于国家实行的通货膨胀政策,以及其他有利于国家垄断资本主义的政策,削减了广大人民群众的消费力,便使这部分企业遇到的矛盾加深了,即从整个社会看,生产和消费的矛盾加深了。这也就是为什么国家垄断资本主义不能消灭经济危机的根本原因。

从资本主义生产关系的部分质变来看,国家垄断资本主义的产生具有特别重大的意义。首先,从资本主义生产社会化来说,它已达到资本主义生产关系所能容纳的顶点。这种经济形式和个人资本主义、集团资本主义和垄断资本主义不同,生产总过程是由国家来调节的,国家在这里形式上是代表社会的,实质上是一部分垄断资产阶级的工具,它使生产总过程,即生产、流通、分配这三个再生产环节,都成为社会化程度最高的、范围最广的。

其次,这种社会化不是自发地形成的,不是通过生产的无政府状态形成的,而是通过国家计划形成的。如果说,生产的无政府状态是和私有制相联系的,那么,现在则在私有制的基础上产生了无政府状态的对立物,即计划化。垄断资本主义已经产生了计划化的因素,国家垄断资本主义则使它发展到资本主义生产关系所能容纳的顶点。当然,计划化只是组织社会生产的一种方法,其内容则要取决于生产关系以及保护这种生产关系的政治上层建筑即国家的性质。在国家垄断资本主义条件下,计划化这种方法达到的目的,是满足掌握政权的那部分垄断资本家的要求。

需要指出的是,我们不能从绝对意义上理解这种计划化,把它同竞争和生产的无政府状态完全对立起来。其实,随着争夺总统、部长、议员职务和席位的斗争的进行,这种计划化的内容常常发生变化,这恰恰是从某一方面加剧生产无政府状态的。

最后，国家垄断资本主义意味着资本主义生产关系部分质变已达到极限。整个问题归结为，这种经济形式意味着由一个社会机构来计划社会生产的总过程，这已经是人类社会生产的最高形式，可是这个社会机构只是形式上代表社会，其内容却为部分垄断资产阶级利益服务。它是国家机器，不可能为社会利益服务。它掌握着暴力工具，一般社会成员也不可能使它为社会利益服务。资本主义生产关系部分质变已达到极限。它要求发生根本质变，以生产资料公有制来代替私有制。这要以国家机器由无产阶级掌握为前提条件。如果做到了这一点，国家就变成真正代表社会利益的机构，因而也就再也不是国家了。由它来计划生产的总过程，国家垄断资本主义就成为社会主义，资本主义生产关系最终实现了根本质变。

第七节　关于国家垄断资本主义问题的争论

上面关于国家垄断资本主义的论述，只是关于这个问题的个人看法。从目前看，确实是一个人的看法。现在，对这个问题的争论予以述评。

第一，国家垄断资本主义是国家机器和私人垄断资本的溶合、结合，还是国家机器服从于垄断组织的产物？从用语看，前者是列宁的提法，后者是斯大林的提法。从历史过程看，列宁的用语是受布哈林的影响的。布哈林是最早研究国家垄断资本主义的经济学家。列宁论述金融资本是工业资本和银行资本的融合或结合时，这个用语也是布哈林的。布哈林认为，国家资本主义托拉斯是国家政权和托拉斯这类垄断组织的结合，其方法论基础是纯粹垄断资本主义论，即认为囊括全部国民经济的是垄断企业，其他经济成分已消失殆尽，垄断组织当然谈不上利用政权去攫取垄断利润，这样，前者便是生产车间，后者便是管理单位，两者结合起来，就是国家资本主义托拉斯。这个方法论基础是错误的。列宁是反对纯粹垄断资本主义论的。既然没有纯粹的垄断资本主义，国家的作用从实质看就是为了垄断资本主义攫取垄断利润。列宁说的溶合或结合，指的是在国家垄断资本主义条件下，垄断资产阶级利用国家机器谋利，使自己发财，使劳动人民更为受苦。后来的经济学家将"溶合"或"结合"解释为国家和私人垄断资本合办企业,或国家调节生产的过程。由于这样,斯大林便对这种不符合列宁原意的说法提出批评。他批评结合论只是论述两者的接近,而没有揭示这个过程的经济实质。从他表述的垄断资本主义的基本经济规律中,我们可以看到,他把国家理解为垄断企业用来攫取垄断利润的工具。斯大林的阐述是正确的。

第二,由此产生的问题是,国家垄断资本主义经济中的国家的最本质的作用,是作为生产社会化的调节者,还是作为有利于垄断组织的国民收入再分配者? 持前说的人往往强调,随着科技的发展和生产过程的日益社会化,需要一个生产组织者和调节者,这就是国家垄断资本主义之所以产生的原因以及国家在这里的作用。他们还引用马克思这段话作为论据:"政府的监督劳动和全面干涉包括两方面:既包括执行由一切社会的性质产生的各种公共事务,又包括由政府同人民大众相对立而产生的各种特殊职能。"①这里说的是国家作用的二重性,其中的执行"各种公共事务",就包括因生产社会化而产生的事务。但是,只是这样理解资本主义国家的作用,显然不符合马克思的原意,即国家还执行同人民大众相对立的各种特殊职能。我认为,前者本身不是目的,它是服从于后者的。资本主义生产既是社会化大生产,又是剩余价值生产,前者要求的比例关系不是空洞的,而是由后者决定的。布哈林说得很好,国家政权的"'公益的'职能无非是剥削过程的必要条件"。②调节论者的缺点,就在于把调节本身看成目的,而忽视调节是手段,其目的对国家垄断资本主义来说,则是再分配国民收入,使部分垄断企业攫取更多的垄断利润。

与此相关联的问题是,在这个特定条件下的国家,总是有经济作用的,在承认这一点的前提下,这样的国家是经济基础还是上层建筑? 换言之,它是作为一个巨大的资本家经营经济事业呢,还是作为一种政治力量再分配国民收入,而有利于部分垄断企业,即使它有时也因包买生产资料而办些公营企业,这也是再分配国民收入的一种手段呢? 我认为答案应该是后者。

---

①　马克思:《资本论》(第三卷),载《马克思恩格斯全集》(第二十五卷),人民出版社1974年版,第432页。

②　尼古拉·布哈林:《过渡时期经济学》,余大章、郑异凡译,生活·读书·新知三联书店1981年版,第14页。

这样,不仅这个国家的经济活动本身,如包买商品或劳务、包买生产资料而经营的企业,而且它的经济政策,如财政、金融政策,都应视为国家垄断资本主义,而不应把这些政策理解为国家垄断资本主义的作用。

第三,国家垄断资本主义是不是一个历史阶段? 如果是一个历史阶段,是垄断资本主义这个阶段中的一个阶段呢,还是它本身就是资本主义发展的第三个阶段? 这个问题虽然争论得很热烈,但同我们前面的论述口径不同,很难正面回答。我只认为,国家垄断资本主义是国民经济的一种特殊形式,在第一次世界大战时产生,在 30 年代经济危机后,成为一种巩固的经济现象。

第五章　国家垄断资本主义条件下资本主义再生产的特点

第一节　危机阶段缩短和危机发生频繁

在国家垄断资本主义条件下，资本主义再生产的一个显著特点，就是再生产的周期性，即普遍的生产过剩的经济危机周期性仍然存在，但是同以前相比，危机阶段即生产下降的持续时间缩短了，两次危机相隔的时间也缩短了，也就是说，危机的次数增加了。从前，危机爆发时，生产下降一般在 20% 左右，生产下降的持续时间一般在 18 个月左右，两次危机相隔的时间一般在 10 年左右；从第二次世界大战结束后至今，在国家垄断资本主义的条件下，危机爆发时，生产下降一般在 10% 左右，生产下降的持续时间一般在 10 个月左右，两次危机相隔的时间一般在 5 年左右，危机的严重程度较前减轻，即使以 1982 年结束的那次战后最严重的危机而言，也没有 1929—1933 年那次危机严重。

资本主义再生产之所以发生这些特点，最重要的原因是，资本主义再生产是在国家垄断资本主义的条件下进行的，垄断资本主义的国家加强干预经济，使经济危机的表现形式发生变化。经济危机一方面是生产发展和消费相对落后之间的矛盾的爆发；另一方面又是"现有矛盾的暂时的暴力的解决"，是"使已经破坏的平衡得到瞬间恢复的暴力的爆发"。[①] 我们知道，危机破坏生产力，使生产倒退，这样就能使生产下降到和消费相适应的水平，矛

---

① 马克思：《资本论》（第三卷），载《马克思恩格斯全集》（第二十五卷），人民出版社 1974 年版，第 278 页。

盾暂时解决,生产便得以恢复和发展,然后又发生新的矛盾,爆发新的危机。国家垄断资本主义即国家机器为垄断资本家的利益干预经济,在使一部分垄断资本家得到好处的同时,削弱或麻痹了危机对解决矛盾的作用,因而使资本主义再生产发生某些特点。

第一,国家对在危机中发生困难的垄断企业实行包买产品和提供信贷的政策,使它们不仅不被淘汰,而且得到更多的垄断利润。这两者对生产下降幅度和时间的作用是不同的。垄断企业由于国家包买产品,其生产就不致下降或下降甚少,下降时间也较短,这是一股力量。垄断企业由于得到国家贷款,其产品就不需降价拍卖,产品销售时间较以前发生危机而得不到国家贷款,因而必须降价拍卖商品的时间长些,这是使生产下降时间延长和生产下降幅度增大的又一股力量。这两股作用相反的力量,制约了生产下降的幅度和时间。从目前看,前一种力量和后面谈到的作用相同的力量合起来作用较大,因而便致使危机时生产下降的幅度减少,持续的时间缩短。

第二,耐用消费品、私人汽车、住房等,在实行分期付款购买的条件下,其销售受国家利率变动的影响,运用金融政策以干预经济,则是国家垄断资本主义的重要组成部分。实行分期付款购买,有利于这些产品的销售,总的说来,能使生产下降的幅度减少和生产下降的时间缩短。但是,在这个前提下,利率提高则不利于产品的销售,利率降低则加速产品的销售。现在,发生危机的时候,剔除了通货膨胀因素的利率是降低的,这有利于产品的销售,并使生产下降的幅度减少和持续的时间缩短。

第三,国家在危机时,为了垄断资本家的利益,可以不受危机时利润较低甚至利润为负数的限制而投资。国家包买的产品中有一部分是生产资料,尤其是其中的固定资本,这是要用来投资的;进行固定资本投资时,又使一部分垄断企业可以承包工程,有利可图。从前,危机时私人资本家一般是停止固定资本投资的;现在,由于上述原因,国家进行固定资本投资,其表现为兴建公共工程、发展军火生产、生产宇航工具、建造人工岛屿等,这就致使危机时固定资本投资下降的幅度减少,从而也使生产下降的幅度减少和生产下降持续的时间缩短。

国家垄断资本主义调节经济的措施,国家包买生产资料并进行固定资本投资,对私人固定资本投资有重大影响。例如,在30年代的危机中,一方面,私人资本家很少更新和扩大固定资本;另一方面,国家垄断资本主义刚开始发展,国家购买很少,因此,刺激私人固定资本投资也很少,因而在危机阶段私人固定资本投资锐减,生产猛烈下降。现在,国家对某些垄断企业包买产品,其中的一部分被国家用来进行固定资本投资,出售了这些产品的企业也可以继续更新固定资本,这样就产生了危机阶段私人固定资本投资下降不大的现象,这是使危机阶段缩短的主要原因。现将美国 30 年代危机和 70、80 年代危机中,国家购买和国内非住宅私人投资的数字(单位 10 亿美元)表解如下。

表 6-2　美国国家购买和国内非住宅私人投资

危机年	1929	1930	1931	1932	1933	1934	1973	1974	1975	1979*	1980	1981	1982
国家购买	8.8	9.5	9.5	8.3	8.2	10.0	270.4	304.1	339.9	474.4	537.8	595.7	649.2
私人投资	10.6	8.3	5.0	2.7	2.4	3.2	143.3	156.6	157.7	290.2	308.8	352.2	348.3

资料来源:[美]《基本经济统计手册》1983 年 12 月,第 224、225、226 页。

注: * 是非危机年,为了与下年相比而列出。

从表里可以看出国家购买对私人固定资本投资的制约作用。30 年代危机中,国家购买不仅数量少,而且增减不大,对私人投资发生的作用几乎不变,这些投资便因危机本身的作用而显著下降,相反,70 和 80 年代危机中,国家购买不仅数量大,而且逐年增加,因而对私人投资的刺激增加,投资也逐年增加,只有 1982 年不同,私人投资略有减少。

上述几方面因素对危机持续时间和生产下降幅度的影响各不相同。但由于垄断资本主义国家在运用金融政策和财政政策两者对付危机时,更着重运用财政政策,垄断资产阶级从国库中直接得到的好处也较多,因此,财政力量对危机起的作用较大,从而使危机时间和生产下降都较前减少。美国危机中工业生产情况如下表。

表 6-3　美国危机中工业生产情况

危机年	1929—1934	1973—1975	1980	1981—1982
下降幅度(%)	−55.6	−15.1	−8.1	−12.5
下降月数(个)	38	16	6	17

资料来源:《世界经济》1983 年第 3 期,第 78 页。

以上所说的垄断资本主义国家干预经济的几个方面,得益的基本上是一些庞大的垄断企业,尤其是那些同政权有密切关系的垄断企业,而不是那些中小企业和个体生产者。因此,在危机中前者就保存下来,有的如军火企业、宇航企业甚至还能发展,后者则大受打击。但由于前者的生产力较后者庞大得多,这样,危机能够淘汰多余的生产力的作用便被削弱或麻痹,集中起来就是生产下降得不够,生产是在较高的水平上同消费暂时恢复均衡的,因而危机过去,生产发展不久,便又同消费发生矛盾,新的危机发生,两次危机的相隔时间较前缩短,从现在的统计数字看,约五年便发生一次。总起来说就是,从前不存在国家垄断资本主义,资本主义再生产由自发的经济危机加以调节,危机充分地发挥其暂时解决生产和消费之间的矛盾的作用,再生产大约以十年为一周期,大起大落地向前发展,表现为犬齿形;现在,在国家垄断资本主义条件下,经济危机调节资本主义再生产的作用,由于国家干预经济而削弱,再生产大约以五年为一个周期,经济虽然向前发展,但起落不显著,表现为坟堆形。

第二节　固定资本更新的特点和危机周期时间长短的物质基础问题

资本主义再生产的周期,即两次危机的间隔时间或危机周期时限,有一个物质基础。我认为,在国家垄断资本主义条件下,这个物质基础的作用已被削弱。

马克思在解释他那个时期危机的周期时间约为十年时认为,它的物质基础就是大工业中最有决定意义的部门的固定资本,尤其是其中的机器的更新时间约为十年。他说:"这种由若干相联系的周转组成的包括若干年的周期(资本被它的固定组成部分束缚在这种周期之内)为周期性的危机造成了物质基础。"之所以如此,他认为是由于固定资本投下的时期虽然是"极不相同和极不一致的,但危机总是大规模新投资的起点"。①

---

① 马克思:《资本论》(第二卷),载《马克思恩格斯全集》(第二十四卷),人民出版社 1972 年版,第 207 页。

　　这段话经常被引用,但理解各不相同。为了说明国家垄断资本主义条件下,危机周期时限的物质基础的作用之所以被削弱,有必要说明个人对这段经典论述的理解。

　　我们知道,固定资本中包括的机器同流动资本中的原材料等的根本不同在于:它是一次购买、多年使用、多年才购买一次的。例如,一台机器可用十年,那就是买了一次之后,有九年不必买,到第十年才买一台新的。从全社会看,购买机器的年份,各个企业是不相同的。但为了供应机器的企业和需要机器的企业之间保持均衡的关系,各企业每年需要的某种机器的总和,同供应该种机器的企业生产的机器总和要相等。如果情况确是这样,撇开了扩大再生产需要追加的机器这一点不谈,生产机器的企业每年的生产规模就相同,没有特别大的力量刺激它迅速地突然地扩大生产。

　　假定上述的是资本主义发生第一次危机之前的情况。现在第一次经济危机发生了。前面说过,在危机中(在生产下降时期中)资本家是不更新固定资本尤其是不更新机器的。他们如果在危机中能够幸存下来,便在危机即将过去、存货即将售完、市场不再恶化时,更新和扩大固定资本,尤其是使用更精良的机器。这有两种情况:一种是危机前不久才更新过机器,这时机器还能使用(假定机器的寿命是十年),便暂不更新;另一种是危机前夕和危机中本应更新机器的,只是由于发生危机便暂不更新,这时便集中地、大规模地更新和扩大固定资本,使用更精良的机器。由于集中地增加对精良机器的需要,生产机器的第一部类便增加生产,工人开始增加就业,对消费品的需要增加,第二部类便恢复生产。这样,两大部类相互影响,生产便从脱离危机,经过萧条、复苏,走向高涨。

　　那么,第二次危机又是怎样发生的? 和第一次危机的间隔为什么同机器更新的时间(假定是十年)大体相同呢? 我们称在第一次危机大体过去之后更新机器对生产产生的刺激力为第一推动力,如上所述,它促使生产向前发展,从而促使生产与消费之间的矛盾增加。在这个过程中,那些尚未更新机器的企业,无论从机器的寿命来说,还是从要迎接生产即将走向高涨来说,都要陆续更新了,我们称其为第二推动力。由于有了这个新的推动力,生产与消费之间的矛盾便激化,新的一次危机便发生,此时,第一批更新的机器尚未更新,因为其寿命(十年)尚未完结。到新的一次危机即将过去时,第一批更新的机器的寿命大体上已完结,便又集中地更新,从而又使经济逐渐走向高涨,如此循环不已。危机间隔时间受机器集中更新的时间制约。

由上述分析可以看出,固定资本尤其是机器的更新时期,之所以成为危机周期时限的物质基础,是由于在一次危机即将过去时,机器的更新和扩大是集中地、大规模地进行的,这就是马克思所说的,"就整个社会考察,危机又或多或少地是下一个周转周期的新的物质基础"。① 如果机器的更新不是集中地、大规模地进行的,对生产就没有特大的刺激力,这个物质基础的作用就削弱了。

在国家垄断资本主义条件下,国家干预经济,恰好使固定资本的投资,使机器的更新和扩大,不是集中地在危机即将过去这一时点中大规模地进行的,因此,就削弱了固定资本更新成为危机周期时限的物质基础的作用。前面说过,垄断资本主义的国家即使在危机时,为了垄断资本家的利益也进行固定资本投资。现在要进一步说明,这种固定资本投资,是根据垄断资本家的需要,分散在不同的时点中进行的。固定资本更新的集中性变为分散性,这就使它成为危机周期时限的物质基础的作用大为削弱。这是我们研究当代资本主义经济危机周期长短时应该加以注意的。因此,我认为不能从计算当代资本主义最重要的机器的更新时间,直接去说明两次经济危机的间隔时间。

由于产生了这种新的情况,我认为当代资本主义两次经济危机的间隔时间,即经济危机的周期长短,越来越由生产和消费之间的矛盾积累程度决定,而固定资本更新时间长短对它的影响越来越小。其实,马克思也并不认为危机的间隔时间,是无条件地、绝对地由固定资本更新的时间决定。他在《资本论》(第一卷)法文版论述资本主义积累的一般规律中,加了这段插话:"当机器工业如此根深蒂固,以致对整个国民生产产生了绝对的影响时",以及加上其他条件,这种周期的延续时间才是"十年或十一年,但绝不应该把这个数字看成固定不变的。相反,根据我们以上阐述的资本主义生

---

① 马克思:《资本论》(第三卷),载《马克思恩格斯全集》(第二十五卷),人民出版社 1974 年版,第 207 页。

产的各个规律,必须得出这样的结论:这个数字是可变的,而且周期的时间逐渐缩短"。① 值得注意的是,马克思在这里并不认为周期时间的逐渐缩短,是由于固定资本更新时间的缩短,而且是由于在新的条件下资本主义生产各个规律的作用。

我国经济学家根据马克思的经济危机理论说明战后经济危机周期时间变化,付出了艰辛的劳动,取得了很大的成绩。但是,其中有一些问题在我看来值得商榷。这里主要谈两种关于危机周期时间变化的理论。

第一种理论是吴大琨教授提出来的。他认为,战后美国政府加紧干预经济,对企业实行加速折旧法,即企业在五年内便要将固定资本折旧完毕,由于这样,美国的经济危机便减缩为 5 年左右发生一次。吴教授从 60 年代初期起便提出这种看法,至今 20 多年基本不变。② 在反复研读吴教授的有关论著后,我便觉得他的理论包括三个部分(如果我的理解不错的话)。

首先,他认为资本主义发生经济危机的原因是生产的无政府状态,而不是生产发展和消费相对落后之间的矛盾,这是他的经济危机理论的基础,也是他多年来反复加以说明的。我在前面已经说明,生产的无政府状态即生产部门间的比例失调只能引起局部危机,而由生产与消费的矛盾引起的才是普遍危机,吴教授研究的是普遍危机,用无政府状态去说明它的发生,应该说是有问题的。吴教授说,用生产发展和消费相对落后的矛盾去说明经济危机的发生的是斯大林,而不是马克思。③ 从前面我对马克思的危机理论的引用中可以看出,这种说法不符合事实。

其次,从无政府状态是危机的原因这一理论出发,他认为无政府状态或比例失调最容易发生在固定资本的供给和需求上,因而危机的发生就在固定资本的更新或不更新上。认为固定资本的供需最容易失调,这是正确的。因为正如前面说过的,固定资本的特点是一次购买、多年使用、多年才买一次的。由于这样,从一个企业看,它的固定资本如锅炉,可以用十年,也就是

---

① 马克思:《资本论》(第一卷),载《马克思恩格斯全集》(第二十三卷),人民出版社 1972 年版,第 695 页注①。

② 近年论著主要有:《论战后美国经济危机及经济周期的性质》,《世界经济》1979 年第 11 期;《战后资本主义世界的经济危机与经济周期的物质基础》,《经济研究》1983 年第 1 期。

③ 吴大琨:《战后资本主义世界的经济危机与经济周期的物质基础》,《经济研究》1983 年第 1 期。

说,锅炉在价值上进行折旧九年,到第十年折旧完毕才买一只新锅炉,锅炉的价值形态补偿和自然形态补偿有九年是不一致的。如果所有用锅炉的企业都在同一年进行自然形态补偿,即同时购买新锅炉,那么生产锅炉的企业就有九年不能出售锅炉;反之,如果生产锅炉的企业尚未生产足够的锅炉,所有用锅炉的企业都在同一年突然购新锅炉,那么锅炉的供给就严重不足;无论在哪一种情况下都是失调。这种情况在资本主义生产的无政府状态下,即使进行的是简单再生产,也经常发生,更不用说扩大再生产了。但由此引起的,仍然是局部危机。

当然,如果所有的企业都同时不更新固定资本,那么,生产固定资本的第一部类便发生生产过剩,而根据 Ⅰ(V+M)要同 ⅡC 相交换的原理,生产消费资料的第二部类也发生生产过剩,这应该是普遍的经济危机了。但所有企业同时不更新固定资本的原因是不能用生产无政府状态来解释的。这个原因应该是已经发生普遍的经济危机了,因此,资本家都不更新固定资本,这样一来危机便深化了。这个原因,如上所述,应该是生产发展和消费相对落后之间的矛盾。

最后,从无政府状态或比例失调是危机的原因,再从比例失调最容易发生在固定资本的供需关系上出发,吴教授进一步认为,战后美国政府对企业实行加速折旧法,要企业在五年内将固定资本折旧完毕,这就使美国五年便发生一次危机。我仔细琢磨了吴教授的论著后,觉得他似乎是这样论证这个问题的:这些在五年内便在价值形态上折旧完毕的固定资本,在物质上仍然可以使用(因而给该企业带来巨大的利益),价值形态补偿和自然形态补偿不一致;而这种不一致的存在,就使经济危机发生。应该说,美国实行的加速折旧法,确实使一些企业的固定资本发生两种补偿的不一致,即五年内在价值形态上已补偿完毕的固定资本,在自然形态上仍然使用,这实质上是国家对这些企业的财政赠与。但一个企业的固定资本两种补偿的不一致,是连局部危机的发生都不能说明的,更不用说普遍危机了。这是因为,正如前面说过的,一个企业除了更新固定资本那一年外,其余各年都存在固定资本两种补偿的不一致,这是由固定资本周转的特点决定了的。但一个企业补偿的不一致,不一定意味着就是全社会某一固定资本两种补偿的不一致。仍以前面说的锅炉为例。假定每个企业用一只锅炉,每只用十年,每年折旧十分之一，这样，从一个企业看，锅炉的价值形态和自然形态的补偿有九年不一致，这在前面已经谈过。但是社会上有许多企业，假定有一百个，各用一只锅炉，每年折旧十分之一，即在价值上可以购买十只新锅炉，而实际上每年确有十个企业购买新锅炉，共购买十只新的，这样，从全社会看，锅炉的价值形态补偿和自然形态补偿便完全一致，生产锅炉的企业每年生产十只锅炉，锅炉的供给和需要便均衡，局部的危机不会发生。当然，在生产无政府状态下，从全社会看，要做到这一点是很难的。如果做不到，局部危机便发生。在我看来，吴教授除了把局部危机的原因看成普遍危机的原因外，很可能又在论证从全社会看，固定资本价值形态和自然价值补偿不一致这个最常见的局部危机的原因时，把从一个企业看的这种不一致不加说明就看成从全社会看的不一致。

其实，从美国实行加速折旧法，固定资本五年折旧完毕这件事本身，是无法说明经济危机为什么五年发生一次的。最重要的原因在于，这条法律不能规定所有企业在五年中的某一年同时更新或不更新固定资本；而缺少这种同时性和集中性，根据前面的说明，就既无法解释经济如何走向高涨而又陷入新的危机，也无法解释如何直接导致一次危机。

吴教授根据美国实行加速折旧法，固定资本五年折旧完毕一事，提出美国经济危机五年左右发生一次，表面看来，与截至70年代为止美国发生经济危机的间隔时间相符，因而这个理论似乎是正确的。他本人也说，他运用这个方法预测美国战后第六和第七次危机的发生，已得到证实。我在1980年写的一篇论文中说过："这可能是一种偶合，以后可能失灵。"①按照美国确定经济危机（他们称为衰退）开始和结束的权威机构——美国全国经济研究局的说法，80年代以来，美国已发生了两次危机。根据吴教授的理论，这似乎是难以解释的。

另一种理论认为，同固定资本的更新一样，住房建筑与耐用消费品的更新也是危机周期时限的物质基础。应该说，这种理论在国外国内都在流行。有人分别称这两者为第一物质基础和第二物质基础。我国吴纪先教授对这

---

① 陈其人：《对〈论战后美国经济危机及经济周期的性质〉一文的质疑》，《世界经济》1980年第6期，第24页。

问题作了系统的阐述。[①] 他并且指出,战前美国存在过为期18年的建筑周期。

住房建筑和耐用消费品从一次购买、多年使用、多年才买一次这点看,同固定资本相同。但如上所述,固定资本之所以成为危机周期时限的物质基础,是由于有客观的经济条件,使资本家大体上在危机即将过去的时点,集中地、大规模地更新固定资本,如果不是这样,固定资本更新是分散在许多年进行的,它这种物质基础的作用便削弱了。很明显,没有哪一种经济条件能使消费者在同一时点集中地、大规模地更新住房建筑和耐用消费品。

应该说,吴教授是看到住房建筑等更新不同于固定资本集中更新的特点的。但他认为这是过去的情况,现在在国家加紧干预经济的条件下,情况变了。现在实行分期付款摊销法和抵押贷款法,政府降低利率和放宽信用,住房建筑等的更新便集中在同一时点进行,从而也成为危机周期时限的物质基础了。

在实际生活中,尤其在美国这个建筑业是三大工业支柱之一的国家里,人们确实看到降低利率、从而住房出售激增对经济发展有重大的作用。但是,将这升华为理论,认为住房建筑等的更新同固定资本更新一样,也是危机周期时限的物质基础,似乎值得商榷。

首先,用分期付款法购买住房建筑等消费品的,绝大多数是工资收入者,他们中的在业者要无失业之虞,失业者要已恢复就业,才有可能进行这种购买,这就是说,从理论上看,这种购买要受经济发展周期的制约,而经济危机周期的变动又受固定资本更新(撇开国家分散在不同的时间更新固定资本这点不谈)的制约。这样,将住房建筑等的更新同固定资本更新等量齐观,认为都是危机周期时限的物质基础,应该说是有问题的。

其次,最根本的,从方法论上说,用两个不同的因素去说明危机周期的时限,应该说是错误的。我们知道,固定资本有千千万万,大致可以分为建筑物和机器这两者的主要躯体以及它们的零件,它们的更新时间不仅在同一生产部门内不同,而且在不同的生产部门中也不同。这样,要研究固定资本的更新时间对危机周期时限的作用,就要确定哪一种生产部门中的哪一

---

① 吴纪先:《关于战后资本主义经济危机和周期问题》,《世界经济》1981年第1期。

种固定资本的更新起决定性的作用，才能解决问题。马克思认为，大工业中最有决定意义的部门中的机器更新起决定作用。当时的机器十年左右更新一次，据此，马克思便提出固定资本的更新是危机周期时限的物质基础的理论，以此解释当时的危机为什么十年左右发生一次。如果不是抓住机器的更新，而把千千万万的固定资本更新同样看待，那是无法说明问题的。

两个物质基础论的问题就在这里。如果机器的更新是十年，住房建筑的更新是十八年，两者对危机周期时限起同样的作用，那么，两次危机的间隔是几年呢？看来，两个物质基础论者是难以回答这个问题的。

第三节　在危机、停滞、供过于求的条件下，物价反而上涨

从前，在经济危机阶段，商品普遍供过于求，因而价格普遍下跌，甚至降价拍卖，从而有利于存货的清除，有利于暂时解决生产与消费之间的矛盾，这是危机本身对生产起调节作用的一种表现。现在，在国家垄断资本主义条件下，尤其是进入70年代以来，在经济危机阶段、商品供过于求时，价格不仅不普遍下降，反而上升，最严重的时候，物价上升年率超过10%，有的国家在危机阶段过去、经济发展停滞时仍有此现象。这种物价上涨与危机停滞相交织的现象，是此前没有的。经济学家称之为滞胀，也有称为胀滞的。滞即经济停滞，胀即通货膨胀。

关于发生滞胀的原因，国内外经济学家写了大量论著，这里不暇一一论述，只谈谈个人对这原因的看法，并就主要的不同看法略作评论。

根据马克思的价值（包括交换价值）理论，物价普遍上涨的原因有三：(1)在货币价值不变时，生产所有商品的劳动生产率普遍降低，一般地说，这是不可能的，特殊地说，在严重的灾荒时可能有这种情况，这显然不能解释滞胀；(2)在货币价值不变时，生产所有商品的劳动生产率没有降低，即商品价值并没有增大，但是普遍地发生求过于供的情况，一般地说，这也是不可能的，特殊地说，在发生战争时可能有这种情况，因为这时物质生产的劳动者减少了，商品供给减少，价格开始上涨，当人们把若干年积累起来的金银

币甚至金银首饰都用来购买商品时,使供不应求加剧,价格便再上涨,这同样不能解释滞胀;(3)商品价值并不增大,供求关系没有变化,而货币的价值或纸币的购买力降低了。这应该是物价普遍上涨的原因。欧洲经济史上的价格革命,即16、17世纪的物价剧涨,就是由于美洲发现了富饶的金银矿,货币价值下跌。但用这一点来说明滞胀,还不全面。

问题在于:货币价值或纸币购买力下降,虽然能使物价上涨,但危机和停滞却是使物价下降的,如果后一力量能抵销前一力量,那么,物价还是不会上涨的。问题还在于:我们要找到一个原因,能够统一地说明危机停滞和物价上涨为何能同时发生。

在我看来,这个原因应该是构成国家垄断资本主义经济支柱的通货膨胀的急剧发展。它的急剧发展,一方面,如上所述,急剧地降低劳动人民的购买力,使生产与消费的矛盾激化,促成危机的爆发,再加上前面说过的原因,危机过后,不易走向真正的高涨,即陷入停滞,危机和停滞时供过于求,物价理应下降;另一方面,降低了纸币的购买力,使物价暴涨,其程度超过因供过于求而造成的物价下降;这样,便发生危机停滞和物价上涨相交织的局面。

从历史过程看,30年代经济危机时,国家垄断资本主义便在废除金本位制、实行通货膨胀政策的基础上牢固存在和向前发展,也就是在这次危机中,发生过短暂的物价上涨的反常现象。第二次世界大战后,60年代之前,占据国际金融霸主地位的美国,实行的是温和的通货膨胀政策,因而在经济危机时,物价不上涨,有时还微跌;60年代中期开始,美国侵越战争升级,生产宇航工具登月,实行福利主义的"伟大社会计划",财政赤字急增,于是,急剧的通货膨胀政策取代温和的通货膨胀政策。这就是为什么从70年代起,危机停滞和物价上涨同时发生的原因。由于美国霸主地位的影响,资本主义世界的金融受其影响极大,在发生危机停滞时,都程度不同地发生物价上涨的现象。当然,各垄断资本主义国家实行的通货膨胀政策,也发生同样的作用。

在说明滞胀的原因时,我排除了有些经济学家所说的垄断价格这个原因。这是因为,垄断价格虽然能促使生产与消费之间的矛盾激化,使危机成熟,但是它不能说明危机时物价为什么普遍上涨。只要我们坚持劳动价值理论,认为通过垄断价格攫取的垄断利润是来自其他经济成分的,就不能得出由于有了垄断价格,整个物价水平便提高的结论。因为在这个条件下,垄断商品的价格提高了,非垄断商品的价格便相应地降低了;垄断资本主义国家的整个价格水平提高了,国外殖民地的整个价格水平便相应地降低了;全部总价格仍然等于总价值。这个问题,只要我们将问题放在使用金银作为货币的条件下考察,便会看得清清楚楚。由此也就可以了解,在废除金本位制、使用纸币的条件下,价格水平升高的原因不在于垄断价格,而在于纸币发行量过多,使单位纸币的购买力下降,从而使物价水平升高——这就是通货膨胀。

滞胀的发生,使凯恩斯主义宣告破产。我们已经说明,凯恩斯主义是国家垄断资本主义的意识形态,它搬出一套通货膨胀理论,认为只要废除金本位制,便能随意增加货币即纸币的供应量,调低利率,以增加投资,增加就业,从而达到防治经济危机的目的。它认为,通货膨胀与经济繁荣相联系;通货紧缩与经济衰退相联系。我们已经指出,以膨胀通货的办法刺激经济,实质上是削减广大劳动者的购买力,以增加垄断资本家的利润,因而必然使生产与消费的矛盾尖锐,促使危机发生。第二次世界大战后,各主要垄断资本主义国家普遍实行凯恩斯主义,以支持国家垄断资本主义,但危机仍然周期地爆发,并且周期缩短,情况已见上述。由于有一段时间,通货膨胀程度不是很高,因而危机时物价不上升;又由于资产阶级经济学家不区分由货币购买力变动引起的物价变动和由供求关系引起的物价变动,而直接把物价指数看成通货膨胀率,既然危机时物价不上升,他们就认为危机与通货膨胀无关,凯恩斯主义尚能存在。70年代开始,通货膨胀程度很高,致使危机时由于前面说过的原因物价反而上涨。这时西方资产阶级经济学家才看到,凯恩斯主义所说的通货膨胀与经济繁荣相联系并没有出现,相反地,却是通货膨胀与经济危机和经济衰退相联系。由于事实是这样明显,他们中的一部分人才宣告凯恩斯主义破产了。其实,在我看来,凯恩斯主义早就破产了。

滞胀的发生,证明菲利普斯曲线的理论解释是错误的。所谓菲利普斯曲线,是英国资产阶级经济学家菲利普斯教授依据经验统计资料炮制的一条曲线,它呈向右下方倾斜状态,表明失业与物价—工资上升彼此之间数量上的交替关系:当失业率较低时,物价与工资增长率就变得较高;当失业率较高时,物价与工资增长率就变得较低,甚至为负数。它的结论是:要降低失业率,就必须引起物价上涨,工资提高,从而带来通货膨胀。其实,这条曲线只描绘了国家垄断资本主义产生前,在经济周期的变动过程中,失业率变动和工资增长率与物价增长率的反变动这两个相反的现象:危机时,失业率增加,工资从而物价的增长率就较小,甚至为负数;繁荣时,失业率减少,工资从而物价的增长率就较大,即通货膨胀。但它对这两个相反现象的解释却是错误的,认为这两者有交替或不如说因果关系,即认为工资是价格或价值的构成因素,因而便认为,失业率增大,工资增长率较小甚至为负数时,物价增长率就较小甚至为负数;反之,情况就相反。其实,工资不是价值或价格的构成因素,而是从价值中分解出来的一部分,它的变化只能引起利润的反变化,而不影响价值或价格。我认为,上述的两种现象是由同一个原因产生的,它们之间没有因果关系。这个原因就是由资本主义基本矛盾所制约的经济周期变动,即发生危机时,劳动力供过于求,失业率增大,工资增长率为负数,商品供过于求,物价增长率为负数;经济繁荣时,劳动力需求增加,工资增长率为正数,增长程度与劳动力需求增加程度成正比,商品需求增加,物价增长率的变化与工资增长率的变化相同。尽管菲利普斯曲线的理论解释是错误的,但直到70年代前,即滞胀尚未发生时,这条曲线描绘的现象都符合事实。自那时以来,滞胀发生了,失业率增长和物价增长率成正数(资产阶级经济学家直接看成通货膨胀率增大)同时发生,这样,事实上宣告了菲利普斯曲线的破产。

第四节 资本主义再生产发展的趋势

在发达资本主义国家,自由资本主义发展为私人垄断资本主义,在这个基础上国家垄断资本主义作为一种经济关系必然产生和发展,这是资本主义生产方式的基本矛盾决定了的。在这个条件下,资本主义再生产的发展趋势如何,这是一个值得研究的重大理论问题。

研究这个问题,要有一些假设条件,即假设发达资本主义国家由于科学技术本身的原因,科学和技术尚未发展到一个新的巨大变革的阶段,即现实的生产力没有巨大的发展。如果情况不是这样,而是像第二次世界大战后发生了第三次产业革命,从而生产力有了巨大的发展那样,那么,资本主义将有一段时间生产发展迅速，就像第二次世界大战后到 60 年代时那样。要等巨大的技术变革对生产的刺激作用逐渐消失了，如像从 70 年代起那样，生产发展便缓慢了。我们的分析要以没有巨大的技术变革或虽有这种变革，但其对生产的刺激作用已逐渐消失为假设条件。

在这个条件下，我认为资本主义再生产可能是这样：经济危机仍然发生，但由于国家垄断资本主义经济的存在，国家干预经济加强，一方面，危机自行暂时解决生产与消费的作用削弱，同从前的生产是在大起大落中向前发展的情况不同，今后的生产虽有起落，但不显著，也没有停滞的趋势；另一方面，一个大危机可以分散为若干个小危机，也可以用其他的人为办法破坏生产力和浪费社会劳动，而所有这些小危机的破坏生产力以及浪费社会劳动的作用，合起来等于发生一次大的经济危机。总起来就是，再生产过程中的波动程度降低，经济危机分散发生或慢性化，人为地破坏生产力和浪费社会劳动的情况日益严重。

关于这个问题，我国经济学家提出来的看法是值得注意的，姚廷纲同志先把经济危机比喻为自然界的地震，并指出现代科学已发现可以用人工的方法触发一些小地震，以防止强烈的大地震的爆发，然后认为，周期性的危机类似强烈地震，中间危机类似小地震，并指出国家干预经济的措施虽然不能防止周期性危机，但可以在尚未爆发周期性危机时触发一些中间危机，以推迟周期性危机的爆发。[1] 刘颂尧同志也提出了国家垄断资本主义调节经济的措施，提供了有保证的国家市场在对抗周期波动上有一定效果的论点。[2] 这些论点都能说明资本主义再生产发展的趋势。

这里想谈一谈将大危机分散为若干个小危机，以及用人为的方法破坏生产力和浪费社会劳动，以便使其起着危机的同样作用的问题。

我们知道，经济危机如果不从发生原因而从现象看，便是买和卖的脱节，也就是说，商品销售不掉是经济危机的因素。正是从这里，我们可以看到，在国家垄断资本主义条件下，国家干预经济，有可能使经济危机分散地

---

[1]　姚廷纲：《战后美国的经济危机和周期问题》，载论文集编辑组编《美国经济讨论会论文集》，商务印书馆 1981 年版，第 23—32 页。

[2]　刘颂尧：《现代资本主义经济和中间性危机》，载论文集编辑组编《美国经济讨论会论文集》，商务印书馆 1981 年版，第 43—49 页。

进行。前面说过，垄断资本家按照国家订货而工作，是国民经济的一种特殊形式，在这种条件下，市场不存在问题，或存在的是有保证的国家市场。这样，在资本主义生产和消费的矛盾日益尖锐因而一次大的危机就要爆发前，国家可以用购买某些即将发生过剩的垄断企业产品的办法，分散地导致一些小危机，破坏过多的生产力，使大的危机不致发生。当然，对其他企业来说，这样的市场是没有的，因此从全社会看，经济危机仍要集中爆发，但规模可能小些。

用上述办法导致的为什么是分散的小危机呢？首先，它是危机。对某些有过剩产品的垄断企业来说，由于国家的购买，它的产品似乎出卖了，它没有发生危机。但是，矛盾不过是由企业转移到国家或社会上，产品可能没有最终出卖，生产它的私人劳动没有最终实现为社会劳动。这些产品往往是堆积起来，既不进入生产消费，也不进入个人消费，而白白地浪费掉。这是破坏生产力的一种形式，所以是危机。其次，它是分散的小危机。国家是分期分批地买，大的危机便分散为若干个小危机了。尽管这样，这些小危机破坏的生产力，总的合起来必然和如果没有这些小危机，大危机就必然爆发，就必然破坏的生产力相等。

现在，某些垄断资本主义国家在大力发展军火生产、制造过多的宇航工具之外，又开始造人工岛、海上机场、海上旅馆等方法，来避免大的危机的爆发，这种做法就是以浪费劳动来破坏过剩的生产力，从而起了延迟危机发生的作用。

20世纪80年代以来，美国发生的两次经济危机的特点颇能说明上述问题。这两次危机，除了军火生产如在以前的危机中那样仍然生意兴隆外，还有这样的特点，即传统工业部门如钢铁、汽车、建筑业生产猛烈下降时，新兴工业部门，如先进技术部门、能源部门以及服务业，都在迅速发展，以致在传统工业部门、新兴工业部门和服务业部门之间，没有共同的衰退期和繁荣期。有的资产阶级经济学家称之为"令人迷惑不解的周期"。其实，这就是危机分散发生的表现。

由于是在国家垄断资本主义条件下，经济危机才出现并将继续出现某些新的特点的，我们分析资本主义再生产发展趋势时，就要抓住国家垄断资本主义这个条件。这就意味着，研究当前垄断资本主义国家再生产的特点，要运用某些新的方法。

第六章　垄断资本主义的基本经济规律

第一节　垄断资本主义生产的实质和垄断利润的实体

每种经济成分都有它的生产的实质,这是由与其相应的生产资料所有制决定的,并表现为一定的经济范畴。大家知道,奴隶制经济生产的实质,是奴隶主直接占有奴隶生产的剩余生产物,因为奴隶主不仅占有生产资料,而且占有奴隶,剩余生产物就不表现为奴隶交纳给奴隶主的。随着生产力的发展,剩余生产物从奴隶主直接消费发展为部分供出售,以便换取奴隶主需要的其他商品。封建制经济生产的实质,是封建主占有农奴或农民交纳的地租,因为封建主虽占有土地,但不完全占有或不占有农奴或农民的人身,后两者也有部分生产资料,经营个人经济,所以,地租是农奴或农民交纳给封建主的。随着生产力的发展,地租经历了劳役的、实物的和货币的三种形态。资本主义经济生产的实质,是资本家取得剩余价值,因为资本家占有生产资料,无产者出卖劳动力,但被歪曲为出卖劳动,劳动力的价值便被歪曲为劳动的价值即工资,剩余价值便被歪曲为资本的产物即利润。劳动力的价值或工资,是工人创造的价值的一部分,但它被歪曲为是由资本家支付给工人的。工人创造的价值的另一部分是剩余价值。剩余价值有绝对的和相对的两种形态。随着社会化生产力的发展,相对剩余价值生产经历了单纯协作、工场手工业和大机器工业三个阶段。如果说,奴隶制和封建制的经济的生产主要是为了取得使用价值,那么,资本主义经济的生产主要是为了取得剩余价值,就这点而言,资本主义生产的实质决定其生产发展较快些。

垄断资本主义经济的生产实质,是垄断资产阶级取得垄断利润。其所以是垄断利润,即比自由竞争时期的平均利润高得多的高额利润,而不是一般的剩余价值,说到底是因为要解决垄断企业要实现扩大再生产,便要有巨额支出,而其高度的资本有机构成又使该部门生产的剩余价值相对减少,使平均利润率有下降趋势这两者之间的矛盾。为了取得垄断利润,垄断资产阶级不仅在流通过程中运用各种形式的垄断价格,从其他经济成分挖取剩余价值和收入,而且利用国家政权,在国民收入再分配中从其他社会阶层挖取收入。

剩余价值的实体,是作为商品的劳动力的使用创造的价值大于劳动力的价值的那一部分价值。剩余价值只反映了资本家剥削工人的关系,不反映资本家对其他社会成分(如个体生产者)的关系,并且在方法论上要求遵守劳动力和可变资本等价交换的原则。这当然不是说,资本家实际上得到的利润一点也没有包括对个体生产者以及其他消费者的剥削;也不是说,资本家没有在价值以下购买劳动力。但是用这种方法进行剥削,说到底是用不等价交换,即前资本主义商业的贱买贵卖方法进行剥削,产生的并不是表现资本主义生产实质的剩余价值,因为在这个条件下一方是剩余价值,他方便是不足价值。

垄断利润的实体不仅是剩余价值。应该将垄断企业获得的全部利润和垄断利润区别开来。前者包括垄断企业生产的剩余价值,后者是前者减去这部分剩余价值以外的那部分利润。我们当作一个范畴进行研究的就是这部分利润,即范畴意义上的垄断利润的实体。

很明显,垄断利润的实体有一部分是剩余价值,即非垄断的资本主义生产的部分剩余价值。但除了这部分剩余价值以外,还有资本主义工人的部分劳动力价值、个体生产者的部分收入,以及垄断资本主义统治下的一般居民的部分收入,最后这一部分主要是指国家机器通过税收和膨胀通货的办法,对国民收入进行再分配,使一部分掌握政权的垄断资本家攫取更多的垄断利润。因此,总起来说,垄断利润的实体不仅仅是剩余价值,还包括资本主义工人和其他社会阶层以及其他经济成分生产者的收入。这不过是垄断资本主义必须是它对其他经济成分进行剥削的世界体系的另一种说法。

英国经济学家米克在其《劳动价值学说的研究》中对垄断利润的阐述,值得注意。他先说,如果垄断利润即"总利润与总剩余价值并不相等,那就真个不能再说,在垄断条件下可能发生的实际价格同生产价格偏离的限界,依然是根据第一卷[《资本论》(第一卷)——引者]的分析来确定的"。① 这种理解是错误的,第一卷第一章是商品和货币,其中研究的价值既是简单商品的价值,也是资本主义商品的价值,根据该章阐述的价值理论,是可以说明垄断利润仍然是以价值为限界的。

米克又说:垄断资本主义的"生产关系使得某些垄断资本家集团能够扩大利润的来源,不限于工资劳动者创造的剩余价值'总量',——换句话说,也就是使用过去可能认为是'非常的'或'超经济的'牟利方法……垄断阶段所特有的生产关系促使变形了的供给价格的形成,这种供给价格所包含的利润,不仅来自剩余价值,而且还有其他一些来源"。② 这样解释垄断利润的实体和来源,当然是正确的。而这一切,都是要以劳动价值理论为基础的,因而是根据《资本论》(第一卷)的分析来确定的。

第二节　现代帝国主义及其构成

我们已经知道,资本主义虽然是从个体经济中产生的,但它一旦产生,就可以独立存在和发展,因为资本主义生产和实现剩余价值的条件,都可以由资本主义本身来提供。垄断资本主义与此不同。由于剩余利润必须来自垄断资本主义以外,垄断资本主义就必须是一个包括垄断资本主义和被其攫取垄断利润的经济成分的世界体系。这就是现代帝国主义,即区别于古代罗马帝国的如像大英帝国的那种帝国主义。本来,垄断资本主义就是垄断资本主义,它据以攫取垄断利润的经济成分就是该种经济成分,它们之间虽然有着本质的经济联系,但是开始时人们并没有把垄断资本主义和它据以攫取垄断利润的经济成分联系起来,称为帝国主义。正如一些同志指出的那样,帝国主义本来并不是一种生产方式或经济成分的命名。马克思研究过资本主义,尤其研究过资本主义的英国,也研究过被资本主义据以进行剥削的殖民地,尤其研究过英国的重要殖民地爱尔兰和印度,但他并没有提

---

① 米克:《劳动价值学说的研究》,陈彪如译,商务印书馆 1963 年版,第 324 页。
② 同上书,第 331 页。

出过什么帝国主义,一般人称为帝国主义战争的鸦片战争,在马克思看来则是商业战争,因为那时现代帝国主义尚未产生。

现代帝国主义,即由宗主国和殖民地在政治上联系在一起的帝国主义的产生,是垄断资本主义产生的结果。从历史上看,英国资本主义的产生虽然晚于地中海沿岸的欧洲大陆诸国,但自从欧洲通往东方的陆上交通线被土耳其人切断后,英国由于其在航海上具有的有利地理位置,资本主义迅速发展,首先完成产业革命。19世纪中期是英国自由贸易的鼎盛期,这时,它的工业、航运和外贸都居世界首位,它拥有以东、西印度为代表的广大殖民地,它的殖民地之多也居世界首位。但它这时并没有把英国本土即大不列颠和广大殖民地在政治上联结起来,构成一个大帝国。因此,它虽占有殖民地,但没有人称它为帝国主义。

19世纪70年代,情况开始发生变化。比、法、美、德工业发展迅速,开始赶上英国,和英国展开剧烈的竞争。更重要的是,其后开始的第二次产业革命,生产力迅速发展,垄断开始形成。垄断资本开始向外输出资本,争夺势力范围加剧,英国受到严重的挑战。由于要保护其已有的势力范围(已有的殖民地)和扩大势力范围,英国便从80年代开始把英国本土和殖民地在政治上联结在一起,这就是从80年代开始举行的殖民地会议,这就是大英帝国的雏形。由于经济利益,帝国不仅要巩固,而且要扩大。其他垄断资本主义国家也极力这样做。

这样,从19世纪80年代开始,在欧洲便出现帝国主义这个概念,它是古代罗马帝国主义在现代条件下的借用,指的是把宗主国和殖民地联结在一起,并不断扩大其范围这样一种新的经济、政治关系。在经济、政治生活中产生的帝国主义这个概念,最初确实不是对生产方式的命名。

当最初研究帝国主义的经济学家和政治家,根据日常生活中形成的帝国主义这个概念,将帝国主义解释为是一种向外扩张或侵略的政策时,列宁认为,它不仅仅是一种政策,而是资本主义的一个历史阶段,即垄断阶段,因为这时的"资本主义已成为极少数'先进'国对世界上大多数居民施行殖民压迫和金融扼制的世界体系"。[①] 这种世界体系,就是区别于古代帝国主义

---

① 列宁:《帝国主义是资本主义的最高阶段》,人民出版社1964年版,第7页。

的现代帝国主义。从这方面看,垄断资本主义和帝国主义是一回事。但是,没有纯粹的垄断资本主义,它始终要以其他经济成分的存在为其存在和发展的条件,所以,它是构成一个世界体系的帝国主义。

将日常生活中形成的概念赋予科学的解释,在科学研究中是非常重要的。试想一下,如果不将日常生活中形成工资这个概念赋予科学的解释,即工资不是劳动的价值或劳动的报酬,而是劳动力的价值或价格的转化形态,马克思能够贡献使政治经济学发生根本变革的剩余价值理论吗?

第三节　一个待命名的经济范畴

经济范畴是生产关系某一部分和某种经济过程在理论上的表现。没有科学的经济范畴,就不能对生产关系和经济过程有本质的认识。随着对后者的认识的深入,科学家便提出和修正某一经济范畴。上面所讲的,就是例了。

一种经济成分或生产关系,可以分为许多部分进行研究,每个部分表现为相应的经济范畴。例如,在古代社会,按照剩余生产物的直接剥削和被剥削的关系,便有相应的奴隶主和奴隶的经济范畴,古代社会便成为奴隶制社会;依此类推,中世纪社会根据地租的剥削和被剥削的关系,便有领主、地主和农奴、农民的经济范畴,它便是封建制社会;现代社会根据剩余价值的剥削和被剥削的关系,便有资本家和工人的经济范畴,它便是资本主义社会。按照这个方法论要求,垄断资本主义经济中剥削和被剥削垄断利润的统一对立物两方,应该相应地作何命名呢?

剥削垄断利润的这一方,我们已经有了相应的经济范畴,这就是垄断资本主义和垄断资本家;被剥削垄断利润的另一方,应该说还没有相应的科学的经济范畴。有人说,这也是工人。这种认识没有反映这种关系,即一般的工人和垄断资本主义经济中的工人,被剥削的只是剩余价值,他们被剥削垄断利润,则是作为消费者以垄断价格购买消费资料,以及作为一般公民缴纳捐税和遭受通货膨胀盘剥的这种经济关系。而且,被剥削垄断利润的,不仅是作为消费者和一般居民的工人,还有其他社会成员。所以,用工人来表现被剥削垄断利润的一方,作为一个经济范畴来说,应该说是不科学的。

有人说,这就是殖民地或殖民地的社会成员。殖民地是一个从奴隶社会开始便存在的经济范畴,其含义随着社会经济的发展而变化。按照目前约定俗成的认识,殖民地指的是宗主国或母国控制或占领的海外地方,并剥削和奴役那里的社会成员,由此取得巨额收入——在目前条件下,这就是垄断利润。这种认识是正确的,但是只说明了问题的一部分,而没有说明问题的另一部分,这就是如果要分国外和国内的(其实这种区分是极其相对的)话,那么,垄断利润也有来自国内的,国内被剥削垄断利润的社会成员或经济成分,按照目前的认识,是不能用殖民地这个经济范畴来概括的。

我们知道,垄断资本主义对国外和国内剥削垄断利润,并没有本质上的区别。如果说有区别的话,只有量的区别,这就是一般说来,是用加重对外剥削的办法来减轻对内剥削,但剥削垄断利润的质是相同的。有人说,还是有所不同的,那就是对国外剥削的是另一种"民族"。这也不全面。对国外剥削的也有原来是本"民族"的,如西欧资本主义宗主国对加拿大、大洋洲殖民地的剥削。同时,对国内剥削的也有的是另一种或多种"民族"的,如地跨欧亚的俄国,对其版图内非俄罗斯族的剥削,更何况这种被剥削的国外"民族"和国内"民族",在一定条件下是可以转化的,如爱尔兰这个"民族"原是被英国剥削的国外"民族"后来组成不列颠和爱尔兰联合王国,它又成为被剥削的国内"民族",南爱尔兰独立后,也并没有摆脱被剥削的命运。

有人说,对国内剥削垄断利润这种经济关系,不必另行命名什么经济范畴,沿用已有的经济范畴,再加上一些说明便可,如被垄断资本主义剥削的资本主义企业、个体生产者、一般消费者和居民之类。但这样一来,就产生两个问题:第一,同国外殖民地这个经济范畴没有统一命名的基础,因为它们同受垄断资本主义的剥削,但是没有从这方面归为同一类经济范畴;第二,当国外殖民地变成宗主本土的一部分后,垄断资本主义仍然进行剥削,这时称它为殖民地还是上述的国内被剥削的各种社会成分?

总之,应如何命名垄断资本主义向国内经济成分和社会成员剥削垄断利润这种经济关系,是一个待解决的问题。这个问题的解决,要遵守这样的方法论:向国外、国内剥削垄断利润这种经济关系,应该有一个统一的命名,然后以此为基础再加以区分。

第四节　资本主义基本经济规律在垄断阶段的具体表现形式

马克思事实上认为,剩余价值的生产是资本主义的基本经济规律,并且科学地说明了:剩余价值生产是资本主义生产的目的或实质:在资本主义生产关系中,以剩余价值生产为轴心,组成资本主义生产关系所特有的经济规律体系;受剩余价值生产所制约,适用于一切生产关系的经济规律,以及存在于多种社会中的经济规律,其发生作用的形式发生变化。首先明确地提出基本经济规律的理论的是斯大林。他是在谈论资本主义的基本经济规律时,寓抽象理论于具体叙述之中的。他说:"资本主义的基本经济规律是不是存在呢? 是的,是存在的。这规律是什么呢? 它的特点何在呢? 资本主义基本经济规律是这样一种规律,它不是决定资本主义生产发展的某一个别方面或某些个别过程,而是决定资本主义生产发展的一切主要方面和一切主要过程,因而是决定资本主义生产的实质、决定资本主义生产的本质的。"[1]这个论述是正确的。斯大林并且指出:"最适合于资本主义的基本经济规律这个概念的,是剩余价值规律,即资本主义利润的产生和增殖的规律。这个规律确实预先决定了资本主义生产的基本特点。"[2]这也是正确的。

但是,剩余价值是抽象的,它首先转化为利润,在自由竞争条件下,利润再转化为平均利润,平均利润分割为企业主收入和利息,农业中的超额利润转化为地租。这样,我便认为,在资本主义自由竞争阶段,剩余价值规律的具体表现形式是平均利润率规律。

垄断资本主义是资本主义发展的一个历史阶段。既然剩余价值规律是资本主义的基本经济规律,它当然在垄断阶段发生作用,问题是以哪一种具

---

[1]　斯大林:《苏联社会主义经济问题》,人民出版社1961年版,第29页。
[2]　同上。

体形式发生作用。既然垄断资本主义生产的实质是垄断利润,那么,人们便逻辑地认为,如同平均利润率规律是自由竞争阶段的剩余价值规律的具体表现形式一样,垄断利润规律是垄断统治阶段的剩余价值规律的具体表现形式。

斯大林对这个问题的重要贡献在于:他不是用逻辑推论而是用经济分析的方法,证明了剩余价值规律在垄断统治阶段的具体表现形式。他说:"剩余价值规律是过于一般的规律,它没有涉及最高利润率的问题,而保证这种利润率是垄断资本主义发展的条件。要弥补这个缺陷,就必须把剩余价值规律具体化并加以发展,使之适应垄断资本主义的条件,同时要考虑到,垄断资本主义所要求的不是随便什么利润,而是最大限度的利润,这才是现代资本主义的基本经济规律。"①这里包含有宝贵的思想,即必须把剩余价值规律具体化并加以发展,使之适应垄断资本主义的条件。

斯大林进而对现代资本主义,即垄断资本主义基本经济规律予以表述,这就是:"用剥削本国大多数居民并使他们破产和贫困的办法,用奴役和不断掠夺其他国家人民特别是落后国家人民的办法,以及用旨在保证最高利润的战争和国民经济军事化的办法,来保证最大限度的资本主义利润。"②

这个表述的基本思想是非常正确、非常宝贵的,这就是垄断资本主义不仅剥削本国的,而且剥削其他国家的特别是落后国家的人民,来攫取最大限度利润或垄断利润。这里就包含着垄断资本主义必须剥削其他经济成分才能存在,因而它是一种世界体系的思想。

这个表述也有应该加以改进的地方。首先,划分取得垄断利润的办法,在逻辑上有点乱,因为战争和国民经济军事化的办法,同时也是剥削本国大多数居民的办法之一,前两种办法的划分标准是剥削对象,后一种办法的划分标准是取得垄断利润的渠道,标准不一,必然混乱;其次,国民经济军事化固然是一种渠道,但也有另一种非国民经济军事化,如搞公共工程和福利国家之类的渠道,单谈一种,不谈其他,是片面性。这反映了斯大林深受当时(1952年)国际形势的影响,以致不能突破这种限制,概括得更全面些。应如

---

① 斯大林:《苏联社会主义经济问题》,人民出版社1961年版,第29—30页。
② 同上书,第30页。

何表述,要进行研究。

这里撇开有待于研究才能表述的内容问题,谈谈表述应遵守的方法。垄断资本主义的基本经济规律,是剩余价值规律在垄断阶段的具体表现形式,犹如平均利润率规律是它在自由竞争阶段的具体表现形式一样,因此,就要以表述剩余价值规律为基础,然后表述平均利润率规律,最后再表述垄断利润规律,后两者都是前者的具体表现形式。

从这个要求来看,过去有些表述是不成功的。明显的例子,是1955年即斯大林提出现代资本主义基本经济规律理论后的第三年,苏联科学院经济研究所主编的《政治经济学教科书》(增订第二版)有关的论述。它对剩余价值规律的表述是:"在生产资料的资产阶级所有制的基础上,用不断加强剥削雇佣劳动和扩大生产的办法,日益增多地生产剩余价值,并由资本家占有。"[①]它对平均利润率规律的表述是:"不同生产部门因资本有机构成不同而形成的不同的利润率,由于竞争而平均化,成为一般(平均)利润率。"[②]它完全沿用了斯大林对现代资本主义经济规律的表述。

斯大林虽然认为现代资本主义的基本经济规律是剩余价值规律的具体化,但他并没有对后者加以表述,由于这样,我们就不能说他表述的前者并不是后者的具体化。教科书则不同,它对三者都加以表述(其中一种是重申斯大林的表述),但细加分析,很难说平均利润率规律和垄断利润规律是剩余价值规律的具体表现形式,因为在前两者那里,看不到剩余价值生产和增大的影子。

剩余价值规律表述中的"加强剥削雇佣劳动和扩大生产"云云,并没有科学地说明剩余价值的生产和增大;平均利润率规律的表述,不仅是片面的,因为它只看到资本有机构成不同对利润率的影响,没有看到资本周转时间不同对年利润率的影响,而且是离开了价值和剩余价值的生产来谈论利润率的形成的。更重要的是,它重申的垄断利润规律,并没有说明这个规律的基础即剩余价值的生产和增大,而是大体地说明垄断利润的来源不单是剩余价值,这样,认为垄断利润规律是剩余价值规律的具体化就存在问题。

---

① 苏联科学院经济研究所编《政治经济学教科书》(上册),人民出版社1956年版,第117页。
② 同上书,第172页。

第五节　由垄断利润规律产生的方法论问题

从上述分析可以看出,一方面说,剩余价值规律是资本主义的基本经济规律,剩余价值是作为商品的劳动力的使用,即劳动创造的价值大于劳动力的价值的余额;另一方面又说,垄断资本主义是资本主义的一个历史阶段,剩余价值规律在这个阶段中以垄断利润的具体形式表现出来,垄断利润的实体又不仅仅是剩余价值,而包含有其他的价值和收入。这两种说法之间是存在矛盾的。许多有关论文的作者,没有针对这个问题予以论述。

我认为,整个问题可以归结为:如上所述,尽管资本主义也剥削小生产者和消费者,以攫取利润,其方法是不等价交换,但是,在理论上它完全可以以等价交换的方法,剥削工人的剩余价值,便能存在和发展,因此,作为反映它的生产实质的基本经济规律,便要将其他因素予以舍象,对利润来源进行抽象分析,这就是剩余价值。垄断资本主义却与此不同,它要攫取垄断利润,而垄断利润的来源确实不仅仅是剩余价值,它的存在要以供其攫取垄断利润的其他经济成分的存在为前提条件,这样,作为反映它的生产实质的基本经济规律,就当然不能把剩余价值以外的因素予以舍象,否则,就把本质的因素部分地抛掉了。这就是说,垄断资本主义是加了新的因素的资本主义的发展;与此相应,垄断利润规律是加了新的因素的剩余价值规律的发展。

这个方法论问题,我认为是十分重要的。现象比本质丰富,并且不等于本质。资本主义利润来源实际上是多种多样的,有人认为它是不等价交换产生的,卢森堡则认为,它虽由工人生产出来,却要由工人和资本家以外的"第三者"来实现,产生这种错误的一个原因,就是缺乏科学的抽象力,屈服于现象,从而歪曲了本质。与此相反,垄断企业是庞大的企业,劳动生产率很高,从现象看,似乎它可以生产更多的即垄断的利润,但是科学的分析表明,社会劳动生产率提高的结果是利润率的下降。这样,分析到底,垄断利润就其本质来说,就不可能是垄断企业生产的,而是来自其他经济成分。因此,如把其他因素予以舍象,那也是把本质的因素部分地抛掉了。

　　其实,斯大林在论述现代资本主义的基本经济规律时,已经提出了这个方法论问题。他说,要把剩余价值规律加以发展,使之适应垄断资本主义的条件。这个方向无疑是正确的,只是他没有说明怎样才是适应垄断资本主义的条件。

　　现在的问题是,经济规律能否在其产生的基础上加上新的条件或因素,使它发展起来,从而既能揭示其原有的生产的实质,又能揭示新的生产的实质。这不仅是一个经济学理论问题,更重要的是一个哲学问题。

　　依照我的初步体会,在人们的认识和科学的发展中,随着新的因素的出现和认识的深化,把新的因素加入与它有密切联系的规律中去,使这个规律发展起来,在原有的基础上以一个新的具体形式出现,这是常有的事。

　　马克思明确提到的,是"商品生产所有权规律转变为资本主义占有规律"。[①] 商品生产所有权规律,指的是商品所有者遵循等价交换的规律,在商品交换中得到一个等价物。同一个所有权,在产品归生产者所有,生产者用等价物交换等价物,只能靠自己的劳动致富的初期,是有效的;在社会财富越来越多地成为那些能不断地重新占有别人无酬劳动的人的财产的资本主义时期,也是有效的。因为资本家购买劳动力,剥削剩余价值,是完全根据商品生产所有权规律行事的。可是,随着剩余价值生产的不断进行,商品生产所有权规律就变为资本主义占有规律了。这就是说,商品生产所有权规律,在劳动力买卖的条件下,即在商品生产按自己本身内在的规律越是发展成为资本主义生产的条件下,就越是转变为资本主义占有规律。

　　我想,价值规律在自由竞争和剩余价值生产的条件下,转化为生产价格规律,也是这样。

　　剩余价值规律具体表现为垄断利润规律的方法论问题,是否可以这样解决,即经过生产价格这个中项,剩余价值规律便具体表现为平均利润率规律不同,它是剩余价值规律加上垄断资本对其统治的其他经济成分进行剥削这个因素的具体表现形式。

　　最后要指出的是,剩余价值规律和垄断利润规律不是两个截然不同的

---

　　① 马克思:《资本论》(第一卷),载《马克思恩格斯全集》(第二十三卷),人民出版社 1972 年版,第 635 页。

规律,后者是前者的具体表现形式,但是,是发展了的表现形式。如果不是这样理解,那就必然认为,整个资本主义阶段有两个基本经济规律,即剩余价值规律和垄断利润规律,甚至有三个基本经济规律,即另有一个平均利润率规律,这是同基本经济规律的概念相矛盾的。

第二篇
垄断资本主义的殖民地的经济关系

　　第一篇分析了构成帝国主义这个世界体系的一方的垄断资本主义的经济关系,第二篇将分析构成这个世界体系的另一方的垄断资本主义的殖民地的经济关系。

　　第二篇共三章。第七章分析垄断资本主义以前的殖民地。这里要指出的是,殖民地这个范畴的含义是随着社会经济的发展而变化的。最初指的只是移民垦殖地,不包含被压迫、受奴役的内容,是国内殖民地;其后,它的含义发生了变化,包含被压迫、受奴役的内容,不仅国外殖民地是这样,国内殖民地也是这样。

　　第八章分析垄断资本主义的殖民地。既然历史已经表明殖民地的含义是随着社会经济的发展而变化的,我们就认为受垄断资本主义统治并被其攫取垄断利润的经济成分是殖民地或殖民对象,它可以相对地分为国外殖民地和国内殖民地,这两者可以相互转化。本章分析垄断资本主义两种国外殖民地的演变过程,以及当代国外殖民地的具体形式。

　　第九章分析旧中国半封建半殖民地的经济关系,从这里可以看出,除被日本占领的台湾和东北外,旧中国的辽阔土地,虽未被垄断资本主义国家占领,但在沦为殖民地。

第七章　殖民地的产生和演变——
垄断资本主义以前的殖民地

第一节　资本主义以前的殖民地

殖民地是一个历史范畴,随着社会经济的发展,它的经济内容在变化,作为一个经济范畴,它的含义也在变化。

古代希腊奴隶社会的殖民地,指的是在无主的土地上移民垦殖。亚当·斯密指出:古希腊各邦,各占有极小的领土;任何一帮人民,增多到本帮领土不易维持的时候,便遣送一部分出去,在世界上遥远的地方,寻找新的住处。多里安人大都到意大利及西西里去殖民,伊沃尼亚人和伊沃利亚人大都到爱琴海各岛和小亚细亚去殖民。这些移民垦殖者将原有的生产关系、社会组织和宗教信仰,都带到垦殖地去,其情况犹如蜜蜂分封一样。这种殖民地只是母体的分枝,是母国的一块飞地,丝毫没有压迫、统治和被压迫、被统治的关系。它和母国内的任一块土地一样,没有本质的区别,从这个意义上,可以说它是国内殖民地。在拉丁语中,colonia 表示的就是殖民,即移民垦殖,移民在垦殖地上安家。

古代罗马奴隶社会的殖民地,指的是统治被征服的土地上的居民。斯密指出:古罗马的奴隶主,要奴隶耕种土地和经营其他生产事业,这样,贫穷的自由人便很少有机会成为农民和其他劳动者。罗马的富豪为了给这些自由人安排生活,便提议建立殖民地。但作为征服者的罗马,没有必要把这些人遣送到世界各地去寻找出路,它大都把意大利被征服各地的土地指定给他们。这种土地由于是征服得来的,当地人民是否服从是一个问题,因而就要在当地设置一种守备队,统治当地人民。因此,这种征服殖民地和移民殖民地不同,它一开始就带有被统治的性质。随着罗马帝国不断发动战争,征服的土地越来越多,它就不对征服地实行移民垦殖,不将本国的生产关系移过来,而是保持被征服地的生产关系,对当地居民进行剥削,即取得贡物。马克思曾经描绘过这种剥削方式;他指出:"小亚细亚的城市每年向古罗马缴纳贡款……罗马则用这些货币购买小亚细亚城市的商品,而且按高价购买。小亚细亚人通过贸易从征服者手里骗回一部分贡款,从而欺骗了罗马人。但是,吃亏的还是小亚细亚人。"①这种殖民者不是移民垦殖者,他们取得贡品后,便满载而归,在希腊语中 aπolkia 表示离家、离乡、出门,有一天要回来的。

古罗马征服的土地同古希腊垦殖的土地不同,它原来是有主的。从这个意义上说,这些征服殖民地一开始就是国外殖民地。但是,由于罗马征服的土地越来越多,为了加强统治,便将这些殖民地置于罗马的统治之下,在政治上组成大罗马帝国,殖民地和罗马本土虽然存在着剥削和被剥削的关系,但它们都是大罗马帝国内部的一个部分。从这个意义上说,这些国外殖民地便变成国内殖民地;或者说,它们的居民,是罗马帝国内部受罗马奴隶主剥削的非罗马人。

中世纪封建社会的殖民地,大都是征服殖民地,因为无主的土地,在当时的技术主要是交通手段不很发达的条件下,已经被开垦完毕,只能从别人手中夺取。中世纪的日耳曼帝国征服了许多土地,组成如像罗马帝国那样的帝国,改造被征服地的生产关系,对居民进行剥削,取得贡物。蒙古帝国也是这样。斯密分析蒙古人进行殖民的目的时说:法国国王派一位使者去见有名的成吉思汗的一位王子。据这位使者说,鞑靼人常常问到的只是法兰西的牛羊多不多,他们想由此了解那个国家是否十分富足,值得他们去征服。鞑靼人和其他一切牧畜民族,大都不知道货币的用处;在他们中间,牲畜便是交易的媒介,便是价值的尺度。所以,在他们看来,财富是由牲畜构成的。这种征服殖民地,根据同样的道理,也从国外殖民地变成国内殖民地。

---

① 马克思:《资本论》(第一卷),载《马克思恩格斯全集》(第二十三卷),人民出版社 1972 年版,第 185 页。

列宁深刻地指出："殖民政策和帝国主义在资本主义最新阶段以前，甚至在资本主义以前就已经有了。以奴隶制为基础的罗马就推行过殖民政策，实行过帝国主义。但是，'一般地'谈论帝国主义而忘记或忽视社会经济形态的根本区别，这样的议论必然会变成最空洞的废话或吹嘘，就像把《大罗马和大不列颠》拿来相提并论那样。"①从上述分析可以看出，奴隶社会和封建社会之所以征服土地，建立殖民地，推行殖民政策，主要原因是取得贡纳，即剥削者需要的奢侈品，也就是生活上的使用价值。这些使用价值的取得，同奴隶社会、封建社会的再生产的进行并没有本质的联系。斯密说的鞑靼人要取得牛羊，因为在他们看来，牛羊是价值的尺度，即货币，其目的似乎不是使用价值而是价值。其实，这也是使用价值，因为货币在这里不是当作积累手段，不是转化为资本，而是作为流通手段，即换取其他使用价值。至于奴隶制社会实行的殖民政策，也在于取得奴隶，即再生产的劳动力条件，从这点说，殖民地的存在是奴隶制经济存在的重要条件，这在前面事实上已经谈到了。

第二节　资本主义初期的两种殖民地

资本主义初期有两种不同的殖民地，即以西印度为代表的北美、澳大利亚和新西兰这些以移民垦殖为特征的殖民地，以及以东印度为代表的亚、非、拉某些国家和地区这些以奴役土著为特征的殖民地。这两种殖民地，在形式上同希腊的移民垦殖殖民地、罗马的征服殖民地相像，但经济内容却不相同。

斯密曾经分析过这两种殖民地的产生原因。关于移民垦殖殖民地的产生，他指出，美洲发现后，有一个时期，西班牙人每到一个生疏的海岸，第一个要问的问题，就是近处有无金银发现，他们就根据这种情报，判定那个地方有没有殖民的价值，乃至有没有征服的价值。在这里，他只说明了欧洲人殖民北美等地的第一个阶段，即掠夺土著的金银财宝，征服他们的土地，以

---

① 列宁：《帝国主义是资本主义的最高阶段》，人民出版社1964年版，第74页。

便开采金银的阶段,而没有说明这个殖民过程的第二个阶段,即欧洲移民在那里垦殖的原因是什么。他没有说出的这个原因,是输出欧洲资本主义社会的矛盾,即相对过剩的人口以及失势的宗教教徒。在没有说明原因的基础上,他说明这种殖民地之所以采取自由移民的形式,而不采取奴役土著的形式的原因。他说:"美洲各地的土人,除墨西哥及秘鲁,只是狩猎民族。同样肥沃和同等面积的土地,所能维持的游牧人数与狩猎人数,相差很大。"①这就是说,北美等地的土著,生产力低,处于狩猎阶段,地广人稀,移民者便用将其驱逐和剿灭的办法,在空地或腾空的土地上,将母国的生产关系移过来,经营移民垦殖的殖民地。这种殖民地,马克思称为真正的殖民地,有时也称为自由殖民地,因为有一段时期,它的土地是自由的即无主的,在经济上几乎无所花费,在法律上便占有土地。

关于奴役土著殖民地的产生原因,斯密实质上没有分析。他只说明这种殖民地和前一种具有不同形式的原因。他说:"非洲及几个统称为东印度的国家,都是野蛮民族居住的。不过此等民族,并不是像可怜的无用的美洲土人那么软弱,那么无抵抗力;而且,和他们居住地的自然产出力相称,他们的人烟稠密得多。非洲或东印度最野蛮的民族,都是游牧民族,连好望角的土人也是游牧民族。""所以,在非洲及东印度,要想驱逐土人,并把欧洲殖民地推广至土人居住的大部分地方,那就比较困难。"②他还认为,生长在温带的欧洲人,不能在热带和亚热带的烈日下从事体力劳动。由于这两个原因,欧洲殖民者便不移入母国的生产关系,而利用原有的生产关系奴役土著,经营以种植园为特征的殖民地。这种分析存在很多问题。

马克思分析了资本主义殖民地产生的原因。他认为这是资本主义工业生产发展特别是产业革命造成的。因为在这个过程中,"一种和机器生产中心相适应的新的国际分工产生了,它使地球的一部分成为主要从事农业的生产地区,以服务于另一部分主要从事工业的生产地区",而"大工业国工人的不断'过剩',大大地促进了国外移民和把外国变成殖民地,变成宗主国的

---

①　亚当·斯密:《国民财富的性质和原因的研究》(下卷),郭大力、王亚南译,商务印书馆1974年版,第203页。

②　同上。

原料产地"。①

　　资本主义工业发展的过程之所以造成这样的国际分工,是因为它使工业发达国的工业品较为便宜,工业落后国家的农产品便宜,这样便导致工业国和农业国的国际分工。工业国的工业品便宜、农产品较贵这个事实,最初是亚当·斯密指出来的。他说:"富国的土地,一般都耕耘得较好,投到土地上的劳动与费用也比较多,生产出来的产品按土地面积与肥沃的比例来说也比较多;但是,这样较大的生产量,很少在比例上超过所花的较大劳动量和费用。在农业方面,富国劳动生产率未必都比贫国劳动生产率大得多,至少不像制造业方面一般情况那样大得多。"②但他对此没有解释。马克思科学地说明了这个问题。他说:"资本主义生产使它汇集在各大中心的城市人口越来越占优势,"这样一来,便"破坏着人和土地之间的物质变换,也就是使人以衣食形式消费掉的土地的组成部分不能回到土地,从而破坏土地持久肥力的永恒的自然条件"。③ 这样,为了恢复土地肥力,在产业革命的技术方面尚未在农业领域中展开时,便只好到海岛上挖掘鸟粪,运回来施肥,例如,英国就是这样,这要耗费大量的劳动。但是,在资本主义条件下,"在一定时期内提高土地肥力的任何进步,同时也是破坏土地肥力持久源泉的进步"④,因为土地经营者在租地契约的有效期内,总是尽力榨取土地肥力。这是一个恶性循环。

　　根据这个思想,马克思进一步指出,在英国就有许多人,在非农业的产业上,从事农业生产的各种要素的生产和运输,在俄国就没有这种情况。这样,一部分不变资本的价值不会加入俄国农产品的价值中去,却会加入英国农产品的价值中去。假定这部分不变资本的价值等于十个人的一日劳动,它由一个英国农业工人来推动,这样,英国的这种农产品的价值就等于十一个劳动日。如果同量的农产品要五个俄国农业工人才能生产出来,但他们

---

① 马克思:《资本论》(第一卷),载《马克思恩格斯全集》(第二十三卷),人民出版社1972年版,第494—495页。

② 亚当·斯密:《国民财富的性质和原因的研究》(下卷),郭大力、王亚南译,商务印书馆1974年版,第7—8页。

③ 马克思:《资本论》(第一卷),载《马克思恩格斯全集》(第二十三卷),人民出版社1972年版,第552页。

④ 同上书,第552—553页。

使用的不变资本只等于一个人的一日劳动,那么,俄国的这种农产品价值就等于六个劳动日,比英国的农产品价值低。马克思总结说:"英国人比俄国人使用更少的直接劳动,但所使用的更大的不变资本",并"没有这样把劳动的生产率提高,足以抵消俄国土地的自然丰度时,情况就总是这样。"①

我认为,只要技术革命尚未在农业领域展开时,就是这样。

至于为什么服务于工业生产地区的农业生产地区是殖民地,这两者之间的经济关系如何,这个问题下面再谈。

马克思也说明了资本主义两种殖民地的形成条件。他认为,真正殖民地的产生,是由于这些土地还没有被人占有,还没有受土地所有权的支配;奴役土著殖民地即以种植园为特征的殖民地的产生,一开始就以现代世界市场为基础,生产先进国家所需要的粮食和其他农业原料,以换取在其他条件下必须由他们自己制造的那些产品,如衣服、工具等。这种殖民地的农业生产之所以采取种植园的形式,是由于先进国需要大量的农产品,要进行大农业生产,但当地存在的却是自然经济和个体商品经济,不能满足要求,而让后者自然分化出大农业生产来将是一个十分缓慢的过程。因此,以暴力为手段,剥夺大片土地,奴役丧失土地的劳动者从事奴隶劳动的大农业生产,种植园便产生了。这是一种具有资本主义大农业生产的形式,但其内容却是奴役劳动的殖民地特有的经济关系。

这就是说,欧洲白种人在这种殖民地里不从事体力劳动,不是气候的原因,而是由于要用暴力解决两个问题:强夺土地和强制劳动,以便达到经营大农业生产的目的。苏联经济学家瓦尔加指出,1941 年,日本发动太平洋战争,在热带和亚热带的地区,驱使关在集中营里的白人官员及其家属从事体力劳动,他们完全胜任,这件事证明上述理论是错误的。

移民垦殖殖民地同奴役土著殖民地一开始就是国外殖民地不同,如果不从移民对该地土著的驱逐、压迫、剿灭来考察,而从欧洲母国对移民的关系来考察,那么,它开始时只是国内殖民地,即母国在海外一块垦殖的飞地,是母国的分枝,情况和希腊社会的殖民地有点相似。开始时,垦殖的移民在这里主要进行自然经济和小商品经济的生产,和母国的竞争不大,母国便让

---

① 马克思:《剩余价值学说史》(第二卷),郭大力译,人民出版社 1978 年版,第 551 页。

其自生自灭,不予管束。其后,这种殖民地的商品生产发展起来了,和母国的竞争逐渐加剧,情况便发生变化。斯密说:"在此等殖民地已经建立而且相当可观,足以引起母国政府的注意时,母国最初对它们颁布的一些条例,其目的总在于保证它独占此等殖民地的贸易,限制它们的市场,牺牲它们以扩大自己的市场,因此,与其说促进它们的繁荣,倒不如说加以压制。"①英国就对其北美殖民地颁布了一系列有关航海、贸易的限制性条例。我认为,从这时起,这种殖民地就从国内殖民地变成国外殖民地,因为这种条例的实质在于否定这些移民具有母国公民同样的权利,把其排除在母国公民之外。这种状况的发展,就是否认这些移民享受组成独立国家的权利。从这时起,这些殖民地也在其垦殖的意义上加上受压迫、受奴役之意。

奴役土著殖民地一开始就是国外殖民地,这是清楚的。但需要指出的是,它之所以成为殖民地,首先不是土地被占领和主权被剥夺,而是经济上被剥削和被控制。当然,从这种殖民地上的种植园来说,虽然土地被占领、主权被侵犯是其产生的决定性条件,但这只是从殖民者经营种植园来说的,就这种殖民地最终全部沦为殖民地来说,这并不是决定性条件。马克思对英国使印度全部沦为其殖民地的分析,说明了这一点。英国东印度公司于1600年成立,"拥有茶叶贸易、同中国的贸易和对欧洲往来的货运的垄断权"②;1608年,英国便以商业势力完全征服了印度,并垄断了东南亚各地的贸易,从经济上看,已使印度成为英国的殖民地。但那时候,东印度公司在印度还没有政治统治权,英国也还没有从领土上占领印度。

第三节　两种殖民地再生产条件的不同

这两种殖民地再生产的条件不同,再加上宗主国对它们实行的独占政策也不同,因而它们的发展情况就不同。

---

① 亚当·斯密:《国民财富的性质和原因的研究》(下卷),郭大力、王亚南译,商务印书馆1974年版,第160页。

② 马克思:《资本论》(第一卷),载《马克思恩格斯全集》(第二十三卷),人民出版社1972年版,第820—821页。

移民垦殖殖民地再生产的条件,最主要的是它的生产是资本主义母国生产关系的延伸,母国的资本主义在这里是生根的,它在这里殖民是安家,而不是出门,它是在几乎是空地上经营资本主义的,没有前资本主义生产关系的束缚,因此,资本主义发展较奴役土著殖民地快些。

但是,这里的资本主义发展有一段时期相当缓慢,其原因是在一段时期里,在这里获得土地极其容易,因为土地是无主的、自由的。这样,当宗主国的资产阶级把生产资料和劳动力当作资本的物质要素输到这些殖民地后,工资劳动者很快就变成个体生产者,同宗主国的个体生产者变成工资劳动者的规律相反。殖民经济学家威克菲尔德说,皮尔先生把生产资料、生活资料和劳动力都带到澳洲去,但到了目的地,他竟连一个替他铺床和打水的仆人也没有了。这样,只要工资劳动者变成个体生产者的过程不结束,资本主义就不能迅速发展。

其后这个过程是结束了,是在法律以外的经济力量使它结束的。马克思以北美为例加以说明。一方面,逐年涌向美洲的巨大的人流,在美国东部停滞并沉淀下来,因为从欧洲来的移民浪潮迅速把人们抛到东部的劳动市场上,而向西部去的移民浪潮来不及把人们冲走;另一方面,美国南北战争的结果造成了巨额的国债以及随之而来的沉重的赋税,产生了最卑鄙的金融贵族,使极大一部分的公有土地被滥送给经营铁路、矿山等的投机公司,工资劳动者再不可能"自由地"获得土地了。

宗主国对这种殖民地虽然实行独占性的政策,但多半是航海上和贸易上的,在生产上没有实行如像东印度公司那种独占政策,如斯密所说,这是移民垦殖殖民地经济发展较快的另一个原因。

役奴土著殖民地再生产的条件,最主要的是它的生产不是资本主义宗主国生产关系的延伸,宗主国资本主义在这里不生根,它在这里殖民总的说来是出门,不是安家。为了进行剥削,就要提供物质手段,殖民者在这里不得不经营一些资本主义企业,尤其是交通业和金融业,但绝不是为了发展资本主义。这种殖民地不仅受外国资本主义的压迫,而且受前资本主义的束缚,受这两者勾结进行的剥削,经济发展当然缓慢。东印度公司之类的独占组织,妨碍生产的发展。

在这种殖民地,如有资本主义工业生产,在一般情况下,其典型形态是工场手工业。这有两个原因:其一,个体生产者破产,劳动力供给多,资本主义不发达,工资特别低廉,资本家便多使用手工劳动;其二,工场手工业固定资本小,可以随时改变投资方向,以便同外资周旋。这种殖民地农业生产的特征是:种植园的大农生产和个体农民的小农生产并存,而向着单一生产某种农作物发展。由于这两方面的原因,这种殖民地就更加要依赖宗主国。

这里谈一谈北美这个移民垦殖的殖民地的南部为什么存在过种植园,并从非洲输进黑人奴隶充当劳动力的问题。美国南部适宜种植欧洲特别需要的工业原料棉花和烟草。这种作物的生产要耗费大量的劳动。供应世界市场又需要进行大农生产。只要工资劳动者还能变成个体生产者,经营雇佣劳动的大农生产就不可能。虽然可以强制欧洲移民中的契约奴劳动,但他们有期限,不能解决矛盾。于是,从非洲捕捉黑人,经过欧洲再卖到北美成为奴隶,利用这种劳动力经营的种植园便产生了。

这两种殖民地的阶级结构和革命任务也有所不同。移民垦殖殖民地基本上是资产阶级、无产阶级、个体生产者,没有前资本主义的封建主和奴隶主(北美等地的种植园主例外),也没有构成外国资本主义对当地居民剥削的桥梁的买办阶级,其革命任务是民族革命,即摆脱外国资本主义压迫,建立独立国家。奴役土著殖民地基本上是外国资产阶级,无产阶级,个体生产者,封建主,奴隶主,其资产阶级分为民族资产阶级和买办资产阶级,其革命任务是民族、民主革命,即摆脱外国资本主义的压迫,推翻前资本主义统治,建立现代化民族独立国家。

第四节　资本主义国家内被统治民族的聚居地
　　　　成为国内殖民地

关于资本主义的殖民地,人们长期以来看到的只是西欧资本主义的海外殖民地,即国外殖民地;而马克思研究资本主义经济时,是以西欧资本主义国家为主,尤其是以英国为主的。这样,除了他多次提到的爱尔兰以外,他提到的殖民地也是这些国家的海外殖民地。由于这个原因,一提到殖民地,人们便自然而然地想到国外殖民地。

但是,除了国外殖民地,还有国内殖民地。[①] 前面提到的古代希腊奴隶社会的移民殖民地,便是国内殖民地,不过由于这是在荒地上殖民,不包含奴役之意。资本主义的包含奴役之意的国内殖民地,作为一种事实,最初是由列宁提出来的。

同马克思研究的主要是先进的资本主义国家的经济关系不同,列宁最初研究的主要是落后的资本主义国家——俄国——的经济关系。落后资本主义国家的一个特点就是,当一个民族的资本主义生产发展到一定阶段,从而要求建立以地域即市场为基础的民族国家时,其周围的社会共同体尚未发展到资本主义阶段,尚未形成民族和建立民族国家,这样,这个先进民族便统治那些落后的共同体,并在这个基础上建立多民族国家。俄国就是这样。俄国还有一个特点,就是幅员广阔,边疆未开垦的土地很多。这就是列宁提出国内殖民地的历史条件。

列宁根据马克思的殖民地理论,针对俄国的情况指出:"因为俄国边区有充足的闲地可供移民开垦,所以,同其他资本主义国家比起来,俄国是处于特别有利的情况。不必说亚俄,就是在欧俄也有这样的地区……"[②]他认为,"殖民地这个概念更可以应用于其他边区,例如高加索。俄罗斯在经济上'征服'这个地方,比政治上要迟得多……"[③]他根据烈美佐夫写的《野蛮的巴什基里亚生活写照》指出:"'移民者'如何砍伐造船木头,把'肃清了''野蛮的'巴什基里亚人的土地变成'小麦工厂'。这是殖民政策的组成部分,它足以与德国人在非洲任何地方的某些丰功伟绩媲美。"[④]其实,这种在俄国版图内实行的殖民政策,和英国人以及其他西欧人在北美实行的殖民政策,即先剿灭印第安人,然后在腾空的土地上进行垦殖,也可以相媲美。北美是英国的殖民地,巴什基亚人的居住地是俄罗斯人的殖民地——国内殖民地。

---

① 国内殖民地这个概念最初是英国伟大的空想社会主义者欧文提出来的。他用它来命名那种他在国内建立的作为社会主义实验的组织,这是相对于在国外的实验说的;这里用的殖民地,和希腊社会用的殖民地含义相同,即移民垦殖,不包含政府奴役之意。我们用的殖民地含义与此不同,含有奴役之意。但它同样可以分为国内外两种。

② 《列宁全集》(第三卷),人民出版社1959年版,第545—546页。

③ 同上书,第543页。

④ 同上书,第223页。

如果说,列宁在前面提到的俄国国内殖民地,基本上是移民垦殖殖民地,因为其中多半是在空地或腾空出来的空地上建立起来的,类似欧洲移民到北美殖民,因而这种殖民地不一定涉及民族问题的话,那么,他在后面提到的俄国国内殖民地,则是建立在奴役非俄罗斯民族的基础上的,因而涉及民族问题。

同俄国的非俄罗斯民族相类似,美国国内黑人和其他被统治民族也是美国的国内殖民地。首先要指出,美国黑人不属于美国民族,这不是从种族即血统肤色看,而是从经济生活及由此形成的心理质素看:他们的祖先是被捉来的,一个世纪前虽然结束了奴隶地位,但至今仍受歧视和奴役。列宁明确指出,美国黑人是被压迫民族。《殖民体系的瓦解》的作者阿瓦林说:"借助民族的压迫,资产阶级保持了对少数民族的极高剥削率,并减低了所有劳动者的工资。黑人、墨西哥人、印第安人,以及其他美国的少数民族,包括侨民,是美国财政大王的国内殖民地。"①《造反还是革命》的作者克鲁斯也写道:"美国黑人一开始就是作为殖民地的人民而存在的。……美国黑人的地位不同于纯粹殖民地的地位的唯一因素是,他们是在统治种族的'本'国内保持这种地位的,并且和统治种族有着密切的接触。"②我认为这种看法是正确的。

其实,国外殖民地和国内殖民地是可以转化的。例如,爱尔兰早就是英国的殖民地——国外殖民地。1801 年,大不列颠及爱尔兰联合王国成立,爱尔兰和大不列颠一样,都是联合王国的组成部分。但是,谁都知道,它仍然是殖民地,或者说,不过是从国外殖民地变成国内殖民地,因为它在联合王国的地位,同 20 世纪前美国南部黑人的地位是一样的。

同样,国内殖民地也可以变为国外殖民地。例如,1948 年,爱尔兰南部最终独立,独立后的爱尔兰仍然是英国的殖民地——国外殖民地。这个问题,下面还要谈到。

---

① 弗·雅·阿瓦林:《殖民体系的瓦解》,水茵、正楷、金青等译,世界知识出版社 1959 年版,第32 页。

② 罗伯特·L.艾伦:《美国黑人在觉醒中》,上海市五·七干校六连翻译组译,上海人民出版社1976 年版,第 6—7 页。

第五节　随着资本主义商品经济的发展，
国内殖民地的经济内容在变化

　　随着资本主义商品经济的发展，统一的国内市场形成和扩大，一方面，民族逐渐混居，单一民族聚居地趋于消灭；另一方面，某些国家新开垦地区的个体生产者和资本主义企业进入统一市场，这一切都使国内殖民地的经济内容发生变化。现在分成两方面来谈。

　　首先，国内殖民地再也不同被压迫民族的聚居地相联系，但仍然和被压迫民族相联系。前面谈到列宁认为俄国少数民族聚居地是国内殖民地；与此相似，美国南部黑人聚居地也是国内殖民地。这种殖民地显然不是指土地，因为这种殖民关系不是垦殖荒地，也不是将该土地上的居民赶跑，由移民来耕种，而是指奴役少数民族，只不过这种被压迫民族是居住在一定地区内的，这样，这个地区连同其居民便成为殖民地。但是，随着资本主义商品经济的发展，统一的市场形成和扩大，这种经济关系使各民族逐渐混居，单一民族聚居地趋于消灭。在英国本土，爱尔兰工人很多；在俄罗斯人居住的地方，非俄罗斯人也多了起来。这种民族混居的现象，在美国更是大量存在。南北战争后，黑人公开地移到北部和东部，其后的美国南部再也不是单一的黑人聚居地了。这样，国内殖民地便和被压迫民族聚居地相分离，但仍然和被压迫民族相联系。这在理论上就表现为，列宁还认为俄国国内非俄罗斯人居住地是国内殖民地，阿瓦林则认为美国国内少数民族是国内殖民地。殖民地这个概念，开始同土地分离了。

　　其次，随着资本主义经济的发展，有些国家在广度上开拓国内市场，开垦荒地。这些荒地最初的垦殖者是大量个体生产者和一些资本主义企业，经营的多半是农业和矿业。由于经济发展水平的低下，他们必然受资本主义中心地区的资产阶级的剥削，从而这些经营者成为国内殖民地。《美国垄断资本》的作者陈翰笙指出："工业榨取农业的利益原是资本主义的本色。美国东部的财团因此一直压迫西部各地，把这些地方看作它们的殖民地。"[①]这里说的是

---

① 陈翰笙：《美国垄断资本》，世界知识出版社1955年版，第59页。

垄断资本主义,但这个原理同样适用于资本主义。表面看来,这种剥削和被剥削关系,似乎和资本主义先进国和落后国的关系完全相同,但深入地分析一下,便看出还是有所不同的,然而,它们同样是受剥削的殖民地。

不同之处在于:先进国和落后国的平均利润率不同,这样,先进国以其工业品,即资本有机构成高的、生产价格高于价值的产品,和落后国的农产品,即资本有机构成低的、生产价格低于或最高只能等于价值的产品相交换,便是小量劳动和大量劳动相交换,是一种剥削,在这个条件下,两国资本家得到的利润也是不等的。在一个国家内部,随着统一市场的形成,平均利润率便形成,这样,工业品和农产品相交换,虽然也是小量劳动和大量劳动相交换,但如果是按生产价格交换,那还不能说工业资本家剥削农业资本家,因为他们都得到平均利润。但是,这些新开垦区存在着大量的个体农民,他们的农产品和资本主义企业的农产品有相同的价格,而他们的价格最低限是 C+V,在竞争的压力下,M 或 P 可以完全放弃。由于这种影响,资本主义企业的农产品便在生产价格以下出售,得不到平均利润,整个农业都被工业剥削了。如果再加上开垦区在金融上受中心区控制,情况就更为严重。很明显,这种剥削对象是社会成员,而不是占领其土地本身。

从上面分析可以看到,随着经济的发展,国内殖民地已和土地相分离,它已由被压迫民族、某种地区的社会成员构成。关于这一点,奥得尔说得很好,他说:"要说明什么是殖民问题,具有决定意义的是殖民机构所起的作用,而领土仅仅是人们把历史上发展起来的超级剥削机构组成一种压迫体系的场所而已。"①

---

① 罗伯特·L.艾伦:《美国黑人在觉醒中》,上海市五·七干校六连翻译组译,上海人民出版社1976 年版,第 9 页。

第八章 殖民地的演变——垄断资本主义的殖民地

第一节 殖民地作用的变化

资本主义初期,宗主国或母国经营殖民地,如上所述,就其中的移民垦殖殖民地来说,开始时是为了取得银和金,以便将其变成货币,再变成资本,这种作用后来当然也存在,但由于其他作用的产生和加强,它的重要性相对地降低了,其后,这种殖民地就成为欧洲资本主义国家输出社会矛盾的场所。就其中的奴役土著殖民地,即以种植园为特征的殖民地来说,开始时是为了取得廉价的原料和粮食,这是因为随着资本主义的发展,资本主义农业由于土地私有权的束缚而落后于工业,宗主国便要这种殖民地供给农业产品。其后,随着产业革命的进行,由于前面说过的原因,世界分为工业国和农业国,后者是供应前者农产品的殖民地,这种殖民地同时也是销售前者工业品的市场。

前垄断资本主义的殖民地,是宗主国的原料、粮食的供给地和宗主国工业品的销售市场的这种作用,在垄断资本主义阶段虽然仍然存在,但其相对地位由于另一种作用的产生和加强而降低。这另一种作用,就是为宗主国提供垄断利润,尤其成为宗主国输出资本的场所。

除了提供垄断利润外,垄断资本主义时期的殖民地还有其他作用,即从可能性上看的经济领土和从争夺势力范围看的战略要地。一块不毛之地,随着科学技术的发展,可能变成一块经济领土;汪洋大海中的小岛,交通要道的弹丸之地,可能成为重要的战略要地:这也会沦为殖民地。很明显,这说到底是为了攫取垄断利润这个总目标。

　　垄断资本主义国家是在从殖民地能够取得超额利润的基础上,再取得垄断利润的。马克思对发达国家能够从落后国或殖民地取得超额利润的原因,有过详尽的分析。

　　第一,从商品交换看,他认为,"处在有利条件下的国家,在交换中以较少的劳动换回较多的劳动",而对于有商品输入和输出的落后国来说,它们"付出的实物形式的物化劳动多于它所得到的,但是它由此得到的商品比它自己所能生产的更便宜"①,换句话说就是,"一国的三个劳动日可以和别一国的一个劳动日相交换,"因此,"在这个场合,富国会剥削贫国,纵使……贫国也会由交换得到利益"。② 在解释马克思这个富国剥削贫国的原理时,有些说法是不符合马克思的原意的。一种用重商主义时期的贱买贵卖,用垄断资本主义时期的以垄断高价出卖工业品、按低于价值的价格购买农产品来解释,虽有此事实,但不符合马克思提出这个原理的历史条件,也不符合马克思的要从纯经济关系开始研究问题的方法论。另一种用生产同种商品的劳动生产率不同来解释,即富国产品的国别价值低于国际价值,贫国产品则相反。这情况当然存在,但这是价值形成中必然包含的关系,不存在剥削和被剥削的问题,这在国内也存在的,这也不符合马克思的原意,因为他谈的不是同种商品的交换,而是不同种商品的交换,即同时有输出和输入。最大的不同种商品交换,就是前面说的工业品和农产品的交换。应该从这里入手分析问题。

　　第二,从货币价值看,他认为,"货币的相对价值在资本主义生产方式较发达的国家里,比在资本主义生产方式不太发达的国家里要小"。③ 这反过来说就是,因货币价值的不同,前一种国家的物价高些,后一种国家的物价低些。经济学家们对此原理有种种解释,但都没有将其推进一步,从货币关系分析富国对贫国的剥削。

　　第三,从资本输出看,他认为,"投在殖民地等处的资本,它们能够提供较

---

　　① 马克思:《资本论》(第三卷),载《马克思恩格斯全集》(第二十五卷),人民出版社 1974 年版,第 265 页。
　　② 马克思:《剩余价值学说史》(第三卷),郭大力译,人民出版社 1978 年版,第 111—112 页。
　　③ 马克思:《资本论》(第一卷),载《马克思恩格斯全集》(第二十三卷),人民出版社 1972 年版,第 614 页。

高的利润率,是因为在那里,由于发展程度较低,利润率一般较高,由于使用奴隶和苦力等等,劳动的剥削程度也较高"。① 这个原理,一般都注意到了。

马克思综合地指出,在有利的自然条件下,殖民地国家"较高的利润率就可以和较低的商品价格同时存在"。②

列宁根据马克思的理论,对垄断资本主义国家将过剩的资本输出到落后国家去,之所以能取得垄断的高额利润的原因也有概括的说明。他指出:"在这些落后的国家里,利润通常都是很高的,因为那里资本少,地价比较贱,工资低,原料也便宜。"③有的经济学家按照列宁的说明去分析问题时,有些地方不符合列宁的原意。这就是资本少怎么会引起利润高的问题。我们不应主要地从资本少因而竞争剧烈去说明它获得的利润高;而应该从不变资本尤其是其中的固定资本在总资本中占的比重小去说明问题:不变资本比重小,资本的有机构成低,使利润率高,固定资本比重小,资本周转时间短,社会折旧基金小,使长期借贷利息率特别高。

后面我将从商品交换、货币关系、资本输出三方面,说明垄断资本主义国家如何从中剥削和控制国外殖民地。

第二节　垄断资本主义据以攫取垄断利润的对象,似可称为殖民地或殖民对象

垄断资本主义攫取垄断利润的对象,按照上面的说明,是国外殖民地。但是,垄断资本主义国内的资本主义经济成分、个体生产者、一般居民,也是为垄断资本主义提供垄断利润的。既然国外的是殖民地,那么国内的也应该是殖民地。如果由于约定俗成,无法改变已有的概念的含义,那么,是否可以把垄断资本主义剥削垄断利润的对象统称为殖民对象?④

---

① 马克思:《资本论》(第三卷),载《马克思恩格斯全集》(第二十五卷),人民出版社 1974 年版,第 265 页。

② 同上书,第 266 页。

③ 列宁:《帝国主义是资本主义的最高阶段》,人民出版社 1964 年版,第 56 页。

④ 在这里我想起苏联 20 年代关于社会主义原始积累的争论。普列奥布拉任斯基主张社会主义工业用剥削和剥夺个体农民的办法来积累资金,恰似资本主义原始积累时,资本主义工业用剥削殖民地的办法来积累资本一样,因此,他的反对者指责说,这种主张把农民看成工人国家的早期殖民对象。这种主张当然是错误,但从方法论看,被剥削的经济成分是殖民对象这一提法却值得重视。

垄断资本主义的剥削对象,从本质上说,国外的和国内的都是一样的,何况它们可以转化,这样,把它们统称为殖民地应该说是可以的。这里分为两种情况来谈。首先,有些殖民地在原来的条件下是国外殖民地,后来由于宗主国把它划入自己的版图,在新的条件下,它的地位并没有变化,它还是殖民地,即从国外殖民地变成国内殖民地。例如,爱尔兰成为联合王国的一个组成部分后,我国东北和西北的一大片疆土成为沙俄的领土后,就分别成为其国内殖民地。这种国内殖民地虽然同被压迫民族问题联在一起,但这并不是说凡是由国外殖民地转化而来的国内殖民地,都同被压迫民族问题联在一起。例如,加拿大原是英法的国外殖民地,其后成为英国的国外殖民地,但自从它取得自治领的地位并成为英联邦国家的成员国后,从英联邦这个角度看,它就是国内殖民地,其中的英国移民同英国本土的英国人原是同一个民族。

其次,不从国外殖民地转化为国内殖民地的角度,而从宗主国本身看,其垄断资本主义经济对一般资本主义经济和个体生产者等进行的剥削,同它对国外殖民地进行的剥削并没有质的区别,只可能有量或程度的区别。既然这样,它们应该可以称为殖民地。如果说,这种被剥削的对象是宗主国内的被压迫民族,如美国的黑人,俄国的波兰人,连同他们的聚居地,可以称为国内殖民地,当这种单一民族聚居地由于商品经济的发展而渐趋消失,这种流散各地的被压迫民族,如在英国本土的爱尔兰人,仍可以称为国内殖民地,那么,同他们并没有质的区别的其他社会成员,应该也可以称为国内殖民地。否则,便等于把殖民地看成一个政治地理概念和被压迫民族的概念了。但是,殖民地演变的历史已经说明,开始的时候,它和垦殖土地、征服土地和奴役异族相联系,其后就不是这样,它只是一种经济关系,即一种经济成分对另一种经济成分或另一种社会成员的剥削和被剥削关系,同征服土地、奴役异族不一定相联。

前面说过,列宁曾认为高加索是俄国的国内殖民地,陈翰笙也认为美国西部是美国东部财团的国内殖民地,将他们的论点向前推进一步,即可以得出凡受垄断资本主义剥削的经济成分和社会成员,都是殖民地——从现在讨论的问题说是国内殖民地的结论。这样,以前提出的那个待命名的经济范畴问题,现在似乎有了解答,即国内殖民地。如果碍于习惯,难以接受,称为国内殖民对象也是可以的。但有一个缺点：不能说明外、内殖民地的转化。

第三节　从爱尔兰问题看国外和国内殖民地

前面的分析可以归结为：从垄断利润的剥削和被剥削关系，可以区分为剥削垄断利润的垄断资本主义和被剥削垄断利润的殖民地，后者是我们分析了殖民地的演变过程后，以原有概念为基础再赋予新的内容而提出来的经济范畴。从政治地理或国家疆界看，殖民地可以相对地分为国外殖民地和国内殖民地，它们可以相互转化。这一点，从爱尔兰问题上看得很清楚。

马克思和列宁多次提到的爱尔兰问题，不仅是研究民族问题，而且也是研究外、内殖民地及其相互转化问题的社会实验室。虽然在这里民族问题和殖民地问题是连在一起的，但我们可以侧重研究后者。

爱尔兰早在 12 世纪就是英国的殖民地。当它和大不列颠没有组成联合王国的时候，它是英国的国外殖民地。1801 年，它和大不列颠组成大不列颠及爱尔兰联合王国，从此它和大不列颠一样，都是联合王国中的一个"平等"的部分，似乎再也不是殖民地了。但是，正是在 19 世纪，英国完成了产业革命，便加紧以英国这个征服民族的生产关系来强加于爱尔兰这个被征服民族，如马克思所指出的，使爱尔兰成为"英格兰的一个被大海峡隔开的农业区，它为英格兰提供着谷物，羊毛，牲畜，工业新兵和军事新兵"。[①] 爱尔兰的农业生产完全为英格兰的工业生产服务，这正是殖民地的特点，也就是说，联合王国的成立，使爱尔兰从国外殖民地变成国内殖民地。

爱尔兰人并不是只在爱尔兰才受剥削。英格兰资本主义的迅速发展，使爱尔兰人流入英格兰，成为工资劳动者。英国资产阶级极力压低爱尔兰工人的工资，然后利用由殖民地和民族压迫产生的民族偏见，以及宗教矛盾，使英国工人仇视爱尔兰工人，认为后者与他们争饭碗，再在这个基础上

---

① 马克思：《资本论》（第一卷），载《马克思恩格斯全集》（第二十三卷），人民出版社 1972 年版，第 769 页。

压低英国工人的工资。因此,加深对爱尔兰工人的剥削,成为加深对英国工人的剥削的手段,正如美国资产阶级加深对黑人工人的剥削,成为加强对美国白人工人的剥削的手段一样。

英国进入垄断资本主义后,对爱尔兰的剥削加深。第一次世界大战末期,爱尔兰民族独立运动高涨,英国政府改变统治手法,于1921年12月签订《英爱条约》,据此,爱尔兰南部26个郡成立"自由邦",享有自治权,北部六个郡和大不列颠组成大不列颠及北爱尔兰联合王国。1937年,爱尔兰"自由邦"宣布成立独立共和国,但仍留在英联邦内,1948年12月,宣布脱离英联邦。1949年4月,英国被迫承认爱尔兰完全独立。

从爱尔兰分为两部及其各自的政治地位可以看出:北爱尔兰尽管是联合王国的一部分,但由于经济落后,受大不列颠尤其受英格兰的剥削,实质上是国内殖民地。爱尔兰南部26个郡虽然独立了,但由于同样的原因,不管是留在英联邦内,还是脱离英联邦,它还是殖民地,只不过由于独立了,便从国内殖民地变成国外殖民地。

这就说明,只要经济关系没有实质的变化,政治地理界限的变化并不能改变殖民地的经济实质,在这个条件下,它发生的变化是极其相对的,国外殖民地和国内殖民地可以相互转化。爱尔兰问题虽然涉及民族问题,但撇开民族问题,便可以看到外、内殖民地转化的条件。

第四节　两种国外殖民地的演变不同

资本主义初期资本主义宗主国的两种国外殖民地,在垄断资本主义时期的发展是不相同的。现在看得很清楚,移民垦殖殖民地都发展为发达的资本主义国家,奴役土著殖民地则成为发展中国家,其中有的是民族独立国家,其资本主义水平很低下,有的是社会主义国家,其生产力水平也比较低下。

前面说过,移民垦殖殖民地由于母国资本主义在这里生根,以及没有前资本主义经济的束缚,其经济发展比奴役土著殖民地快些。这是从生产关系对生产力的作用来看的。如果加上政治上层建筑的作用,情况就更明显。

　　一般说来,移民垦殖殖民地并不存在由母国占领其土地,并以武装力量来维持这种占领的情况,如果说占领土地,那是殖民者踏上这些土地时,占领了如像美洲的印第安人的土地,武装力量最初是用来对付印第安人的,后来武装力量增强了,但那是属于国家机器中用来统治被剥削阶级的武装力量,而不是母国用来统治这种殖民地的武装力量。母国对它的统治,主要是经济上的控制,它的政治反映也大都以经济政策为限,直接的政治暴力一般较少。这样,母国和它的关系大体上是先进的资本主义和后进的资本主义的关系。它们摆脱母国的束缚而成为一个独立国家,除美国是用战争解决问题外,加拿大、澳大利亚和新西兰都不是用战争解决问题。19世纪下半期,尤其是20世纪初,由于母国垄断资本输出到这种殖民地,其后又由于第一次世界大战爆发,这种殖民地的资本主义经济有了迅速的发展,资产阶级力量增强,经过斗争,殖民地取得了自治领的地位,在政治上削弱了母国的力量,这又给经济发展带来有利条件。这样,经过第二次世界大战到战后初期,它们已经完成了资本主义工业化,从经济关系上看已经再也不是殖民地了。

　　这里以加拿大为例来加以说明。16世纪,法、英先后侵入加拿大,夺取印第安人的土地。1763年,英法七年战争结束,加拿大成为英国的殖民地。18世纪末19世纪初,加拿大爆发争取独立的运动;1867年,英国被迫承认加拿大为自治领,但自治权并不完整。到1926年和1931年,加拿大才取得外交和立法的独立自主权。它的经济地位变化,是从第二次世界大战时开始的,现在已是资本主义七大工业国之一,在经济关系上看已经不是殖民地了。虽然直至1982年春天,英国女王巡视加拿大时,才在政治上宣布结束殖民地的历史。

　　奴隶土著殖民地的情况就不同了。在一段很长的时间里,它的土地是被宗主国占领的,或者说,它最终全部沦为殖民地的过程,就是其土地逐渐被占领的过程,它由宗主国的武装力量来维持这种占领。此外,还有一批殖民官吏在政治上进行统治,一批传教士在精神上进行统治,并且通过当地的前资本主义政治上层建筑进行统治。殖民者对土著的剥削,在经济剥削的基础上,较多地使用政治暴力。这样,宗主国和它的关系,实质上是征服民族和被征服民族的关系。它的资本主义发展很缓慢,资产阶级力量很弱,宗主国的统治力量较强大,民族解放运动屡遭失败。大体上在第一次世界大战期间,它的民族资本主义才有较快的发展,反对垄断资本主义统治的斗争加强,但战后期间,垄断资本主义又加强了对它的统治。直到第二次世界大战后,由于整个国际形势发生了巨大的变化,这些殖民地中的多数才在政治上获得独立,有的是经过民族解放战争获得的,有的是用其他斗争方法获得的,有的成为社会主义国家,有的成为民族独立国家。主权被剥夺、土地被占领的殖民地不多了。

在获得政治独立的国家中,其中的大多数在经济上仍然受原来的宗主国控制,或受另一个新的宗主国控制,尚未解决国家工业化这个战略路线问题,连一个现代工业的基础都没有,仍然以其农业生产,或它的演变即所谓的劳动密集的生产,为原宗主国或新宗主国的工业生产,或它的演变即所谓的资本密集的生产服务,又不能以政治力量来抵消这两种产品交换中的不等价交换,这样,它们实质上仍然是殖民地。

这里以印度为例来加以说明。前面曾经说明,从 1600 年英国成立东印度公司时起,到 1608 年印度便在经济上全部被英国控制,成为殖民地。英国从土地上侵占印度,始于 1757 年,毕于 1849 年。1857 年,印度爆发了历时两年的全民反英大起义,但归于失败。第二次世界大战后,印度人民反英运动有了新的高涨。1947 年 6 月,英国公布把印度分为印度和巴基斯坦两个自治领的“蒙巴顿方案”。同年 8 月 15 日,印巴分治。1950 年,印度宣布为共和国,但仍为英联邦的成员国。1956 年,巴基斯坦宣布为共和国,也仍为英联邦的成员国。1972 年,东巴基斯坦独立,成为孟加拉国,也是英联邦的成员国。我们以后将说明,英联邦包括两类经济发展水平不同的国家,其中的一种从经济关系看是殖民地。即使撇开英联邦问题,如上所述,只要维持农业国的地位,不努力实现工业化,其生产就只能为垄断资本主义国家服务,就仍然是殖民地。

恩格斯曾明确地指出,这两种殖民地的发展是不同的。他说:“依我看,殖民地,即欧洲人占据的土地——加拿大、好望角和澳大利亚,都会独立的;而只有那些被征服的土著人居住的土地——印度、阿尔及利亚以及荷兰、葡萄牙、西班牙的领地,无产阶级不得不暂时接过来,并且尽快地引导它们走向独立。”①

---

① 《列宁全集》(第三十九卷),人民出版社 1963 年版,第 759 页。

共产国际第六次代表大会的文件也指出："必须将下列两种殖民地区别开来：一种是资本主义国家用来作为它们剩余人口的殖民地区的殖民地，从而也就成了它们的资本主义体系的延续……；另一种是帝国主义者首先用来作为销售市场、原料产地和投资场所而进行剥削的殖民地。这种区别不仅有历史意义，而且有重大的经济和政治意义。"①历史已经证明，这个分析是正确的。

第五节　当代国外殖民地的几种形式

现在，资本主义初期便开始存在的两种国外殖民地，其中的移民垦殖殖民地，从经济关系上看已经再也不是殖民地了；其中的奴役土著殖民地，尽管绝大多数在政治上已经获得独立，但从经济关系上看，仍然没有结束殖民地的历史。当代垄断资本主义的国外殖民地主要有以下三种形式。

第一种是土地被占领、主权被剥夺的殖民地。这就是原来的奴役土著殖民地，现在已经为数不多了，但是并没有完全消灭。我们知道，占有奴役土著殖民地最多的国家是英国和法国，第二次世界大战后，民族解放运动高涨，它们被迫承认一些殖民地国家独立，但独立后在经济上仍是殖民地，这个问题留在下面谈。那些没有独立的，当然仍然是奴役土著的殖民地。现在要指出的是，有些已经独立的殖民地，事实上仍然是土地被占领、主权被剥夺的殖民地。南非共和国中的土著就存在这一问题。南非的土著是非洲黑人，占南非总人口的 3/4，白种人约占 1/7 强，混血种人约占 1/10，其余的是亚洲人。白种人主要是荷兰裔和英国裔，其祖先是 17 世纪至 19 世纪侵入南非的，到 19 世纪末期，南非土地都被荷、英殖民者占领。1899 至 1902 年发生英布战争，英国殖民者打败荷兰殖民者。1910 年，英国把开普敦、纳塔尔、德兰士瓦和奥伦治四个州组成南非联邦，作为英国的自治领。1961 年，南非国民党政府退出英联邦，改名南非共和国。目前的南非白人政府实行种族隔离法，将居民分为白种人、有色人和土著人等集团，分区加以隔离，并

①　《共产国际文件》，莫斯科，1933 年俄文版，第 838 页。

规定非白种人必须随身携带十多种证件,证件不齐,就加以逮捕,再"租给"矿山主和农场主,从事强迫劳动。因此,南非独立为共和国,并没有结束土著人和有色人被奴役的殖民地的命运。

第二种是经济被控制、被渗透的殖民地。这类殖民地和上述的不同仅在于土地不被占领,形式上是独立国家,但经济被垄断资本主义国家所控制,情形和东印度公司设立后,土地被英国侵占前的印度相类似。这类殖民地在第一次世界大战前便存在,如被资产阶级经济学家称为商业殖民地的阿根廷便是。列宁指出,阿根廷在财政上这样依赖于英国,以致实质上成为英国的附属国,说的就是这个意思。第二次世界大战后,绝大多数民族独立国家,在生产、金融、财政、商业、航运上仍受垄断资本主义国家控制,也是殖民地,如南朝鲜,从前是被日本占领的殖民地,现在获得独立,但其经济由日本、美国所控制,并为它们的工业生产服务,所以仍是殖民地。

第三种是由不合理的国际分工和经济秩序所束缚的殖民地。这类殖民地和上述两者的不同在于土地不被占领,经济也并没有单独被哪一个垄断资本主义国家所控制,但它在国际分工和经济秩序中,仍然处于生产以手工劳动为主的产品的地位,以此来为处于生产以使用机器为主的产品的另一方服务。马克思分析过的以产业革命为基础而划分的工业国和农业国,前者是宗主国,后者是殖民地,这种情况在新的条件下以新的形式出现。我们从前说过,奴役土著殖民地的工业生产以工场手工业为特征,农业生产以种植园的大农生产和个体小农生产并存而向单一作物生产发展为特征。第二次世界大战后,这些殖民地中的大多数已独立,随着战后科技革命的进行,上述情况形式上有所变化,但实质上仍然一样,这就是它们大多数为工业高度发达的垄断资本主义国家,生产劳动密集的产品,在工业上生产矿产品,在农业上生产原料,同垄断资本主义国家生产的资本密集和知识密集的产品相交换。后面我们将要详细说明,这仍然是以大量劳动同小量劳动相交换。这就是目前所谓的南北关系中的纯经济内容,即撇开政治关系以及价格剪刀差、货币金融压迫不谈的经济内容。

这里的所谓南北关系,是以北纬30度为界划分的国家,在这以北的都是工业化国家,其中的绝大多数是垄断资本主义国家,在这以南的都是过去的殖民地,其中的大多数是没有完成工业化的国家。据统计,1968—1977年,在亚、非、拉150个国家和地区中,出口石油为主的有19个,矿产品为主的有30个,农业原料为主的有22个,粮油食品为主的有89个,这些都是资本有机构成低的生产部门的产品,同资本有机构成高的部门的产品,如精密工具、电子器具相交换,就其纯经济内容来说,必然是大量劳动和小量劳动相交换,这就是殖民地的经济特点。如果这些国家不能运用政治力量实行对外贸易国家垄断,并利用垄断资本主义国家的矛盾,在价格、金融等方面同垄断资本主义作斗争,而听任垄断资本主义国家利用已有的国际经济秩序来束缚自己,情况就必然是这样。如果这些国家不努力改变这种格局,仍然受历史上留下来的国际分工所束缚,在新的历史条件下,不实现工业化,不改变生产结构,不改变外贸结构,那么,它们就要用三、四分劳动同别人的一分劳动相交换,它就遭受别国的剥削。

如果说,第一种形式基本上已经消失,第二、三种形式取代了它,那么,第一种形式便是老的殖民主义,第二、三种形式则是新的殖民主义。当然,这三种形式有时会有交叉。

第六节　垄断资本主义国家剥削落后国家的新工具

目前,垄断资本主义国家剥削殖民地的主要经济渠道,仍然是输出资本和对外贸易。由于战后政治、经济出现的新情况,它们就具有新的特点。开设跨国公司和组织经济共同体已成为垄断资本主义国家剥削落后国家的新工具。

垄断资本主义国家通过资本输出来剥削殖民地和控制殖民地的经济,主要有生产资本和借贷资本两种形式。这里以战后迅速发展的、输出生产资本的新形式——跨国公司——为例,加以分析,因为它已成为推行新殖民主义的重要工具。例如,1970年,美国对亚、非、拉发展中国家投资的利润率为21%,而国内投资的利润率只为9%。属于美国洛克菲勒财团的埃克森石油公司,是世界第二号的大跨国公司,它在几十个国家拥有原油开采权、设有炼油厂、开设几百个子公司,被称为“看不见的帝国”。跨国公司中的四分之一,设立在原来的奴役土著的殖民地里。在比利时、法国、英国开设在上述殖民地的跨国公司中,又以开设在非洲中的为最多。这显然与其原来的殖民统治和投资基础有很大的关系。跨国公司控制它们的经济命脉,使它们在经济上不能独立,形成单一经济,沦为部件加工工厂和装配车间,严重地依赖于垄断资本主义国家;影响它们的财政收入,一些石油输出国的财政收入,主要来自西方国家在当地开设的石油公司;干涉它们的内外政策,甚至颠覆它们的政府,许多国家的政变同跨国公司的阴谋活动有关。有些跨国公司及其控制的地区,是名副其实的"国中之国",或土地被占领的殖民地。

由于这样,1973年联合国秘书处发表的《世界发展中的多国公司》的调查报告不得不承认:"就某种意义说,基地在外国的多国公司的各种各样的营业活动,以及它们对东道国广泛深入的影响,可以看作对国家主权的一种挑战"。这就是说,跨国公司是垄断资本主义国家实行新殖民主义的重要工具。

在输出资本和对外贸易的基础上建立起来的联系国制度,即欧洲经济共同体与原来基本上是共同体成员国的占领土地的殖民地,通过缔结《洛美协定》,双方发生经济联系的制度,实质上是通过组成松散的经济共同体的形式,使后者成为前者的殖民地的制度。《洛美协定》的主要内容是:共同体接受联系国的产品,免税,不限量,不要求互惠;提供一笔基金,用以在原料跌价的情况下,补偿对方的损失;五年内向对方提供总额为39.9亿欧洲计算单位的援助。一般说来,共同体提出的条件非常优惠,其原因是它和美国、日本以及苏联的扩张主义展开剧烈竞争时,不得不提出较优的条件,让对方接受,犹如垄断组织倾销时,其出售条件也较优一样,用这种办法拴住对方,对方被其控制了,便成为被其剥削的殖民地了。这是因为,一方是工业化的垄断资本主义国家,另一方是落后国家,即使原料不跌价,垄断高价和垄断低价都不存在,还是小量劳动和大量劳动相交换。至于经济援助,这是第二次世界大战后,垄断资本主义国家控制落后国家的新办法,它的基础是国家垄断资本主义,即国家包买了垄断企业的产品,后者垄断利润实现了,这些产品便以"经援"和"军援"的形式送给落后国家,或赠款给落后国家,让它们购买这些产品,其结果就是拴住落后国家。

与这情况相似的,还有1979年11月,日本大平政府作为国策提出来的

"太平洋经济圈设想"。现在的日本是一个仅次于美国的经济大国,其工业产品的三分之一供出口,其重要资源的80％—90％靠进口,设想的经济圈包括太平洋沿岸和区域的先进国和落后国,从中就不难看出其经济实质了。设想中的参加国包括美国,但美国的经济势力范围主要在拉美、中东,并与苏联争夺欧洲;在亚太地区尤其是在东南亚,日本的经济渗透最为严重。1982年6月,菲律宾外长罗慕洛说道:同日本保持强有力的经济联系,对东盟国家来说是好事,但是如果把手脚都捆在日本身上,那将是危险的,"我担心出现新的经济共荣圈"。

第九章　旧中国半封建半殖民地的经济关系

第一节　中国封建社会的两个阶段

外国资本主义和中国社会接触时，中国处于封建社会，比资本主义落后。外国资本主义和垄断资本主义的入侵，使中国从封建社会变成半封建半殖民地社会。中国社会是由于在这个阶段上落后了，才成为半殖民地的；其后，中国社会发展又受到外国资本主义以及与其相勾结的反动政权的阻碍，就更落后了。下面主要分析前者的作用。

对于中国封建社会发展非常缓慢的原因，有许多不同的看法。

亚当·斯密认为，这是中国的政治上层建筑即法律制度造成的。他说："中国一向是世界上最富的国家，就是说，土地最肥沃，耕作最精细，人民最多而且最勤勉的国家。然而，许久以来，它似乎就停滞于静止状态了。今日旅行家关于中国耕作、勤劳及人口稠密状况的报告，与五百年前视察该国的马可波罗的记述比较，几乎没有什么区别。也许在马可波罗时代以前好久，中国的财富就已达到了该国法律制度所允许的程度。"[①]但他没有加以分析。

1927 年大革命失败后，为了探讨革命道路和解决革命领导权问题，在中国论坛上发生过关于中国社会性质问题的论战，其中涉及这个问题。有的人提出马克思关于亚细亚生产方式的论述，作为自己的看法。马克思说："这些自给自足的公社不断地按照同一形式把自己再生产出来，当它们偶然遭到破坏时，会在同一地点以同一名称再建立起来，这种公社的简单的生产

---

① 亚当·斯密：《国民财富的性质和原因的研究》（上卷），郭大力、王亚南译，商务印书馆1974 年版，第 65 页。

机体,为揭示下面这个秘密提供了一把钥匙:亚洲各国不断地瓦解,不断地重建和经常改朝换代,与此截然相反,亚洲的社会却没有变化。这种社会的基本经济要素结构,不为政治领域中的风暴所触动。"①我认为,以这个理论来解释中国封建社会发展迟缓是可以的。但是,有的人却把它绝对化,认为凡存在亚细亚生产方式的社会,自己都孕育不出资本主义来,只有由外来资本主义打碎这种公社,带来资本主义因素,它才能产生资本主义,这就不对了。抗日战争时,日本御用哲学家秋泽修二就是这样。现在,这种论调又重新出现。

我认为,这种论调是对马克思的有关理论的曲解,并把马克思置于他们为其制造的自相矛盾之中。据他们说,公社是雷打不动的。但就在上述引文之前,马克思就说:"这种公社都是一个自给自足的生产整体……产品的主要部分是为了满足公社本身的需要,而不是当作商品生产出来……变成商品的只是剩余产品,而且有一部分到了国家手中才变成商品……"②根据马克思关于原始公社解体的理论,"物一旦对外成为商品,由于反作用,它在共同体内也成为商品"③,这就促使共同体即公社成员贫富悬殊,公社瓦解。如果凡公社就永不瓦解,那就无法解释原始社会何以解体、亚细亚生产方式何以产生了,因为不管作何理解,亚细亚生产方式指的都不是原始社会,而是原始社会以后某种特殊的经济关系,也有人认为是一种社会形态,它总是原始社会解体后才产生的。

有人用马克思这段话来解释,这就是:"资本的祖国不是草木繁茂的热带,而是温带。不是土壤的绝对肥力,而是它的差异性和它的自然产品的多样性,形成社会分工的自然基础,并通过人所处的自然环境的变化,促使他们自己的需要、能力、劳动资料和劳动方式趋于多样化。社会地控制自然力以便经济地加以利用,用人力兴建大规模的工程以便占有或驯服自然力,——这种必要性在产业史上起着最有决定性的作用。"④这是一个很重要

---

① 马克思:《资本论》(第一卷),载《马克思恩格斯全集》(第二十三卷),人民出版社1972年版,第396—397页。
② 同上书,第395页。
③ 同上书,第106页。
④ 同上书,第561页。

的理论问题。它说的是，自然产品的多样性，使社会分工发达，商品生产和商品交换发达，使生产力发展，从而使人能更好地征服自然，——这有利于资本主义的产生。但只能以此解释地处热带的地区的资本主义产生较晚，而不能解释地处温带的中国的封建主义阶段为什么很长。

王亚南教授提出地主型封建制的理论，来解释这个问题，引起了学术界的重视。[①] 他认为，一般地说，封建社会可以分为两大阶段，即领主型封建制和地主型封建制，中国和西欧都一样。它们的共同点在于：封建主占有土地，农奴或农民耕种土地，前者剥削后者的主要方式是要后者提供地租。它们的不同点在于：在领主型封建制下，取得土地的依据是封建特权，即贵族们的血统，贵族是世袭的，土地占有也是世袭的，土地不能买卖，封建贵族是经济上的剥削者，同时也是政治上的统治者，地租和赋税不分，土地所有权和政治统治权不分；在地主型封建制下，土地可以买卖，取得土地的依据不是血统，不是政治特权，而是货币，封建地主是经济上的剥削者，封建官僚是政治上的统治者，前者剥削地租，后者榨取赋税，地租和赋税分开，土地所有权和政治统治权虽然同属封建地主这个阶级，但相对于封建领主来说，它们是分别属于地主和官僚的，官僚可以是地主，但不一定是地主。

领主型封建制发展为地主型封建制，主要原因是生产力的发展，使封建社会的生产关系发生部分质变。封建制度是由奴隶制度发展而来的。由较为低下的生产力水平所制约的剥削奴隶的方式，到封建制度产生时就发展为劳役地租，即劳动者在封建主经营的土地上（或其他场合），在封建主或其替身的鞭挞下劳动，并附着于土地，以取得对土地的使用权，在由他使用的土地上经营个人经济。这样就构成领主和农奴对立统一的领主型封建制。应该指出，是劳役地租这种剥削方式，使封建制度呈现出领主型封建制。[②] 劳役地租是生产力进一步发展的障碍，因为农奴要在鞭挞下劳动，没有积极性，于是，实物地租代替了它。所谓实物地租，就是封建主将其土地交给农民耕种，分成收地租。在实物地租的形式下，农民可以不必在鞭挞下劳动了，人身奴役关系开始松动。但实物地租仍然束缚生产力的发展，因为

---

① 以上论点，全部来自先师王亚南教授的著作，如理解错误，责任在我——作者。

② 马克思：《资本论》（第一卷），载《马克思恩格斯全集》（第二十三卷），人民出版社 1972 年版，第 265 页。

农民努力多产,地主剥削也多。于是,实物地租经过定额租发展为货币地租。货币地租意味着商品经济较为发达,农民开始加速分化,人身依附关系完全松动,农民可以离开土地,土地可以买卖。这样,领主变为地主,农奴变为农民,这就是地主型封建制。经济上人身依附关系的松动,又反过来在政治上要求解放农奴。经过这样的经济、政治变动,在地主型封建制下,成为个体生产者的农民,便可以分化出资本家和工资劳动者来。

西欧的封建主义社会,开始于日耳曼灭罗马(476 年),结束于 17、18 世纪(西欧各国稍有不同),经历时间约 1 300 年,其中的领主型封建制大约在14、15 世纪,便转入地主型封建制,后者产生约 300 年便发展为资本主义社会,领主型封建制长约 1 000 年。中国封建社会始于何时,史家看法不一。我取西周封建制开始说。按照此说,中国封建社会从公元前 1122 年延续到公元 1949 年或中国土地改革完成的 1951 年,长约 3 000 多年,其中由领主型封建制转入地主型封建制,过渡期是战国,转折期是秦统一中国,即公元前 221 年,这样,领主型封建制长约 900 年,地主型封建制长约 2 100 年。中国比西欧早进入封建社会,中国社会发展落后在于地主型封建制特别长,比西欧长 1 800 年,以致西欧已发展为资本主义时,中国则处于封建主义阶段。

西欧地主型封建制的产生,是由于商品经济的发展,相对地说,中国地主型封建制的产生,就不是这样。这是一个重大的理论问题,是了解中国封建社会发展迟缓的关键。应该指出,中国从原始社会进入奴隶社会时,商品经济相对于西欧从原始社会进入奴隶社会而言也是不很发达的,以致公社组织解体不彻底。这就表现为中国历史上的井田制度。所谓井田制度,在西周社会,就是在原始公社基础上剥削劳役地租的形式。我们知道,西周开国的征服者,率其族人征服奴隶制度发展得并不很成熟的殷商后,便对征服者或有功者颁田制禄,爵位分公、侯、伯、子、南,公有田地百方里,侯有田地七十方里,伯有田地五十方里,子、南不满五十方里,成为上述三者的附庸,周天子名义上拥有所有土地,实际上拥有的是京城。各级封建领主用井田制的方法剥削地租,即在井田中均等地有九分土地,八家各耕其一,八家共耕公田,所谓"公事毕,然后敢治私事",这样看来,劳役地租的剥削率是九分之一。井田制妨碍生产力的发展。农奴首先突破其限制,垦殖荒地,发展下去,封建主便改变征收地租的办法,这就是"初税亩","履亩而税",按实耕面积征收地租。农奴实耕面积的扩大,突破了各级领主应拥有土地面积的限制,在这个基础上,夺地而战,夺城而战,这就是战国。在领主即诸侯各国中,以地在西陲的秦国,用纲领的办法改变领主经济,适应地主经济的产生较为彻底,这就是商鞅变法。其主要内容是:无战功者,不授予爵位;有战功者,授予爵位与土地;"耕织致粟帛多者复其身",即解除农奴的人身依附;这便动摇了领主经济的根基,促使地主经济产生,吸引了许多劳动者向西入秦。这条路线使秦统一天下,并在全国实行。由此,中国转入地主型封建制度。

秦统一天下后,在全国改革旧的领主经济。为了促进经济发展,全国统一度量衡、统一书面文学、统一道路宽度,所谓"书同文、车同轨"。与建立地主经济相适应,在政治上进行改革,最重要的是将天下分为三十六郡,实行中央集权制度,改贵族政治为官僚政治,选派官吏到地方当官,这就是其后实行的科举制度。由于这样,地租和赋税就分开来,农民在缴纳地租养活地主之外,还要缴纳赋税养活官吏和维持整个政治上层建筑。这种经济制度及其政治上层建筑,最初是促进生产力发展的,后来却成为中国地主型封建制长期存在、资本主义产生较为迟缓的重要原因。

第二节　中国地主型封建制对资本主义产生的不利作用

中国地主型封建制的生产关系可以用高利贷资本—商业资本—土地资本这个三位一体的公式来表示。领主型封建制只有商业资本和高利贷资本,因为土地不能买卖。这是两种古老的资本形态。恩格斯指出,第三次社会分工,"创造了一个不从事生产而只从事产品交换的阶级——商人们"。① 从这时起,商业资本就产生了。他又说:"在使用货币购买商品之后,出现了货币借贷,随着货币借贷出现了利息和高利贷。"②这就是说,商业资本产生后,高利贷资本随之产生。高利贷资本和现代借贷资本是生息资本

---

① 恩格斯:《家庭、私有制和国家的起源》,人民出版社 1972 年版,第 163 页。
② 同上书,第 164 页。

的两种形态。但和现代借贷资本受产业资本支配,现代利率受平均利润率调节相反,高利贷资本是支配前资本主义的商业资本和土地资本,高利贷利率是调节前资本主义商业利润率和地租率的。所以,虽然封建土地所有制是地主型封建制的基础,但我们要从高利贷资本的分析入手,来分析这个三位一体的公式。这就是说,在地主经济阶段,高利贷资本是经济关系的调节者。

高利贷资本的剥削对象是消费者而不是生产者,有的人虽然是劳动者,但也是以消费者而不是以生产者的身份遭受剥削。这主要有两种人:达官贵人和个体生产者。前者借钱是为了挥霍,没有哪种经济界限来确定利率的高低,只能由需要和供给来决定。后者借钱,形式上是为了生产,实际上是为了消费或活命,小生产者只要还有可能以消费资料来减压生产资料,那就是还有可能卖掉耕牛,他是不轻易借钱的,当他非借钱不可时,由于借钱是为了活命,而不是赢利,利率也不可能由所谓的利润率(由借来的钱能增加的收入和本钱的比率)调节,而只能由活命需要和供给或勒索决定。高利贷利率不能有一个公平的水准,因此,和现代利息只是利润的一部分,只是剩余价值即剩余劳动的一部分不同,高利贷利息往往侵占了部分必要劳动。积累起来的高利贷利息,在一段长时期内缺乏转化为产业资本的条件。因此,高利贷者挥霍之余,便用于高利贷资本本身的再积累,或转化为商业资本和土地资本。

前资本主义商业资本的利润率由高利贷利率调节。这时,商业利润是在流通中产生的,是贱买贵卖的结果,是让渡利润。这就是说,在封建制度下,不是产业发达了,使商业服从于产业,因而商业资本是产业资本的一部分,是产业资本在资本循环时,采取的三种形态中的商品资本的独立化,商业利润只能是剩余价值的一部分,资本主义商业资本就是这样;而是产业不发达,是商业资本促使产品进入流通,商业控制生产,商业利润不受剩余劳动的制约。这样,积累起来的商业利润,商人挥霍之余,或再转化为商业资本,或转化为高利贷资本和土地资本。

高利贷资本和商业资本本身不能创造新的生产方式,它们只能瓦解自然经济,使自然经济发展为商品经济,只能促使个体生产者分化,为产生资本主义因素创造条件。

　　土地没有价值,不是商品,所谓买卖土地,其实是买卖土地私有权,即买卖取得地租的那种特权。由于这样,所谓的土地价格,便取决于地租÷利息率。从这点看,高利贷的高利率会使土地价格下降。但这不适用于小农购买小块土地。由于小农所处的经济地位,以及小块土地的需求特别强烈,其地价便较高。在封建主义下,根本没有资本主义的农业,没有农业利润,土地购买者之所以用货币购买土地而不去放高利贷,其目的在于取得地租。这样,地租就由利率调节,不是利润的余额,如像资本主义地租那样。只是由于收取地租的风险较小,地租率便可略低于利率。但不能由此得出地租只是土地资本的利息的结论,不能由利息说明地租。因为土地价格即土地资本额是以地租为前提的。这个作为前提的地租,是不能以利息来说明的。土地所有者积累起来的地租,个人挥霍之余,或再用来购买土地,或转化为高利贷资本和商业资本。

　　就这样,高利贷资本—商业资本—土地资本,互相转化,不易转化为产业资本。这就是中国地主型封建制对资本主义产生的不利作用。

　　我们可以和西欧社会发展作一比较。在西欧,领主型封建制进入地主型封建制,其主要原因是商品经济发达,在经济上已使农奴分化,然后促使农奴在政治上获得解放,随着农奴解放,土地买卖自由,领主型封建制过渡到地主型封建制的同时,就具备了资本主义的产生条件。在中国,领主型封建制进入地主型封建制,其主要原因并不是商品经济发达,而是对井田制这种以原始公社组织进行地租剥削的形式的突破,公社组织并不因此瓦解,商品经济发展较为缓慢,公社组织存在的时间较长,因而资本主义产生较晚。

　　中国地主型封建制在政治上的表现,是商人、高利贷者转化为地主后,经过科举制度,有可能成为官僚。取代贵族政治的官僚政治,在一定程度上能缓和阶级矛盾。虽然科举制度的根本作用,是缓和最高统治者和中小地主之间的矛盾,但也给被统治者带来幻想,以为可以从科举制度中寻找解决个人问题乃至社会问题的道路。一个统治阶级越能将被统治阶级中最优秀的分子吸引到自己方面来,其统治便越巩固。天主教、西藏喇嘛教,都不是根据血统而是根据其他因素,物色统治者的继承人,就是这个道理。一句话,科举制度能削弱被统治者起来革命。西欧政治制度没有这种科举制度,激烈的阶级对立就不易缓和。

在中国,商人、高利贷者、地主、官僚,由于上述原因,是你中有我,我中有你的通家,在政治上联成一种力量,同广大的农民相对立。农民革命的打击面是这四者,这样,不仅打击面大,而且在革命过程中积累起来的商业资本和高利贷资本也被消灭了,这对产生资本主义应该说是不利的。在西欧,例如在法国,社会等级是三个:僧侣、贵族和平民,没有特权的平民包括商人、资产者、个体生产者和工人,商人和资产者不是农民革命的打击对象,这对生产资本主义是有利的。

由于经济及由其决定的政治和阶级关系等方面的原因,中国资本主义的产生便比西欧为晚。在这个条件下,雇佣劳动这种资本主义生产方式产生的决定性因素,就或者具有封建性,或者不易形成。在中央集权官僚政治制度下,官办的、其目的在于增加财政收入的企业,如铁、盐业,虽有工人,但并不是现代意义的雇佣工人。在地主型封建制下,有为数众多的手工业作坊,具有商业资本和高利贷资本的特点,大量低价购买原料,零碎高价出售产品,其利润兼有封建高利贷利息和封建商业资本的利润两者,这种作坊不是资本主义的工场手工业。斯密是英国产业革命前夕、工场手工业时期的经济学家,他对中国和西欧加以比较;他说:"各旅行家的报告,虽有许多相互矛盾的地方,但关于中国劳动工资低廉和劳动者难以赡养家属的记述,则众口一辞。中国耕作者终日劳作,所得报酬者能购买少量稻米,也就觉得满足。技工的状况就更恶劣。欧洲技工总是漫无所事地在自己的工场内等候顾客,中国技工却是随身带着器具,为搜寻,或者说,为乞求工作,而在街市东奔西走。"[①]这段话说明,最迟在 18 世纪中叶,资本主义在中国农业中已萌芽,在工业中萌芽应在这之前,但其产生相当困难,以致一些破产的个体手工业者,因不能成为雇佣工人而成为外出的手工业者。

第三节　中国半封建半殖民地的经济关系

中国资本主义产生较晚,外国资本主义入侵时,其资本主义经济开始萌

---

① 亚当·斯密:《国民财富的性质和原因的研究》(上卷),郭大力、王亚南译,商务印书馆1974 年版,第 65 页。

芽,但整个社会生产还是封建主义的。外国资本主义和垄断资本主义入侵,一方面,摧毁了其自然经济,使农业和手工业相结合,使原始公社因素加速解体,客观上促使资本主义产生;另一方面,妨碍了资本主义的正常发展,使中国不能成为其竞争对手,而成为半殖民地。这种自然经济虽然逐渐解体,但封建主义并没有真正消灭,资本主义不能正常发展,而又在这个条件下成为殖民地的经济关系,我们称为半封建半殖民地经济关系。其特点如下。

外国资本主义和垄断资本主义主要在流通领域统治中国经济,攫取利润和垄断利润。外国资本主义伸向中国的触角,最初是商业资本,后来是金融或货币资本。在广州开埠后,有所谓十三行,就是这两者的结合体。抗日战争前,英国在中国投资中,地产占 39%,金融业占 29.6%,对政府贷款占 22.4%,用于工商业的仅占 9%;日本投资中用于工商业的仅占 6%。这就反映了它们在这种奴役土著的殖民地里并不生根,剥削得来的利润和垄断利润,除供挥霍外,是汇回或用军舰护送回本国的。它们有时也办一些交通生产事业,但主要是为剥削提供物质手段,并不是为了生下根来,发展资本主义。

外国资本主义主要通过金融网统治和剥削中国。金融机构中心设在沿海大城市,通过利息进行剥削。抗日战争前,外国资本的国内利率为 4%—8%,它贷款给中国第一层银行,利率一般为 9%—20%,这些第一层银行又贷款给第二层银行,即中国钱庄,利率一般为 20%—30%,钱庄再以高利贷资本,或以典当业形式,向最穷困的劳动者贷款,这种高利贷利率一般在 30% 以上,如遇特大灾害,则可高达 200%—300%。这样一层层的控制和剥削,有其相应的各级利率。在旧中国由于资本主义不发达,平均利润率不起调节社会生产的作用,而由利率起调节作用。外国资本办的商业,其触角一直伸到农村,使某些地区的农业生产单一化,如河南省许昌县大量生产外资所需的烟叶,既遭受商业资本压价收购,又遭受高利贷资本收取利息的剥削。这是一段记述:约在 1915 年,洋人开始在胶济铁路线上的坊子雇工种烟草 60 亩作为试验,到 1917 年,附近一带农民普遍种烟草。种烟草成本很高,又费人工。没有资金的农民不得不投到高利贷者和商业资本家的怀里。每亩烟苗,价为 2—4 元;豆饼或肥田粉,价为 15—20 元;烤煤,价为 3—6 元,除劳动外,货币成本 20—30 元。资金不足的,只好赊购;赊价与现价,相差很大,赊购期 6 个月,煤每市斤便由 0.8 元涨为 1 元。这是高利贷剥削。烟草烤好后,洋人通过买办看色定价,农民毫无还价余地,烟草又没有其他买主,农民只得忍痛脱手。为取得农民信任,最初烟价较高,农民中也有发财的。待农民大量生产烟草后,烟价便跌,从最初的百镑 50—60 元,一直跌到 2 元,有时连货币成本都取不回来。农民因而自杀的,时有所闻。①

垄断资本有时也输出资本,在中国办些企业,运用先进的技术,但雇佣关系是落后的,是前资本主义的,其目的在于利用最低廉的劳动力。日本在上海办纺织厂,使用包身工便是一例。

外国资本主义和垄断资本主义,总的说来在中国没有经营种植园。这是因为,它们入侵时,中国农村的商品经济相对地说比较发达,能满足供应农产品的要求。此外,中国没有全部丧失主权,外国资本主义要剥夺土地经营种植园也有阻力。当然,在完全成为殖民地的地区,即台湾和东北三省,情况有所不同。台湾的甘蔗,东北的大豆,有些是在种植园里生产的。

现在谈一谈中国封建主义的经济关系。旧中国绝大部分土地由地主、官僚占有,占 70%—90%,农民只占有 30%—10%,没有土地的农民,要向地主租地,缴纳的地租由高利贷利率调节,一般为地价的 10%—20%,比前面说的高利贷利率稍低一点,因为收取地租的风险少些。反映地租和地价的比率的经济范畴叫作土地购买年。土地购买年,在旧中国是 5—10 年,在工业化时期的英国是 24 年,德国是 30 年。这是旧中国生产关系落后性的表现,即地租很高,便促使土地所有者出租土地收租,而不经营土地取利,因此,富农经济并不发达。个体农民,一方面遭受垄断资本主义的剥削,另一方面多数又遭受封建地租、高利贷利息的剥削,农产品价格有时连 C÷V 都不能取回,不仅生产不能扩大,而且生活也难维持。为了生活,便要延长劳动时间,起早摸黑地干,但不能多耕种土地,因为越多种土地越贫穷,只能经营副业,尤其是最简单的手工业。从这点看,在这种条件下的副业发达,是农民贫穷的标志,不是富裕的标志,对此是不应歌颂的,尤不应认为发展这种所谓乡村工业是解决中国农村问题的道路。如果连这样也不能维持生计,出卖劳动力又没有雇主,那就只好成为像阿 Q 那样的干一天、闲一天、经

①　中国农村经济研究会编《中国农村描写》,上海新知书店 1936 年版,第 1—3 页。

常变换雇主的半失业者,或者成为自携工具、四处找人雇佣的外出工人,即今日农村带着工具找主干活的五匠的祖先,再不能维持生计,那就饿死或沦为乞丐、盗贼。

这里还要说明一个旧中国农村的反常现象,即有的贫苦农民也要雇工。为了生活,有的贫农便多租土地耕种,农闲时还可以自己耕种,农忙时便不行了,比如犁田,租牛价贵,不如雇工,因为人力贱于牛力。如从这点去论证这种生产是农业中的资本主义生产,那是大错特错的。

处在垄断资本主义和封建主义之间的,是中国的资本主义。首先要指出,它虽然产生较晚,但由于是中国社会的内部矛盾促使它慢慢地产生的。从历史看,清康熙年代,资本主义便已存在,这时虽有外国资本主义,但不是促使中国资本主义萌芽的力量。其后,外国资本主义和垄断资本主义的入侵,先以廉价的工业品摧毁中国的自然经济,并以贩卖鸦片毒品来加速这个过程,接着又以侵略者的大炮轰开中国的市场,然后以垄断价格和高利率贷款为手段,吸取大量垄断利润。在这个条件下,中国资本主义不能正常发展,它分为两种。一种是买办资本主义,它是外国资本主义和垄断资本主义对中国人民进行剥削的中介者,以价格二重化的办法取得买办利润。前面提到的那种烟农,外资是通过买办对其进行剥削的,价格二重化使买办获得利润。另一种是民族资本主义,即土著资本主义。很明显,它们遭受垄断资本的剥削,又因农民贫困,国内市场狭小,而又没有向外侵略积累资本的可能性,发展当然很慢。但是,它仍然存在,并在空隙中发展。这是因为破产农民多,劳动力价格极其低廉,它便可以多使用手工劳动,榨取变向的剩余价值,即经常违反等价交换原则,购买低价劳动力,进行剥削而产生的"剩余价值"。大量使用手工劳动,固定资本小,也能随时钻空子,以与外资周旋。它们的较快发展是在第一次世界大战期间。

旧中国还有一种官僚资本主义。和买办资本主义不同,它是在国家政权的基础上产生的。旧中国政权始终未能消除封建主义的因素,因此,严格说来,官僚资本主义是资本主义和封建主义的混血儿。它的前身是最早的铁盐公营,外国资本主义入侵后,由于要反对坚船利炮的外国资本主义而兴办的现代企业,即通常称为洋务运动的,发展到后来,也成为官僚资本主义企业。及至垄断资本主义入侵,扶植其政治代理人,官僚资本主义就成为一个垄断资本主义、封建主义和国家政权的混血儿,在抗日战争时期发展到顶点。

在上述条件下,旧中国社会再生产呈现出畸形,即积累起来的封建地租和高利率不易转化为现代产业的资本,产业资本的利润很小,发展艰难,买办资本、官僚资本依靠特权取利,于发展生产力毫无作用,垄断资本攫取的利润汇回、运回本国,个体生产者大量破产,整个社会再生产在萎缩状态下进行。这反映在资金积累上,便成为:资金从利率高的农村向利率低的城市集中,由极为需要资金的中国向外国集中,不仅外资如此,富有的中国人也如此,其原因是经济畸形发展,反动统治不稳。在这个条件下,什么科学救国、实业救国、教育救国、文化救国、发展农村副业救国,都不能解决问题。解决问题的道路,只能是推翻垄断资本主义和封建主义及其混血儿官僚资本主义在旧中国的统治,这就是中国共产党所领导的新民主主义革命。

第四节　关于亚细亚生产方式问题的争论

前面谈到亚细亚生产方式问题时,我们仅从它不可能使中国社会长不出资本主义来这方面予以论述,而没有对这个问题本身,即亚细亚生产方式是不是一种独立的生产方式,如果是,它处在人类历史发展的哪一个阶段,如果不是,它又是什么,以及由此产生的问题,予以论述,现在回过头来再谈一谈。

亚细亚生产方式是马克思提出来的。他在 1859 年出版的《政治经济学批判》的序言中提出历史唯物论的公式时写道:大体说来,亚细亚的、古代的、封建的与现代资本主义的生产方式,是社会经济形态向前发展的几个时代。对这段话,20 年代讨论时有两种理解:一种认为亚细亚生产方式是东方奴隶制社会,是奴隶制的变种,古代的生产方式则是西方奴隶制社会,即希腊罗马奴隶制;另一种认为它就是原始公社社会,即在奴隶制社会之前。不论是哪一种看法,有一点是相同的,即亚细亚生产方式存在着公社的组织。认为它是原始公社社会的,当然是这样;认为它是东方奴隶制或奴隶制的变种的,则认为是整个公社及其成员沦为奴隶,因而公社的土地,对外是属于奴隶主所有,即属于国王,对内则是公有的,由成员分块耕种,并向奴隶主提供贡物。

第二次世界大战后,社会科学家又讨论这个问题。在我国,王亚南教授修正了自己的认识。从前,他认为亚细亚生产方式指的是原始公社社会;后来,他认为它和古代社会一样,都是奴隶制社会,不过一个是东方的,一个是西方的,不存在变种不变种的问题。他说明他这种新认识,是从研读更多的马克思和恩格斯的文献中得来的。① 其中最重要的是恩格斯晚年(1892年)写的《英国工人阶级的状况》(美国版)的序言,其中指出,在亚细亚的和古典的古代,阶级压迫的支配形态就是那不只剥夺大众的土地,并且占有他们的人身的奴隶制。② 他认为恩格斯已把问题说得很清楚了。

吴大琨教授对此有不同看法。他根据马克思在1857—1858年写的、但逝世后很久才出版的《前资本主义生产形态》的论述,认为亚细亚生产方式是前资本主义三种独立生产方式中的一种,并且根据马克思在《资本论》(第三卷)第891页的说明作了补充。在那里马克思说:"如果不是私有土地的所有者,而像在亚洲那样,国家既作为土地所有者,同时又作为主权者而同直接生产者相对立,那么,地租和赋税就会合为一体。"因此,他认为,在希腊、罗马社会,统治的土地所有者是奴隶主,主要生产者是奴隶;在欧洲中世纪社会,统治的土地所有者是封建领主,主要生产者是农奴;在东方的或亚细亚社会,统治的土地所有者是"国君",主要耕作者是居住在村社里的"农民":这是三种不同的而又是独立的生产方式。

由此他还认为,社会发展并不是单线的,即原始社会—奴隶社会—封建社会—资本主义社会—共产主义社会,而是多线的,即原始公社制度解体后,或进入奴隶制社会,或进入封建社会,或进入亚细亚社会,这三种独立的生产方式的发展也不相同,它们将经过不同的道路进入共产主义社会。他还认为,历史发展单线论和与其适应的五种继起生产方式论,是由斯大林提出来的,不是马克思的原意。

我同意王亚南教授后来的看法,不同意吴大琨教授的全部看法。理由

---

① 王亚南:《中国地主经济封建制度论纲》,华东人民出版社1954年版,第37—39页。
② 《马克思恩格斯全集》(第二十一卷),人民出版社1965年版,第387—388页。

如下。

　　王亚南教授根据恩格斯晚年的论述,对亚细亚生产方式加以解释,无疑是正确的。相反,吴大琨教授根据马克思 1857—1858 年的手稿,来论证马克思 1859 年的论点,从方法论上看是不正确的。我认为问题的关键在于:马克思和恩格斯在晚年曾修正对亚细亚生产方式的看法,不再认为它和奴隶制、封建制一样,是一种决定社会形态性质的、独立的生产方式。这从《反杜林论》的有关论述中可以看出来。在那里有这样的话:"在古代是占有奴隶的公民的国家,在中世纪是封建贵族的国家,在我们的时代是资产阶级的国家。"①这里不仅没有亚细亚生产方式国家的提法,因为这时的马克思和恩格斯认为亚细亚的古代和古典的古代,都是奴隶占有制的生产方式,这从前面提到的恩格斯在《英国工人阶级的状况》(美国版)的序言的那一段话,可以清楚地看出来;这里提出奴隶制、封建制和资本主义是三种继起的社会形态。这样,加上马克思和恩格斯多次提到的共产主义社会,以及恩格斯在《家庭、私有制和国家的起源》中加以研究的原始社会,这就是人类历史发展所经历的五种继起的生产方式。这就说明,这个理论并不是由斯大林提出来的。

　　至于历史发展到底是单线还是多线的问题,首先要指出,五种生产方式论并不是说,每个共同体或社会的发展都一定要经过这五种生产方式,而是说,就人类历史发展的共同规律来说,是经过这五种生产方式。就我们研究的问题说,有的共同体不能正常地发展为资本主义社会,是由于遭受先进资本主义国家的入侵。如能这样看问题,就没有相互对立的单线论和多线论了。

---

① 恩格斯:《反杜林论》,人民出版社 1970 年版,第 277 页。

第三篇
垄断资本主义国家和国外
殖民地之间的经济关系

第一、二篇已分别研究了构成帝国主义这个世界体系的两个方面的经济关系,即垄断资本主义的经济关系和垄断资本主义的殖民地的经济关系。在这个过程中,我们已大体上了解了垄断资本主义是怎样剥削国内、外殖民地的。第三篇我们就分析垄断资本主义国家剥削国外殖民地的某些特点。

第三篇共三章,依次从商品、货币和资本关系分析垄断资本主义国家怎样剥削国外殖民地。第十章从说明世界分为工业国和农业国开始,然后运用抽象法,先撇开垄断因素,说明在自由竞争条件下,工业品和农产品的交换即使生产价格相等,价值也不等;最后加上垄断因素和价格剪刀差的变化,说明不等价交换日益严重,富国剥削贫国。

第十一章说明垄断前西方用金作为货币的工业国,怎样通过货币制度剥削东方用银作货币的农业国;垄断资本主义国家怎样通过建立货币集团和奴役性的货币制度,剥削和统治殖民地和附属国;目前,在布雷顿森林体系崩溃和黄金非货币化条件下,少数富国怎样控制特别提款权,统治和剥削多数贫国。

第十二章说明垄断资本主义国家怎样通过资本输出剥削国外殖民地。我们从经济落后的社会,利润率和利率就较高,所以殖民地的利润率和利率就较高等问题谈起,然后加上垄断因素进行分析,并说明战后迅速发展起来的跨国公司,在垄断资本主义国家对国外殖民地进行剥削中所起的作用。

本篇贯串着国外殖民地要结束受剥削的历史,就必须善于斗争,尽快实现国家工业化和现代化这一基本思想。

第十章 垄断资本主义国家通过商品 交换剥削国外殖民地

第一节 发达国家的工业品和落后国家的农产品 交换是不等量劳动的交换

发达资本主义国家剥削国外殖民地，是在世界分为工业国和农业国的基础上进行的，前者以其工业品和后者的农产品交换，其纯经济内容就是以小量劳动交换大量劳动，即前者剥削后者。

新航路的发现和地理的新发现，虽然使正在发生和发展的欧洲资本主义，同东方例如印度和中国这样的封建主义以及同美洲印第安人的原始共产主义发生经济联系，形成了资本主义和前资本主义相互联系的新的世界市场，这个市场同由地中海沿岸不同国家的资本主义构成的世界市场，具有不同的性质。但是，这个新的世界市场本身并没有产生这样的国际分工，即欧洲主要成为工业国，世界的其他地区主要成为农业国或农业地区。

前面说过，马克思认为，世界分为工业国和农业国的经济原因是产业革命。但是，正是由于这个原因，使前者的工业品便宜，后者的农产品便宜，两者交换，谈不上前者剥削后者。这样，殖民地就只是落后的农业国，但不受剥削。

我们进一步研究一下这个问题。如果从商品按价值交换来看，两者交换到的价值相等，应该说是不存在剥削和被剥削关系的。但是，在资本主义自由竞争的条件下，价值转化为生产价格，虽然总价值和总生产价格相等，但各生产部门的商品的生产价格和价值在多数情况下是不相等的。这样就出现了交换中生产价格相等但价值不等，从而出现了以小量劳动交换大量劳动的情况,如果这情况发生在国与国之间,就构成剥削和被剥削的关系。

我们知道,资本有机构成高于平均构成的产品,其生产价格高于价值;资本有机构成低于平均构成的产品,其生产价格低于价值。一般说来,工业产品的情况属于前者,农业产品的情况属于后者。表解如下。

表6-4　不同资本有机构成下生产价格与价值关系

部　门	不变资本	可变资本	剩余价值	价　值	平均利润率	平均利润	生产价格
重工业	80	20	20	120	46.6%	46.6	146.6
轻工业	60	40	40	140	46.6%	46.6	146.6
农业	20	80	80	180	46.6%	46.6	146.6
总计	300		140	440	—	140	440

资本周转时间不同,也使生产价格和价值发生偏离。在资本有机构成相同的条件下,资本周转慢的产品的生产价格高于价值,资本周转快的产品的生产价格低于价值。表解如下。

表6-5　相同资本有机构成下生产价格与价值关系

部　门	不变资本	可变资本	以一年为单位的					单位产品的	
			周转次数	剩余价值	产品价值	平均利润率	生产价格	价　值	生产价格
造船业	80	20	1	20	120	30%	130	120	130
畜牧业	80	20	2	40	240	30%	230	120	115

当然,有些产品的资本有机构成既高,周转时间又慢,如超音速飞机;另一些产品的资本有机构成既低,周转时间又快,如麦秆制的草帽。前者的生产价格便因两重原因而大大高于价值,后者则相反。

根据上述原理便可以了解,工业国以其生产价格高于价值的工业品,同农业国的生产价格低于价值的农产品交换,在生产价格相等的背后,价值是不等的,即前者以较小的价值或劳动和后者较大的价值或劳动相交换,这就是剥削。这里还有五点说明。

第一,工业国和农业国的分工,不能理解为前者没有农业,后者没有工业,而应理解为前者以工业生产为主,后者以农业生产为主,因而上述的生产价格与价值偏离的原理适用于这两种国家。

第二，在一国内部，工农业产品的交换也是按生产价格进行的，因此，从一次行为看，其内容也是小量劳动和大量劳动相交换；但从全国看，得失必然相抵消，因为总生产价格和总价值相等，即全国投下的劳动和得到的价值相等。工业国和农业国之间的情况不是这样，通过这种交换，工业国投下小量劳动却多得价值，农业国则相反。

第三，资本主义经营的农产品如粮食，实际上是在生产价格上加上绝对地租出售，但这个价格最高才等于价值，而工业品的生产价格是高于价值的，因此，两者交换仍然是大量劳动和小量劳动交换。资本主义经营的畜产品的价格，如上所述，还要在生产价格之上加上该畜牧业用地的地租（租额由同等质量的农业用地的地租决定），这样，实际价格可能高于价值。需要指出的是，在农业国存在着大量的个体农民，他们往往是土地的所有者，因此，绝对地租不是其再生产的必要条件，他们的农产品价格因而较低，这就使资本主义经营的农产品的价格也较低。至于畜产品，大量出口的多半是移民垦殖的殖民地，如澳大利亚，在这里有一段时间在经济上说不存在土地私有权，因而不存在绝对地租，这样，畜产品的价格就不一定在价值以上。

第四，在工农业的国际分工中，农业国可以从以农产品交换工业品中得到某些好处，因为它如果自己生产这些工业品，花的劳动可能多些，但这并不意味它就不受剥削。马克思说：一国的三个劳动日可以和别一国的一个劳动日相交换，"在这个场合，富国会剥削贫国，纵然……贫国也会由交换得到利益"[①]，就是这个意思。

第五，上述工业国与农业国之间的商品交换，总要通过运输，运输工具无论是汽车或铁路、轮船、飞机，都是工业国的产品，其生产价格已经高于价值，运输业本身又是资本有机构成较高的，这样，运输费用便因两重原因大于运输中耗费的物化劳动和活劳动，如果是海洋运输，生产周期长，情况就更是这样。这种现代化的运输工具和运输业，落后的农业国一般是没有的，因此，它们便要以大量的劳动来支付在运输中耗费的小量劳动。通过运输业，发达资本主义国家对落后国家的剥削也是很厉害的。

———————————

① 马克思：《剩余价值学说史》（第三卷），郭大力译，人民出版社 1978 年版，第 112 页。

第二节　关于工业品和农产品比价变动的问题

以上关于工业国以工业品和农业国的农产品相交换的分析,是一种静态的分析,它没有涉及生产这两种产品的劳动生产率,即这两种产品的价值变化的问题。从动态看,就有一个这两种产品比价变动的趋势问题,这就是说,在肯定两者的交换是不等值交换的前提下,还有一个从发展看,这两种产品比价的变动是有利于工业国还是有利于农业国的问题。

按照资产阶级经济学家的说法,在工业生产中报酬递增规律发生作用,在农业生产中报酬递减规律发生作用,因而前者价格降低,后者价格提高,因此,两种产品交换,得益的是农业国,它们沾了工业国发展生产的好处。否认劳动价值理论,从而也否认工业国剥削农业国的资产阶级经济学家,就这样为工业国对农业国的剥削辩护。

我们应该怎样看待这个问题?

资产阶级经济学家认为农业生产中存在报酬递减规律,这是错误的。因为对农业递增投资以技术进步为前提,在这个前提下农业生产的报酬是不会递减的。但现在的问题不在这里。问题在于:在落后的农业国,农业没有发生技术革命,这样,同工业已经发生革命的工业国相比,农产品的劳动生产率的提高是慢于工业品的。只要情况是这样,工业品的价值便降低得比农产品快,价值能制约生产价格,因此,工业品的生产价格也降低得比农产品快。这样,根据劳动价值理论和生产价格理论,工业品和农产品相交换,从每一次看,尽管仍然是小量劳动和大量劳动相交换,但从发展看,农业国却沾了工业国发展生产的好处,即工农产品的比价发展趋势有利于农业国,农产品换到的工业品越来越多。从纯经济关系来看,似乎是这样的。

有的经济学家从统计数字上证明,情况不是或不完全是这样,指出这种比价的历史变化是不利于或有时不利于农业国的。但是,用统计数字说明问题,就不是从纯经济关系上说明问题了,因为这些数字必然包括经济上的垄断因素和其他政治因素,而又很难将其对数字的影响予以剔除。这些因素是应该加以考虑的,但现在应该暂不考虑。这样,我们就要在统计数字之外寻求解决问题的途径。

我认为,研究工业国的工业品和农业国的农产品的比价变动趋势问题,除了要考察这两种产品的价值变动趋势外,还要考察这两种国家的货币价值变动的趋势,因为价格是价值的货币表现,价格变化与商品价值变化成正比,与货币价值变化成反比。如果商品价值变化和货币价值反变化程度相同,价格就不变。如果两种商品价格不变,或价格作同步变化,两种商品的比价就不变。其他情况,可根据上述基本原理予以说明。

前面说过,美洲丰饶的金银矿开采后,廉价的金银流入欧洲,由于货币价值下降,欧洲的商品价格在16、17世纪普遍上涨。这对东方主要农业国如印度和中国的价格影响如何,由于缺乏资料,暂时难以说明。为了我们的目的,需要说明的是18世纪下半期产业革命开始后的情况,对这以前那一段历史的情况暂时不说也无妨。这时欧洲主要资本主义国家同时采用银和金作为货币,但它们都不是银和金的生产国,即使原来有些银和金的生产,由于美洲丰饶金银矿的开采,它们便成为劣矿而退出生产。这就是说,欧洲的货币材料主要来自美洲(其后又有澳大利亚)。东方主要农业国如印度和中国此时用银作为货币。① 印度和中国当时生产的银很少,作为货币的银主要来自美洲和澳大利亚。

在这样的历史条件下,要说明工业国和农业国的货币价值,只要说明它们分别取得美洲和澳大利亚的银和金耗费的劳动便可以了。不言而喻,欧洲工业国耗费的劳动少,东方农业国耗费的劳动多,前者的货币价值低于后者。单就这一点而言,货币价值的不同,使工业品对农产品的比价提高,即工业品能换到较多的农产品,从而对工业品的劳动生产率提高较快,因而农产品可以换到较多的工业品起抵销作用。

在这里,英国古典政治经济学的创始人威廉·配第的名言是很能说明问题的。他在《赋税论》中说:"假如一个人在能够生产一蒲式尔谷物的时间内,将一盎司白银从秘鲁的银矿中运来伦敦,那么,后者便是前者的自然价格。"②配第说的自然价格是价值,认为一盎司白银是一蒲式尔谷物的价值,

---

① 中国历史上有过用金作货币的记载,据考证这种金其实是铜。

② 威廉·配第:《赋税论、献给英明人士、货币略论》,陈冬野等译,商务印书馆1963年版,第52页。

当然是不对的,但将自然价格理解为价格,他这个对劳动价值理论和以此为基础的价格理论的最朴素的说明,便是完全正确的。根据这个论述,我们便可以了解,从美洲运白银到东方农业国耗费的劳动,比运白银到欧洲工业国多得多,因而相对地说,农产品价格低,工业品价格高。

亚当·斯密的论述证明了这一点。他说:"当欧亚初通贸易时,亚洲各国尤其是中国与印度的金银的价值,都比欧洲高得多。迄今仍是如此。"①斯密这段话是 18 世纪 70 年代,即英国产业革命开始时说的。他认为其原因是:"供给印度市场的银矿,和供给欧洲市场的银矿相比,即使同样丰饶,其产物在印度所能换得的粮食,亦必较多。"②这段叙述也是正确的。1734 年,范德林特在其《货币万能》中指出,印度的商品便宜。但他的解释是错误的:因为印度人埋藏货币,从 1602 年到 1734 年,他们埋藏的银值 15 000 万镑,这些银最初是从美洲运到欧洲去的。用银币流通量减少来说明价格较低的事实,这是错误的货币数量说。

以上说明了自产业革命开始,货币在工业国和农业国具有不同的价值,使工农产品的比价不利于农业国,这种分析可以适用到 19 世纪 70 年代垄断开始产生时。至于从 19 世纪 70 年代开始,发达资本主义国家从实行金银复本位制过渡到实行金本位制,而落后的农业国仍然实行银本位制,以及以后货币制度的变化,垄断资本主义国家从中怎样剥削落后国家,这类问题留到后面再谈。

除了上述原因外,还有一个原因使工业国的货币价值比农业国的货币价值小些。马克思说:"货币的相对价值在资本主义生产方式较发达的国家里,比在资本主义生产方式不太发达的国家要小";其原因是:"一个国家的资本主义生产越发达,那里的国民劳动的强度和生产率就越超过国际水平。因此,不同国家在同一劳动时间内所生产的同种商品的不同量,有不同的国际价值,从而表现为不同的价格,即表现为按各自的国际价值而不同的货币额"。③ 马克思这里说的原理以不同国家生产同种商品为前提,因此,表面看

---

① 亚当·斯密:《国民财富的性质和原因的研究》(上卷),郭大力、王亚南译,商务印书馆 1974 年版,第 197 页。

② 同上书,第 198 页。

③ 马克思:《资本论》(第一卷),载《马克思恩格斯全集》(第二十三卷),人民出版社 1972 年版,第 614 页。

来,似乎不适用于说明工业国和农业国之间的货币相对价值不同。但是,前面已说过,农业国是以生产和出口农产品为主,这并不意味着不生产和出口工业品和手工业品,所以,这个原理还是适用的。

问题是怎样说明这个原理。经济学家对此有各种解释,这里不暇论及,只谈谈个人看法。大家知道,根据世界劳动的平均条件决定进入世界市场的同种商品的国际价值的原理,在同一时间内生产的同种商品,发达国家和落后国家相比,在世界市场上卖得的货币额较多,即是说,从这点看,取得同量的货币,发达国家花的劳动比落后国家花的劳动小些,从而前者的货币价值较低。这是一。其次,分别就这两种国家的内外贸易说,取得同量的货币,发达国家在对内贸易花的劳动比在对外贸易花的劳动多,即货币在内价值高,在外价值低,落后国则相反,但内外贸易之间存在着自由竞争,货币价值在内在外归于均等,因此,发达国家货币价值降低,物价升高;落后国家货币价值升高,物价降低。

上述原理可简述如下:发达国家向世界市场输出有较高劳动生产率的产品,从而形成一个较大的价值和实现一个超额利润,由丁内外贸易存在着自由竞争,超额利润就平均化,从而提高该国的平均利润率,也增大该国全体商品的总生产价格(落后国的情况相反);这种由于平均利润率的提高而引起总生产价格增大的情况,同该国因工资降低因而利润和平均利润率提高,但总生产价格始终不变的情况不同;因此,也和出口生产价格高于价值的工业品,以交换生产价格或价格低于价值的农产品,因而这种交换本身并不能提高平均利润率和总生产价格的情况不同,在这个条件下,由于进口廉价的粮食,名义工资便能降低,新创造的价值中工资占的部分降低了,利润占的部分便相应地增大,平均利润率因而提高,但总价值和总生产价格都不增大。

第三节　垄断资本主义国家用贵卖贱买的办法
加深对落后农业国的剥削

资本主义发展为垄断资本主义后,垄断资本主义就在上述的以工业品交换农产品,或其发展形式即以工业制品交换初级产品的基础上,再以高于价值的垄断价格出卖工业制品,以低于价值或生产价格的价格购买初级产品,并扩大这两种价格的差距,即所谓扩大价格剪刀差,加深对落后农业国的剥削,攫取日益增加的垄断利润。

要说明垄断资本主义国家是以高于价值的垄断价格出卖工业制品,和以低于价值或生产价格购买初级产品的,不能单纯运用国际贸易中的有关统计数字,因为它本身不能说明哪一种价格是高于价值的,哪一种价格是低于价值或生产价格的。我们必须先撇开垄断因素,对垄断产生以来这两种产品价值变化和这两种国家货币价值变化的情况作一分析,说明这两种产品价格变动的趋势,然后将这种理论分析和有关统计数字相对照,便可以得出相应的结论。

19世纪70年代,几乎与垄断的产生同时,主要资本主义国家开始从采用金银复本位制过渡到采用金本位制。正好从这时起,垄断资本主义国家工业劳动生产率提高较快,落后国家生产初级产品的劳动生产率总的说来虽有提高,但比前者慢得多。在这个条件下,假如货币价值不变,那么,工业制品和初级产品的价格以黄金来表示,都应下降,但前者的下降幅度比后者大,因为前者的劳动生产率提高较快,从而价值下降较大;假如生产黄金的劳动生产率降低,货币价值上升,并且其上升幅度超过工业制品和初级产品的劳动生产率提高的程度,那么,这两种产品的价格都应下降,但前者的下降幅度比后者大;假如生产黄金的劳动生产率提高,货币价值下降,并且其下降幅度超过工业制品和初级产品的劳动生产率提高的程度,那么,这两种产品的价格都应上升,但前者上升幅度比后者小;货币价值上升或下降的程度都比这两种产品的劳动生产率提高的程度低,它们分别对这两种产品价格会发生怎样的影响,也可参照上述论述求出。[①] 货币价值变化对这两种产品同样发生影响,而工业制品的价值下降得比初级产品快,因此,如果没有垄断因素的作用,这两种产品的比价就应在前一节论述过的基础上,开始变得有利于初级产品[②],即

---

① 这里的全部分析,可参看马克思《资本论》(第一卷),载《马克思恩格斯全集》(第二十三卷),人民出版社1972年版,第67—69页。

② 这里的说法似乎同上一节相矛盾,因为在上一节我说过,落后国的货币价值比发达国的货币价值大些,因而它使农产品价格便宜,工业品价格昂贵,从而抵消了工业品的劳动生产率提高得比农产品的劳动生产率较快,因而工业品价值下降较快的作用,但货币价值不同的作用已经说明后,由于两种产品的劳动生产率提高的程度不同,如没有垄断因素作用,两者比价的变动便应开始变得有利于初级产品。

两者价格下降时,工业制品价格下降幅度较大;两者价格上升时,工业制品价格上升幅度较小,也就是说初级产品换来的工业制品应该增加。但统计数字表明,情况刚刚相反。这就说明有垄断因素在其中起作用。

现在我们将垄断形成后这两种产品比价的变动分为三个阶段来分析(参见表 6-6)。

表 6-6　1873—1913 年世界物价指数(1873 年为 100)

	1873 年	1900 年	1913 年
工业制品价格	100	67.5	71.6
小麦价格	100	49.5	57.5
咖啡价格	100	47.0	61.9
棉花价格	100	61.0	78.0

资料来源:刘易斯《增长与波动(1870—1913 年)》,梁小民译,华夏出版社 1987 年版,附表A·11。

上列统计数字表明,在 1873 年以后的 40 年间的世界市场上,初级产品价格的下降幅度都超过工业制品价格的下降幅度,只有棉花价格的下降幅度小于工业制品。这时是资本主义发展为垄断资本主义的时期,在垄断价格产生时,工业制品价格指数之所以降低(初级产品价格也降低),是由于这时黄金生产日渐困难。但是,如果只是黄金生产困难起作用,根据前面的分析,工业制品价格下降的幅度就应比初级产品价格下降的幅度大,现在的情况相反,这就说明,工业制品是以高于价值的价格出卖的,初级产品是以低于价值或生产价格的价格出卖的。至于 1900 年的价格普遍比 1913 年低些,是由于这年发生经济危机(参见表 6-7)。

表 6-7　1913—1938 年世界物价指数(1913 年为 100)

	1913 年	1929 年	1938 年
工业制品价格	100	133.0	113.5
热带作物价格	100	118.7	64.7
谷物价格	100	132.1	92.1

资料来源:刘易斯前引书,附表 A·13。

上列统计数字表明,在 1913 年以后的 25 年内和前一时期不同,在世界市场上的物价不是下降而是上升,或者说是先上升然后下降,但是工业制品价格都高于 1913 年。不同的原因显然是由于第一次世界大战后发生过的黄金生产更为困难,黄金行将枯竭即所谓的黄金匮乏的情况,但不到十年,情况便发生变化,黄金生产增加,黄金的劳动生产率也增加;1929 年至 1933 年的经济危机,使各主要资本主义国家废除金本位制,实行通货膨胀政策,以作为国家垄断资本主义的经济支柱,美国在这个基础上宣布降低纸币的含金量,即政府对黄金的买价每盎司从 20.67 美元升为 35 美元,这样更刺激了黄金的生产。但这样一来,劣矿开采增加,黄金的劳动生产率开始下降,以此时成为黄金最重要生产地的南非为例,从 1932 年到 1937 年,黄金产量虽然绝对增加,但劳动生产率却开始降低,致使伦敦金价 1937 年比 1932 年上涨了 16.6%。这样就使 1929 年物价普遍比 1913 年高,但又由上升到下降。当然,1929 年基本上是繁荣年,因为该年第四季度才发生危机,1938 年则是危机年,也使物价由涨到跌。统计数字还表明,在 1913—1929 年,工业制品价格的上升幅度超过热带作物和谷物;在 1929—1938 年,工业制造品价格的下降幅度则小于热带作物和谷物,根据前述原理便可看出,这是垄断因素的作用所致(见表 6-8)。

表 6-8　1950 年以来发展中国家贸易比价的下降幅度

指数来源	时　　期	下降幅度(%)
专家小组	1950—1969 年 1951—1969 年	23.2 26.2
世界银行	1953—1972 年 1954—1972 年	33.3 39.1
贸发会 34 种初级产品	1953—1972 年 1954—1972 年	28.7 36.5
贸发会统计手册	1954/1956—1978 年	23.0

资料来源:转引自《经济理论与经济史论文集》,北京大学出版社 1982 年版,第 270 页。

上表来源不同的统计数字,表明落后国家的初级产品和发达资本主义国家的工业制品的比价下降幅度虽然不同,有下降趋势却是一致的。这种比价下降意味着初级产品能换到的工业制品有减少的趋势,根据前面说过的原理,这不仅一般地表明前者的出售价格是在价值或生产价格以下,后者的出售价格是在价值以上,而且还特殊地表明两者价格之间的差距在扩大。

垄断资本主义国家通过有垄断在其中发生作用的商品交换向落后国家攫取垄断利润,已如上述。这种情况也可表现为资本主义具有的利润率下降趋势,从这时起变成不下降甚至上升。马克思在分析对利润率下降趋势规律起反作用的各种原因时指出,对外贸易是其中之一。垄断资本主义通过同落后国家进行贸易,一方面以高价出售产品,从而直接提高利润率;另一方面以低价购买原料和粮食,前者能直接提高利润率,后者能降低劳动力价值,从而间接地提高利润率。

由于缺乏进入垄断阶段以来全世界资本主义作为一个总体的利润率变化的统计资料,甚至一个国家的利润率变化也缺乏系统的资料,我们只能以美国加工工业的年平均利润率的变化来说明问题(见表6-9)。

表6-9　美国加工工业的年平均利润率

	19世纪 80年代	1919— 1928年	1938— 1947年	1948— 1959年	1960— 1970年
利润率(%)	10	10.1	13.5	13.6	12.5

加工工业的利润率虽然不能完全代表全社会的利润率,但加工工业在发达资本主义经济中具有重要地位,因此,它还是能说明问题的。上列统计数字表明,从19世纪80年代美国进入垄断时期以来,加工工业的年利润率不仅没有降低,反而在上升。其原因除了在国内攫取垄断利润外,还有通过对外贸易从落后国家攫取垄断利润。

第四节　落后的农业国为摆脱被剥削的地位而进行斗争

一个国家或地区由于经济发展落后,在由产业革命引起的国际分工中成为农业国,它在经济上就必然受资本主义工业国的剥削,如果这种关系成为一种固定的关系,即如果某一农业国和地区是固定地为某一资本主义工业国服务的,它就无法利用资本主义工业国之间的竞争来减轻这种剥削。这种服务于另一部分主要从事工业的生产地区的农业生产地区,马克思称为经济上的殖民地。这种关系的持续,特别是当资本主义发展为垄断资本主义时,这种经济上的殖民地就必然丧失其政治独立性,成为一个非主权国家,即政治上的殖民地国家。

1866年,马克思指出:"美国的经济发展本身就是欧洲特别是英国大工业的产物。目前……的美国,仍然应当看作欧洲的殖民地。"①这时,美国在政治上获得独立已90年,但其经济还是为英国大工业服务的,因此,马克思便有这种说法。1890年,恩格斯在《资本论》(第一卷)第四版中对马克思的话又补充说:"从那时以来,美国发展为世界第二工业国,但它的殖民地性质并没有因此完全失掉。"②这是因为,这时美国的农业生产仍然主要是为英国的工业生产服务的,在恩格斯看来,它在经济上是英国的殖民地的性质并没有完全失掉。

经济上的殖民地为了摆脱在经济上受剥削的殖民地地位,进行了长期的斗争。它的最初表现是反对不合理的工业品和农产品的比价,以及高昂的运输费用。但困难极大,收效甚小,当它在政治上又是一个丧失主权的国外殖民地时,尤其是这样。即使它在政治上获得独立,但走的是发展资本主义的道路,在经济上要摆脱殖民地的地位也是非常困难的。这是因为这里存在的是资产阶级政权,这就使它在政治上和经济上仍然和原来的宗主国或其他发达资本主义国家保持旧的关系,摆脱不了为对方的经济服务的地位;它的对外贸易是私人经营的,存在着无政府状态和自由竞争,进口和出口产品不是有计划地进行的;对出口的初级产品,一个国家很难用征收出口税的办法来提高其价格,为国家截留一部分价值;同类国家组成某一产品输出国组织,同一行动,有时虽能达到上述目的,但由于各国和发达资本主义国家都存在着政治上和经济上的关系,内部矛盾重重,同一行动常常发生矛盾;对进口的工业制品,由于自己不能生产,不能限制其进口,又由于这种贸易不是由国家有计划地进行的,就不能充分利用发达国家之间的矛盾,使其在价格上对自己有利;如果实行保护关税,限制工业制品进口,用较高的代价来发展本国的工业,由于发展的是资本主义经济,常常引起内部矛盾,如

---

① 马克思:《资本论》(第一卷),载《马克思恩格斯全集》(第二十三卷),人民出版社1972年版,第495页注(234)。

② 同上。

美国无论在独立前还是独立后,无论在独立后的南北战争前还是南北战争后,剥削阶级内部不同的集团对这个问题就有不同的主张,进行过反复的斗争。由于上述种种原因,国外殖民地即使获得政治独立,只要走的是资本主义道路,在经济上要摆脱殖民地的地位是很困难的,其过程较为漫长。

　　在这个基础上,两种不同的国外殖民地的情况又有所不同。就移民垦殖殖民地来说,由于欧洲工业国的资本主义在这里是生根的,它们的资本主义发展就较快,资产阶级的力量也较强,在经济上和政治上反对宗主国的力量也较强,以美国为例,它就进行过两次反英战争并都赢得胜利。但即使这样,它们在经济上最后摆脱殖民地的地位也要经过长期的努力——美国是在 19 世纪末,加拿大、澳大利亚、新西兰等是在第二次世界大战后,才完成这个任务。就奴役土著殖民地来说,由于欧洲资本主义不在这里生根,既存在着外国资本主义的压迫,又存在着本国前资本主义的压迫,资本主义发展慢,资产阶级力量弱,它们在政治上获得独立后,向着资本主义发展,而又要在经济上摆脱殖民地的地位,就更加困难。这种殖民地如果发生无产阶级革命,走社会主义道路,情况就不同。这一点后面就会谈到。

第十一章　垄断资本主义国家通过货币关系剥削国外殖民地

第一节　不同类型的国家采用贵金属作为货币的货币制度的演变

　　要了解垄断资本主义国家怎样通过货币关系剥削国外殖民地,先要了解货币制度在不同类型国家中的变化。这里先谈采用贵金属作为货币的货币制度的变化。

　　马克思建立在劳动价值理论基础上的货币理论,最简要地说就是:货币是从一般商品中分离出来的特殊商品即货币商品,它和一般商品虽然都是私人劳动的产物,但它的私人劳动无须经过交换就直接表现为社会劳动,而生产商品的私人劳动只有同货币直接代表的社会劳动相交换,即商品和货币相交换,才真正实现为社会劳动,这样,货币就是价值尺度和流通手段的统一物,即一般等价物,它有五种职能:价值尺度、流通手段、贮藏手段、支付手段、世界货币。

　　由于货币是直接代表社会劳动的,它就要求生产货币的劳动,即生产用来当作货币的那种商品的劳动,其自然性质大体上都是同一的、无差别的,只有这样,这种劳动的自然性质才同这种劳动的社会性质——直接代表社会劳动——相适应,如果不是这样,生产当作货币的那种商品的劳动的自然性质是极不相同的,这种商品就不适宜当作货币,就会逐渐被淘汰。由于这个原因,贵金属中的金银终于取代其他的一般等物价,成为货币。

　　关于这个问题,马克思有过深刻的分析。他指出,因为形成商品价值实体的一般劳动时间本身只能有量的差别,所以,当作它的特殊结晶的那种物体必须只能表现量的差别,因而首先要在质的方面具有同一性、一致性。这就是一个商品当作价值尺度发挥作用的第一个条件。比如用牛、生皮、谷物等等来计算一切商品的价值,那么实际上就必须用观念中的平均牛、平均生皮等等来计算商品的价值,因为在牛与牛之间、生皮与生皮之间,在质的方面是不同的。金银则不然,它们当作单纯的物质来说本身总是相同的,因而等量的金银总是代表同样大小的价值。

作为货币,金比银更为适宜。第一,金天然是纯的,只是混杂在石英中,数量极少,银很少天然是纯的,这就是说,虽然金无足赤,但是金是近于足赤的,这样从自然属性来说,金比银更适合于充作货币,执行价值尺度的职能。第二,生产等重的金比生产等重的银耗费的劳动多些,采金必须把石英矿石粉碎,而后淘金或用水银提取金,而银的开采较易,有的银是开采铜和铅的副产品,金的价值较高,这使金比银更适宜于作为货币,执行流通手段,贮藏手段的职能。这样,随着经济的发展,金就逐渐取代银,成为货币。

就货币制度的历史看,发达的国家先过渡到实行金本位制。英国在14世纪时实行金银复本位制。实行这种制度,必然存在金和银的法定比价只能定期改变,而金和银的市场比价却经常改变的矛盾,只要这两种比价不一致,市场比价高于法定比价的货币是良币,市场比价低于法定比价的货币是恶币,恶币必驱逐良币,即前者流通,后者退出流通。[①] 因此,实行复本位制是形式,实质上必然是实行单一本位制,即有时是金本位制,有时是银本位制。由于这个原因,英国正式实行金本位制是在1816年,但在1774年便限制银币的法定货币资格,其使用以25镑为限,实际上从这时起,英国已实行金本位制了。法国正式实行金本位制(金块本位制)是在1928年,但在1873年便限制银币的自由铸造,事实上已实行金本位制。美国正式实行金本位制是在1900年,但在1873年便停铸大银元,并规定银币法偿不得超过5元,从这时起实际上已实行金本位制。德国实行金本位制是在1871年,德国的币制改革得助于法国的赔款。日本实行金本位制是在1897年。

---

① 马克思:《资本论》(第一卷),载《马克思恩格斯全集》(第二十三卷),人民出版社1972年版,第114—115页注(53)。

由上述分析可以看出,主要的发达资本主义国家多数从 19 世纪 70 年代便实行金本位制,英国则早在产业革命开始时就实行金本位制了。关于大多数发达国家之所以从 19 世纪 70 年代实行金本位制的经济原因,我们后面再谈。

落后国家的情况不是这样。当多数发达国家实际上实行金本位制时,它们仍然实行银本位制。在落后国家中,实行金本位制较早的国家主要是埃及,那是在南非发现大金矿的第二年即 1885 年;主要产银国墨西哥实行金本位制是在 1904 年;印度在 1927 年才实行金块本位制;中国在 1935 年废除银本位制,但由于世界主要发达国家于此时已先后废除金本位制,中国在废除银本位制后,便没有实行金本位制。

总起来可以这样说,当主要发达国家于 19 世纪 70 年代开始实行金本位制时,主要落后国家仍然实行银本位制;如果以印度和中国这两个东方用银大国为使用银作为本位货币的国家的代表,那么,两大类型的国家分别用金和银作为本位货币的时间约有五六十年,大体上从垄断形成时开始,到 30 年代经济危机时止。

第二节　银对金的比价下跌,用金国通过货币制度剥削用银国

发达国家以生产价格高于价值的工业品,交换落后国的生产价格低于价值的初级产品,或者说交换其价格最高才能等于价值的农产品(农产品价格等于生产价格加绝对地租,绝对地租的实体是农业中的利润高于平均利润的那部分差额),这已经是以小量劳动交换大量劳动;在这个基础上,垄断资本主义国家又以高于价值的垄断价格出卖工业品给国外殖民地,以低于生产价格或价值的价格购买国外殖民地的初级产品;这样,在国际贸易中,垄断资本主义国家这一方往往是顺差,国外殖民地国家那一方往往是逆差,后者要用银支付这个差额。在这个条件下,如果银对金的比价有下降的趋势,用银国便要用越来越多的银来支付这个差额。

这个时期银对金的比价有明显的下降趋势。1717 年,英国的金银法定

比价是 1∶15.25;1792 年,美国的金银法定比价是 1∶15,1834 年是 1∶16,比价变动有起有伏。但 1870 年以后,银对金的比价便明显下降。1870 年至 1914 年发生第一次世界大战这段时间内,在伦敦市场上用金来表现的一盎司银的价格,从 1833 年至 1871 年的 59 到 61 便士之间,下降到 1871 年至 1878 年的 61 到 52.25 便士之间,1878 年至 1891 年下降为 52.25 到 49 便士之间,1900 年下降为 28 便士,1914 年降低到 25 便士。第一次世界大战期间,银对金的比价有所上升。但自 1921 年起,银价则一落千丈。在伦敦市场上一盎司银的价格,1920 年为 61.4 便士,1921 年下降为 36.7 便士,其后除 1924 年外,都是逐年下降的,1931 年下降为 14.69 便士。

银对金的比价下降的纯经济原因,是这个时期生产银的劳动生产率提高得比生产金的劳动生产率快得多。1890 年,恩格斯在《资本论》(第一卷)第四版的一个脚注中说,大约 25 年以前,金银的比价是 1∶15.5,现在大约是 1∶22,而且与金银相比,银的价值还在继续跌落,这主要是这两种金属的开采方法发生变革的结果,即采金耗费的劳动增多了,而采银耗费的劳动却大大地减少了。① 由于这样,为了适应经济发展的需要,发达国家就有必要采用价值趋向昂贵的金作为本位货币,并为了解决金银复本位制度本身存在的矛盾,它们便在这段时间内从复本位制过渡到单一金本位制,银币逐渐不再成为货币,生银供给增加,需要减少,银价因这种供求关系更为下落。恩格斯继续说,假如现在不是用人为的办法把银的价格维持在一定的水平上,银的价值降低一定会表现为价格更大的跌落。② 这里说的人为办法,主要是指代表美国西部银矿主的利益的国会议员,于 1878 年和 1890 年分别通过并付诸实行的购银法。在第一次世界大战期间,银对金的比价上升,一方面是由于交战国对东方用银国的商品的需要增加,对银的需求增加;另一方面是由于产银大国墨西哥内乱,银的生产减少。1921 年以后银价低落的主要原因,其一是银的生产增加,其二是不用银作为货币的国家逐渐增加,银不作为货币而变为生银,生银供给增加。

在银对金的比价下降的条件下(第一次世界大战期间除外),用银国向

---

① 马克思:《资本论》(第一卷),载《马克思恩格斯全集》(第二十三卷),人民出版社 1972 年版,第 163—164 页,注(108)。

② 同上。

用金国支付贸易差额或国际收支差额,必然意味着要用越来越多的银。这种情况和在实行金银复本位制的国家内不同。在这种国家里,如果银对金的市场比价下降,而金银法定比价不变,并且银币铸造仍不受限制,比如,金银法定比价是 1：15,而金银市场比价是 1：16,在这个条件下人们就必然用银而不用金去偿还债务,因为在市场上用 1 盎司金便能买 16 盎司银,而只要用 15 盎司银便能向铸币厂铸成足以换 1 盎司金币的银币。这样,用银币还债,尽管银价下降,用银的数量并没有增加。在这个条件下,由于银价下跌,用银还债还有好处。用上例来说,还债的人可得到 1 盎司银的利益。当然,这种情况不能持续存在,因为如不调整金银的法定比价,而银对金的市场比价较低,发展下去,必然是银币流通,金币退出流通,熔化为生金,或秘密输出,以换取更多的银——这就是前面说过的恶币驱逐良币的表现。在世界市场上,情况不是这样。在这里只存在金银的市场比价,它随金银的价值和金银各自的供求关系变动,不存在金银的法定比价。这样,用银国向用金国支付贸易差额,对其中的每一价值单位,用的银也要越来越多。

现在的问题是,不管用银的数量如何增加,它和这个差额价值是等价的,因为银本身的价值下降了,它的数量就要增加,才等于要支付的价值,如果问题只是这样,就当然不能说用金国通过货币制度剥削用银国。进一步的问题是,一般商品的价值是由生产或再生产它的社会必要劳动时间决定的,即一批价值更低的商品生产出来后,待出售的前一批商品的价值便降低了。货币的价值也是这样,一批价值更低的白银生产出来了,原有的银币的价值便降低了,为了支付同样的价值,便要用更多的银币,这是经济规律作用的结果,似乎没有什么好说的。

但是,仔细地分析一下便可以看出,商品和货币是有所不同的,上述原理只适用于商品,不适用于货币。一般商品只是作为使用价值进入生产消费和个人消费,从这个意义上说,它不能长久地贮藏,不能积累社会劳动,不能作为价值若干个世纪地积累下来。货币不是这样,它直接就是社会劳动,是价值,是贮藏手段,能若干个世纪地积累下来。更重要的是,正如马克思所说的,"年产品借以流通的货币量,是社会原有的,是逐渐积累起来的。这个货币量不是当年的价值产品,但是,用来补偿已经磨损的铸币的金(银也是一样——引者)是例外".[1] 这样,用银国用比价下降的银向用金国支付贸易差额,其经济内容就是用大量的过去的劳动和小量的现在的劳动相交换,用银国在若干个世纪中积累起来的社会劳动或价值,就由于这个原因减少了。这是致使落后的用银国更为贫穷的一个原因。从某一点看,它被剥削了。

第三节　国外殖民地实行依附性的货币制度,加入货币集团,被宗主国剥削和控制

第一次世界大战后,以金币为本位货币、金币可以自由流通、自由铸造、自由输出入、各种货币符号可以自由地兑换金币或与金币等量的黄金为特征的金本位制,除美国外,其他主要资本主义国家由于黄金准备日少便无法实行。从战后 20 年代起到 30 年代经济危机时,资本主义世界主要实行另外两种形式的金本位制,即金块本位制和金汇兑本位制或虚金本位制。前者为二等资本主义国家如英、法等所采用,后者为资本主义战败国如德、奥、意和某些国外殖民地所采用。国外殖民地早在第一次世界大战前便采用这种制度。

金块本位制的特征是:基本货币单位仍规定有含金量,不铸造和流通金币,流通的是银行券,银行券要在一定数额以上才可按含金量兑换金块;英、法分别于 1925 年和 1928 年实行这种制度。

金汇兑本位制的特征是:国内不流通金币,只流通银行券,银行券只能兑换外汇,这外汇只能在国外才能兑换黄金,本国货币同另一实行金块本位制的国家的货币保持固定的比价,并在该国存放大量黄金和外汇作为准备金。实行这种制度的,除经济力量薄弱的资本主义国家外,主要是国外殖民地。爪哇、印度、暹罗、菲律宾分别于 1877 年、1893 年、1902 年、1903 年实行这种制度。清朝末年,荷兰中央银行总裁卫士林主张中国实行这种制度,因

---

① 马克思:《资本论》(第二卷),载《马克思恩格斯全集》(第二十四卷),人民出版社 1972 年版,第 537 页。

故未成。

实行金块本位制的宗主国,通过货币关系可以剥削和控制实行金汇兑本位制的国外殖民地。第一,实行金块本位制的宗主国,可以视其需要将货币贬值,即降低其流通的银行券的含金量,降低价格标准,这样,实行金汇兑本位制的国外殖民地由于要存大量的外汇于宗主国,便白白丧失部分价值,即被宗主国剥削了。而在 30 年代的经济危机中,这些宗主国尚未最终停止金块本位制时,是经常将货币贬值以增加其输出的。第二,实行金汇兑本位制的殖民地,其银行券只能购买了外汇、再用外汇在国外才能兑换黄金,而外汇行市却取决于发行银行无限制地兑付外汇的能力,这种能力不是有十足的保证的,外汇行市下跌就使殖民地受损失。第三,实行金汇兑本位制的殖民地,要在实行金块本位的宗主国存放黄金和外汇作为准备金,这就要增加农产品或初级产品的输出,如上所述,这是以大量劳动交换小量劳动。

实行金块本位制的宗主国对实行金汇兑本位制的殖民地,制定两国货币的比率时,使其对自己有利。这里以英国对印度为例加以说明。前面说过,19 世纪 70 年代开始,银的价值急剧下降,银对金的比价也下降,这样,用银的印度的对外购买力便下降,从用金国输入的商品价格上涨,对英国向印度的输出不利。于是,英国于 1893 年在印度实行金汇兑本位制时,便将印度卢比对英国金镑的比率提高。这表面看来,好像对印度有利,因为这对印度来说,买英国货比买其他国家的货物便宜些。其实不然,因为它有利于英国对印度的输出,使印度在经济上更依附于英国。

1929—1933 年,世界经济危机爆发后,金块本位制、金汇兑本位制和仅存于美国的金本位制,都无法继续维持,改为实行不能兑换黄金的纸币本位制(1971 年前的美国,对外国中央银行持有的美元,准其以官价即 35 美元一盎司黄金的比率兑换黄金)。这对于持有外汇的殖民地国家来说,是赖账不还。在这个基础上,主要垄断资本主义国家又组成货币集团,将一些在贸易、金融上与其有密切联系的国家,以及国外殖民地束缚住。主要的货币集团有英镑集团、美元集团和法郎集团。这里以英镑集团为例加以说明。

英镑集团成立于 1931 年英国废除金块本位制之后。它规定参加该集团的国家和地区的货币的汇率钉住在英镑上,随英镑的变动而改变汇率,它们的外汇储备全部或大部分是英镑,并以英国国库券或活期存款的方式,存放于伦敦。这对英国控制这些国家和地区的贸易,增强英国在世界市场上的竞争能力,显然是有利的。不但如此,随着英镑贬值,它们存放在伦敦的、表现为英国国库券和活期存款的外汇储备,也丧失部分价值,即被英国剥削了。

第二次世界大战爆发后,参加英镑集团的国家,由于对英贸易发生困难和英国本身经济力量削弱,纷纷脱离英镑集团。英国便将继续留在英镑集团内的国家和地区用法律的形式固定下来,组成英镑区。规定区内各国和地区的货币对英镑保持固定比价,相互间一般地可以自由兑换;区内贸易清算都通过英镑办理;资金在区内移动不受限制,向区外移动则须经外汇管理机构批准;区内各国和地区收入的黄金和美元须按一定的比例售给英国财政部,集中存入"美元总库",作为英镑区的共同准备。就这样,英镑区成为英国控制和剥削其国外殖民地的工具。

这里有必要谈一谈1933年美国废除金本位后,提高对白银的购买价格,对当时唯一的用银国——中国有利还是有弊的问题。当时,中国某些经济学家认为,中国废除银本位后,将白银收归国有,然后当银块出卖,便可提高国家的购买力,大量进口机器设备,从此振兴实业有望了。这种看法是不对的。其实,美国这种做法,除反映美国西部银矿主的利益外,对于中国虽然能够提高它的购买力,但在降低金对银的比价的条件下,便可以降低美国商品在中国市场上的价格,有利于美国商品的倾销,将经济危机转嫁给中国,摧毁中国的经济。这一点历史已作了证明。

总之,殖民地和附属国,由于经济和政治的原因,货币制度和金融都被宗主国或某一帝国主义国家控制,在这个条件下控制形式可变,但其剥削的内容是不变的。

第四节　垄断资本主义国家通过货币关系剥削和控制民族独立国家

战后,民族独立国家开始建立独立的货币制度,退出货币区,仍留在货币区内的,其货币与前宗主国货币的联系也削弱了。它们在货币关系领域中进行的斗争取得了很大的成绩。但这并不是说,它们就不再受剥削和控制了。这里谈几个主要问题。

首先,美国通过美元对它们进行剥削和控制。美国一度是战后资本主义世界的经济霸主。这种地位在国际货币制度上的表现就是以美元为中心的布雷顿森林体系的建立。这个货币体系以黄金为基础,美元直接与黄金挂钩,其他国家的货币则与美元挂钩,同美元保持固定的汇率。这实际上是以美元为基准通货的国际金汇兑本位制。在这个条件下,其他国家(只限于政府和中央银行)只要取得美元这种已成为世界货币的外汇,就能按35美元一盎司黄金的比率取得黄金,美元就同黄金一样成为许多国家的储备。但是,如果美元减低其含金量,即降低价格标准,持有美元的国家就蒙受损失,被美国剥削,如同以前实行金汇兑本位制国家,在实行金块本位制的宗主国将其货币贬值时蒙受剥削一样。其后,美国由于经济地位下降,国际收支逆差增大,无法维持布雷顿森林体系,就不仅将美元贬值,而且停止外国政府与中央银行将美元兑换成黄金。这既是赖账不还,又是将以黄金计算的债款打折扣。据统计,1971年年底美元第一次贬值7.89%,即从35美元一盎司黄金贬为38美元一盎司黄金,全部发展中国家的外汇储备即损失13.56亿美元。其后美元又有第二次贬值,乃至最终同黄金脱钩,美元购买力不断降低,发展中国家的损失就更大了。

其次,以美元为中心的资本主义国际货币体系崩溃后,美国和其他垄断资本主义国家通过特别提款权,对它们进行剥削和控制。特别提款权是国际货币基金组织分配给会员国的一种使用资金的权利。自从布雷顿森林体系彻底崩溃、尤其是黄金"非货币化"后,国际货币基金组织便决定它成为主要储备资产。它是按会员国缴纳给基金组织的份额大小进行分配的。换句话说就是,国际货币莲金组织好比是股份公司,成员国缴纳的份额是股金,特别提款权是按股金分配的股息。这样,富国缴纳的份额多,权利就多,贫国则相反,这种平等原则本来就是建立在经济不平等的基础上的,因为富国所以富,贫国所以贫,一个重要原因就是前者剥削后者。

特别提款权是一种记账单位,只限官方持有,在国际货币基金组织内和会员国官方交往中使用,以解决国际收支赤字问题。会员国之间的特别提款权和货币可以相互交换,即甲国可将其持有的特别提款权购它所需要的乙国货币,也可用甲国货币向乙国购回它的特别提款权,乙国也可以这样做。特别提款权的使用是有限度的,一国五年内平均持有的数额不得低于同期内它的平均积累分配额的 30％;一国有义务以其货币换回特别提款权,直至该国的持有总量等于它的分配额的三倍。那些持有总数少于分配数额的国家,要按差额付利息;那些持有总数多于分配数额的国家,就按差额收利息。

每单位特别提款权有一个如何计值的问题,因为只有这样,它才能和各会员国的货币发生比价关系即汇率。计值具体办法十多年来略有变化,但总的原则一直是:由在世界商品和劳务出口总额中占 10％以上的国家的货币单位值加权构成,1981 年 1 月 1 日以来是:美元占 42％,马克占 19％,英镑占 13％,法郎占 13％,日元占 13％。① 这就是说,由富国货币的单位值构成,贫国货币的单位值不起作用。这样,富国就可以通过变动自己的汇率,通过货币关系控制贫国。

目前,特别提款权发行的数额有限,发生的作用不大。但从前面的分析就可以看出,它的使用和定值办法就是有利于富国不利于贫国的。首先,它要计算利息。目前严酷的事实是,总的说来贫国是富国的债务人,并且根据我们的分析,这种债务还有增加的趋势,这样,从根本上说,富国这一方持有的特别提款权,就大于它们分配到的数额,贫国这一方则相反,前者就据此向后者剥削利息,而这种数额的分配,如前所说,本来就是不平等的,并且具有入股分红的性质,现在则进一步将这种剥削扩大了。其次,最重要的是,它的定价办法不合理。国际货币基金组织在"黄金非货币化"的基础上,事实上是将特别提款权代替黄金充当世界货币的。这样,随着它的发行额和作用的扩大,世界上就出现一种其价值可以由若干个富国的货币的汇率决定的货币,而这些富国货币的汇率的决定,除纯经济原因外,还有其他原因,富国就可以通过这一点为自己谋利益,贫国则受损害。比如,当富国经济上升、持有的特别提款权较多时,便可以提高本国货币的汇率,使单位特别提款权升值,贫国便要用更多的本国货币才能换回特别提款权,否则,要多付利息;当富国经济衰退时,便可以降低本国货币的汇率,一方面增加出口,另

---

① 与此相应,使用和持有特别提款权所受授的利息,其利率也由这五国的利率加权构成。

一方面使单位特别提款权贬值,贫国将其持有的特别提款权换回本国货币时,便十分不利。贫国则丝毫不能影响单位特别提款权的定值,不能通过这种货币关系来向富国作斗争。它们处于无权的地位。

我们可以将这一点和从前的用金国剥削用银国的情况作一比较。从前,银对金的比价下跌,用银国以银向用金国支付债务,是用大量的过去劳动和小量现在劳动相交换,是一种剥削和被剥削的关系,但那是纯经济关系;现在则不同,由于有人为的因素在其中,问题将更为严重。

最后,以美元为中心的国际货币体系彻底崩溃以后,货币集团和货币区有了新的发展,一些落后国家受其控制。现在,除美国通过美元仍能控制其他国家已如上述外,英镑区、法郎区又在加强联系和活动,日元也有国际化的趋向,欧洲货币体系则实质上是囊括西欧大部分国家并逐渐扩大其势力范围的货币集团。欧洲货币体系的成立,是西欧共同市场为实行经济一体化而采取的一个重要步骤。特别值得注意的是它创立的欧洲货币单位,名义上没有中心货币,实质上西德马克起支配作用。欧洲货币单位目前仍用作共同市场内部计算和结算的手段,不涉及其他国家。但在这之前创立的欧洲计算单位,在执行这种职能的同时,又成为共同市场通过《洛美协定》对非洲、加勒比海、太平洋地区 46 个发展中国家提供"援助"的计算工具,影响这些国家的经济。这些货币集团和货币区的发展及其对民族独立国家的影响,是一个值得注意的问题。

国外殖民地在政治上取得独立后,要建立独立的国民经济,正确地利用外贸、关税和货币制度是很重要的。一般的民族独立国家,由于社会制度、政治、经济等条件的限制,在这方面还存在较多的问题。在货币关系方面,它们同垄断资本主义国家的斗争,集中地表现为要求增加它们在国际货币基金组织中的份额,增加它们拥有的特别提款权并要求将它同国际开发援助资金联系起来,这一直遭到垄断资本主义国家尤其是美国和西德的反对。至于特别提款权使用和计价问题,则暂时尚未提出。很明显,民族独立国家在货币关系方面进行的斗争,不是一个孤立的问题,它要在政治和其他经济领域斗争的配合下,才能取得更大的成效。

第十二章　垄断资本主义国家通过
资本输出剥削国外殖民地

第一节　输出借贷资本攫取高额利息

垄断资本主义国家将过剩的垄断资本输出到国外殖民地,以攫取垄断利润。这种垄断利润的最低水平要比垄断资本主义国家中非垄断资本的利润高,而在条件具备时,它就要比垄断资本主义国家中的垄断利润高。

资本输出有两种形式:借贷资本和生产资本,前者攫取的是利息,后者攫取的是利润。这两者都可以构成垄断利润。

国外殖民地的利率一般都比发达国家的利率高。这有两种情况。第一种情况是,国外殖民地的经济比较落后,最初多数是前资本主义经济,后来即使有了资本主义经济,前资本主义经济仍然存在,而前资本主义经济的资本形式,最基本的是商业资本和高利贷资本,产业资本根本不存在。这种商业资本取得商业利润的办法是贱买贵卖,既剥削生产者又剥削消费者,商业利润是从流通中产生的让渡利润,由于这时自由竞争尚未展开,价格的决定具有偶然性,商业利润率尚未均等化。高利贷资本的活动对象是小生产者、贵族官僚和商人。小生产者借钱,表面上是为了生产,其实是为了生活,因为他的生产就是为了生活而不是为了赢利;贵族官僚有时也要借钱,那是为了挥霍。在这两种条件下,高利贷资本收取的利息就没有一个客观的经济界限了,它不像资本主义的利息只能是产业利润的一部分那样,因为这时根本没有产业资本,当然也没有产业利润,这样,高利贷的利率就只能由借钱者的需求程度决定了。商人借钱是为了赢利,即取得商业利润,但是,由于这时的商业利润是让渡利润,它不受这时尚未产生的产业资本的利润的制约,又由于高利贷资本的活动对象除商人外,还有小生产者和贵族官僚,这样,就不能由商业利润率来调节高利贷的利率,相反地,要由高利贷的利率调节商业利润率。马克思在《资本论》中引用吉尔巴特的话:"在我们现代,利率是由利润率规定的;在那个时候(前资本主义——引者),利润率都是由利率规定的。如果贷款人要商人负担很高的利率,那么,商人就不得不提高他的商品的利润率"①,就是很好的说明。

由于高利贷资本的利率只由借钱者的生活需要和挥霍需要的程度决定,高利贷资本的利息就可能突破一切剥削收入只能是生产者的剩余劳动的界限,它可能侵吞生产者的部分必要劳动。这样,高利贷资本的利率就比资本主义的利率高得多。

第二种情况是,国外殖民地产生了资本主义经济,它的资本主义的利率也比发达的资本主义国家的利率高。我们知道,资本主义的利息只能是产业利润的一部分,正如下面将说明的,落后国家的资本主义的产业资本的利润率,比发达的资本主义国家的产业资本利润率高,由于这个原因,落后国家的资本主义的利率也较高。

落后国家的长期借贷利率较高,除了上述原因外,还有一个经济原因。落后国家的资本主义经济不发达,使用的固定资本,无论从一个企业看还是从全社会看,其在全部资本中占的比重都较小,并且它的周转时间也较短,这就是说,社会折旧基金的数量既少,能够贷放的时间也短,而落后国要发展资本主义经济,就特别需要数量较多的长期借款,由于这种供求关系,落后国的长期借贷利率就特别高。

亚当·斯密在 18 世纪 70 年代写的《国民财富的性质和原因的研究》中指出,当时英国伦敦最大商号的利率为 5%,而英国的北美和西印度殖民地的利率为 6%—8%,中国的普通利率为 12%。这个差距以后仍然存在。

第二节　输出生产资本攫取超额利润和垄断利润

垄断资本主义国家以生产资本的形式,向国外殖民地输出资本,即在殖

---

① 马克思:《资本论》(第三卷),载《马克思恩格斯全集》(第二十五卷),人民出版社 1974 年版,第 690 页。

民地办企业,之所以能够获得较高的利润即超额利润,是由于殖民地经济落后。输出生产资本要以殖民地已经产生资本主义经济为前提,而殖民地的资本主义经济必然比较落后,资本有机构成较低,从而利润率较高。

马克思对这个问题作了深刻的分析。他假定在一个欧洲国家,剩余价值率为 100%,在一个亚洲国家,剩余价值率为 25%,再假定在这个欧洲国家,资本的平均构成是 $84C+16V$,在这个亚洲国家,资本的平均构成是 $16C+84V$。这个假定是合理的,因为虽然欧、亚都有资本主义生产,但前者的生产力水平较高,因而资本有机构成和剩余价值率也较高,后者则相反。在这个条件下,在欧洲国家,产品价值 $=84C+16V+16M=116$,利润率为 $16\div(84+16)=16\%$;在亚洲国家,产品价值 $=16C+84V+21M=121$,利润率为 $21\div(16+84)=21\%$。因此,亚洲国家的利润率比欧洲国家高 25% 以上,尽管前者的剩余价值率只有后者的四分之一。这个道理,只要看一看随着资本主义的发展,平均利润率有下降的趋势,便可理解。资本主义发展水平低的国家,利润率是较高的。

资本主义较为落后的国家,粮食价格、工业原料的价格较低,这有两重原因。其一是,资本主义不发达,大工业城市尚未形成,即使有一些为数也少,居民中大多数在农村,人与土地之间的物质变换被切断的程度较低,土地不必花费很多不变资本就能保持肥力,因而在技术革命尚未在发达资本主义国家的农业生产中深入开展前,落后国家生产的粮食和农业为工业提供的原料的价格就较低。其二是,资本主义较落后的国家,个体生产者较多。他们进行再生产的条件,和资本主义的再生产条件必须包括利润不同,用资本主义的概念来说,个体生产者的产品价值虽然可分解为 $C+V+M$,但由于他们仅要求糊口,不要求积累,在竞争尖锐时,他们的出售价格可以不包括 M,只包括 $C+V$。这是个体生产者众多的国家,农产品、手工业产品和某些矿产品价格甚为低廉的原因。在这里不是价值低廉,而是价格低于价值。艰苦劳动的个体生产者,还要将一部分劳动白白地送给外国资本家。这种个体生产者中的农民,如果是占有土地的自耕农,像那些移民垦殖的大多数农民那样,那么,其产品价格也可以不包括绝对地租。在发达的资本主义国家,由于土地私有权的存在、绝对地租便存在,农产品价格便由生产价格加上绝对地租构成,使农产品价格提高。

资本主义落后国家的土地价格较低。那些移民垦殖的殖民地,有一段时间无主的自由土地很多,在经济上花费极少,在法律上便占有土地,土地价格较低,自不待言。在其他落后国家里,有土地价格问题的存在,便意味着土地已能买卖。土地价格取决于地租和利率,即土地价格＝地租÷利率。落后国家的利率较高,这是其土地价格较低的一个原因。

另一个原因是,其地租也较低。这种国家有两类地租。

其一是农业用地地租。在这些国家的农村,前资本主义经济占统治地位,其地租本是全部剩余劳动。但自从土地可以买卖后,地租就改由购买土地的资本所获得的利息决定,即地租成为土地资本的利息。[1] 它和借贷利息的不同,仅在于借贷利息有风险,利息率较高,土地地租没有风险,地租率较低。由于地租改由利率调节,在高利贷利率起调节作用的条件下,地租可能不仅仅限于剩余劳动,而可能包括部分必要劳动了。但它仍比资本主义国家的农业地租低些。最重要的原因是,资本主义农业地租中的绝对地租,其实体是同数量的农业资本,由于资本的有机构成较低,生产的剩余价值多于同数量的工业资本生产的剩余价值的余额,即农业资本和工业资本之间的超额利润。因此,第一,这两种资本有机构成的差距的扩大,即农业的发展相对落后于工业,每单位农业资本形成的绝对地租额便增加;第二,农业的绝对发展即农业集约化经营程度的增加,投在同一块土地上的农业资本增加,绝对地租总额便增加。在第二次世界大战前,农业集约化经营的程度在增加,两种资本有机构成的差距在扩大。落后国家农业经营的情况就不是这样。因此,发达资本主义的农业用地地租便高于落后国家的农业地租。

其二是建筑地段地租或城市地租。这种地租是以农业地租为基础,再加上工商业所在地,因其位置而产生的超额利润构成的。例如,同数量的资本在冷僻区和热闹区经营商品,前者商品销售慢,后者商品销售快,后者便比前者多实现超额利润,这些超额利润加上该地如经营农业所应交纳的地租,便是这块商业用地的地租。很明显,对于工商业经营者来说,最重要的

---

[1] 我们这种说法和资产阶级经济学说的地租是土地资本的利息完全不同。在他们看来,利息是货币资本的地租,正如地租是土地资本的利息一样,在这个条件下,土地价格是无法说明的。我们则不同,土地价格以地租为前提,这时的地租和利息无关,土地买卖从而土地价格形成后,从土地资本产生的地租才和利息有关。

是这种城市地租的基础的高低,因为它的其他部分是超额利润。不言而喻,这个基础部分也是落后国家的较低。

　　关于资本主义落后国家的工资水平问题,要分为两种情况来谈。一种情况是奴役土著的殖民地国家,其工资水平较低。我们知道,工资是劳动力价值或价格的转化形态,而劳动力价值由劳动者本人及其家庭所必需的生活资料的价值和教育费用等决定。很明显,资本主义越发达,劳动者所必需的生活资料在增加,其结构在变化,一些较高级的消费品也进入必需品的范围,教育费用在增加;资本主义较落后,情况就不是这样。因此,资本主义发达国家的劳动力价值较高。工资的高低,是以劳动力价值为基础,再由劳动力的供求关系调节。奴役土著殖民地国家,既有资本主义经济的束缚,又有外国资本主义的压迫,个体生产者尤其是农民破产的很多,但本国资本主义发展很慢,作为商品的劳动力供给大大地超过需要,劳动力价格远在劳动力价值以下!

　　另一种是移民垦殖殖民地,其工资水平比宗主国的高些。这有两个原因:第一,这些国家的工资劳动者本来就是从宗主国来的,以宗主国的工人生活水平为生活基准;第二,最重要的,这些国家有一段时间工人容易获得土地,成为个体生产者,只要这个条件仍然存在,劳动力的供给就小于其需要,工资因而高于劳动力的价值。但是,也正因为这个条件的存在,自由占有土地的个体农民的大量存在,如上所述,又使农产品的价格较低,因为价格中不存在绝对地租。

　　总起来说就是,国外殖民地的资本主义很落后,资本有机构成低,由此形成较高的利润率;此外,农产品的价格较低,土地的价格也较低,奴役土著殖民地的工资低;移民垦殖殖民地的工资高,但这一高工资的原因又使其农产品的价格必低:所有这些都使垄断资本主义国家将资本输出到这里,便可以获得比较高的利润。

　　这里还有一些问题需要进一步解决。马克思说,研究资本主义发达和资本主义落后的国家,"常常可以发现,日工资、周工资等在前一种国家比在后一种国家高,而相对的劳动价格,即和剩余价值和产品价值相比较的劳动价格,在后一种国家却比在前一种国家高"。[①] 由于这两种国家的劳动生产

―――――――――――――

　　① 马克思:《资本论》(第一卷),载《马克思恩格斯全集》(第二十三卷),人民出版社1972年版,第614—615页。

率高低相差甚大,这种情况是存在的。马克思根据统计资料指出,欧洲大陆的劳动"尽管工资很低,劳动时间也长得多,但是同产品相比较,还是比英国贵"。[①] 由于这样,"尽管工人从事过度劳动,夜以继日地干活,而报酬却微乎其微,但是俄国的工业品仍然只在禁止外国货的情况下才能勉强站住脚"。[②] 如果情况是这样,就这一点而言,资本主义发达国家是不会向落后国家输出资本的。

马克思说的情况是存在的,但它只适合于垄断产生前的情况。在垄断产生的条件下,正因为落后国家有可能禁止先进国的商品进口,以保护和发展自己的经济,先进国就更有必要输出生产资本到落后国,绕过落后国采取的保护主义屏障,就地生产,占领落后国的市场,攫取巨额利润。先进国输出生产资本在落后国办的企业,就经济性质来说有两种:一种不是垄断企业,但由于它从先进国输入的技术和管理方法都比落后国的企业的水平高,因此,它在竞争中就比落后国的企业获得的利润高些。这种利润由于是在落后国中攫取的,根据前面分析的条件,它当然比先进国的非垄断的资本主义利润高,但它还不是垄断利润,而只是比落后国企业的利润高一些的超额利润。由于这种企业经常得到超额利润,在竞争中居于优势地位,发展下去便成为垄断企业,然后就按照我们前面分析过的条件,攫取垄断利润;另一种一开始就是垄断企业,它攫取的是垄断利润。这些垄断利润由于是在落后国里攫取的,就比先进国的垄断资本主义的利润更高。

第三节　跨国公司对国外殖民地进行剥削的特点

第二次世界大战后迅速发展起来的跨国公司,是垄断财团所属或控制的大垄断企业,通过资本输出的一种具体方式——直接投资,在国外设立分支机构或子公司,形成一个总机构或总公司,而其分支机构或子公司则分布在世界各地,尤其是设在殖民地和民族独立国家这些经济上仍受控制的国

---

① 马克思:《资本论》(第一卷),载《马克思恩格斯全集》(第二十三卷),人民出版社 1972 年版,第 615 页。

② 同上书,第 616 页。

家和地区,形成一个国际垄断组织,以攫取垄断利润。

同垄断资本主义国家输出资本单独在殖民地办一个企业相比,在殖民地和落后国兴办构成一个跨国公司的一个部分的企业,其进行剥削的条件更为有利。第一,它可以根据各国和各地区的具体情况,以生产某一产品为目标,分为若干种工序,根据各工序的特点,选择条件最优的国家和地区,在那里设厂,专门承担一个工序的任务,然后循着工序的要求,经过运输,最后构成一个产品。比如,在甲地开采,在乙地冶炼,在丙地铸造,或在甲地生产A零件。在乙地生产B零件,在丙地装配等,即根据资源、工资、技术以及其他条件,选择最优者进行专业化生产。这样,成本便是最低的,垄断利润可以增大。第二,它可以根据有关各国的利率的差别,在子公司之间调拨资金,以减轻作为一个整体的公司的利息负担,有时甚至能取得利息差额的收入。第三,它可以将各子公司所在国之间的关系,看成一个整体公司的内部关系,这就可以将各子公司之间的来往看成各车间之间的来往,从而绕过所在国的关税壁垒、逃避当地的税收、金融管制和贸易管制。第四,它可以利用国际经济行情变化的差异,用国外生产弥补国内生产,或在各子公司之间进行调剂,以缓和国内或某一地区因经济危机或其他原因所造成的生产下降的不利影响。集中到一点,它特别要利用殖民地和落后国丰富的资源和低廉的工资,在那里办的多半是资源便宜和耗费活劳动多的子公司,以便取得更多的垄断利润。由于这样,在跨国公司的利润率中,对外投资的利润率大大高于国内投资的利润率。

为了加深对问题的理解,我选择70年代在国际经济与政治生活中引起人们极大关注的、垄断资本主义国家的石油跨国公司在中东兴办的子公司为例,说明它如何对落后国进行剥削。

正如美国的土地曾经埋藏过丰富的金银一样,中东国家的土地蕴藏着丰富的石油。所不同的只是,美国的金和银经过本国人和外国人的开采,已经日益减少;中东各国的油矿则长期以来未被发现,更谈不上开采,因而后来主要是美英的跨国石油公司便蜂拥而至。中东的石油质量既好,又易开采,再加上工资低,仅为美国的五分之一至七分之一,因此成本特别低。70年代初期,每桶原油的成本以美元计算,中东是0.10元,委内瑞拉是0.51元,印尼是0.82元,美国是1.32元,苏联是0.80元,各地的成本相差很大。

我们知道,金银、石油这种矿产品的价值,和农产品的价值一样,是由最劣等的生产条件决定的,这样,即使撇开垄断价格问题不谈,中东的石油按价值出卖,就能得到巨额的超额利润。按照上述资料,美国生产石油的生产条件是最劣的,石油价值就由它决定,这样,中东生产石油的生产条件优于美国的差距,就形成中东石油企业的超额利润。

石油跨国公司如何将这些利润据为己有?农产品和矿产品的价值之所以由最劣等的生产条件决定,是由于土地和矿山在经营上存在着作为经营对象的垄断,即优良地和富饶矿一旦被经营了,其他人即使有资金,也不能用资金创造出一块优良土地和一座富饶矿山来,这和有资金便能兴办一个优良工厂不一样。因此,农业中和矿业中的超额利润由于经营者之间的竞争,便转化为级差地租,归土地所有者。石油跨国公司经营的油矿,矿山所有权属于中东国家,因此,石油中的超额利润应该全部归中东国家所有。如果不是这样,不管是全部还是部分被石油跨国公司占有,这就是跨国公司对中东国家的剥削。事实上是,在 1973 年石油输出国组织大幅度提高石油标价以前,中东国家得到的收入仅为石油超额利润的小部分。中东国家是用制定石油标价,再据以收取矿山租用费和石油税的形式,来取得一部分石油超额利润即级差地租的。1972 年,中东每桶原油的成本为 0.20 美元,而在消费市场上的售价为 12.5 美元,中东国家的收入每桶为 1.60 美元,只占售价的 12%,其余则为石油跨国公司,其中包括石油运输和加工的垄断企业的利润,以及石油进口国的税收,即绝大部分被垄断资本主义国家剥削了。

垄断资本主义国家的石油跨国公司,在中东产油国开设子公司开采石油,其目的在于掠夺廉价的石油资源,至于石油提炼和各种石油产品的制造,主要不在产油国进行,而是将原油用大油船长距离地运输到本国或其他进口原油的垄断资本主义国家进行。产油国蕴藏着丰富的石油,但炼油设备很少,几乎没有运油工具,它们同样属于垄断资本主义国家的跨国公司。从中它们又可以攫取垄断利润。

从上述可以看出,石油跨国公司在中东开办子公司攫取垄断利润,尽管情况复杂、渠道繁多,但基本原理仍然是:以压低工资的办法攫取工人的部分劳动力价值,经营富饶石油矿产生的超额利润本应全部转化为级差地租交给土地主人的,它却大部分据为己有,这实质上是以低于价值的价格"购买"原油,经运输、炼制后以垄断高价出售。

第四节　民族独立国家为维护经济权益进行的斗争

生产力社会化的发展,必然冲破民族、地区、国家的界限,使各民族、地区、国家的经济发生日益密切的联系,从这点看,不管是哪个民族、地区、国家,闭关自守是不可能的。但是,在垄断资本主义的条件下,垄断资本主义国家和落后国家发生经济联系,其形式虽然是商品、货币、资本等方面的联系,但其内容却是对落后国家进行剥削。因此,从落后国家来说,就需要有选择地利用这种联系,不让其控制自己的经济发展,并限制乃至消灭它对自己的超额剥削,维护自己的经济权益,以便在这个基础上最后完成国家的工业化、现代化,成为一个经济独立的富强国家。这里从如何对待资本输出方面,谈一谈民族独立国家进行的斗争。其中,有关借贷资本输出的,因与货币关系有联系,这里不谈。现在只谈一谈如何对待生产资本输出的问题。

一般说来,在政治上尚未获得独立的国外殖民地,无法从这方面进行有效的斗争,只有在政治上获得独立的国家才能这样做。现在的民族独立国家进行的斗争,主要有以下三个方面:第一,限制外国公司的经营范围,国民经济的重要部门,不准外国人经营或入股;第二,限制外国公司的利润和资本活动,如提高对外国公司的税收和租金,规定外国公司汇出利润的比例;第三,根据本国需要,对外国公司实行国有化,这是民族独立国家维护国家经济权益的最重要的措施。常用的国有化方法有三种:一是从限制到收回外国公司租用的农业和矿业用地,严禁外国人实质上拥有土地;二是通过参股办法,逐步收回外资经营企业的部分或全部股权;三是对外国公司实行国有化。

垄断资本主义国家对此则进行反斗争,其手段有:在待遇问题上,骗取得到与民族独立国家企业的相同待遇;在股权问题上,采取逐步退出的政策,要求给予不合理的赔偿,甚至关厂迁厂,抽走资金;在国有化问题上,由政府出面停止贷款和"援助",逼债,冻结对方在本国的存款,压低对方出口品的价格,冻结对方的出口,限制供应对方的设备,引诱对方技术人员外逃,甚至策动政变,颠覆对方政府,扶植亲自己的人登台,改变其政策,等等。因此,斗争和反斗争是很尖锐的。

这里就生产石油的某些民族独立国家如何进行斗争作一些说明。

前面说到生产石油的国家被石油跨国公司剥削的情况。为了反对这种剥削,在战后民族解放运动高涨的基础上,1960 年,石油输出国组织成立了。当时的目的是抵制石油跨国公司单方面压低石油标价,以维护国家经济权益。波斯湾每桶石油的标价,1948 年为 2.17 美元,1960 年被压低为 1.8 美元。石油输出国组织成立后,首先提高了石油生产国和石油跨国公司之间的"拆账"比例,即限制后者的利润,这个比率,1948 年为 18∶82,1952 年为 32∶68,1960 年为 50∶50,1970 年为 70∶30。石油生产国在"拆账"中占有的比重是增大了,但由于缺乏斗争经验,石油跨国公司以扩大销路、夺取欧洲和日本的市场、增加收入为借口,把每桶石油的标价从 1960 年的 1.8 美元,压低到 1970 年的 1.25 美元,由于标价的降低,直到 1970 年,石油输出国组织国家的石油收入增加不大。

石油输出国总结了经验,1971 年在德黑兰向国际石油跨国公司展开斗争并取得胜利。《德黑兰协定》规定,提高波斯湾石油标价,提高"拆账"比率,规定一套抵销西方通货膨胀的价格调整表。几经斗争,1972 年 3 月,又规定石油生产国有权参与石油公司的股权,分享资产和利润。

根据《德黑兰协定》,每桶石油的标价,1973 年 1 月 1 日是 3.011 美元。该年 10 月,中东战争爆发,为了反对帝国主义,石油输出国以石油为武器,以石油禁运、减产、提价为手段,对石油公司实行国有化,来打击帝国主义。其中,石油提价的情况是:每桶石油标价,中东战争爆发后提高为 5.119 美元,1974 年 1 月 1 日再提高为 11.651 美元,按照这个标价,石油公司要向石油生产国纳的税和租一共是 7 美元。当时,海湾国家生产一桶石油的成本是 0.12 美元,因此,石油公司获取一桶石油的费用是 7.12 美元。将石油运抵美国,加上运费和其他费用,每桶石油的实际费用是 9 美元。在美国将石油提炼为汽油和制成其他石油产品,每桶费用是 0.2 美元。当时的美国汽油价格为每加仑从 0.3—0.4 美元,提高为 0.5—0.6 美元,折合每桶为 21—25 美元,即美国石油跨国公司从每桶汽油能获利 10—15 美元。这就是当年的所谓

"石油危机"或中东国家实行"石油讹诈"的经济内容。

美国除了从政治上对中东国家施加压力,并阴谋以粮食为武器进行报复外,还提出石油输出国提高石油标价,是以垄断价格来剥削美国的"理论"。我们认为,既然要和豺狼打交道,就要学会它们的本领;必要时以垄断价格对付对方的垄断价格,是无可非议的。但现在的问题是,按照提高的石油标价,石油生产国所得的收入,每桶石油为 7 美元,这根本不是什么垄断价格,而是将长期被压低的石油价格,提高到符合它的价值。当时,美国联邦能源署发言人索希尔说过,美国从油页岩中得到的石油,每桶价格大概是7.5 美元。这是世界上最劣的生产条件。石油价值就由它决定。所以,当时的伊朗国王说,1974 年 1 月 1 日石油提价,从中政府每桶收入 7 美元,是根据其他能源来源的价格作为石油价格的依据;伊朗一位大臣说,政府的这种收入,就是经济学家称为李嘉图式的地租的那种超额利润,是在和墨西哥的供应者和其他成本较高的生产者相比后,从成本的差额中产生出来的。这些说法是正确的。至于石油价格以后的变动,那或者是由美元购买力降低引起的,或者是由供求关系变动引起的。

其实,美国自己曾长期得到李嘉图称为地租的那种超额利润,和石油输出国得到的收入没有差别。我说的是它由于开采富饶的金银矿而得到的超额利润。前面说过,矿产品的价格由最劣等的生产条件决定。美国洛基山一带的银矿,加州的金矿是很富饶的,它的价值低于金银的社会价值,但它按社会价值"出售",即换取或购买其他国家的商品,从而金银矿主实现更大的利润。美国指责别人,但忘了看看自己;何况这是无可指责的,因为这是经济规律的作用。

民族独立国家维护国家经济权益进行的斗争,已取得很大的成绩,但存在着很大的阻力,无论在经济斗争、政治斗争还是理论斗争方面,都要继续努力。

第四篇
帝国主义的政治上层建筑

　　第一、二、三篇分别研究的问题，综合起来就是帝国主义经济。现在第四篇则以此为基础，研究帝国主义政治。我们理解的帝国主义政治，不仅包括垄断资本主义国家的政治上层建筑，而且包括垄断资本主义国家对国外殖民地进行政治统治的种种形式，即殖民帝国的种种形式，因为帝国主义政治就是帝国主义经济的集中表现。

　　第四篇共二章。第十三章分析垄断资本主义宗主国的全面反动的政治，这是由垄断资本主义经济居于统治地位决定的。资本主义上升时期所提出的民主主义、自由主义和民族主义，原是商品货币关系的反映，是资产阶级发展商品生产、开拓市场所必需的。垄断资本主义的统治，使它们在资本主义范围内走向反面，但在一般条件下又在形式上加以保留，因此就出现了各种新的政治统治形式。当然，在特殊条件下，这些形式也被抛弃，这就是法西斯主义。

　　第十四章分析殖民帝国的形成和变化。殖民帝国是垄断资本主义国家为了巩固它对其殖民地的剥削而产生的政治形式。它已经有过帝国、联邦、共同体等形式。本章还分析现代殖民帝国的基本形式。

第十三章　垄断资本主义宗主国的全面反动的政治

第一节　资本主义商品生产的发展和民主主义、自由主义、民族主义的产生

帝国主义的实质是垄断资本主义。垄断资本主义的一般经济基础是商品生产制度。资本主义作为一种商品生产制度,是封建主义的自然经济和人身等级制度的对立物。商品生产的进一步发展,在破坏自然经济的同时,必然要求取消人身等级制度,废除阶级特权,废除妨碍商品生产发展的封建制度和行会制度,一句话,就是要求自由地买卖劳动力和买卖商品、生产商品。废除等级制度和阶级特权,在政治上反映为民主主义,它是封建等级制度的对立物;与民主主义相区别,废除封建制度和行会制度,在经济政策上反映为自由主义,它是封建制度和行会制度的对立物。政治上民主主义的发展,反映了进一步发展商品生产的要求,促使资本主义发展,导致一场资产阶级民主革命,消灭阶级特权;自由主义经济政策的发展,以法令为武器,消灭封建制度和行会制度,使资本主义国内市场形成和扩大。随着国内市场的形成和扩大,不分种族的人们在一个统一的经济地区中生活,形成统一的语言,有共同的经济生活,有共同的心理因素,由这样的人群构成的共同体,就再也不是由血统构成的了,它就成为现代的民族。在形成民族的基础上,以民族生活地区为基础,建立民族国家的要求便产生了,这就是政治上的民族主义。它的核心问题,是民族有主权,有独立为国家的权力,其目的在于发展资本主义商品生产,保护和扩大国内市场,不受其他力量的侵扰。所以,民主主义、自由主义和民族主义,是资本主义商品生产制度在政治上

层建筑上的反映,有助于商品生产的发展。

商品生产本身就包含着平等的因素。商品生产的发展,会促使民主主义和自由主义的产生和发展,并使它们成为一种普遍的思想。马克思指出,商品是天生的平等派,或平等主义者。[①] 因为商品价值的实体,就是无差别的抽象劳动,从这点说,商品生产者是没有高低贵贱之分的,不管是画家的劳动,还是樵夫的劳动,从形成价值这点看是平等的;商品价值的量,由社会平均劳动时间决定,而不问商品生产者的生产条件有何不同,从决定价值量这点看,生产同种商品的人也是平等的。马克思进一步指出,货币是比商品更进一步的平等派。[②] 因为商品从价值看是无差别的,从使用价值看则是不同的,这种不同反映了生产者的劳动不同,但当商品转化为货币时,在商品体上还保留着的差别,在货币身上一点也看不出来了。同时,货币能购买任何商品,甚至商品以外的东西,任何事物在货币面前都是平等的。正因为这样,列宁便认为"平等思想是商品生产关系的反映"。

并不是有了商品生产,便能产生平等思想的。古代希腊奴隶社会大思想家亚里士多德,已经很清楚地看到商品与货币交换,就等于是商品和商品交换,在交换的两方中间,存在着一种相等或平等的因素。但他认为这是不可能的,这是因为奴隶制社会人身不平等限制了他对这个问题的认识。只有商品生产普遍化,并动摇了人身依附关系时,它才能产生。自由和平等才被认为是人权,用以反对封建主义。

民主主义、自由主义和民族主义在政治制度上的反映,就是民主共和制和民族国家。同君主立宪制相比,民主共和制更适合于资本主义商品生产制度,因为在君主立宪制中,血统和特权发生作用,是违反民主主义和商品关系中的平等主义的。所以,恩格斯说,民主共和制是最高的国家形式。列宁发挥了这个思想,认为民主共和国是资产阶级所能采取的最好的政治外壳。关于民族国家问题,列宁很同意考茨基的论述,即单一民族国家是资本主义较为发展的产物,多民族国家是资本主义发展较为落后的表现,后者是由于一个共同体已形成民族,要求建立民族国家,而其附近或周围的共同

---

① 马克思:《资本论》(第一卷),载《马克思恩格斯全集》(第二十三卷),人民出版社 1972 年版,第103页。

② 同上书,第152页。

体,由于尚未产生资本主义,或资本主义很落后,尚未形成民族,尚未要求成立民族国家的产物。它的成立,意味着形成资本主义的民族,统治和剥削尚未形成民族的共同体,从而妨碍后者的资本主义发展。

第二节 民主主义发展为集权主义、自由主义发展为干涉主义、民族主义发展为世界主义

垄断资本主义的形成和垄断利润的攫取,使垄断资产阶级对无产阶级、个体生产者的剥削加深,使资产阶级内部的平等关系遭到部分破坏,这种经济条件必然使政治上业已形成的民主制度遭到破坏,也就是在某种条件下,虽然保留其形式,但其民主主义已从资产阶级一个阶级享有的,变成垄断资产阶级享有的,并且是最大的一小撮垄断资本家所享有的,即已成为垄断资产阶级的集权主义。这种变化在政治制度上的表现就是,议会权力下降,行政权力上升,总统或内阁总理和首相将一切权力集中于一身的趋势加强。议会最初是新兴的资产阶级和封建国王较量力量的政治工具。英国资产阶级最初是从争夺议会权力开始其反封建主义的斗争的。其后发展为议会为一方、国王为另一方的内战。在这个基础上产生的立法、行政、司法三权分立、相互制衡的制度,原是资产阶级在一个阶级内的分工合作,调节矛盾,以加强对无产阶级统治的工具,现在,这种权力已经集中在一小撮垄断资本家的手里,以便加强对垄断利润的攫取。由这经济条件决定,经济上的自由主义变为干涉主义。从前,最好的政府只是一个更夫,守卫资本主义生产是其唯一责任;现在,则要为垄断资本家攫取垄断利润而效力,制订保护国内市场的政策,通过财政、货币政策,使垄断资本家增加垄断利润,成为不可或缺的职责。垄断资本的产生,使资本冲出民族国家的界限,奴役其他落后民族,成为必然的现象。从前,资产阶级为了自身的利益,认为民族有独立为国家的权力,即民族主权;现在,垄断资产阶级也是为了自身的利益,认为民族和国家都不应有主权,以便其输出资本和商品,没有任何障碍,这就是世界主义。在这个基础上,认为有必要成立世界政府,以便最强大的垄断资本主义集团通过它来剥削全世界,民族主权和国家主权受到严重的挑战。

斯大林总结这种历史转变时说道:"从前,资产阶级高唱自由主义,维护资产阶级民主的自由,从而在人民中间为自己树立了声望。现在,连自由主义的影子也没有了。所谓'个人自由'已经不再存在了,现在仅仅那些拥有资本的人们才能被承认有个人权利,而其他一切公民则被当作只适于供剥削的人料。人们平等和民族平等的原则被践踏了,这种原则已代之以从事剥削的少数人享有这个权利而公民中被剥削的大多数人则毫无权利的原则。资产阶级民主自由这面旗帜已经被抛弃了。"从前,"资产阶级被当作民族的首领,它维护民族的权利和独立,把民族的权利和独立看得'高于一切'。现在连'民族原则'的影子也没有了"。"民族独立和民族主权这面旗帜已经被抛弃了。"①

但是,从实行到反对民主主义、自由主义和民族主义,显然是同垄断资本主义的最一般基础中的平等原则相矛盾的。如果不仅连本质,而且连形式都抛弃平等原则,那将引起广大人民群众反对垄断资本主义的统治,利用他们最初用来反对封建主义的理论武器,来反对垄断资本主义。这样,无产阶级起来要求民主权利,殖民地人民起来要求民族主权,独立为民族国家,垄断资本就难以统治了。因此,除非处于阶级矛盾非常尖锐的特殊状态,垄断资产阶级并不抛弃民主主义、自由主义和民族主义的形式,而是保留并发展它,但是却阉割其实质,使它变成一个躯壳,以便巩固其统治。这就是垄断资本主义的全面反动的政治。

第三节　垄断利润和无产阶级上层分子的资产阶级化

列宁指出:"资产阶级化了的工人阶层即'工人贵族'阶层,这个按生活方式、工资数额和整个世界观说来已经完全市侩化了的工人阶层,是第二国际的主要支柱,现在则是资产阶级的主要社会支柱……"②我认为,垄断资本主义宗主国全面反动的政治,也是以无产阶级上层分子的资产阶级化为其

---

① 斯大林:《在苏联共产党第十九次代表大会上的演说》,人民出版社 1952 年版,第 6—7 页。
② 列宁:《帝国主义是资本主义的最高阶段》,人民出版社 1964 年版,第 9—10 页。

社会支柱的。这就是说,垄断统治阶级巩固其统治最有效的办法,就是使无产阶级不起来反对它,而这就要使无产阶级的上层分子资产阶级化。垄断利润的攫取使其成为可能。英国资产阶级早就这样做了。英国从19世纪中叶起便拥有最多的殖民地,又成为世界工厂,由此获得巨额的利润,无产阶级从中得到好处,日益资产阶级化,工人运动中出现只看见眼前利益、局部利益,而忘记根本利益的机会主义。1858年10月,恩格斯写信给马克思说:"英国无产阶级实际上日益资产阶级化了,因而这一所有民族中最资产阶级化的民族,看来想把事情最终导致这样的地步,即除了资产阶级,还有资产阶级化的贵族和资产阶级化的无产阶级。自然,对一个剥削全世界的民族来说,这在某种程度上是有道理的。"①1882年9月,恩格斯写信给考茨基说:"你问我:英国工人对殖民政策的想法如何? 这和他们对一般政策的想法一样。这里没有工人政党,有的只是保守党人和自由激进党人,而工人十分安然地同他们共享英国的殖民地垄断权和在世界市场上的垄断权。"②1892年,恩格斯在为《英国工人阶级状况》(第二版)写的序言中,也叙述了同样的看法。

自从19世纪80年代,美、德、法等在经济上赶上英国,并和它展开剧烈的竞争以来,在垄断资本主义产生的基础上,英国一国垄断世界的地位已被几个列强垄断世界所代替。因此,像英国那样整个无产阶级资产阶级化是不可能了;但是,无产阶级的一部分,即其上层分子资产阶级化却是可能的,并已成为现实。这些上层分子包括工人官僚、工人贵族和某些熟练工人,其中,最重要的是工人政党领袖、工会领袖、工人合作组织经理、工人报刊编辑等,他们身为工人或工人出身,但生活和思想资产阶级化,从政策和一般意识形态方面散布机会主义,为垄断资产阶级效劳。

这就是为什么第二国际某些领袖使工人运动走上歧途的经济原因。就我们这里论述的问题来说,他们是赞美帝国主义、反对解放殖民地的。他们也说要建立社会主义,但这种社会主义是不能没有殖民地的,之所以如此,是由于假如没有殖民地,欧洲工人的生活将下降到东方人的水平! 这种社会主义确实是社会帝国主义。这就说明,为什么第二国际的某些领袖,虽然

---

① 《马克思恩格斯全集》(第二十九卷),人民出版社1972年版,第344—345页。
② 《马克思恩格斯全集》(第三十五卷),人民出版社1971年版,第353页。

也谈民族问题,但是不谈东方被压迫民族的解放问题,因为这是同他们的世界观不相容的。

第二次世界大战后,东方被压迫民族大多数已经独立,奴役土著的殖民地或成为民族独立国家,或成为社会主义国家,但是,除了极少数,大多数并没有实现工业化,它们仍以大量劳动交换小量劳动,再加上价格剪刀差的作用,垄断资本主义宗主国由此获得的垄断利润仍然很大,无产阶级上层分子资产阶级化的经济条件仍然存在。只要这个条件存在,无产阶级革命的主观条件就不成熟。

第四节 实行普选制和把被统治阶级代表人物吸收到统治阶级中来

商品货币关系中的平等原则,在经济生活中表现为商品生产者之间存在着竞争,商品购买者之间存在着竞争,生产者和购买者之间也存在着竞争。它在政治生活中就表现为,公民都能参加竞选,即有被选举权;公民都参加选举,即有选举权。公民有这两种权利,就是有普选权,这是从本质说的,并不是说再没有什么限制了,限制是有的,如财产、文化、居住期限等,但这并不是本质的,随着资本主义发展和阶级矛盾的日益尖锐,这些限制已经逐渐消失。本质的问题是,即使没有限制,在一定的经济政治条件下,普选制本身就能巩固垄断资产阶级的统治。

随着资本主义发展为垄断资本主义,无产阶级已经取得普选权,不仅民主共和制国家,而且君主立宪制国家都是这样,不同的仅在于,如像在英国,上议院议员、英王不是由选举产生的,在这个领域内,是连资产阶级民主主义也没有的。现在,不仅男公民,而且妇女也取得普选权。

垄断资产阶级能够通过普选权巩固其统治,最根本的原因在于它能把统治阶级中的优秀分子吸收到自己方面来。马克思曾经深刻地分析了信用制度和股份公司的产生能在经济上起这作用。他说:在这个条件下,"一个没有财产但精明强干、稳重可靠、经营有方的人,通过这种方式也能成为资本家(因为在资本主义生产方式中,每一个人的商业价值总会得到相当正确的评价），这是经济辩护士们所赞叹不已的事情，这种情况虽然不断地把一系列不受某些现有资本家欢迎的新的幸运骑士召唤到战场上来，但巩固了资本本身的统治，扩大了它的基础，使它能够从社会下层不断地得到新的力量来补充自己。这和中世纪天主教会的情况完全一样，当时的天主教不分阶层，不分出身，不分财产，在人民中间挑选优秀人物来建立其教阶制度，以此作为巩固教会统治和压迫俗人的一个主要手段。一个统治阶级越能把被统治阶级中的最杰出的人物吸收进来，它的统治就越巩固、越险恶"。①

我认为，在政治制度上，普选制也能起这样的作用。我们在前面谈到，中国历史上的科举制度起了这样的作用，现在我们看到，普选制也是这样。因为在目前的条件下，教育制度是资产阶级的，统治阶级的意识形态是社会的统治的意识形态，无产阶级上层分了的资产阶级化，在无产阶级中弥漫着社会民主主义思想，在这个条件下，即使选举时没有任何限制，选民确实能把自己要选的人选上去，无产阶级能把其代表人物选上去，当上议员、总统、副总统，那又有什么用呢？因为他们已经是资产化了的人物，他们站到统治阶级方面来，只能对无产阶级起欺骗作用，从而巩固了垄断资本主义的统治。

第二次世界大战前，就已经有无产阶级的代表人物或者无产阶级政党的领袖人物，通过普选参加政府甚至组织政府的，如英国工党曾两度组织政府；第二次世界大战后，工党、社会党通过普选组织政府的更多；目前，西欧许多国家由社会党组织政府。但是，这些国家仍然是垄断资本主义国家，垄断资产阶级正是通过它们实现其统治的。当然，它们是将其纲领和政绩说成实现社会主义，把它们执政时的国家说成是非资本主义的国家。但是，我们以后将说明，它们的纲领和政绩其实是国家垄断资本主义性质的。

第五节　逐渐废除对劳动人民民主权利的限制和加强军事官僚机构

随着资本主义的发展，随着阶级关系和阶级斗争的发展，劳动人民不仅

---

① 马克思：《资本论》（第三卷），载《马克思恩格斯全集》（第二十五卷），人民出版社 1974 年版，第 679 页。

取得了普选权,而且取得了其他民主权利,如结社自由、通信自由、集会自由等。在垄断资本主义时期,除特殊情况如实行法西斯主义外,劳动人民的权利从形式上看是比过去扩大了。这是一方面。另一方面,在这同时,垄断统治阶级又加强军事官僚机构,以便从物质上加强其统治。

作为资本主义的政治上层建筑,资产阶级的国家执行的职能事实上有两种:一种是资本主义社会化大生产的组织者,即使全社会生产能够协调地进行,单从这点说,它其实是社会职能,而不是政治职能,它的基础是社会化大生产,它并不因资本主义消灭而消灭;另一种是资产阶级对无产阶级进行剥削的监督者,它不是社会职能,而是政治职能,它的基础是阶级对抗,它随资本主义消灭而消灭。马克思说:"政府的监督劳动和全面干涉包括两方面:既包括执行由一切社会的性质产生的各种公共事务,又包括由政府同人民大众相对立而产生的各种特殊职能。"①这里说的就是这个意思。需要指出的是,在资本主义条件下,前一种职能不可能是孤立的,它服从于后一种职能,因为没有抽象地调节社会生产,资本主义协调社会生产的内容就是增加剥削。关于这个问题,布哈林说得很透彻,他说:"'公益的'职能无非是剥削过程的必要条件。"②

资产阶级国家作为严格意义的政治上层建筑,又由两个部分构成:一是普通的行政机构;二是军事官僚机构。在执行监督劳动人民(包括无产阶级)的职能方面,后者最为重要,它包括军队、法庭、监狱、公安、侦察等机构,以及制订反动政策的机构等,这是资产阶级实行政治统治的最根本的物质力量和精神支柱。

随着资本主义发展为垄断资本主义,国家机器中的军事官僚机构的数量越来越多,质量越来越高。美国开国之初,几乎没有军队,仅有的军队是用来对付和统治印第安人的,政府中只有三个部,现在发展为几百万军队,还有大量警察、侦察人员,现在政府中有十多个部,其中的国防部又设有陆、海、空三个部,司法中有联邦调查局,其中的特务、侦察人员都经过了特殊训练,为垄断资产阶级效劳。

---

① 马克思:《资本论》(第三卷),载《马克思恩格斯全集》(第二十五卷),人民出版社 1974 年版,第 432 页。
② 布哈林:《过渡时期经济学》,余大章、郑异凡译,生活·读书·新知三联书店 1981 年版,第 14 页。

第六节 允许无产阶级组织政党和实行新型的资产阶级两党制或多党制

无产阶级政党的普遍化,是随着普选权而来的。恩格斯深刻地指出,资产阶级是通过普选制来实行统治的,在无产阶级对于自己解放自己尚未成熟的时候,这个阶级的大多数人仍将承认现存社会秩序为唯一可能的秩序,而在政治上作为资产阶级的尾巴,构成它的极端的左翼。不过,随着无产阶级对于自己的自我解放的成熟,它就成立自己的政党,选出自己的代表,而不选资产阶级的代表了。普选制是无产阶级成熟的标志。资产阶级政治学家认为,政党是选举团体,是利益相同的人组织起来,推出自己的代表,参加竞选,为自己谋利益的团体。因此,在实行选举制度的国家里,在一般情况下,统治阶级是允许无产阶级组织政党的。

无产阶级政党从本质上说不是选举团体,而是无产阶级进行阶级斗争的工具,其目的是夺取政权,然后利用政权来消灭资本主义所有制,建立生产资料公有制。一方面,允许无产阶级组织政党;另一方面,使它实质上不能改变资产阶级专政。从政党制度方面看,最好的办法就是在资产阶级实行的两党制基础上,实行有资产阶级工人党参加的新型的两党制。

资产阶级通过政党制度来统治劳动人民,最好的形式是实行两党制,即组织两个似乎是完全对立的政党,有完全不同的纲领,使人民认为既然是相互对立的,其中就有一个是代表自己利益的,便把选票送给它。其实,这种纲领并不涉及资本主义的根本制度问题。例如,美国南北战争后,两党制由共和党和民主党组成,大约有半个世纪之久,共和党主张实行保护关税政策和金本位政策,民主党主张实行自由贸易政策和银本位或纸币政策;英国保守党和自由党,分别主张保护关税(主要对粮食)和自由贸易政策。这种政策分歧并不涉及根本制度问题,人民从中选择,区别不大,或两害相权取其轻。遇到社会矛盾尖锐时,不组织政府的所谓在野党,就攻击组织政府的所谓执政党,两方论战,转移人民对重大社会问题的视线,转移矛盾。更重要的是,两党制能阻止真正的社会主义政党的产生,因为两党中的一个攻击对方时,总把自己打扮成代表劳苦人民的,这样就使无产阶级认为自己没有成立政党的必要。如果无产阶级政党还是产生了,就在第三党运动的基础上,把无产阶级政党蜕变为第三党,取代两党制中的一个老党,组成新型的资产阶级两党制。

第三党运动的社会基础,是一些对两党制不满而又迷恋两党制的选举制度的选民。他们认为,既然两个老党都不好,就组织一个新的代替它。美国的第三党开始时是19世纪90年代的人民党,其后是各种形式的进步党和独立党,但都没有能取代两个老党中的一个而成为新的两党制中的一个。第三党往往是从两个老党中分裂出来的,尤其是其领袖。这样,也能从另一方面刷新两党制,因为不管怎样,老党分裂为两个,似乎其中有一个总是代表人民的利益的。

第三党运动在英国发展为新型的资产阶级两党制。这个第三党就是英国工党。它在19世纪末和20世纪初,由四个社会主义的社会团体和学术组织结合而成,有一定的群众基础。它最初跟随自由党,其领袖也是自由党的领袖。其后,工党取代自由党,同保守党组成新型的两党制,即一个是无产阶级政党,另一个是资产阶级政党。虽然这个无产阶级政党的群众是工人,但领袖却是资产阶级化的工人,其政治纲领并没有触动资本主义根本制度。

应该说,这种新型的资产阶级两党制,即有工人政党参加的两党制,是目前垄断资产阶级通过政党制度统治劳动人民的最好形式,欺骗性最大。这个道理也适用于多党制。因为多党制必然有几个在野政党联合行动,反对执政党,这种政党联合本身也是一种政党或政党联盟。

在目前发达的垄断资本主义国家中,只有美国在形式上没有实行有工人政党参加的两党制或多党制。其实不然。从前我们说过,美国这个原殖民地的主要特点是工人获得土地容易,这是美国长期工人运动不发达和工人政党缺乏群众基础的原因。在这种条件下,美国的第三党运动主要以独立生产者为群众。独立生产者容易分化,第三党就不稳定。这样,美国民主党这个原先主张自由贸易政策的政党,因这个政策符合独立生产者希望获得国外便宜工业品的要求,曾经得到独立生产者的拥护,从20世纪初开始,便将第三党的某些纲领吸收过来,逐渐把自己打扮成代表贫苦人民的政党,而与代表富人的共和党相对立,组成新型的资产阶级两党制,巩固垄断资产阶级的统治。

形形色色的工人政党和美国民主党，其纲领大体强调国家干涉经济，多办国营企业，实行福利主义，有的并将其称为社会主义。其实，这是国家垄断资本主义。当这种纲领破产时，另一个政党取代它，改行与此相反的经济自由、非国有化、削减福利的政策。两者都不消灭资本主义私有制，其政策都必然破产，但又轮流执政，时常更换，垄断资产阶级就这样经常交替使用两只手来维护其统治的。

第七节　一小撮垄断资本家掌握全部政治权力和法西斯主义问题

在资本主义自由竞争时期，资产阶级国家的权力由资产阶级一个阶级掌握，这表现为资本主义国家的议会，是管理整个资产阶级的事务委员会，是资产阶级的代表共同讨论，以制定治理国家的根本大计，即商定如何巩固其统治的机构，而政府即行政以及司法，不过是实现和维护这根本大计的机构，议会的这种作用，反映了那时资产阶级内部存在的平等关系。这种情况到垄断资本主义时期发生了变化，因为垄断统治的加强，同议会中不仅有大垄断资本家的代表，而且还有一般垄断资本家和中小资本家的代表，并在这个条件下要实行议会民主，都是相矛盾的。因此，一小撮最大的垄断资本家要掌握全部政治权力，在政治制度上的反映，最根本的就是逐步削弱议会的权力，加强行政即总统或总理和首相的权力。这一点，无论在宪法上反映出来还是不反映出来，实质上都是一样，这是必然的趋势。

在宪法上没有反映出来的，以英、美为例加以说明。英国的国体是资产阶级专政，政体是君主立宪制。从表面看，英王是最高国家权力和一切权力的泉源。但是自从资产阶级化的封建贵族和新兴的资产阶级代表进入议会后，最高权力就转属议会。1832年改革议会选举法后，下议院为新兴的资产阶级代表控制，最高权力主要属于下议院。进入垄断时期后，最高权力又属于下议院多数党产生的内阁，即属于由下议院多数党领袖所担任的内阁首相。

美国也是这样。它是资产阶级专政的总统制共和国。按照宪法规定，总统只拥有行政权，立法权属参、众两院，司法权属法院。现在，美国总统的权力已经扩大，他事实上拥有部分立法权，这不仅表现为其否决议会提出的法案有越来越多的趋势，尤其表现为其行政命令已具有法律的效力，并且可以提出国家预算和缔结对外条约（协定）等。

在宪法上反映出来的，以法国为例加以说明。法国是资产阶级专政的民主共和国，现在（1958 年开始）是第五共和。第五共和宪法规定，总统不再由国民议会和参议会联合选举产生，而由选民直接选举产生，但他有权解散由选民直接选举产生的国民议会。法国总统权力的加强，可由第五共和宪法制订者戴高乐的话来说明："行政权力决不能从立法权力中产生出来，甚至间接地也不行。"除解散国民议会外，法国总统还拥有举行公民投票的权力和根据宪法规定的"根据形势需要采取必要的措施"的非常权力。

一小撮垄断资本家掌握全部国家权力，最适合的政治形式应该是法西斯①主义。但是由于实行法西斯主义，是同商品生产的平等原则，同资产阶级反对封建主义时使用过的民主主义、自由主义、民族主义，即使在形式上也是相矛盾的，是赤裸裸的资产阶级专制、极权、独裁，最易引起劳动人民的反抗。因此，非到阶级斗争已发展到马上威胁到垄断资产阶级的统治时，后者一般不用这种政治形式来进行统治。

所谓法西斯主义，如不从字义而从实质看，那就是阶级斗争尖锐化，使垄断资产阶级抛开或废除选举制度、议会制度，除法西斯式政党外，不许其他政党存在，由一小撮垄断资本家本人或其爪牙公开地执掌政权，把民主主义和自由主义全部抛弃，连形式上的也抛弃殆尽。但它不是资产阶级民主主义、自由主义的本质上的否定，而只是形式上的否定，它们同样是垄断资产阶级专政的形式，各适用于不同的条件。

法西斯主义最初产生于意大利。1919—1920 年，意大利无产阶级革命的形势已经成熟。1922 年 10 月，意大利法西斯党徒根据大垄断资本家和宫廷的指示，向罗马进军，国王便将政权交给法西斯党头子墨索里尼。

德国从 1933 年起实行法西斯主义。30 年代的经济危机使德国的阶级

_____

① 法西斯（Fascisti），原意棒喝。

矛盾极为尖锐。1933年,社会民主党的兴登堡当选为总统,他任命德国民社党(纳粹党)领袖希特勒为总理。1934年,兴登堡逝世,总统和总理职务合并为国家元首,由希特勒担任。

日本从1936年起实行法西斯主义。该年6月,日本陆军中的法西斯组织发生叛乱,其后,以陆军为中心的法西斯力量就自上而下地改革国家机构,实行法西斯主义。

法西斯主义不是一种政体,而是一种统治方法。恩格斯说,在普选制寒暑表指出工人的沸点的时候,资本家和工人同样知道要干什么。我认为,到达沸点时,垄断资产阶级就要实行法西斯主义,庞大的军事官僚机构是其物质支柱,无产阶级中的工人官僚是其社会支柱。垄断资产阶级主要或最终就要这样来维持其统治。

第十四章　殖民帝国的形成和变化

第一节　现代殖民帝国的经济内容

以某种政治形式表现出来的现代殖民帝国,包含一定的经济内容。这就是,垄断资本主义由于要攫取垄断利润,就要剥削和统治为它提供利润的资本主义经济、前资本主义经济以及与这些经济相联系的社会成分,这种统治既包括宗主国的、也包括殖民地国家的非垄断资本主义经济。殖民帝国这种经济内容,是随着资本主义经济的发展而形成的。

资本主义产生的最一般的经济条件,是商品流通要有一定程度的发展。因为只有这样,商品生产者才能分化,破产的个体生产者才能在一定的历史条件下变成出卖劳动力的工人,资本主义才能产生。马克思曾经详尽地研究了个体生产者中如何产生出商人,商人如何变成包买商,包买商如何变成资本家。①"较多的工人在同一时间、同一空间(或者说同一劳动场所),为了生产同种商品,在同一资本家的指挥下工作,这在历史上和逻辑上都是资本主义生产的起点。"②暴力能够加速资本主义的产生,但不能创造资本主义生产方式。

发展到一定高度的商品流通,就构成一个市场。这个市场从经济的社会性质来说,最初是属于小商品经济的,是个体生产者之间进行交换。资本主义商品生产从小商品生产中产生后,便有三种商品流通:第一,小商品经

---

① 马克思:《资本论》(第三卷),载《马克思恩格斯全集》(第二十五卷),人民出版社 1974 年版,第 373—374 页。

② 马克思:《资本论》(第一卷),载《马克思恩格斯全集》(第二十三卷),人民出版社 1972 年版,第 358 页。

济内部的交换;第二,小商品经济和资本主义经济之间的交换;第三,资本主义经济内部的交换。由于随着资本主义生产的发展,小商品生产趋于消灭,也由于我们研究的需要,我们只研究后两种交换或流通。这两种交换的性质是不同的,两种经济成分之间的交换,对每一种经济来说,都构成它的外部市场,资本主义经济内部交换构成它的内部市场。

商品流通的继续发展,世界市场就随之产生。但对世界市场可以有两种理解:一种是超越资本主义国家界限的商品流通,或者说是从国家的角度来看的国家间的商品流通,而不问这种商品流通是发生在两种经济成分之间的,还是发生在一种经济成分之内;另一种是以地球为舞台的资本主义经济和前资本主义经济之间的交换。

马克思是将这两种世界市场加以区分的。他根据资本主义生产方式发展的历史写道:"世界市场本身形成这个生产方式的基础",这个世界市场本身指的是超越国界的资本主义经济内部的交换;而"新世界市场的形成,对旧生产方式的衰落和资本主义生产方式的勃兴,产生过非常重大的影响……这种情况是在已经形成的资本主义生产方式的基础上发生的"。[①] 这个新世界市场指的是超越国界的资本主义经济和前资本主义经济之间的交换,它的形成与地理大发现有关。

资本主义生产从小商品生产中产生后,它自身就可以发展,而不必与小商品生产发生联系,因为它的再生产条件本身就能提供,它可以向深度、即提高资本有机构成的方向发展。当然,它是从小商品中产生出来的,因此同后者事实上发生联系,但这种联系并不是它进行再生产必不可少的条件,何况在这种联系中,小商品生产也会变成资本主义生产,到那时,资本主义生产就当然以自己的存在为条件了。

我们以前谈过,卢森堡曾经错误地认为,资本积累没有非资本主义经济的存在是不可能的。由于这样,她也错误地认为"资本如果没有全地球的生产资料和劳动力,那是不成的"。[②] 照此说法,全地球都变成资本主义,那也

---

① 马克思:《资本论》(第三卷),载《马克思恩格斯全集》(第二十五卷),人民出版社 1974 年版,第 372 页。

② 卢森堡:《资本积累论》,彭尘舜、吴纪先译,生活・读书・新知三联书店 1959 年版,第 288 页。

是不成的,因为那就不可能进行积累了。因此,从这个意义说,资本主义经济不一定需要并统治前资本主义经济,不一定需要一个资本主义经济和前资本主义经济相交换的市场。

垄断资本主义与此不同。前面说过,垄断利润只能来自垄断企业以外的资本主义经济和前资本主义经济,这样,它需要有一个和这些经济成分相交换的外部市场,并且要统治或垄断这个市场。这个外部市场,从经济上看,国家界限的意义是不大的。因为德国垄断资本主义对德国和法国个体农民的剥削没有质的不同,对欧洲各国个体农民的剥削和对非洲个体农民的剥削也没有质的不同。垄断资本主义对外部市场的统治和剥削,就是殖民帝国的最基本的、最一般的经济内容。

这种单纯包含着经济内容的殖民帝国,存在的是经济关系,它并不表现为帝国的关系,因此,人们不易了解其实质。只有当它反映在一定的政治形式上,形成政治上的殖民帝国时,人们才能清楚地看到这种帝国的关系,才开始产生帝国主义这个概念。

殖民地——国外殖民地虽然很早就产生了,宗主国剥削殖民地这种经济关系也很早就产生了,但由于政治上的殖民帝国尚未产生,这时就只有殖民主义,而没有帝国主义。从殖民地到殖民帝国,从殖民主义到帝国主义,这是一个历史过程。殖民帝国是随着垄断资本主义的产生而产生的。

以下说明英国资产阶级如何从主张"解放"殖民地到成立殖民帝国。

第二节　19世纪80年代以前,英国主张"解放" 殖民地的经济原因

19世纪80年代以前,现代意义的殖民帝国尚未产生。当时,西欧有很多国家从资本主义原始积累时期开始便实行殖民主义,拥有许多殖民地,英、葡、西、法、荷、比等国便是这样。但是,这些国家的殖民地是一个一个地存在在那里的,它们和宗主国并没有在政治上联在一起,组成殖民帝国。即使是拥有殖民地最多的英国,也是这样。我们知道,英国的资本主义萌芽晚于地中海沿岸的一些国家。但其后由于其地理位置的优越,在资本原始积

累时期,它在实行殖民主义方面终于超过葡、西、荷、法诸国,然后又在产业革命和由产业革命引起的对外贸易、航海运输方面遥遥领先,成为所谓的"世界工厂"。在这个基础上,到 19 世纪 60 年代英国实行自由贸易政策的鼎盛期,它在经济上已成为一个最大的殖民主义国家,受它剥削的殖民地包括爱尔兰、北美、澳大利亚、新西兰、印度、南非以及亚洲和非洲其他国家和地区、太平洋上的某些国家和地区。但是,除了 1801 年英国将爱尔兰划入其统治范围,组成大不列颠及爱尔兰联合王国这个实质上的殖民帝国外,英国直到 19 世纪 80 年代以前,并没有将其拥有的广大的殖民地组成一个如像后来的大英帝国或大英联邦那样的殖民帝国。这就是说,政治上的殖民帝国尚未产生。这就是马克思虽然提到宗主国和殖民地,但没有提到帝国主义的原因。

值得指出的是,这时的英国虽然拥有的殖民地最多,但是它的经济学家和政治家却是主张"解放"殖民地的。所谓"解放"殖民地,那就是英国不独占其贸易,任其同所有国家进行自由贸易,这样,英国对其殖民地不占有特殊的利益,殖民地便等于从英国的束缚中"解放"出来。其经济原因,说到底就是:直到 19 世纪 80 年代以前,英国的工业生产、对外贸易、航海运输,几乎没有竞争对手,这样,它与其支出大量军费和行政费用去独占殖民地,还不如放弃这种独占,然后由英国通过自由贸易来取得利润,更为有利。

英国在政策和行动上,要求"解放"殖民地的重要经济学家和政治家有以下几个。

亚当·斯密在 1776 年指出:"在现今的经营管理下,英国从统治殖民地毫无所得,只有损失。"[1]他相信,他的"解放"殖民地的建议,"若真的被采纳,那么英国不仅能立即摆脱殖民地平时每年的全部军事费用,而且可能与殖民地订立商约,使英国能够有效地确保自由贸易……"[2]

边沁在 1793 年出版的《解放陛下的殖民地》中指出,占有殖民地,独占对殖民地的贸易,这是不必要的;把用于殖民地贸易中的资本改用于其他领域,也能得到同样的效果。边沁还参加"解放"殖民地的活动。他在 1828 年

---

① 亚当·斯密:《国民财富的性质和原因的研究》(下卷),郭大力、王亚南译,商务印书馆 1974 年版,第 186 页。

② 同上书,第 187 页。

为加拿大殖民地草拟请愿书,要求完全分立。其后又为澳大利亚殖民地草拟自治方案。

迪斯雷利是英国主张"解放"殖民地的重要政治家。1852年,他任财政大臣时说过:"殖民地是吊在我们颈子上的石磨。"①

这些政策主张,与其说是帝国主义理论,倒不如说是非帝国主义理论。"解放"殖民地虽然如大经济学家斯密所说,对英国发展自由贸易有利,如财政大臣迪斯雷利所看到的,对英国财政有利,但当时没有实行。其中的一个重要原因是,与殖民地有密切利害关系的殖民官僚们反对这样做。与边沁同时代的经济学家老穆勒讽刺地说,英国的殖民地,是在上议院和下议院之外,对上层阶级进行救济的庞大制度。

在所有主张"解放"殖民地的资产阶级经济学家中,以斯密的论述最为详尽,影响也大,需要谈一谈。

斯密认为,英国独占其殖民地贸易,说到底对英国产业的发展不利。

第一,原来各国都可以与英国殖民地贸易,这种贸易所需的资本由各国分担。现在由英国独占,所需资本由英国单独负担。这种增大的资本,只能由英国经营其他事业的资本中抽调而来,这种抽掉的资本,首先是英国对欧洲其他各国贸易的资本。这样,对殖民地的贸易增加了,对欧洲的贸易却减少了。总起来看,只是贸易方向的改变,贸易总量并没有增加。斯密说:"自从航海条例订立以来,殖民地贸易不断增加,而其他许多国外贸易部门,尤其是对欧洲其他各国的国外贸易,却不断凋落。……德克尔爵士及其他作家研究其他国外贸易部门衰落的原因,说是赋税过重、课税方法不当、劳动价格昂贵、奢侈增加等。其实,殖民地贸易的过度膨大,可以说是这原因的全部。"②

第二,原来由全部欧洲资本供给殖民地的商品和购买殖民地的商品,现在改由数量较少的英国资本来担任,因而英国便提高商品的出售价格,降低商品的购买价格,便在这个领域内提高利润率,但由于内外贸易之间、贸易和产业之间都存在着自由竞争,这种较高的利润率便参加平均利润率

---

① 列宁:《帝国主义是资本主义的最高阶段》,人民出版社1964年版,第70页。
② 亚当·斯密:《国民财富的性质和原因的研究》(下卷),郭大力、王亚南译,商务印书馆1974年版,第167页。

的形成,从而提高英国的平均利润率。与此相反,其他各国由于不能经营对英国殖民地的贸易,资本增多而竞争加强,平均利润率下降。斯密认为,利润是构成自然价格的一个因素。因此,英国商品的自然价格由此上升,其他欧洲各国商品的自然价格由此下降。这样一来,由于自然价格高,英国国内市场缩小,在与西欧各国争夺国外市场时居于劣势地位,这归根到底对产业发展不利。

马克思在评论斯密这个理论时指出,斯密认为英国平均利润率由于有利的独占殖民地贸易而提高,这是正确的。是根据马克思的理论,在我看来,斯密由此认为英国商品的自然价格提高,这虽然是事实,但其解释却是错误的。最根本的是,斯密眼中的自然价格就是生产价格,但又认为它不是价值的转化形态,而是等于价值,是由工资、利润和地租构成的,这样,利润率高了,它便增大。按照马克思的劳动价值学说,英国对殖民地的贸易之所以有较高的利润率,是由于英国和生产条件较为不利的其他国家所生产的商品进行竞争,英国的“劳动没有被作为质量较高的劳动来支付报酬,却被当作质量较高的劳动来出售”。[①] 因此,英国商品由此能实现一个更大的价值,包括实现一个更大的利润,这个较高的利润率使英国的平均利润率提高,再使英国商品的总生产价格提高。

第三,英国由于独占殖民地贸易,使英国资本的周转时间延长了,对维持本国生产性劳动发生不利的影响。这有两层意思。首先,英国资本有一部分从对欧洲的贸易转入对殖民地的贸易,周转时间无疑延长了。殖民地缺少资金,对英国商品的支付多采取延期支付的办法,周转时间也延长了。其次,英国独占对殖民地的贸易,但有的商品(如烟草)英国销售不了,再卖到欧洲大陆,周转时间也长了。在这个基础上,斯密认为,1 000 镑资本投到对外贸易上,如一年周转一次,它能雇佣本国的生产性劳动量,便等于 1 000 镑所能雇佣的;如两年周转一次,便等于 500 镑所能雇佣的;如五年周转一次,便等于 200 镑所能雇佣的。因此,英国独占殖民地贸易,对维持生产性劳动产生不利的作用。

---

① 马克思:《资本论》(第三卷),载《马克思恩格斯全集》(第二十五卷),人民出版社 1974 年版,第 264—265 页。

第三节　19 世纪 80 年代殖民帝国开始产生

英国一国在工业生产、对外贸易、航海运输方面都居于没有竞争对手的这种局面,大概从 19 世纪 70 年代中期开始发生变化。第一个研究帝国主义的经济学家霍布森这样描述这个过程:在 19 世纪的前 75 年中,英国能够这样做而毫无困难,因为它同大陆国家和殖民地自然地扩大商业,这些地区在主要制造工艺和运输业上是远远落后于英国的。而只要英国实际上在某些重要工业品方面独占了世界市场,把殖民地和宗主国在政治上联在一起这样的殖民帝国便是多余的了。但是,1870 年后英国的这种优势大大削弱,德国、美国、比利时进展甚速,在它们还没有压迫以至停止英国的对外贸易增长之时,它们的竞争已使英国在销售全部过剩制造品而获利方面感到越来越困难。这些国家侵入英国的旧市场和属地,迫使英国采取有力的措施以获得新市场。这种新市场位于不发达国家,主要是在热带地方,当地居民对于英国的制造工业家和商人供应的商品有日益增长的需要。英国的竞争者,也为了同一个目的而争夺和并吞领土,一旦并吞了,就中止英国同这些地方的贸易。为了迫使新市场的主人同英国谈判,不得不运用英国的外交和武力。经验证明,获得和开发这些市场的最安全办法,是建立"保护地"或进行并吞。殖民帝国就这样首先以英帝国的形式产生。19 世纪 80 年代,英国开始举行的殖民地会议就是英帝国主义的开始。

在列宁以前研究帝国主义的经济学家,除了布哈林,都是从几个发达资本主义国家之间的竞争去解释帝国主义或殖民帝国的产生。前面说的霍布森是这样。比他稍后一点的考茨基也是这样。考茨基说:"首先是西欧各国和美国东部各州同英国的工业相对立而从农业国发展成工业国。它们以保护关税来对抗英国的自由贸易。它们用大工业国对世界上还没有被占领而又无力抵抗的那些农业地区的瓜分,来代替英国所追求的、在英国的工业工场同所有其他地区的农业生产之间的世界分工。英国对此进行了反击。帝国主义就这样产生了。"①霍布森强调的是争夺市场,考茨基强调的是争夺农

---

① 约・阿・霍布森:《帝国主义》,纪明译,上海人民出版社 1960 年版,第 13 页。

业地区,我们把这些问题留在以后论述,现在只就他们认为竞争产生帝国主义这一点予以评论。

我认为,他们都把资本主义国家必然要夺取殖民地,即帝国主义产生的经济原因,错误地同资本主义宗主国和殖民地在政治上联在一起,即帝国主义采取殖民帝国这一政治形式的原因,等同起来了。只有把殖民帝国这个帝国主义的政治形式看成帝国主义本身,才会认为它是由发达资本主义国家之间的竞争尖锐化而产生的,即认为它是一种为了在竞争中取得胜利的政策而产生的。

他们认为,西欧几个早已占有殖民地的帝国主义国家,其后在政治形式上也成为殖民帝国,如法国殖民帝国,其原因和英国殖民帝国的形成相同,也是由于进行竞争。

现在要说明的是,他们怎样说明美国这个原先的移民垦殖殖民地国家,发展成为一个殖民帝国。

霍布森也从竞争去说明美国殖民帝国的产生。他说,在 19 世纪的最后几年,美国工业品的输出贸易价值增加了三倍。本来,美国是能在欧洲国家为它们的过剩商品和资本找到一些出路的。但欧洲国家大部分是能自给的,它们大都建立关税壁垒以对付进口工业品,甚至英国也从自由贸易恢复到保护关税,以防卫自己。这就迫使美国的大工业家和金融家不得不到中国、太平洋和南美洲寻求最有利的机会,而德国、英国和其他国家同美国展开竞争,驱使它们都重视同市场建立特殊的政治关系。古巴、菲律宾和夏威夷就这样成为美国参加盛大宴会前为了刺激食欲的小吃。美国殖民帝国由此产生。

这种解释是不正确的。美国有众多的个体生产者、有广阔的国内市场,当东部的资本主义迅速发展起来时,西部对于资本主义来说还是一块等候开拓的地方,美国又有发达的农业,很久以来就为欧洲工业国特别是英国提供农业原料和粮食。这样,如果仍旧用解释西欧殖民帝国产生的原因,即夺取市场和农业原料的竞争,来解释美国殖民帝国的产生,就显得更为错误了。

我认为,帝国主义一定要表现为殖民帝国的形式,才有可能被人们所认识。如果不是这样,宗主国占有的殖民地是单个各自存在那里,像资本主义自由竞争时期的殖民地那样,尽管宗主国在剥削殖民地,但这种关系只表现为殖民主义,而不表现为帝国主义。只有宗主国和殖民地在政治上联在一起,在政治上组成殖民帝国,人们才看到有一个区别于古代罗马帝国的现代殖民帝国,它就是现代帝国主义。

从这点看,具有殖民帝国形式的帝国主义的产生,是由于19世纪的最后30年,以内燃机为特征的第二次产业革命促进了生产力的发展,使自由竞争发展为垄断统治所造成的。由于攫取垄断利润,使垄断资本主义加紧输出资本,使它们之间的矛盾尖锐化,就有必要以殖民帝国的形式来巩固其利益。因此,垄断的产生是帝国主义产生的原因,帝国主义采取殖民帝国的形式是竞争的加剧。

殖民帝国的形成,西欧资本主义国家和美国各有特点。西欧尤其是英国原来就有许多殖民地,它在自由贸易政策的条件下产生垄断后,便把原来的殖民地和宗主国组成殖民帝国,并极力扩大。美国是后起的资本主义国家,原来没有什么殖民地,它在保护关税政策的条件下迅速形成垄断后,便从其他国家的手中重新瓜分殖民地,组成殖民帝国。

第四节　现代殖民帝国的基本形式

垄断资本主义为了确保自己的利益,将宗主国和殖民地在政治上连在一起的形式有多种,其中最基本的是帝国、联邦、共同体以及种种条约和协定。

帝国是殖民帝国的最初形式,这就是历史上最早产生的大英帝国。它一直是一个比较松散的组织。1887年英国政府第一次举行的殖民地会议,就是英帝国的雏形。1911年改名为帝国会议。1944年又改称英联邦总理会议。英帝国或英联邦,除英国外,包括两种不同的成员国:一种是移民垦殖殖民地,如加拿大、澳大利亚、新西兰;另一种是奴役土著殖民地,如印度、锡兰、南非等。前者在政治上的特点,是取得自治领的地位。

英帝国的发展大致可以分为三个阶段。19世纪末至20世纪30年代经济危机为第一个阶段。在这个阶段,它以剥削加拿大、澳大利亚、南非、印度这些农业国为主要支柱,一般实行自由贸易政策。30 年代经济危机至第二次世界大战结束为第二个阶段,在这个阶段,它以英镑集团和特惠关税为主要内容。在第一个阶段后期,像加拿大这类殖民地的资本主义工业已发展起来,和英国的矛盾逐渐加剧,30 年代的经济危机,使英国和英帝国成员国都受到很大的打击。英国为了自身的利益,于 1931 年以英帝国为基础,组成英镑集团,帝国内部的贸易和信用都要用英镑结算,成员国要把自己的货币同英镑保持固定的汇率,并把自己的黄金和外汇储备存放在英国,作为英镑集团的共同储备;于 1937 年制订特惠关税制,规定英国与英帝国成员国之间在贸易方面相互给予优惠待遇,对非成员国则采用较高的税率。英国就用这种新的政策,把它的殖民地国家束缚住,巩固对它们的剥削和统治。第二次世界大战后至今是第三个阶段。这个阶段的主要特点是,英帝国或英联邦逐步趋向衰落。原来的殖民地国家,有的因经济发展了,如加拿大,在经济上已不是殖民地,虽然有一段时间在政治上仍是殖民地;有的国家政治独立了,促使经济发展,英国日益难以驾驭。但是,英国仍然想通过英联邦的政治形式,维护其利益,它仍然想用关税特惠制和英镑区来拴住英联邦的成员国,可是在美国和西欧国家的压力下,英国不得不逐步退让。

联邦和共同体是殖民帝国的发展形式,这就是法兰西联邦及其由演变而来的法兰西共同体。同英帝国和英联邦不同,它们分别由宪法加以确定。法国对其殖民地原来实行直接统治的政策。第二次世界大战后,许多殖民地要求独立,法国一方面疯狂镇压,另一方面搞"非殖民地化"的欺骗手法。在 1946 年的第四共和国宪法中,将殖民地纳入法兰西联邦,以便继续统治。该宪法规定:"法兰西联邦由包括法国本土及海外各省与属地之法兰西共和国与各成员国家及地区组成之。"这些海外省与属地是殖民地,但和法国本土构成法兰西共和国,如同爱尔兰是殖民地,但和大不列颠构成联合王国一样;成员国及地区是殖民地,但和法国组成法兰西联邦,如同英国和成员国组成英帝国或英联邦一样。

这种政策并不能麻痹殖民地人民要求独立的斗志。法国只好炮制海外领地"根本法",给它们以半自治的地位,对联邦作了"修饰"。1958 年第五共和国宪法将法兰西联邦改称法兰西共同体,参加共同体的成员国,可以成为共和国,政府总理由当地人担任,但对外政策、国防、货币、共同的财政经济政策、司法监督等，都属于共同体的职权。法国总统就是共同体的总统。

很清楚，联邦、共同体和帝国一样，是殖民帝国的不同形式。

美国这个最大的帝国主义国家，它在其资本主义发展的过程中，就连抢带买地兼并了许多土地，归入美国版图；在成为垄断资本主义国家的初期，便抢得菲律宾、夏威夷和古巴等地，现在菲律宾、古巴独立了，夏威夷成为美国的一个州，归入美国版图，波多黎各这个领地又酝酿着成为美国的一个州，表面看来，美国除了占有或共同占有太平洋上的一些岛屿为殖民地外，殖民地不多，好像不是一个具有殖民帝国特点的帝国主义。其实不然。第二次世界大战后初期，美国以其金元威力建立金元帝国主义，在这个基础上，通过在外国驻军、建立军事基地、订立双边和多边政治、军事条约、协定，至今仍把许多国家置于其经济、政治统治之下，这是美国殖民帝国的特点。

第二次世界大战后，一些战败国（如日本和德国）的国外殖民地都丧失了。如被日本占领的台湾和我国东北三省，已回归中国，朝鲜已经独立；德国在第一次世界大战中是战败国，其殖民地变换了主人，在第二次世界大战中建立的殖民帝国又全部瓦解。从政治上看，它们没有国外殖民地。根据这一点，苏联经济学界提出一种所谓"没有'殖民帝国'的帝国主义"的理论；西方经济学界也提出一种所谓"没有殖民地的帝国主义"的理论。这种理论，只有从政治的角度看问题才是正确的。但单纯从政治角度看，完全不从经济角度看，就是不全面的、意义不大的。因为政治上的殖民帝国，是为垄断资本主义攫取垄断利润服务的。我们应该看到，随着日本和西德的经济恢复和发展，其垄断资本主义势力迅速地向外扩张，经济大国的地位，要求政治大国的地位与之相适应，这样，日、德殖民帝国的再出现将是可能的。目前，日本正在加紧控制东南亚；德国则以所谓没有"殖民史"相标榜，让对方接受援助，以此为诱饵，加紧向外扩张。

第五节　殖民帝国是推行世界主义的政治工具

殖民帝国作为一种政治上层建筑，作为一种政治形式，不仅能加强宗主国对殖民地经济上的剥削，而且能巩固宗主国对殖民地政治上的统治，因为在这种形式掩盖下,国外殖民地和宗主国一样,都是帝国的一个组成部分,从而殖民地似乎消灭了,殖民地人们不需要进行反对殖民统治的斗争。

宗主国和国外殖民地原来是两个不同的国家,处理这种国家之间的关系,原来分别属于两个国家外交部的职权。在殖民帝国的政治形式下,这种关系变了,外交部再也不管理这种事务,而由另一种机构管理,外交问题变成帝国内部的问题了。例如,原移民垦殖殖民地成为英联邦成员国自治领后,英国在各自治领派有总督作为英王的代表,以英王的名义在各自治领行使权力;又在各自治领设有高级专员,作为政府的代表,直辖于联邦关系部。各自治领也在伦敦驻有高级专员。这就是说,彼此不以国与国的关系相处,大家都成为帝国或联邦中的一个部分。第二次世界大战后,一些奴役土著殖民地独立后成为英联邦成员国,同上述自治领的地位相同。目前,根据英联邦宣言,"英联邦是独立主权国家的志愿联合组织,每个国家都对其政府负责",所有成员国的公民都是英国臣民或英联邦公民。这样,在英联邦这种政治形式的掩盖下,殖民地和宗主国的对立就看不出来了。法兰西联邦和其后的法兰西共同体也是这样。按照宪法规定,法兰西联邦各成员国,"不分种族及宗教,在权利及义务上一律平等",实际上,法国本土仍像从前那样,保持着统治地位;法兰西共同体各成员国,可以是具有主权的共和国,共同体执行委员会由法国政府总理、成员国政府首脑和负责共同体事务的各部部长组成,由法国总统担任主席。执行委员会的职责是"组织共同体各成员国之间政府方面和行政管理方面的合作",实际上,一切均按总统决定行事。

根据前面的分析可以看出,殖民帝国这一政治形式,并没有改变垄断资本主义宗主国奴役国外殖民地这种关系,但是,它却使这种国外殖民地在帝国、联邦、共同体等形式下变成国内殖民地,可是形式上又表现为不是殖民地,而是和宗主国一样,平等地是帝国、联邦、共同体的一个组成部分。垄断资产阶级的思想家就以此为依据,宣传"非殖民地"论,借以麻痹国外殖民地反对帝国主义统治的斗争,这是一种巧妙的统治方法。

殖民帝国作为一种政治组织,实质上是反对民族主权、国家主权的,但在形式上却承认民族主权和国家主权。我们在前面谈过,民族是资本主义的产物,它要求以统一国内市场、共同经济生活为地理基础,建立民族国家,这种权利就是民族主权。国家主权从这方面看,同民族主权有密切的联系,即国家对外有独立权,主权不受侵犯,不可转让,不能分割。殖民帝国恰恰就是宗主国对殖民地的民族主权和国家主权的侵犯。因为不管帝国、联邦、共同体的组织原则怎样标榜平等、民主,一般的成员国总是要服从宗主国,尤其是服从宗主国的最高统治者,后者就这样侵犯前者的主权。如果我们将殖民帝国同多民族的资本主义国家作一比较,问题就很清楚了。在多民族国家里,统治民族是侵犯和剥夺被统治民族的主权,即独立为国家的权利的;殖民帝国不过是在垄断资本主义条件下的多民族国家的扩大,宗主国在这种形式下,也侵犯殖民地国家和民族的主权。但是,从形式上看,好像不存在这个问题,因为殖民地已构成联邦、共同体的一部分,不存在独立为一个国家的问题。

从这方面看,殖民帝国又是形式上维护民族主义,实质上推行世界主义的工具。因为在这种形式下,殖民地国家虽然具有民族国家形式,但宗主国对其进行经济剥削,犹如没有国家界限一样,这恰好是垄断资本主义所要求的世界主义。

殖民帝国发展的最高点,按照资产阶级理论家的说法,就是全世界置于一个庞大的垄断组织统治之下,其政治形式可以称为国家联盟、超国家组织等,这样,所谓罗马帝国式的和平便产生了。这就是垄断资产阶级所要求的世界主义,即由一个垄断组织或垄断资本主义国家来统治全世界,把除它以外的民族和国家主权都剥夺殆尽。

第五篇
帝国主义世界体系的基本矛盾和逐步崩溃

第一、二、三篇和第四篇分别研究帝国主义经济和政治,现在的第五篇则在上述基础上,将帝国主义经济和政治加以综合研究,即分析帝国主义世界体系的基本矛盾,以及这些矛盾如何导致垄断资本主义国家被社会主义所取代,殖民地国家或者直接发展为社会主义国家,或者发展为民族独立国家。

第五篇共三章。第十五章说明帝国主义的基本矛盾和逐步崩溃。应该指出,帝国主义世界体系的基本矛盾和资本主义生产方式的基本矛盾有所不同,它有三对基本矛盾,其中的垄断资本主义国家之间的矛盾,导致资本主义国家间的世界大战,无产阶级社会主义革命可能在一国首先获得胜利,获得政权的无产阶级要解放被该国统治的殖民地;其中的垄断资本主义国家和国外殖民地的矛盾,导致民族解放运动的发生,殖民地国家发展为民族独立国家或社会主义国家。

第十六章分析当代世界的基本矛盾及垄断资本主义国家的基本政策。社会主义国家产生后,当代世界有四对基本矛盾,垄断资本主义国家处在四对基本矛盾中的一方。我们要说明,对垄断资本主义国家来说,哪一对矛盾最为尖锐;垄断资本主义国家处理这些矛盾的原则和办法,就构成它们的内外基本政策;对社会主义国家来说,要善于利用垄断资本主义国家的矛盾。

第十七章研究资本主义垄断阶段向共产主义第一阶段的过渡,这是分析帝国主义经济与政治矛盾的必然结论。对资本主义生产方式基本矛盾的分析,已说明资本主义必然被社会主义取代;资本主义发展为垄断资本主义,使这种趋势更为明显,条件更为成熟。国家垄断资本主义和国家资本主义,是垄断资本主义向共产主义过渡的第一位物质基础,私人垄断资本主义是这种过渡的第二位物质基础,资本主义是这种过渡的一般物质基础。本章还说明垄断资本主义的某些物质因素,社会主义是可以利用的。

第十五章　帝国主义的基本矛盾和逐步崩溃

第一节　作为一个世界体系的帝国主义的基本矛盾

如果把帝国主义看成就是垄断资本主义,即一般资本主义在资本主义生产方式内发展的产物,其基本矛盾就是生产力和生产关系的矛盾,即生产力日益社会化和生产资料垄断资本主义占有之间的矛盾,这个矛盾为无产阶级社会主义革命准备了物质基础。

在这样考察垄断资本主义的基本矛盾时,有几种提法我们认为还要研究。第一,垄断统治使生产的无政府状态更为尖锐。从垄断的范围来说,情况不是这样。因为前面说过,卡特尔一类的组织的产生,就是为了调节生产和市场的矛盾,所以不能无条件地这样说。第二,垄断统治囊括整个国民经济,非垄断经济全部消灭,垄断资本主义成为有组织的资本主义。垄断利润的来源,就意味着非垄断经济不能全部消灭。因此,没有纯粹的垄断资本主义,也不可能有有组织的资本主义。第三,从发展趋势看,纯粹的垄断资本主义是可能的,但是,还没有达到这一点时,阶级矛盾和民族矛盾的发展,已使垄断资本主义灭亡。这种提法没有看到垄断利润要来自非垄断经济,抽象地认为纯粹的垄断资本主义是可能的。

我认为把帝国主义看成仅仅是垄断资本主义,这是很不够的。帝国主义应该是垄断资本主义对其统治下的人民进行剥削的世界体系。被垄断资本主义剥削即榨取垄断利润的人民,按政治地理界限可分为国外的和国内的,其实质都是殖民地。

把帝国主义看成发展到一定阶段上的资本主义的世界体系,并据此分析其矛盾的,首先是列宁。他在 1915 年 7—8 月写的《社会主义与战争》中指出："帝国主义是资本主义发展的最高阶段,这个阶段只是在 20 世纪才达到的。不建立民族国家,资本主义就不能推翻封建主义。然而,这些旧民族国家已经阻碍资本主义的发展了。……在帝国主义时代,资本主义已由反封建主义时代的民族解放者,变为各民族的最大的压迫者。"①其后,列宁又在其帝国主义理论中发展了这个思想。

布哈林最初并没有接受列宁的帝国主义是资本主义的一个阶段的思想,而实质上接受了帝国主义是一种世界体系的思想。这表现在他 1915 年写的《世界经济与帝国主义》一书中。这本书是他的一篇同名论文的发展,其中的第三章是论述帝国主义即资本主义的竞争的扩大再生产的,实质上认为从再生产的条件看,帝国主义是一种世界体系。他认为垄断资本有两种趋势:一种是国际化趋势,即突破一个国家的界限,向外扩张,垄断资本主义的生产关系和其他的生产关系发生联系,并建立相应的交换关系,由此构成世界经济;另一种是国家化趋势,即垄断资本扩张的范围成为垄断资本的统治范围。很明显,这两种趋势是同一过程的两种表现。列宁对布哈林这种思想予以很高的评价。

但是,布哈林的理论有很大的缺点。他由于接受了希法亭的纯粹垄断资本主义论,便认为垄断资本主义国家内部不存在垄断资本主义和非垄断经济之间的矛盾,国内矛盾只存在于垄断组织和工人群众之间,国外矛盾则存在于垄断资本主义国家之间,以及它们和非垄断资本主义之间。关于国外矛盾,布哈林说的虽然是事实,但其方法并不彻底,因为既然国内可以是一个垄断组织囊括一切,国外按趋势来说也可以是一个垄断组织囊括一切,这样,所谓的国外矛盾最终也是不存在的。布哈林的方法是二元的。

全面论述帝国主义的基本矛盾的是斯大林。他在《论列宁主义基础》中指出,这个基本矛盾是:劳动与资本间的矛盾,这里的资本,按他叙述的内容来看,是垄断资本;各金融集团以及帝国主义列强间为争夺原料产地,为争夺别国领土而发生的矛盾;为数极少的统治的"文明民族"与世界上十多万万殖民地和附属国人民间的矛盾。这种分析矛盾的方法,是建立在帝国主义是一种世界体系的基础之上的,从根本上说也是正确的。只有一点似乎

---

① 《列宁全集》(第二十一卷),人民出版社 1959 年版,第 281 页。

需要改进,那就是没有谈垄断资本在国内和非垄断经济之间的矛盾。按照前面的分析,似乎可以把无产阶级和一般资本家、个体生产者列为一方,同垄断资本的另一方相对立。后来,斯大林表述的现代资本主义基本经济规律,在这方面看已有改进,因为它已经从剥削本国大多数居民代替了剥削劳动,这是正确的。

但是,从另一方面看,斯大林的这种分析依以出发的基础却与上述不同。他是解释列宁为什么称帝国主义为垂死的资本主义时,提出帝国主义由于存在着这些基本矛盾,它们的尖锐化促使帝国主义灭亡,因此,帝国主义便成为垂死的资本主义。我们知道,列宁称帝国主义是垄断的、寄生或腐朽的、垂死的资本主义,这三者是在统一的基础上产生的,其中,垄断是根本的。由于垄断,便产生寄生或腐朽,即资产阶级寄生化,无产阶级的一部分也寄生化;由于垄断,生产力和生产关系的矛盾尖锐化,必然向社会主义过渡,垂死就是过渡之意。斯大林认为帝国主义是垂死的资本主义,是由于帝国主义有三大矛盾,从分析方法来说,便要研究了,因为他不能用同样的方法来说明帝国主义是垄断的、寄生或腐朽的资本主义。所以,他虽然正确地分析了帝国主义这个世界体系的基本矛盾,但其出发的基础是不正确的。

有人批评斯大林,认为他分析的帝国主义的基本矛盾,是在垄断资本主义生产方式以外找寻矛盾,从而离开了历史唯物主义的基本原理。我倒认为,必须既在资本主义生产方式之内、又在它以外找寻帝国主义的基本矛盾,因为帝国主义即垄断资本主义的存在,要以非垄断资本主义的存在为其前提。尽管斯大林没有明确地提出这个问题,但从其表述的现代资本主义基本经济规律可以看出,他的思想里包含这种看法。

帝国主义的三种基本矛盾,就性质来说是两种矛盾:一种是垄断资本和被它攫取垄断利润的非垄断经济和社会成分之间的矛盾;另一种是垄断资本之间为了攫取垄断利润而发生的矛盾,其核心问题是攫取垄断利润。从垄断资本主义本身看,哪一种矛盾更为尖锐?我认为,从基本关系看,垄断资本和被它攫取垄断利润的国内非垄断经济和社会成分之间的矛盾是最尖锐的,其中,尤以它和广大无产阶级之间的矛盾更为尖锐,它必须处理好这种矛盾,才有生存的基础。在这个大前提下,它还要处理同其他垄断经济成分、非垄断经济成分之间的国内矛盾和国外矛盾。处理这些矛盾的原则是：在和其他垄断经济的竞争中，多攫取垄断利润，即巩固和扩大对内外殖民地的剥削。

掌握国家政权的垄断集团处理这些矛盾的方针、政策，就成为垄断资本主义国家的内外基本政策。内外政策服从一个总目标，即攫取垄断利润，从这点说没有什么不同。但由于垄断资本总要有一个基地，才能存在和扩张，仅仅从这点说，对外政策便是对内政策的继续，或对内政策决定对外政策。德国首相俾斯麦说，为了对国内的关心，必须进行正式的殖民扩张；美国总统克利夫兰说，对拉美的扩张不是对外政策问题，而是明显的国内问题；英布战的罪魁祸首罗兹说，为了解决工人的面包问题，避免内战，便要成为帝国主义，夺取殖民地。这些都说明了对内政策决定对外政策。

垄断资本主义国家的对外政策，要处理好垄断资本主义国家之间的矛盾，以及垄断资本主义国家和殖民地、附属国之间的矛盾。就一个垄断资本主义国家来说，我认为从长期趋势看，前一种矛盾比后一种矛盾更为尖锐，因为它的发展和尖锐化，有可能使垄断资本主义国家在斗争中失败，不仅丧失殖民地，而且它本身或部分也可能成为殖民地，德国对比利时的野心、法国对洛林的野心便是例子。而后一种矛盾的发展和尖锐化，充其量只会使垄断资本主义国家减少垄断利润的国外来源。这就是为什么虽然在一个短时间内，垄断资本主义国家可以联合起来，对付殖民地或半殖民地国家的人民，如八国联军对付中国义和团运动，但是不久便矛盾重重，不仅八国分裂，而且爆发了第一次世界大战。这说明，它们在联合行动时，也是彼此都要吃掉对方，以便壮大自己的。

第二节　资本主义发展不平衡规律和帝国主义战争

垄断资本主义国家之间的矛盾，由于资本主义发展不平衡规律的作用，便导致爆发帝国主义战争。

发展不平衡是商品生产的规律。价值由社会必要劳动时间决定的规律，使那些既适合社会需要、因而其劳动的具体形态得到社会承认，又有较高劳动生产率、因而其个别价值低于社会价值的商品,生产发展较快。在资本主义商品生产制度下,各生产部门虽然由价值规律调节其比例关系,但由于剩余价值规律的作用,必然使生产生产资料的生产资料的部门发展最快,生产消费资料的生产资料的部门发展居中,生产消费资料的部门发展最慢。在技术变革的时候,有旧的固定资本负担的部门发展较慢,没有旧的固定资本负担的部门发展较快。这些道理也适用于资本主义国家之间。自从产业革命将世界分为工业国和农业国后,前者既因以小量劳动交换大量劳动,又因多生产生产资料的生产资料而发展较快,后者则因相反的原因而发展较慢。

经济发展不平衡是资本主义的绝对规律,但在自由竞争阶段和垄断统治阶段,它的作用有不同的特点。在自由竞争阶段,各资本主义国家的技术水平相差较远,一个先进国家采用了新的技术,其他国家要取得这种新技术经历的时间较长,例如,英国经过产业革命成为世界工厂后几十年,其他国家才慢慢地赶上它,它们之间的不平衡发展是渐进的,不是跳跃的。此外,在自由竞争时期,地球上还有一些土地没有被先进资本主义国家占领完毕,当一些资本主义国家发展起来并向外扩张时,一般可以采用和平的方式,不一定引起国与国之间的战争。即使引起战争,如 18 世纪的英、法之战和 19 世纪的普、法之战,基本上是两个国家之间的战争,而不是国家集团之间的世界大战,其影响较小。

在垄断统治时期,各垄断资本主义国家的技术水平比较接近,其他国家从某一国家取得新技术经历的时间较短,不仅这样,已经拥有某项新技术的国家,由于有了旧的固定资本的负担,当其他国家根据它这项新技术而设计和采用更新的技术时,这个国家倒不能采用。目前,日本有些技术从美国输入后,现在反而比美国更先进,原因就在这里。垄断利润的攫取,使垄断资本主义有迅速发展的可能,但资本输出又使垄断资本的发展迟缓下来。英国向国外殖民地,尤其是移民垦殖殖民地,如美国、加拿大、澳大利亚、新西兰等输出资本,英国本土的垄断资本主义发展慢了,这些殖民地的资本主义发展快了。法国垄断资本主义的特点,是输出高利贷资本,食利者阶层的比重大,由于这样,其垄断资本主义发展便较德国、美国为慢。由于技术的和经济的原因,在垄断统治时期,垄断资本主义国家之间的发展不平衡就不是渐进式的,而是跳跃式的了。一国一下子就超过另一国,引起冲突。此外,在垄断资本主义时期,地球上的土地已被瓜分完毕,并在政治上和宗主国联在一起。当一国在经济上超过另一国,从而要向外扩张和占领土地时,就只好从别一国手里重新瓜分了。这就导致军事冲突。由于这时不平衡规律作用的特点,不是在长期的渐进中一个国家超过另一个国家,而是在短期的跳跃中一批国家超过另一批国家,例如,20世纪初,德、日的发展就超过了英、法,由此就引起一场世界大战。

列宁在分析垄断时期发展不平衡规律的基础上,提出了无产阶级革命有可能首先在一个国家取得胜利的革命理论,用以指导革命斗争。因为这个规律导致的帝国主义世界大战,使帝国主义国家彼此削弱,无产阶级在一国取得政权时,帝国主义国家即使联合起来,也无力镇压或镇压无效。相反,在垄断统治前,只发生局部战争,力量削弱不大,无产阶级夺取政权,它们便可以联合镇压,使革命失败,如普、法战争后,战败的法国又和昨天的敌国——普鲁士——联合,镇压巴黎公社。

托洛茨基反对列宁的理论。他认为,资本主义发展不平衡在19世纪比20世纪更加厉害。这样,为什么社会主义一国胜利在19世纪没有可能,在20世纪反而有可能呢?

斯大林认为,托洛茨基把资本主义国家发展水平差别的减小、技术水平的均衡,同发展不平衡规律对立起来。发展水平和技术水平,在自由竞争时期相差较远,唯其这样,不平衡规律的作用就没有后来那样尖锐,就不一定会引起战争;在垄断时期比较接近,唯其这样,不平衡规律的作用就特别尖锐,进而导致帝国主义国家的世界大战,因此,发展水平和技术水平的均衡化,恰恰是帝国主义时期发展不平衡规律作用尖锐化的一个条件。

帝国主义战争的根源,在于垄断资本主义国家发展不平衡所产生的矛盾,只要这个矛盾存在,帝国主义战争的根源就存在。下面五种认为帝国主义战争不可能爆发的观点是不正确的。

其一,用帝国主义国家间斗争的形式来掩盖其实质,认为帝国主义战争不会爆发。斗争的实质——重新瓜分世界,这是不可变的;斗争的形式,即时而是和平的、时而是流血的,则可以转化,不能用和平的形式来否认斗争的实质。列宁说:"因为斗争的形式,由于各种比较局部的和暂时的原因,可能发生变化,而且经常在发生变化,但是,斗争的实质、斗争的阶级内容,在阶级存在的时候是始终不会改变的。"①这个原理是值得重视的。

其二,认为有一个世界政府式的国际组织,如第一次世界大战后的国际联盟,第二次世界大战后的联合国,使帝国主义战争不会爆发。事实上,在有阶级存在、国家存在的条件下,世界政府是没有的。国际组织不能从根本上消灭帝国主义战争。恰恰相反,它往往是帝国主义的工具,在社会主义国家尚未产生或虽已产生但未加入国际组织时,尤其是这样。帝国主义国家如有必要,便退出国际组织,不受其约束。

其三,认为美国在垄断资本主义国家中,强大到使其他垄断资本主义国家都服从于它的程度,帝国主义战争便不会爆发。这是抹杀帝国主义国家内部矛盾,或只看到目前的状况,看不到其潜在的发展。50年代初期,斯大林便指出美国和日本、美国和西欧的潜在矛盾,其发展会导致帝国主义战争。

其四,认为舆论,如50年代初期的和平运动,使帝国主义战争不会爆发。斯大林分析这个问题时指出,和平运动的目的,不是推翻垄断资本主义的统治,因此,不能消灭帝国主义战争的根源。它只能推延战争的爆发,或使执行战争政策的政府改组,这当然很好,但还不是从根本上消灭帝国主义战争。

其五,认为武器的性质,如能使作战双方全部毁灭核武器,可以使帝国主义战争不爆发。应该说,从根本关系看,不是武器的性质决定战争是否爆发;而是战争的性质,它的政治目的决定在当时的经济、技术条件下可能使用的武器。

到目前为止,已爆发了两次帝国主义的世界大战。1914年至1918年的世界大战,是两个帝国主义集团的战争,这是清楚的。1937年(也有人认为是1939年)至1945年的世界大战,除了帝国主义国家外,还有像中国和苏联这样的国家参加战争,并且其国土是主要的战场,这样,这场战争的性质就出现了某些特点,需要谈一谈。

1937年爆发的中日战争,从日本方面看,是帝国主义侵略战争,其实质

① 列宁:《帝国主义是资本主义的最高阶段》,人民出版社1964年版,第67页。

是它和英、美争夺中国这几个帝国主义国家的半殖民地,使其最后成为一国的殖民地。从中国方面看,是抗日的民族解放战争。中国共产党和国民党领导这场战争。双方的根本政治立场不同,从事战争的目的不同,因此,"中国的抗日战争,一开始就分为两个战场:国民党战场和解放区战场"。① 由于双方的立场不同,抗战初期的国共合作后来便破裂。1938 年武汉失守后,国民党消极抗日,积极反共,到 1945 年抗日战争结束,其间掀起三次反共恶浪,袭击抗日的新四军是其中最突出的一次。这样,抗日的民族解放战争实质上变成仅由共产党领导;国民党则进一步投靠英、美,尤其是美帝国主义,它实际上成为美国和日本争夺中国这个殖民地的政治工具,它的消极抗日,使它从事的战争从实质上说并不是真正的民族解放战争,而是日本直接参加、美国间接参加、形式上是国民党统治区反对日本帝国主义、内容上则是日本和美国争夺中国并使其成为一国的殖民地的战争。这种性质到 1941 年太平洋战争爆发后又有了变化,即美国从间接参加变为较直接地参加。至于从这时起,日、美在太平洋上的战争则是帝国主义战争。正因为国民党的所谓抗战具有美国通过国民党同日本争夺中国的性质,所以,日本战败后不久,便爆发一场"美国出钱出枪,蒋介石出人,替美国打仗杀中国人,借以变中国为美国殖民地的战争"。②

在欧洲,英、法帝国主义集团和德、意帝国主义集团之间存在着尖锐的矛盾,前者怂恿后者进攻苏联,以便两败俱伤时,它坐收渔人之利。但德国逐步得利、直到侵略波兰,英、法于 1939 年 9 月才向德宣战,七个月后才作战,这时这场战争的帝国主义性质是很清楚的。德国席卷欧洲后,最终才于 1941 年 6 月向苏联作战,德、苏战争爆发。德、苏战争从德国方面看,是帝国主义侵略战争;从苏联方面看,是卫国战争。但由于英、法、苏有德国这个共同敌人,它们便结成盟国。到 1941 年 12 月太平洋战争爆发,中、苏、美、英、法等便结成同盟国,而与德、日、意轴心国相对立,进行战争。但这并不能改变美、英、法和德、日、意之间的战争是帝国主义战争这一根本性质。

有一种看法认为,第二次世界大战是法西斯主义与反法西斯主义之间

① 《毛泽东选集》(第三卷),人民出版社 1977 年版,第 991 页。
② 《毛泽东选集》(第四卷),人民出版社 1977 年版,第 1428 页。

的战争。诚然,德、意、日曾声明,要把法西斯的政治形式推向世界;被德、意、日侵占的地区的人民进行游击战争,其直接目的是反对法西斯,这是第二次世界大战的一些特点。但这并不能表明这两个国家集团之间的战争,是所谓的要解决法西斯主义和民主主义的矛盾,而不是为了帝国主义的利益,即重新瓜分世界。在德意和英法两个帝国主义集团即将爆发战争时,毛泽东就指出:"为了欺骗人民,为了动员舆论,战争的双方都不顾羞耻地宣称自己是正义的,而称对方是非正义的。其实,这只是一种欺骗。因为,双方的目的都是帝国主义的目的,都是争夺对殖民地和势力范围的统治权,都是掠夺性的战争。"①这段说明同样适用于日本和美国分别加入一个集团而进行的战争。中国、苏联和美、英、法组成盟国,和德、意、日相对立,只能使第二次世界大战具有一些特点,但不能抹杀其中有两个帝国主义集团进行战争的性质。战争的结果是美国取代英、德、日、法等国,这一事实说明战争包含帝国主义战争的性质。

第三节 无产阶级革命的胜利和国内外殖民地、国内外被压迫民族的解放

垄断资本主义国家的无产阶级夺取政权后,对外应该放弃对殖民地的统治,对内应该有区别地消灭垄断资本主义和一般资本主义,并改造个体经济,在这个前提下,这个国家的国内外殖民地和国内外被压迫民族便得到解放。但这种解放有不同的含义和不同的前途。

就国内殖民地来说,在单一民族国家里,这个问题和被压迫民族问题没有联系,因为它没有被压迫民族。这样,随着垄断资本主义从而垄断利润的消灭,国内殖民地就消灭了。但在多民族国家里就不是这样,它和被压迫民族问题有密切联系,在仍保留着被压迫民族聚居地的条件下,问题尤其复杂。

马克思和列宁同样认为,从历史唯物论看,一切民族都走向社会主义;

---

① 《毛泽东选集》(第二卷),人民出版社 1977 年版,第 545 页。

民族压迫问题要在无产阶级社会主义革命中解决,即在消灭阶级压迫的同时消灭民族压迫。从这个方面看,阶级压迫问题是第一位的,民族压迫问题是第二位的。因此,在多民族的垄断资本主义国家里,无产阶级夺取了政权,就可以在消灭阶级剥削、阶级压迫的同时,消灭民族压迫,实现民族平等。这样,不仅原来的统治民族,而且原来的被统治民族,都向社会主义发展,并在民族平等和共同发展经济的基础上,实现各民族经济和文化的共同繁荣。从这方面看,在无产阶级社会主义革命中,原来被统治民族的前途就是社会主义。

虽然无产阶级革命为解决这个问题提供了决定性的条件,但是,由于民族压迫是资本主义遗留的严重问题,因此,列宁在俄国十月革命后,还提出了解决国内民族问题的两项原则,就是实行民族自决权和民族区域自治。民族自决权从实质上看,就是资产阶级在资本主义产生时,要求享有以民族为基础成立民族国家的权利,用以反对封建主义的统治。列宁为了消除沙皇俄国遗留下来的民族压迫以及由其引起的严重后果,为了使各族人民完全信任布尔什维克党,便在无产阶级革命的新的历史条件下,仍然利用资产阶级革命时提出的民族自决权的原则,尽管这样做,有些民族便要多走些弯路才能到达社会主义,有些民族会马上被帝国主义控制而成为反对无产阶级政权的力量,因而这个原则实行的时间很短。这样,一些资本主义较为发达、民族主义倾向较为严重、无产阶级一时又未能将它克服的原被统治民族,其前途便是资本主义国家。民族区域自治是社会主义国家在原来被统治的少数民族中实行的原则,是政治上实行民主集中制的一种形式,有利于少数民族地区的经济和文化发展。

无产阶级社会主义革命胜利后,原垄断资本主义的国外殖民地和被压迫民族便获得解放,但有两种可能的前途,即社会主义和资本主义性质的民族独立国家,这要取决于国内外阶级力量的对比。到目前为止,尚未有这方面的实例。

关于国外被压迫民族发展的前途问题,卢森堡认为,既然资本积累要以第三者的存在为条件,资本主义国家就是由于争夺用于积累的领域才成为帝国主义的,那么,帝国主义国家和殖民地在经济上就不可分地联在一起,被压迫民族就不可能脱离帝国主义而独立。因此,她反对民族自决权。列宁根据马克思的理论,批评了她的错误。列宁在讨论爱尔兰的民族问题时,表明他对国外被压迫民族发展前途的看法。列宁根据马克思的理论说明,从根本上说,英国无产阶级和爱尔兰无产阶级应该团结起来,在实现无产阶级革命中,彻底解决民族压迫问题。但英国统治阶级的政策妨碍这种团结。在这个条件下,爱尔兰应该自己起来革命,即使是资产阶级领导的也好,先解决土地问题,取得政治独立,如因经济落后,经济不能独立,就同英国结成联邦,求得资本主义发展,最后在爱尔兰无产阶级革命中解决问题。这个发展道路的理论同样适用于在宗主国无产阶级革命胜利的条件下,获得解放的国外被压迫民族。这样,列宁就将无产阶级革命问题和民族解放问题结合起来,加以解决。

从历史事实看,到目前为止,在垄断资本主义国家中,无产阶级取得政权的只有俄国一个国家。俄国在资本主义和垄断资本主义的发展过程中,占有许多国外殖民地,并已经把它们变成国内殖民地。革命前的俄国,是一个多民族的垄断资本主义国家。因此,十月革命后,俄国在形式上没有国外殖民地和国外被压迫民族问题。但问题的实质并没有变化。十月革命胜利后,列宁就主张归还沙皇俄国侵占的别国领土,但由于种种原因,没有实行。俄国国内的原被压迫民族绝大部分保留着民族聚居地。由于各民族的情况不同,波兰、芬兰,独立为国家,其发展前途是资本主义(两者一独立就被帝国主义控制,成为反对年轻的苏维埃政权的力量)①;乌克兰、白俄罗斯等也独立为国家,是社会主义国家,和俄罗斯社会主义国家组成苏维埃社会主义共和国联盟;有的原被统治民族因人口过少等原因,没有独立为国家,而成为民族自治区域,存在于各社会主义共和国中,成为苏联的一部分。

第四节　民族解放运动的胜利和国外殖民地、被压迫民族解放的两种前途

帝国主义战争消耗了帝国主义的力量,削弱了它对国外殖民地的统治,

---

① 由于这个原因,俄国革命后实行民族自决权的时间很短暂。波兰走了一段弯路,到第二次世界大战后才成为社会主义国家。芬兰至今仍是资本主义国家。

无论从武装力量、政治力量和经济力量来看,都是这样。这样,国外殖民地,主要是奴役土著殖民地人民的解放运动,便有胜利的可能。第二次世界大战后,中国、印度等国家的民族解放运动获得胜利的历史条件就是这样。

这些奴役土著的殖民地,或者处在资本主义以前的阶段,或者资本主义生产水平甚低,既有帝国主义的压迫,又有前资本主义的压迫,因此,民族解放运动就其社会性质来说,是民族民主革命运动,民族革命是反对帝国主义,民主革命是反对前资本主义特别是封建主义,其性质是资产阶级革命,不是无产阶级的社会主义革命,主要力量是农民。

但由于各国经济、政治条件不同,民族解放运动的领导力量就不同,民族解放运动获得胜利后的发展前途也就不同。有一种是无产阶级领导的。无产阶级在民族解放运动获得胜利中取得政权,这个政权使其从民主革命发展为社会主义革命,如中国,其前途便是社会主义。有一种是资产阶级领导的。资产阶级取得政权后,有两种发展前途:一种是发展为资本主义国家;另一种是重新沦为或仍旧是殖民地。有一种是封建主、奴隶主领导的。其前途也是两种。除无产阶级领导的以外,其他的都可称为民族独立国家。

这种由无产阶级领导民族解放运动而向社会主义发展的社会主义国家,同由无产阶级进行社会主义革命而建立的社会主义国家,其建立社会主义的过程各有特点:主要是,前者由于存在大量的个体经济,资本主义水平低,商品经济不发达,几乎没有垄断资本主义,在改造个体经济和资本主义经济的同时,还要大力发展商品经济;后者就不是这样,商品经济发达,垄断资本主义和国家垄断资本主义经济中的某些杠杆是可以利用的。

有一种看法认为,在帝国主义存在的条件下,在第一次世界大战后出现了社会主义国家的条件下,除了1922年土耳其民族解放运动胜利,建立资产阶级专政,走发展资本主义道路外,民族解放运动的胜利再也不可能建立资产阶级专政,走发展资本主义的道路,而只能建立无产阶级的人民民主专政,走向社会主义过渡的道路。其理由一是帝国主义不允许,二是它要取得社会主义的援助,这也不可能建立资产阶级专政。(历史已经证明,这种看法是片面的,因为历史的发展表明,民族解放运动获得胜利的国家,其发展前途有两种)这个理论看来是建立在两个不正确的前提上:一是,帝国主义能联成一块铁板,来绞杀这些要摆脱殖民地命运而走上资本主义道路的国家。其实,帝国主义国家间矛盾重重,只要善于利用这些矛盾,殖民地国家是有可能发展为独立的资本主义国家的;二是,社会主义国家对民族解放运动加以援助,是要以这些国家走社会主义道路为条件。其实,社会主义国家的援助不应以这个为条件。正确地解决这个理论问题,对理解目前大多数发展中国家的发展方向是非常必要的。

最后谈一谈中国民族解放运动的胜利和中国发展为社会主义国家的关系。前面谈到,中国的抗日战争一开始就有两个战场,后来就有两种战争:由共产党领导的抗日战争,是真正的民族解放战争;由国民党从事的战争,其实质是英、美(尤其是美帝国主义)通过蒋介石政府,同日本帝国主义在中国土地上打仗,两者争夺中国这块土地。由于这样,日本投降后,国共和谈失败,这两种不同的战争就发展为解放战争——内战。从共产党领导的战争来看,是抗日民族解放战争的发展,即抗美(蒋介石是其代表)民族解放战争,不同的只是,由于蒋介石是美国的工具,战争加上反对蒋介石政府的性质,取得内战的形式。从国民党从事的战争看,则是美帝变中国为其殖民地,但遇到共产党领导的人民大众的反对而发动的侵略战争,战争加上蒋介石政府反对人民大众的性质,也取得内战的形式。

第十六章　当代世界的基本矛盾及垄断资本主义国家的基本政策

第一节　当代垄断资本主义处在四对基本矛盾中的一方以及这些矛盾的实质

自从第一次世界大战中社会主义国家产生,第二次世界大战后社会主义国家增加,以及民族独立国家产生后,在当代世界的基本矛盾中,垄断资本主义国家处在四对基本矛盾中的一方。这四对基本矛盾如下。

第一,垄断资本主义和国内外殖民地的矛盾。这是垄断资本主义产生以来就存在的。自从在国外殖民地中产生了社会主义国家和民族独立国家后,垄断资本主义除竭力将民族独立国家仍然纳入殖民地的轨道外,更加紧了对现有国内外殖民地的统治,尤其是采用加强对外剥削,以缓和国内矛盾的政策来处理这对矛盾。反过来,国内外殖民地从实质说,是要反对垄断资本主义的剥削,但由于上述政策,国内外殖民地还没有真正结成一种力量,国内被剥削者还没有构成对垄断资本主义的真正威胁。

第二,垄断资本主义和民族独立国家之间的矛盾。这一矛盾由垄断资本主义和国外殖民地的矛盾发展而来。前面说过,在政治上获得独立的民族独立国家,从实质看有两种:一种还是新形式下的殖民地,目前占多数,垄断资本主义和它们之间的矛盾就是前一对矛盾;另一种是沿着独立的资本主义国家方向发展的民族独立国家,目前占少数,它们正在利用垄断资本主义国家之间的矛盾,或者在空隙中艰难地发展,有点像美国独立后,在分别与英、法、德的矛盾尤其是在与英国的矛盾中发展一样。垄断资本主义对前一种民族独立国家,极力地将其仍旧纳入殖民地的轨道;对后一种民族独立国家,则阻止它们发展为可以与垄断资本主义相竞争的强大资本主义国家。在民族独立国家取得政治独立的条件下,它们是否敢于斗争,善于斗争,团结互助,利用垄断资本主义国家的矛盾制订正确的发展路线,是非常重要的。

民族独立国家反对垄断资本主义的斗争,一向得到社会主义国家的支持,并且和从殖民地、半殖民地产生的社会主义国家结成广阔的反帝统一战线。1955 年的万隆亚非会议,1956 年埃及对苏伊士运河收归国有,促使民族独立国家在国际经济领域中联合起来,反对垄断资本主义。民族独立国家成立许多国际性的联合斗争组织,在贸易、金融、关税、援助、海运、开发(资源)等方面展开斗争,其中卓有成效的是石油输出国组织。从 1973 年年底开始,它们采取石油禁运、减产、收回油价决定权、大幅度提价、对本国内的外国石油公司实行国有化的政策,同垄断资本主义国家进行针锋相对的斗争,在这个领域中切断垄断利润的来源。以此为榜样,许多原料输出国也成立相应的组织,在提高原料价格方面进行斗争。当然,民族独立国家要完全摆脱垄断资本主义国家的控制,不仅在政治上而且最终在经济上取得完全独立,就要改变其单一经济的生产结构、改变其出口两三种初级产品的外贸结构,这就要实现工业化、现代化。这要经过艰苦的斗争,才能达到目的。

第三,垄断资本主义集团之间和国家之间的矛盾。这对矛盾是垄断资本主义产生以来就存在的。它的实质和基础是垄断资本主义集团之间的矛盾,即彼此在攫取垄断利润的过程中,削弱对方,扩大自己,以便攫取更多的垄断利润。至于垄断资本主义国家的矛盾,只是垄断资本主义集团的矛盾的表现形式,因为没有抽象的垄断资本主义国家的经济利益。垄断资本主义财团有时可以跨越国界,和另一个国家的垄断财团联合行动,如第二次世界大战前,美国的一部分垄断财团就和德国的垄断财团因经济利益相同而联合行动,并和英国某些垄断财团相对立。当某垄断财团掌握了政权,其利益便被说成国家利益。

第四,垄断资本主义国家和社会主义国家之间的矛盾。这对矛盾就其实质而言,应该是垄断资本主义集团和社会主义国家之间的矛盾。正因为这样,当某一垄断资本主义国家的政府发生变动,即掌握政权的垄断财团有了变动,这个财团就根据其利益,使该国对某一社会主义国家的政策发生明显的变化。这对矛盾就其实质而言,并不是两种社会制度、两种意识形态的矛盾,不能认为这对矛盾的实质是社会主义国家要在全世界推行社会主义——共产主义制度,垄断资本主义国家则要维护资本主义制度。假如这样看问题,就无法回答垄断资本主义国家为什么不能联结起来,成为一方,以消灭社会主义的另一方。假如这样看问题,这矛盾就应该是全世界资产阶级或垄断资产阶级为一方,全世界无产阶级(包括垄断资本主义国家的无产阶级)为另一方,两者对立。如果这样看,那就是历史上曾经存在过的资产阶级的国际联盟和无产阶级的第三国际的对立。这对矛盾的实质应该是:一方面,社会主义国家的存在,是垄断资本主义国家扩大侵略,以便攫取更多的垄断利润的重要障碍,因为社会主义国家从国际主义原则出发,反对垄断资本主义国家这样做;另一方面,社会主义国家是从帝国主义世界体系中分解出来的,它的出现使垄断资本主义丧失了一个市场,或者说使这个市场发生了对它不利的变化,因此,垄断资本主义国家总想恢复这个解体的世界体系。

当一个社会主义国家刚产生时,垄断资本主义国家除了想用武力推翻它之外,在经济上也对它实行封锁、禁运,妄图困死它。对苏联是这样,对中国也是这样。因此,社会主义国家进行社会主义建设,有一段时间是在同垄断资本断绝经济联系的条件下进行的。由于垄断资本主义国家之间矛盾重重,它们的封锁、禁运不能持久。苏联是在利用 30 年代经济危机,垄断资本主义国家竞相输出商品的条件下,加速实现社会主义工业化的。第二次世界大战后,一系列社会主义国家产生,一个新的社会主义国家间的世界市场产生了。在垄断资本主义国家的封锁、禁运下,中国是在独立自主、自力更生的基础上,从社会主义国家间的世界市场上,以平等互利、互通有无为原则,取得某些技术,实现国家的工业化的。在同垄断资本主义国家的经济交往中,社会主义国家的有利条件是:对外贸易由国家统制或垄断,并通过计划进行,金融由国家管理,这样,就能有效地利用垄断资本主义集团和国家之间的矛盾,利用资本主义经济发展周期各阶段中所遇到的各种困难,并且像列宁指出的那样,既然是同狼在一起,就要仿照狼的办法办事,针锋相对,必要时以垄断价格对付垄断价格,维护自己的经济权益。

前面曾经说过,帝国主义的基本矛盾中,以垄断资本主义之间的矛盾最为尖锐。社会主义国家产生后，垄断资本主义国家和社会主义国家之间的矛盾，以及垄断资本主义国家之间的矛盾，对垄断资本主义国家来说，哪一种矛盾更为尖锐？

这是一个很重要的理论问题和实际问题。列宁曾经谈到这问题，因为他说过垄断资本主义国家之间的战争不可避免性、两种制度可以和平共处等问题，这等于说，垄断资本主义国家间的矛盾更为尖锐。但列宁1924年便逝世了，未能根据社会主义国家产生后更长的经验来总结这个问题。斯大林提出并论证了这个问题。斯大林认为，从理论上说，认为资本主义和社会主义之间的矛盾比资本主义之间的矛盾更为剧烈，这当然是对的。但从事实上看，第二次世界大战不是从垄断资本主义国家对当时唯一的社会主义国家苏联作战开始，而是从它们之间的战争开始的。由此可以看出，在实践上说，垄断资本主义国家之间争夺市场的斗争，以及它们想把自己的竞争者淹死的愿望，比垄断资本主义国家和社会主义国家之间的矛盾更为剧烈。

至于当时垄断资本主义国家为什么不首先同苏联作战，斯大林的解释是：(1)资本主义国家之间的战争所提出的问题，只是某些资本主义国家对其他资本主义国家取得优势的问题，而对苏联作战所一定要提出的问题，却是资本主义本身存亡的问题；(2)资本家虽然宣传苏联侵略，但他们并不相信苏联的侵略，他们估计到苏联的和平政策，知道苏联不会进攻资本主义国家。

斯大林认为，垄断资本主义国家之间的矛盾，比它和社会主义国家之间的矛盾更为剧烈，这是正确的。但他的论证存在问题，首先，从理论上说和从实践上说，两者自相矛盾，正确的论证法是从实践上升为理论。其次，对当时垄断资本主义国家为什么不首先向苏联作战的解释，有些论点还要研究。这就是资本主义国家对苏联作战提出的问题，是资本主义本身的存亡问题，所以不敢向苏联作战。如果说，这样一来会引起无产阶级起来推翻资本主义统治，那么，这种可能性也同样存在于垄断资本主义国家之间的战争，十月革命就是这样取得胜利的。这里斯大林事实上说，资本主义国家如果进攻苏联，苏联就从自卫、进攻、到占领其土地，最终改变其社会制度。这虽然是苏联的历史经验的总结，但这历史经验的正确性尚待研究。

其实，正确的答案，斯大林已经提供了，那就是：垄断资本主义国家彼此要淹死其竞争对手,而社会主义国家是不会进攻资本主义国家的。

毛泽东也认为帝国主义国家间的矛盾,比帝国主义国家同社会主义国家之间的矛盾更为尖锐。1946 年,当时还没有社会主义阵营,美国大肆进行反苏战争宣传,他就指出在当时它的意义是"压迫美国人民和向资本主义世界扩张它的侵略势力",是夺取在美国和苏联"中间隔着极其辽阔的地带,这里有欧、亚、非三洲的许多资本主义国家和殖民地半殖民地国家"。①1956 年,埃及将苏伊士运河收归国有,英国派兵去打,美国乘机进去,把地方霸起来,他对此评论说:"帝国主义之间闹,互相争夺殖民地,这个矛盾大些。他们是假借跟我们的矛盾来掩盖他们之间的矛盾。"②

第二节　垄断资本主义国家的内外基本政策

垄断资本主义国家的内外基本政策,是在它们分析其内外基本矛盾的基础上制定的。它们要处理的矛盾有两个。

一是垄断资本主义国家的国内矛盾,即垄断资本主义集团之间和国内殖民地的矛盾。这两对矛盾的实质是,垄断资本财团既要削弱竞争对手、拆散国内被压迫人民反垄断资本主义统治的联合战线,又要增加和扩大剥削垄断利润。这种关系,从根本上说是经济关系,所以,垄断资本主义国家的对内政策,在维护垄断资本主义统治的前提下,最重要的是经济政策。在经济政策中,最重要的是货币政策(金融政策)和财政政策。现以美国为例加以说明。美国著名经济史学家福克讷在《美国经济史》一书中指出,通货膨胀主义者和通货收缩主义者之间的冲突,在一定程度上是美国历史上永远存在的。他确实看到了事实。以目前的情况来说,轻度的通货膨胀,由于能降低实际工资,对一切资产阶级(包括中小资本家)都有利。但通货膨胀程度的高低,对不同的资本家来说利害不同。膨胀程度过高,使商品在一般市场上销售困难,对一般中小资本家以及不由国家包买其产品的垄断资本家,

①　《毛泽东选集》(第四卷),人民出版社 1977 年版,第 1137 页。
②　《毛泽东选集》(第五卷),人民出版社 1977 年版,第 342 页。

都是不利的。苏联著名经济学家瓦尔加在《二十世纪的资本主义》一书中指出,美国著名经济学家汉森代表工业资本的利益,赞同有调节的通货膨胀;而花旗银行的刊物代表银行资本的利益,赞同稳定的通货。瓦尔加把工业资本和银行资本分裂开来,当然是不对的,因为这两者结合为金融资本,但他的分析却是正确的。这就是说,工业资本作为生产资本,要求轻微的通货膨胀,以便还债时减轻负担,同时,其固定资本也因此而涨价,没有损失;银行资本作为财产资本,要求稳定的通货,以便收取本金和利息时没有损失,同时,其财产都在证券上,便要求在利息已定的条件下,不要膨胀通货,以免吃亏。由于这样,在通货膨胀率高低的问题上,不同的垄断财团有不同的政策主张。

财政政策主要是预算资金怎样使用和预算资金怎样筹集,后者还包括赤字财政还是平衡收支的问题。从目前看,预算资金的使用主要有两大部分:国防费用和福利费用。前者的大小,与以生产军需用品为主的垄断财团有密切关系;后者的大小,与以生产一般用品为主的垄断财团、一般中小资本主义企业有密切关系。在福利费用大小的问题上,一般资本家和工人的利害关系又是相反的。垄断资产阶级在福利费用的问题上,既要代表本财团的利益,削弱另一种财团,又要达到挑拨中小资本家和工人的团结的目的。在预算资金筹集问题上,有各种税收的税率高低,赤字财政和平衡收支等问题。一般说来,后两者和通货膨胀程度高低有关;主张膨胀程度高的,也主张赤字财政,并且赤字程度高些,反之亦然。

二是垄断资本主义国家的国外矛盾,即它和国外殖民地以及民族独立国家、其他垄断资本主义国家、社会主义国家之间的矛盾。第一种矛盾就是所谓的南北矛盾,或者说基本上是南北关系;第二种矛盾就是所谓的盟国关系;第三种矛盾就是所谓的东西关系。总的说来,垄断资本主义国家,要以南北关系、东西关系的解决,服从于盟国内部关系的解决,换句话说,它要以垄断资本主义国家的利益为前提来解决矛盾。

这里以美国第二次世界大战后的对苏政策为例,加以分析。第二次世界大战中,美国的主要目标是重新瓜分世界,建立美国的世界霸权,而苏联是卫国战争,彼此参加战争的目的不一样。它们虽然结成盟国,反对德、意、日法西斯,但由于目标不一,步调就不能一致,盟国在战争末期便发生裂痕。

第二次世界大战甫告结束,盟国就完全分裂。核心问题是美国在第二次世界大战中发展得很快,战后要扩张,它向谁下手? 夺取谁的势力范围? 我认为它主要是夺取英、法的地盘,但在反对共产主义的名义下进行。英国是完全了解美国的企图的,它挣扎着想保留自己的势力范围。为此,便有丘吉尔1946年在美国富尔敦的演讲,提出说英语的民族团结起来,反对共产主义。英国也在反共的名义下,企图把美国拴住。美国不予理睬。在这之前不久,美国战略思想家乔治·凯南,当时在美国驻苏使馆任职,从莫斯科向美政府发来一封长电报,专门分析苏联的动向;1947年,他又化名 X 先生,在美国《外交季刊》上发表一篇著名文章,专门分析苏联对外政策和对外行动的根源。凯南的战略思想是为美国对外扩张服务的,目标是夺取英、法的地盘,手段是反对共产主义蔓延。这样,杜鲁门主义出笼了,主要是援助希腊、土耳其,这两个国家原是英国的势力范围,由于英国战后经济衰落,无力解决希腊的内战和土耳其的经济困难,于是美国开进去了;马歇尔计划出笼了,主要是援助西欧,使其经济恢复,这样,就置西欧于美国的控制之下;杜鲁门第四点计划出笼了,主要是援助殖民地国家,即取代英、法殖民帝国的地位。以上三者都是在扼制共产主义的名义下进行的,其逻辑是,贫困产生共产主义,而美国援助能医治贫困。接着而来的是,美国打着联合国的旗帜,发动侵朝战争,这是杜鲁门主义的第二个试验场所。美国就这样,在反对共产主义的名义下,取代了英、法,成为最大的帝国主义国家。

美国的战略目标始终不变,但策略却经常变化。50年代中期开始,它便以关心民族解放运动为名,将英、法的力量排挤掉。这就是在1956年埃及苏伊士运河危机中出笼的艾森豪威尔主义,即所谓的填补真空,也即填补英国撤出后的中东这个真空。这样,美国压倒了英国,将势力范围扩大到中东。

到了60年代,第二流的垄断资本主义国家经济恢复了,在政治上开始和美国对立了,从这时起,美国便开始重视盟国之间的关系,有意识地将其他矛盾的解决服从于它和盟国之间的矛盾的解决。美国著名国际问题专家和政治家基辛格认为,在美国的对外关系中,东西关系是第一位,盟国关系是第二位,南北关系是第三位;布热津斯基则认为,盟国关系(美、西欧、日本的三边关系)是第一位,南北关系是第二位,东西关系是第三位。排列秩序、具体做法,可以变化,但其目标始终不变,即美国要成为世界霸主,首先要控制其盟国。

从根本关系说,垄断资本主义国家的内外基本政策的决定原则是一样的。但是,它要有一个基地,才能向外发展。从这点看,对内政策决定对外政策,或者说后者是前者的发展。一般说来,国际形势变化了,对外政策也要变化,但这种变化最终还是受到对内政策的影响。例如,第一次世界大战前,美国对外政策中有自由派、国际派和保守派、孤立派两大派之对立,前者主要干预欧洲事务,后者反对这种干预。分析一下便可以看出,前者代表东北部的老财团,它们要向外扩张;后者代表中西部的新财团,它们要开拓国内市场,为此预算资金的使用方法就不同,在外交政策上就有分歧。由于老财团的势力大,美国终于参加了第一次世界大战。在第二次世界大战中,美国也有两种对立的对外政策。在大战中,西部和南部的财团发展起来了。它们主张亚太战场第一,欧洲战场第二,反对开辟欧洲第二战场;老财团主张欧洲战场第一,亚太战场第二,延迟开辟欧洲第二战场。在亚太战场问题上,前者主张大打,多花军费,从南中国登陆,穿过中国大陆,登陆日本;后者主张小打,少花军费,从太平洋岛屿作战,登陆日本,以便腾出手来,在欧洲大打,多花军费。结果是老财团的主张获胜。借手蒋介石打内战,也有两派主张,其实质和上述相同。

垄断财团争夺预算资金的斗争,尤其是争夺军火定单的斗争,在很大程度上决定了垄断资本主义国家的军事技术路线。战后初期,杜鲁门当政时,美国强调三军并重,原子武器和常规武器并重。艾森豪威尔当政时,美国强调空军和原子武器,理由是没有足够的财力来三军并重,两种武器并重。真正原因是,他代表的财团垄断了原子武器生产,于是便修改了杜鲁门的军事技术路线。这种问题一直延续到现在。例如,B_1 轰炸机的制造问题。这种轰炸机只是 B_{52} 的改进型,早已落在苏联逆火式轰炸机之后,为什么要大量制造呢? 有位记者指出,除了主事人与军火商有了默契,为了补偿当年所花的那笔研究费用和取得利润之外,实在找不出其他理由了。

正是这样,我们就可以理解,为什么美国从战后初期对苏的强硬政策,改变为目前的对苏缓和政策。因为对苏强硬,发展军火生产,最初虽然有利于新老财团,但新财团得益更多,以致变得咄咄逼人,因此,从 70 年代开始,美国掌握政权的老财团都实行对苏缓和政策。当然,由于垄断财团之间有矛盾,过程会有反复,但只要老财团的力量大于新财团,对苏缓和的趋势会占上风。现在的凯南变成缓和派,其原因就在于此。

第三节　垄断资本主义基本矛盾发展的趋势和社会主义国家应该利用的矛盾

垄断资本主义的基本矛盾是错综复杂和相互影响的。这里只能简要地分析其趋势。

先分析垄断资本主义国家和国外殖民地、民族独立国家之间的矛盾的趋势。这两者的矛盾,实质上仍然是帝国主义国家和殖民地之间的矛盾,因为民族独立国家多数仍受新殖民主义控制。帝国主义在经济上对它们进行殖民剥削,是巩固不合理的国际分工、阻挠它们实现工业化,以便自己生产资本和知识密集的产品,它们生产劳动密集的产品,然后两者交换,再在这个基础上以制定各种形式的垄断价格、开办跨国公司、控制货币金融制度等来剥削它们;对它们的政治统治,则以种种形式的殖民帝国条约、协定为工具。殖民地和民族独立国家由于政权不是无产阶级领导的,反垄断资本主义的斗争就受到限制[①],集中表现就是在经济上仍然要依赖原来的宗主国或新的"宗主国",使自己的经济被对方操纵,为对方服务,没有彻底改变只出口几种初级产品的局面,没有实现工业化。它们对帝国主义的斗争,集中表现为反对不合理的国际贸易,成立各种销售产品的组织,争取制定合理的价格。它们之间也成立经济一体化的组织,互相支援。帝国主义则进行挑拨离间,分化瓦解。它们的斗争大部分还属资产阶级民族革命的性质,其目的在于发展资本主义。这样,如何利用帝国主义矛盾,尽快实现工业化,是十分重要的。

　　[①]　有的进步经济学家(如激进派经济学家伊曼纽尔)认为,落后国工资特别低,从这方面使资本有机构成低,资本在国家之间可以自由流动,国际生产价格形成,落后国商品的生产价格低于价值,垄断资本主义国家则相反,两方交换,也是大量劳动交换小量劳动,贫国受富国剥削。因而主张落后国对出口商品要征税,以便截留一部分剩余价值。因种种原因,这个办法没有实行。运用得较好的石油武器,在运用中存在分歧,削弱了自己的力量。

再分析垄断资本主义国内矛盾,即垄断资本主义集团之间的矛盾,以及它们和中小资本主义企业、个体生产者、工人之间的矛盾的趋势。前者取决于各垄断集团的经济发展,以及国外、国内矛盾发展对它们的影响;当然,各垄断集团的发展也影响国外、国内矛盾。例如,国内经济形势的恶化,使里根当选为美国总统,里根代表的垄断财团使其对中国台湾变得较前亲近。后者由于垄断资本主义国家的统治阶级一方面采取加强国外剥削,以减轻国内矛盾的政策,另一方面采取离间无产阶级和其他被压迫的社会阶层的政策,即有时加强福利政策,以安抚无产阶级,而损害中小资本家,有时又削减福利,以安抚中小资本家,而损害无产阶级,来破坏它们团结起来反对垄断资本主义统治的联合阵线。由于这样,直到现在,垄断资本主义的统治,从国内来看,尚未受到威胁,无产阶级革命的主观条件尚未成熟。这对矛盾的解决,看来要以殖民地国家在经济上真正结束殖民地地位为条件。

最后分析垄断资本主义国家之间的矛盾的发展趋势。首先要指出,由于垄断资本主义之间的矛盾,不论战后科技革命如何使生产力进一步社会化,如何使资本关系国际化,全世界垄断资本主义的一体化,即单一的超国界的垄断资本主义是不可能的,在资本关系国际化中,始终有两种趋向结合在一起,即一体化和集团化,后者是排他的。总的说来,战后初期,美国完全控制其他垄断资本主义国家的局面,从 50 年代后期、60 年代初期开始发生变化。西欧资本主义国家经济恢复后,其发展趋势是:从煤钢联营到建立经济共同体,共同体的参加国从原来的六国到目前的十国,从流通领域的共同调节到生产领域的共同调节,从经济共同体向政治共同体发展。但是,首先,应该看到,西欧垄断资本主义国家之间存在矛盾,因此,经济一体化最初便分为两个集团,即以英国为首的自由贸易区和以法、德为首的经济共同体;共同体成员国之间也存在矛盾,最初主要的是法、德之间的矛盾,英国参加共同体后,便成为英、法、德之间的矛盾,从其发展趋势看,共同体能否巩固并向政治共同体发展,值得注意。在这个问题上,只看到共同体的一致性,看不到其内部的对立性,是片面的。其次,应该看到,这些存在利益矛盾的国家能建立共同体,其目的在于调节内部矛盾对付美国,并在对付美国的过程中同日本竞争,夺取势力范围;最后,苏联扩张主义威胁西欧,共同体又具有对付苏联的作用。日本在 50 年代后期发展为经济大国,同美国的矛盾加剧；它设想的"环太平洋经济圈"，是要和美国争夺东南亚。在同西欧、日本的竞争中，美国原来的优势地位正在下降。美国经济实力相对下降后，金融力量也下降，70年代初期美元再不能等同于黄金，美国用以束缚其他垄断资本主义的一个重要工具又告失灵。在政治上，美国通过《北大西洋公约》和《美日条约》，把西欧诸国和日本拴住。但经济利益冲突，西欧和日本能否和美国站在一起，值得注意。

　　垄断资本主义的矛盾，社会主义国家都可以利用。社会主义利用这些矛盾，首先要从共产主义的利益考虑，而不是单从本国或本民族的利益考虑，当然，本国的利益也是共产主义的利益，从根本上说两者是一致的。但遇到不一致时，就应把共产主义的利益放在第一位。

　　从这原则出发，在垄断资本主义国家和殖民地、民族独立国家的矛盾中，总的说来，社会主义国家应站在后者这一面，即支援它们的反对垄断资本主义的斗争，而不必要以它们走社会主义道路为条件，使矛盾向着有利于后者的方向解决。

　　对垄断资本主义国家内部的矛盾，尤其是垄断财团之间的矛盾，要很好地利用。主要问题在于，它们的矛盾影响其内外基本政策，这些政策和共产主义运动的发展有密切的关系。恩格斯曾经指出，19世纪80年代美国开始改为实行自由贸易政策，这意味着共产主义可能在英国胜利，因为这个政策打破了英国长期以来对世界的垄断，这便使英国无产阶级资产阶级化不可能，其革命性加强。后来，英国组成大英帝国这一殖民帝国，仍获得巨额利润，部分工人资产阶级化，没有能够爆发社会主义革命。但恩格斯的洞察力是值得我们学习的。从目前来说，我们要分析垄断资本主义垄断财团的矛盾，及其对内外政策的影响，以及这些政策和共产主义运动、民族解放运动、社会主义建设事业的发展的关系。例如，从里根代表的财团便可以知道，他上台后必然密切美台关系、增加军事费用、削减福利支出等，由此制订我们的对策。

　　利用垄断资本主义国家之间的矛盾尤为重要。主要是利用它们的矛盾同一个集团暂时妥协，孤立另一个集团，拖延帝国主义战争的爆发，加紧社会主义建设。当年的苏联就这样做。它曾经想同英、法集团妥协，孤立德、意、日集团，但由于英、法集团的策略是怂恿德国进攻苏联，以收渔人之利，拒绝与苏妥协。于是,苏联便在德国愿意停止反苏,放弃所谓的《防共协定》,承认苏联边疆不可侵犯的条件下,与德国妥协,签订互不侵犯协定,拖延了战争爆发时间。但问题是不能在利用时丧失警惕。苏联在卫国战争前夜,缺乏真正的警惕性,以致德国突然进攻,陷于被动。毛泽东在 1940 年 12 月也说:"虽然共产党是反对任何帝国主义的,但是既须将侵略中国的日本帝国主义和现时没有举行侵略的其他帝国主义加以区别;又须将同日本结成同盟承认'满洲国'的德、意帝国主义,和同日本处于对立的英、美帝国主义加以区别;又须将过去实行东方慕尼黑政策危害中国抗日的英美,和目前放弃这个政策改为赞助中国抗日时的英美加以区别。我们的策略原则,仍然是利用矛盾,争取多数,反对少数,各个击破。"①落后国家建设社会主义也要利用它们的矛盾,在自力更生的基础上,利用其资金和技术,以便加速建设。

社会主义国家利用垄断资本主义国家的内外矛盾,团结广大的反垄断资本主义的力量;全世界人民真正团结一致,揭露垄断资本主义国家发动战争的阴谋,同霸权主义、扩张主义的一切表现进行坚决的斗争,打乱其战略部署,削弱其战争支柱,利用它们的矛盾,便有可能拖延世界大战的爆发,保卫世界和平。

无产阶级并不无条件地反对战争,因为国内革命战争是阶级斗争的最高形式,是被压迫阶级推翻压迫阶级的统治的斗争手段,世界大战能使社会主义革命首先在一国获得胜利,这种战争能在破坏腐朽的政治上层建筑和生产关系中解放生产力。但无产阶级认为,从解放生产力的角度看问题,如果能不经过战争,不破坏生产力和社会财富,就能达到消灭剥削制度的目的,当然更好。尤其是资本主义制度,由于生产商品和剥削剩余价值,是一切剥削制度中最能发展生产力的制度,是社会主义的物质基础,如能不经过世界大战和国内战争便能推翻它,保留着巨大的生产力和社会财富来建设社会主义——共产主义,那当然是很好的。

前面我们说过,垄断资本主义国家的矛盾,是它们之间发生战争的根源。在第一次世界大战前夕,没有一种社会力量能够阻止这次战争的爆发。

---

① 《毛泽东选集》(第二卷),人民出版社 1977 年出版,第 722 页。

当时,只有1912年召开的两次国际社会民主党会议,分析过爆发帝国主义国家间的战争的问题。但是,各国垄断资产阶级煽动资产阶级爱国主义,宣传祖国利益受到威胁的滥调,除俄国布尔什维克党和少数几个社会民主党领袖如卢森堡等人,提出正确的对待帝国主义战争的路线,即变帝国主义战争为国内战争,并使本国资产阶级政府在战争中失败的革命路线外,其余的大多数社会民主党领袖因受到资产阶级生活方式和世界观的影响,也宣传祖国利益受到威胁的滥调,在帝国主义国家发动战争的条件下,竟号召无产阶级为保卫祖国而战,其中的议员竟投票赞成军事预算。垄断资本主义的国内情况如此。殖民地和半殖民地、附属国也没有一种社会力量足以克服帝国主义发动战争的力量。这样,第一次世界大战便爆发了。

第二次世界大战爆发前,先有日本侵略中国东北、意大利侵略阿比西尼亚以及以英、法同德、意的矛盾为背景的西班牙内战,人民对战争的警惕是有的,并以行动加以反对。第三国际分析了法西斯主义的威胁和法西斯国家发动战争的危险,并一般地谈到这种战争的帝国主义性质,号召共产党应和广大人民结成反对法西斯主义的人民阵线,这无疑是正确的。但出于当时的特殊历史条件,第三国际并没有把反法西斯和反对资本主义制度的关系讲清楚,并且没有严格遵照列宁的教导,即战争的性质不决定于谁开始进攻,而决定于哪个阶级进行战争,在战争中贯彻哪种政策,而认为法西斯国家是侵略国,从而掩盖了战争的帝国主义性质。这样,法西斯国家的人民反对的只是法西斯主义,而不是带有社会主义目的的反对垄断资本主义;民主国家的人民的反对法西斯,由于同样原因,则变成是保卫资本主义的民主制度。在这个条件下,正如第三国际总书记季米特洛夫后来所指出的,第二国际的领导,便可以宣传"这个战争带有反法西斯的性质,以欺骗群众,以帮助资产阶级把民众驱上战场"。① 苏联和中国共产党虽然指出,即将发生的是帝国主义战争,交战的双方都是为了掠夺,但不可能制止帝国主义发动战争。这样,帝国主义之间的战争便爆发了。

现在帝国主义战争的根源仍然存在,而阻止它爆发的社会力量则在壮大。社会主义国家反对帝国主义战争,并揭露发动这种战争的阴谋;以民族

---

① 《季米特洛夫文集》,解放社1950年版,第382—383页。

独立国家为主体的不结盟运动,反对帝国主义战争,反对帝国主义侵略;这样,便有可能打乱帝国主义的战略部署,拖延战争的爆发。最重要的是,垄断资本主义国家的人民要识破帝国主义的宣传,马列主义的政党能够制订一条正确的路线,即以实现社会主义来反对帝国主义战争,如能这样,世界和平便能维护。这是一项非常艰巨的工作。

第十七章 资本主义垄断阶段向共产主义第一阶段的过渡

第一节 向共产主义第一阶段过渡的物质基础

资本主义生产方式的基本矛盾,即生产力社会化和资本主义占有之间的矛盾,要求生产资料的社会化来和生产力社会化的发展相适应,要求共产主义(其第一阶段是社会主义)来代替资本主义。垄断资本主义使这个矛盾更为尖锐,社会主义代替资本主义已开始成为现实。

马克思的科学社会主义和空想社会主义的重要区别在于:前者从生产力和生产关系的矛盾及其解决,来说明社会主义取代资本主义的历史必然性;后者从理性出发,从应该消灭剥削、建立平等社会出发,来说明社会主义的产生。按这种说法,奴隶制既然是剥削制度,它就应由社会主义来取代,其所以没有,只是由于没有出现像他们这一类改造社会的人物,如果那时出现了,人类社会早就进入社会主义了,历史就可以大大地缩短其过程。

在垄断资本主义阶段,国家资本主义和国家垄断资本主义是向社会主义过渡的重要物质基础。恩格斯首先提出,国家资本主义,即由于生产力社会化而产生的资本主义国营和地方国营企业,是这种过渡的重要物质基础的思想。恩格斯说:"只有在生产资料或交通手段真正发展到不适于由股份公司来管理,因而国有化在经济上已成为不可避免的情况下,国有化——即便是由目前的国家实行的——才意味着经济上的进步,才意味着在社会本身占有一切生产力方面达到了一个新的准备阶段。"[1]这里说的就是这个

---

① 恩格斯:《反杜林论》,人民出版社 1970 年版,第 274 页注。

意思。

国家垄断资本主义是向社会主义过渡的重要物质基础。列宁明确地提出，国家垄断资本主义是社会主义的入口，在它和社会主义之间，没有中间的梯级。在列宁的用语里，国家垄断资本主义既包括垄断资本主义的国营企业，又包括垄断资本主义国家对经济的调节、干涉、组织等。布哈林对这个问题也有类似的想法。他称国家垄断资本主义为国家资本主义托拉斯。他是在错误的纯粹垄断资本主义论的基础上提出国家资本主义托拉斯这个范畴的，认为它是国家政权、垄断组织和银行团的结合物。在这个条件下，只要政权归无产阶级所有，这些垄断组织和银行团便变成社会主义经济。

我想将国家资本主义和国家垄断资本主义区分开来。① 国家资本主义的实质及其成为向社会主义过渡的重要物质基础，已见上述恩格斯的理论。国家垄断资本主义是垄断资产阶级通过国家政权，再分配国民收入，使其对己有利的一种国民经济形式，其中既有国营企业，也有经济调节等措施，前者本身和后者的社会化、计划化因素，是向社会主义过渡的物质基础。

私人垄断资本主义同国家资本主义、国家垄断资本主义相比较，是向社会主义过渡的第二位物质基础，因为这种企业不是国营的，随着政权归无产阶级，并不能直接成为社会主义经济。列宁第一个全面地论述了私人垄断资本主义是向社会主义过渡的物质基础。他称帝国主义为垂死的资本主义，垂死的资本主义就是向社会主义过渡的资本主义。列宁明确地指出："既然大企业变得十分庞大，并且根据对大量材料的精确估计，有计划地取得数千万居民所必需的全部原料的三分之二甚至四分之三；既然运送这些原料到最便利的生产地点……是有步骤地进行的；既然从原料的依次加工一直到造成许多成品的各个工序是由一个中心指挥的；既然这些产品分配给数千万数万万的消费者是按照一个计划进行的……；那么很明显，摆在我们面前的就是生产的社会化……很明显，私有经济关系和私有制关系已经变成与内容不相适应的外壳了……"② 这就是说，私人垄断资本主义是向社

---

① 有些研究者认为，恩格斯所说的那种因生产力社会化而产生的国营企业，即我们称为国家资本主义的企业，在垄断资本主义条件下就是国家垄断资本主义企业，因而国家资本主义企业再也不存在了，这是一个应该进一步研究的问题。

② 列宁：《帝国主义是资本主义的最高阶段》，人民出版社 1964 年版，第 116 页。

会主义过渡的物质基础。

国家资本主义企业、国家垄断资本主义中的国营企业向社会主义过渡，根本不涉及垄断资本家的问题，因为这些都是垄断资本主义的国营企业，即使是其中的经理人员，从其担任的职务看，也并非垄断资本家。私人垄断资本主义向社会主义过渡，虽然涉及垄断资本家问题，但这里的垄断资本家完全是多余的人物，因为垄断企业是股份企业，管理企业的并不是垄断资本家本身，而是他们雇佣的经理人员。这就是说，社会生产发展到垄断资本主义阶段，垄断资本家是多余的，正如社会生产发展到资本主义阶段，大地主是多余的一样。

纯粹的垄断资本主义是没有的，在垄断资本主义阶段，仍然存在着私人资本主义。马克思第一个全面地论述了私人资本主义是向社会主义过渡的物质基础。马克思指出：随着资本集中的进行，"生产资料的集中和劳动的社会化，达到了同它们的资本主义外壳不能相容的地步。这个外壳就要炸毁了。资本主义私有制的丧钟就要敲响了。"[①]

在垄断资本主义阶段，也存在着个体经济。它并不是向社会主义过渡的物质基础。但在社会主义经济已经存在的条件下，由于有无产阶级政权的作用，它可以不向资本主义发展，而向社会主义发展。

垄断资本主义向社会主义过渡，说到底是由生产关系一定要适合生产力性质这一适用于任何社会形态的规律决定的。按照这个规律的要求，所有的垄断资本主义国家，甚至在它们尚未发展到垄断阶段的时候，就都应向社会主义过渡了。但是，由于资产阶级的和垄断资产阶级的政权，作为一种政治上层建筑，保护着生产资料的资本主义所有制，社会主义就不能自发地产生。从这个意义上说，这条规律在垄断阶段要实现其作用，要以社会的先进阶级结成一种足以摧毁这个反动的政治上层建筑的社会力量为条件。斯大林说："生产关系一定要适合生产力性质这一经济规律，早已在资本主义国家中为自己开辟道路。它之所以还没有为自己开辟出道路来，还没有获得发生作用的场所，是因为它遇到了社会上衰朽力量的强烈的反对。"因此，

---

① 马克思：《资本论》(第一卷)，载《马克思恩格斯全集》(第二十三卷)，人民出版社1972年版，第831页。

就需要有能够克服这种反抗的力量,即社会力量。"当时我国有了这种力量,这就是占社会绝大多数的工人阶级和农民的联盟。而在其他国家即资本主义国家中还没有这种力量。"①由于前面说过的原因,这种社会力量在许多国家尚未形成。

第二节　垄断资本主义条件下,各种经济成分向 社会主义过渡的形式

在资本主义的垄断阶段,存在着国营企业、股份企业、私人资本主义企业、个体经济,以及为数极少的合作企业,它们向社会主义过渡的形式是不同的。

国营企业,按照我们在前面的分析,包括两种经济成分,即国家资本主义和国家垄断资本主义中的国营企业,由于它们都属于垄断资产阶级的国家,随着政权归于无产阶级,它们就成为社会主义的国营企业。但是,这里要指出的是,这个政权必须是真正的无产阶级专政,而不能是在实行资产阶级新型两党制下,由资产阶级工人党轮流执政的政权,如像目前某些垄断资本主义国家的社会党、社会民主党和工党执政的政权,它们实行的国有化不过是国家垄断资本主义。这种国有化在一定条件下又可以变为非国有化。

股份企业一般属于私人垄断资本主义,在这种经济成分中,生产资料的所有权体现在股票所有权中,而股票又可以买卖,这样,这种私人垄断资本主义企业如何向社会主义过渡,就是一个非常复杂的问题。战后以来,股票面额化小,股票持有者增多,70年代的美国,股票持有者有3 500万人,使问题更为复杂。从原理上说,垄断资本家即控制股份公司的大股东的股票,要无条件地社会化,收归社会所有;中小股东的股票,即中小资本家、职员、自由工作者、工人的股票,一般说来,可以用购买的办法,收归社会所有,因为这些持有人本身是反垄断资本主义统治的社会力量,在一般条件下,是不能剥夺其股票的。马克思曾多次表示,如能对资本家实行赎买,对无产阶级来

---

① 斯大林:《苏联社会主义经济问题》,人民出版社1961年版,第5页。

说是最便宜不过的。对资本家尚且如此,对职员、自由职业者和工人,更应是这样。问题是怎样区分大股东和中小股东。各垄断资本主义国家的法律不同,不能一概而论。一般说来,持有优先股的,是中小股东;持有普通股的,是大股东;至于由工厂诱使工人购买的股票,那就更是另一种性质;有的股票是记名的,有的则不记名。总之,要由无产阶级领导和团结的各种社会组织,进行调查研究,加以区别,实行垄断股份公司的股票的社会化,在这个基础上,使私人垄断企业转变为社会主义企业。

某些国营企业也可能有私人股票,其社会化的原则和上述相同。

私人资本主义企业的社会化,要取决于经济和政治的具体条件,一般说来,可以采取对中小股东股票社会化,即购买或赎买的政策。俄国十月革命后,列宁曾提出对资本家采取赎买政策,其后由于后者和国际资产阶级相勾结,在国外武装干涉战争中反对无产阶级政权,由于这个特殊的政治原因,俄国才对资本家采取剥夺、没收其财产的政策。

个体经济社会化的形式,是集体化即合作化。这个问题,马克思没有谈到,是恩格斯在马克思逝世后提出来的。马克思主要是通过英国来剖析资本主义的生产关系的,英国资本主义不仅在工业生产中,而且在农业生产中都很发达,个体经济很少,因此,马克思设想的生产资料社会化形式,只有一种,即归全社会所有。马克思在 1867 年出版的《资本论》(第一卷)中说:"资本主义的私有制,是对个人的、以自己的劳动为基础的私有制的第一个否定。但资本主义生产由于自然过程的必然性,造成了对自身的否定。这是否定的否定。这种否定不是重新建立私有制,而是在资本主义时代的成就的基础上,也就是说在协作和对土地及靠劳动本身生产的生产资料的共同占有的基础上,重新建立个人所有制。"[①]马克思在这里考察的是资本主义生产资料所有制的社会化问题,没有考察在他研究英国资本主义经济时可以忽视的个体经济的社会化问题,他在这里所说的重新建立个人所有制,从其肯定—否定—否定的否定的辩证法思想来看,说的是在生产资料社会化的同时,建立消费资料个人所有制;社会化和个人所有这就是否定的否定。对

---

① 马克思:《资本论》(第一卷),载《马克思恩格斯全集》(第二十三卷),人民出版社 1972 年版,第 832 页。

个体经济的社会化问题,是恩格斯在《法德农民问题》中提出来的。他认为,在资本主义的欧洲,除大不列颠和易北河东岸的普鲁士外,到处都有个体经济,主要是小农。他们是注定要灭亡的,但无产阶级政权不能加速其灭亡;他们的社会化,不能采取像对待资本家和大土地所有者那样,无论有无报偿都一样,因为这样做,他们在政治上就要离开无产阶级;此外,小农生产是个体生产,他们对集体的大生产方式是陌生的,这一点和工人不同。因此,对待他们要采取集体化、合作化的政策,并且要在示范和自愿的基础上进行。列宁发挥了这一思想,提出对农民要实行合作化的政策。

马克思从其设想的全社会占有生产资料出发,便认为在共产主义的第一阶段——社会主义阶段,商品生产消灭了。因此,马克思在他所有论述社会主义的著作中,都认为是不存在商品生产和货币经济的。恩格斯在1878年出版的《反杜林论》(事实上是他和马克思的共同著作)中明确地指出:"一旦社会占有了生产资料,商品生产就将被消除,而产品对生产者的统治也将随之消除。"①但是,历史发展却表明,生产资料的占有在社会主义阶段分为两种形式:全社会和集体,这样,商品生产和货币经济将继续存在;各种经济成分向社会主义过渡,是在商品货币关系中实现的。

在资本主义社会里,即使在垄断资本主义条件下,也存在着少量的合作社,即工业中的工人合作工厂和农业中的生产合作社。这种集体企业和股份企业不同,因为其资金所有者同时也是劳动者。在资本主义条件下,它具有半资本主义性质,是集体的资本主义,因为在信用制度下,它除按劳分配外,还要按资金大小分配,在竞争压力下,它扩大再生产时还要雇佣工人。在社会主义条件下,它逐渐全部实行按劳分配,限制和消灭雇佣劳动,成为完全的社会主义经济。

各种经济成分向社会主义过渡的另一面,是各种社会成分、各种社会阶层向社会主义过渡。其中特别成为问题的,是资产阶级、垄断资产阶级,以及他们的职能的担当者,即马克思所说的产业上的将官(经理)和士官(工头和监工),如何向社会主义过渡,即社会主义如何利用他们的问题。

我们知道,资本主义生产有以下特点,因此需要有人从事这方面的劳

---

① 恩格斯:《反杜林论》,人民出版社1970年版,第279页。

动。第一,社会化大生产,需要有一种组织生产的劳动,或指挥的劳动。第二,剩余价值生产,需要有一种监督劳动者的劳动,或监督劳动。第三,商品生产,需要有一种出售和购买商品、核算成本和价格、收支货币的劳动,或经营商品货币的劳动。第三种劳动虽然已经独立化了,已经发展成为和生产商品的劳动相平行的商业劳动和银行劳动,并已经有独立的商业部门和银行部门,但一个企业内部,仍不能缺少这种劳动,这就是采购、推销、财务的劳动。很明显,这三种劳动的性质,并不因由资本家本人担任发展为由其他人担任而发生变化。第一种劳动并不因资本主义生产消灭而消灭,因为它同社会化大生产相联系。第二种劳动因剩余价值生产消灭而消灭。第三种劳动要商品生产和货币经济都消灭了,才能消灭;或者精确地说,变成一种核算劳动的劳动,而成为第一种劳动的劳动中的一部分。

　　关于这些劳动的社会性质问题,马克思有一段很重要的说明。他说:"只要资本家的劳动不是由单纯作为资本主义生产过程的那种生产过程引起,因而这种劳动并不随资本的消失而自行消失;只要这种劳动不只限于剥削别人劳动这个职能,从而,只要这种劳动是由作为社会劳动的劳动的形式引起,由许多人为达到共同结果而形成的结合和协作引起,它就同资本完全无关,就像这个形式本身一旦把资本主义的外壳炸毁,就同资本完全无关一样。"①马克思在这里没有谈经营商品货币的劳动,因为他从更高一级的社会来考察问题,在那里,他认为不存在商品货币关系。马克思对共产主义条件下这些劳动性质的变化,有一个总的说明:"在资本主义生产方式消灭以后,但社会生产依然存在的情况下,价值决定仍会在下述意义上起作用:劳动时间的调节和社会劳动在各类不同生产之间的分配,最后,与此有关的簿记将比以往任何时候都更重要。"②

　　一般说来,当资本主义企业规模很小,工人提供的剩余价值量,还不能完全满足资本家积累和消费的需要时,资本家不仅要从事上述三种劳动,而且还要从事物质生产劳动。这时他事实上是一个从个体生产者到资本家的中间人物,即小业主。资本主义企业规模扩大了,他就不从事物质生产劳

---

　　① 马克思:《资本论》(第三卷),载《马克思恩格斯全集》(第二十五卷),人民出版社1974年版,第435页。

　　② 同上书,第963页。

动,而只从事上述三种劳动了。资本主义企业规模再扩大,他就不从事采购、推销、财务的劳动,而由跑街、会计去做。但只要他还是生产的或职能的资本家,而不是借贷的或财产的资本家,他总要从事第一和第二种劳动,这是职能资本家的根本职能,即马克思说的资本家管理的二重性,凡是职能资本家都是具有的。私人资本主义企业发展为庞大的垄断的股份公司,一方面,由于企业规模庞大,需要许多专业的知识才能管理;另一方面,由于股东只是财产资本家,本人并不管理企业,因此,管理企业的二种职能便分由一些专业人员担任,经理人员、监工、工头就是这样产生的。总的说来,监工、工头担任的是监督的职能。经理人员则通过对具体三种职能的专业人员的管理和监督,管理整个企业。因此,经理的劳动实质上有三种性质。当然,这里所说的经理,不是那种挂个名,其实际工作却是与政府当局周旋的经理。

由此就决定了这些社会成员向社会主义过渡的特点,总的说来,随着社会主义生产关系的建立,由于它是社会化的大生产,又存在着商品生产,消灭的只是剩余价值生产和由此而存在的剥削关系,因此,组织社会化大生产的劳动是需要的,监督劳动者的劳动是不需要的,与商品货币运动有关的劳动虽然也需要,但在资本主义条件下这种劳动中必然存在的欺骗、投机的因素则要去掉。根据这些原则,就可以说明无产阶级政权应如何对待这些社会成员了。中小资本家和一般资本家,其参加经营管理的经验是可以利用的。但这种经验是同监督工人、欺骗、投机结合在一起的,这样,就有一个分析批判的问题。这个道理也适用于中国的工商业资本家。陈云同志 1956 年9 月在"八大"上的发言指出:"我国的工商业资本家是否具有生产技术和经营管理的知识呢? 应该说,不像地主阶级和官僚资本家一样,我国民族资本家中的绝大多数人,具有不同程度的近代生产技术和经营管理知识。他们的生产技术和有用的经营管理知识,是我们所需要的。"工头和监工,由于其本质是监督工人的资本职能的执行者,同组织社会化大生产、经营商品货币无关,一般说来没有什么可利用的。当然,作为一种劳动力,他们同完全脱离生产、靠剪息票为生的垄断资本家一样,是可以利用的。

关于经理人员的利用问题,需要特别加以研究。我认为,除了那些实质上是垄断企业的政治代表的人之外,一般意义上的经理人员是可以利用其经验的。原则与上述对资本家经营管理经验的利用相同。这个问题，马克思和恩格斯都有论述。马克思说："那些不能在任何名义下，既不能用借贷也不能用别的方式占有资本的单纯的经理，执行着一切应由执行职能的资本家自己担任的现实职能"①，而这些职能除了其中的监督职能外，组织社会化大生产和经营商品货币的职能，社会主义是可以利用的。正因为这样，恩格斯便在《资本论》（第三卷）中论述这个问题的地方加注，他说："我知道这样一件事，在 1868 年危机以后，有一个破产的工厂主，变成他自己以前的工人的领取工资的雇佣劳动者。也就是说，在破产以后，工厂已经改组成工人的合作工厂，而由以前的工厂主担任经理。"②而根据马克思的说明，"在合作工厂中，监督劳动的对立性质消失了，因为经理由工人支付报酬，他不再代表资本而同工人相对立"。③ 适用于资本主义条件下的合作工厂的，当然也适用于社会主义的企业。

第三节　国家垄断资本主义经济和社会主义经济的历史联系

前面说过，国家垄断资本主义是国民经济的一种特殊形式，它不是为不可知的自由市场工作的，它存在着较多的计划化因素；在它以外的经济成分，则是一种市场经济。垄断资本主义过渡到社会主义时，这种计划化因素和市场经济可以被社会主义利用。社会主义的计划经济和市场调节同它有着历史的联系。

生产资料社会主义公有制，要求社会主义实行计划经济。社会主义公有制有两种形式，要求社会主义保存商品生产。这种商品生产可以是有计划的。社会主义实行各尽所能、按劳分配原则，劳动者根据其分配到的货币收入，去购买作为商品的消费资料。收入水平和价格水平调节消费品的流

---

① 马克思：《资本论》（第三卷），载《马克思恩格斯全集》（第二十五卷），人民出版社 1974 年版，第 436 页。

② 同上书，第 436 页脚注。

③ 同上书，第 436 页。

通。斯大林说："抵偿生产过程中劳动力的耗费所必需的消费品,在我国是作为商品来生产和销售的,而商品是受价值规律的作用的"[①],就是这个意思。消费资料中的必需品的流通,受上述因素的调节较少;而非必需品则受上述因素的调节较多。这就使消费资料的生产完全由计划指导是困难的,必须大部分由市场调节其生产。由于消费资料的生产大部分是由市场调节的,生产这些消费资料的生产资料的生产有一部分也要由市场调节。生产生产资料的生产资料的生产,则可以由计划指导。这样,社会主义生产存在着指令性的计划生产、指导性的计划生产、由市场调节的生产这样三部分,第一种的计划性最高、最强,第二种次之,第三种则不是计划生产。总起来,是计划经济为主、市场调节为辅。因为生产资料是公有的,生产最重要的生产资料的生产资料的部门是全民所有,并实行计划生产,再加上无产阶级政权的作用,所以,计划经济便是主要的,市场调节是受限制的。这样,社会主义便能利用曾经存在过的国家垄断资本主义的某些计划化因素和资本主义的市场经济。

在十月革命的前夕,列宁就探讨过国家垄断资本主义和社会主义这两种生产之间的历史联系的问题。这个问题的一个侧面就是两者都存在有不需要市场的计划生产。二月革命后,针对临时政府仍参加世界大战的情况,列宁指出,国家垄断资本主义就是由国家来指导全部企业,但究竟是为了谁的利益呢？为了地主和资本家的利益,这就是反动官僚制的国家,是帝国主义的共和国;为革命民主派的利益,这就是走向社会主义的步骤。因为社会主义不过是由国家资本主义垄断制前进的最近的一步,不过是把国家资本主义垄断制转过来服务于全体人民的利益,因而再也不是资本主义垄断制了。很清楚,转变的是内容而不是国家指导企业的形式,换句话说,国家垄断资本主义的计划化因素和社会主义的计划经济,在这一点上是有历史联系的。

1920 年,布哈林出版《过渡时期经济学》一书,列宁在对其评注中又谈到这个问题。布哈林说："当生产过程的不合理性消失的时候,也就是当自觉的社会调节者出来代替自发势力的时候,商品就变成产品而失去自己的商

---

① 斯大林:《苏联社会主义经济问题》,人民出版社 1961 年版,第 15 页。

品性质。"①布哈林这里说的商品所以变成产品,是由于生产无政府状态的消失,即全部国民经济变成国家垄断资本主义经济,不存在为市场进行生产的经济形式。列宁对此评论说:"对! 不确切:不是变成'产品',而是另一种说法。例如变成一种不经过市场而供社会消费的产品。"②这也是社会主义计划经济中的产品。根据列宁关于国家垄断资本主义是国民经济的一种特殊形式的理论和关于社会主义生产的理论,可以看出,这两者都存在这样的产品,两者分别存在计划化因素和计划经济时,前者可以转化为后者,它们有历史的联系。

1921 年,列宁在《十月革命四周年》中谈到,他们曾经打算,或者更正确些说未经充分思考就预定,单凭无产阶级国家的直接法令而在小农国家里按共产主义原则来调整国家的生产以及由国家进行的产品分配;实际生活指明了这是错误的。这说明,俄国在武装干涉战争时期,在消灭商品生产和违反价值规律要求的基础上,根据共产主义原则以法令在小农国家里计划生产和分配,并不完全是由战争这个原因引起的,这时实行的计划经济或战时共产主义,是不通过经济杠杆进行的,因而并不是对原有国家垄断资本主义经济中某些计划化因素的利用,更不是对原有资本主义市场经济的利用。

武装干涉战争结束后,苏联实行新经济政策,这时有市场调节,甚至产生过从市场投机中暴富的分子,即"耐普曼",但这时尚无计划经济,因为这时的"计划经济",实际上是战时共产主义某些方面的继续。再其后,苏联开始实行计划经济,但实际上又否认市场调节,不尊重价值规律的作用,以致在实际工作中出现过一吨谷物的价格和一吨面包的价格相等的主张,在理论工作中出现过在计划经济的基础上改造价值规律的提法,斯大林曾严厉批评过这类错误。大概从 60 年代开始,苏联才探索将计划经济和市场调节结合起来的具体做法。很明显,这时的计划经济和市场调节是从苏联经济中产生的,不是从原来的俄国经济中转变而来的。从这里出发,就看不到原

---

① 布哈林:《过渡时期经济学》,余大章、郑异凡译,生活・读书・新知三联书店 1981 年版,第 115 页。

② 列宁:《对布哈林〈过渡时期经济学〉一书的评论》,人民出版社 1958 年版,第 50 页。

来的国家垄断资本主义中的计划经济或计划化因素,同社会主义的计划经济有什么历史联系。

关于国家垄断资本主义经济和社会主义经济这两者之间的历史联系,除了说明无产阶级夺取了政权,前者便能直接变为后者之外,其他方面有没有联系,如有联系,其内容如何,这些问题在理论上尚未有详细的说明。

罗马尼亚的阿波斯托尔在其主编的《当代资本主义》(1973年)中,一方面说国家垄断资本主义是社会主义最完备的物质准备,另一方面又说"两种社会制度的某些技术和经济因素可能具有类似点,但这只是职能上的相似,而不是因果关系上的类似"。[①] 认为两者职能相似,这当然是对的,因为两者既存在着不需经过市场或经过有保证的市场的商品生产,即计划化因素和计划经济,又存在着需要经过市场或经过无保证的市场的商品生产,即市场经济和市场调节,虽然这两种相似的职能有不同的社会内容,但是,认为仅仅是职能上的相似,而不是因果关系的类似,也就是没有历史联系,就不一定对了。

我认为,这个论点是根据苏联一个国家建设的历史,并且是屈从于事实,而不是根据经济发展的规律,不是运用抽象法把一些扰乱因素予以舍象提出来的。苏联这个国家的建设曾经走过弯曲的道路,只根据这个事实提出来的论点,就可能不正确。

如果以这个理论指导今后的无产阶级社会主义革命,就必然认为无产阶级夺取政权后,在开始建设社会主义时,要打碎全部国家垄断资本主义经济,将存在于其中的机构、渠道、杠杆、方法等全部废弃不用,重犯俄国十月革命后,有人认为应该拆掉资产阶级遗留下来的铁路之类的错误。

如果我们不完全屈从于历史事实,而运用抽象法,从经济发展规律看问题,探讨一下一个具有发达的国家垄断资本主义经济的国家,发生社会主义革命后将要发生的情况,就会认识到,这些国家已有的计划化因素和市场经济中的有些因素是可以利用的。社会主义的计划经济和市场调节,同它们有历史联系。随着社会主义革命的进行,正确地解决这问题将是十分重要的。

---

① 格·普·阿波斯托尔主编《当代资本主义》,陆象淦、刘开铭译,生活·读书·新知三联书店1979年版,第305页。

第六篇
无产阶级帝国主义理论的创立和发展

本书从结构看,包括上下两部。上部即第一至第五篇,论述帝国主义经济与政治;下部即第六至第七篇,论述帝国主义经济与政治思想。第六篇论述无产阶级帝国主义理论的创立和发展。

第六篇共三章。第十八章评述列宁以前的帝国主义理论。从列宁的《帝国主义是资本主义的最高阶段》的序言和正文中,我们可以清楚地看出,列宁的帝国主义理论是对当时的实际政治经济情况进行研究,再对前人的理论加以扬弃的产物。

第十九章讲述列宁如何创立了无产阶级的帝国主义理论。我们侧重从方法论上说明列宁与其前人有何不同,从理论上说明列宁的理论和马克思的经济理论的联系。从这一点上说,列宁的《帝国主义论》应该是马克思的《资本论》的续篇。只是由于列宁当时的目的不在于全面分析垄断资本主义的经济关系,因而他才不认为《帝国主义论》是《资本论》的续篇。

第二十章论述无产阶级帝国主义理论的演变。由于种种原因,在列宁以后,无产阶级帝国主义理论的发展不是呈直线形的,而是起伏形的,有正确之处,也有错误,只有全面地加以总结,才能结合实际,发展无产阶级帝国主义理论。

第十八章　列宁以前的帝国主义理论

19世纪八九十年代以前，还没有帝国主义理论。因为宗主国将殖民地和它本身在政治上联结在一起，组成如像古代罗马帝国那样的现代帝国，大体上是19世纪80年代才开始的。大概在70年代中期，英国的世界工厂地位已受到挑战，第二次产业革命促使垄断资本主义的形成，各垄断资本主义国家为输出资本、争夺地盘而进行的斗争日趋激烈，英国首先将其殖民地和本土即大不列颠在政治上联结起来，组成大英帝国的雏形。帝国主义的概念便开始在经济、政治生活中出现。其后，1898年爆发的西美战争、1899—1902年爆发的英布战争，新旧两个大陆出版的经济和政治著作，越来越多地使用帝国主义这个概念。在这个历史条件下，便出现专门研究帝国主义的著作，帝国主义的理论便产生。这里按照这个理论发展的历史过程，根据它的方法的变化，分为三个小阶段来谈。

第一节　霍布森和希法亭的帝国主义理论

霍布森和希法亭是从资本输出的必要来说明帝国主义是一种政策而开始研究帝国主义理论的。英国经济学家霍布森于1902年出版的《帝国主义》，是历史上第一部系统地研究现代帝国主义的著作。该书除序言外，分帝国主义经济和帝国主义政治两篇，将帝国主义经济与政治合起来加以研究，这是很有启发性的；在帝国主义经济的研究中，指出帝国主义的经济寄生性更是非常正确的。

霍布森是从区别殖民主义、国家主义和帝国主义这三者来开始其对帝国主义的研究的。他认为："一个国家向无人居住或人口稀少的国家移民，移民充分地享有祖国的公民权利,或者建立近似祖国制度的地方自治,并在祖国的最后支配之下,这种殖民主义可以认为是国家的纯粹扩张,即是国家的种族、语言和制度在领土上的扩大"。① 这是殖民主义。我们以前说的移民垦殖殖民地,就属于这种情况。他又认为:"在殖民地与宗主国远隔的场合,历史上长此维持这种情况的殖民地是少有的。它们或者切断这种联系而另行建立国家,或者在主要方面完全保持政治上的束缚"②;前者从殖民主义发展为国家主义,后者则从殖民主义发展为帝国主义。大洋洲和加拿大的英属自治领,是从殖民主义发展为国家主义的典型例子。至于其他英属自治领如好望角和纳塔尔,由于那里的多数白人并非英国移民的后裔,而受他们统治的"劣等"人中又占人口的大多数,再加上气候和其他自然条件,他认为"这种殖民主义比大洋洲和加拿大殖民地,在时间的过程中更肯定要凭内在的成长发展成为各自的'国家主义'的"。③ 除此之外,英国的其他殖民地,"都显然是帝国主义精神的代表,而不是殖民主义精神的代表"。④ 这种由殖民主义发展为帝国主义的典型是:在这种殖民地国家里,"有相当一部分人口包括英国移民在内,他们和家属都是遵照英国的社会、政治习惯和法律生活,在多数情况下,他们是少数人对多数异邦的和隶属的人民进行政治和经济上的统治,他们本身则在帝国政府或其地方委任者的专制政治的支配之下"。⑤ 我们以前说的奴役土著的殖民地,就属于这种情况。霍布森认为,这种殖民地不仅是英国殖民地的标准情况,而且在其他欧洲国家的殖民地中几乎也是普遍的。

总之,"从英国和主要大陆强国的扩张所证明的帝国主义之成长,我们发现帝国主义和殖民主义之间的区别,这种区别已为事实和数字所证实,并且证明了如下的一般论断:

"第一,这种帝国主义扩张几乎都是在政治上并吞热带或亚热带的土地,白人是不愿在这些地方安家立业的;

---

① 约·阿·霍布森:《帝国主义》,纪明译,上海人民出版社 1960 年版,第 3 页。
② 同上。
③ 同上书,第 4 页。
④ 同上。
⑤ 同上。

"第二，几乎所有这些土地都稠密地居住着'低等人种'。"①我们在前面已经指出，这种白人不适宜于热带或亚热带从事体力劳动的理论，已经由苏联经济学家瓦尔加所列举的事实所粉碎：日本发动太平洋战争，将英、美等国的白人关进集中营，要他们从事体力劳动，他们完全胜任。

他也是从这种"种族论"来论证奴役土著的殖民地，不能和移民垦殖的殖民地那样发展为资本主义国家的原因。他认为，"在那些地区，白人殖民者带来了本国的统治方式、工业和其他文明的技术"；而在这些地区，却"出现了少数白人，其中有官吏、商人和工业家，他们对广大居民实行政治和经济统治，这些居民被认为是低等的，在政治上或工业上都不能行使相当的自治权"。② 他就这样离开生产关系，离开宗主国对它们的剥削，去说明它们不能发展为资本主义的原因。

现在的问题是，他怎样说明帝国主义的产生。他认为这与垄断的产生有关。他说，垄断的目的是限制产量以免发生生产过剩，为此，投资便受到阻碍，投资就要涌向国外寻求出路。这样，他就得到结论："帝国主义力图成为工业的大统制者，为它们在国内不能销售的商品和不能运用的资本寻求国外市场和国外投资。"③

但是，他并不认为帝国主义是从垄断中产生的。他说，并不是工业的发展需要开发新的市场和投资场所，而是消费力的分配不当阻碍了在国内吸收商品和资本。如果能够"让政治经济力量的倾向发生变动，把所有者的过剩收入或用于提高工人的工资，或用于向社会缴纳赋税，使它消费掉不储蓄起来……也就没有必要去争取国外市场或国外投资场所了"。④ 因此，帝国主义产生的根源是收入分配不当。

然而，单纯是对外贸易和投资，并没有必要去占领一个国家，这种情况就不能称为帝国主义，例如，英国有一段时间就是这样。因此，他认为要有几个国家争夺国外市场和投资场所，帝国主义才能产生。由于这样，这些国家就尽可能地垄断它们所能获得的市场，和它们的市场建立特殊的政治关

---

① 约·阿·霍布森：《帝国主义》，纪明译，上海人民出版社 1960 年版，第 21 页。
② 同上书，第 22 页。
③ 同上书，第 69 页。
④ 同上。

系。由于输出商品和资本而遇到竞争,就要采取垄断性的政策——这就是帝国主义。根据这种理论,他认为从历史事实看,"虽然为了便利起见,把1870年当作有意识的帝国主义政策开始的一年,但显然这一运动直到80年代中期才突飞猛进地发展起来"。①

他强调要有几个国家的竞争,才能产生帝国主义政策,因此,他就从是否存在竞争这一点去区别不同历史时期的帝国主义。他说:"被认为是一种政策的近代帝国主义的新奇之处,主要在于它为若干国家所采用。互相竞争的帝国这一观念,主要也是近代的事情。古代和中世纪帝国的根本概念,即是在霸权之下,用概括整个公认的世界的普遍名词,如罗马用所谓罗马的和平这一名词那样,把国家联合起来。"②

他既然认为帝国主义产生的根源是分配不当,那么,要消灭帝国主义,就要"在经济上稍加调整,使富人过剩储蓄中涌出来的增高泛滥水流的产品,能够转而提高这1/4贫乏的人的收入和消费标准,就不需要推行帝国主义,社会改革也就取得了伟大胜利"。③ 列宁对此批评说:"这样一来,资本主义就不成其为资本主义了,因为……民众的半饥半饱的生活水平,是这种生产方式的根本的、必然的条件和前提。"④

霍布森认为,帝国主义的前途就是帝国的联合,即联合帝国主义。他说:"如果我们必须主张世界上良好秩序和文明的任何合理保障,意味着要不断地将联邦原则应用到国际政治上去,则这种过程的初期步骤就似乎很自然地应采取国家联合的形式,这些国家是被共同的血统、语言、宗教和制度的纽带最密切地联系起来的。"⑤从这点出发,他很赞赏约瑟夫·张伯伦的论调,即这种制度的好处在于:爱尔兰在这种制度下仍然确实是帝国不可分的一部分。他的帝国联合的理论,不过是把英国的许多殖民地组成大英帝国或大英联邦,如同爱尔兰和不列颠组成联合王国一样。他认为这是使文明国家在将来趋向更广泛联合的一个步骤。到那时,如像在罗马帝国统治

---

① 约·阿·霍布森:《帝国主义》,纪明译,上海人民出版社1960年版,第15页。
② 同上书,第5页。
③ 同上书,第69页。
④ 列宁:《帝国主义是资本主义的最高阶段》,人民出版社1964年版,第56页。
⑤ 约·阿·霍布森:《帝国主义》,纪明译,上海人民出版社1960年版,第263页。

下的和平那样,联合帝国主义统治下的世界和平也就到来。列宁指出,这种论调其实是英国牧师的谎言,他们用此谎言来安慰在英布战争中丧失不少生命的英国小市民和工人。

奥地利经济学家希法亭于 1910 年出版的《金融资本论》,曾被认为是马克思的《资本论》的续篇。该书除序言外,共分五篇:货币与信用、资本动员、虚拟资本、金融资本与自由竞争的限制、金融资本与危机、金融资本的经济政策。该书是从流通出发,来研究资本主义发展的最新现象的。这就是说,他的方法论和马克思的方法论不同,马克思是从生产出发去研究资本主义发展的规律的。在这样做的时候,正如列宁所指出的,希法亭在货币问题上犯了错误,并且有某种把马克思主义和机会主义调和起来的倾向。因此,该书不能被看作《资本论》的续篇。虽然这样,该书对资本主义发展的最新现象作了一个极有价值的理论分析,提出了新的经济范畴,如金融资本、创业利润、资本掺水等,并对虚拟资本予以新的含义。

希法亭是在该书第五篇"金融资本的经济政策"中研究帝国主义的。该篇分五章:贸易政策的转变、资本输出和经济领地的争夺、金融资本与阶级、在劳动契约上进行的斗争、无产阶级与帝国主义。

他认为帝国主义是金融资本输出资本所采取的政策;资本输出的必要是由于垄断的产生。他说:"卡特尔导致投资放慢;因为在卡特尔化的工业里,限制生产是卡特尔的第一条措施,而在非卡特尔的工业里,利润率的下降趋势又使人不敢进一步投资。所以,一方面,用于积累的资本量迅速增加;另一方面,投资的机会却减少。这个矛盾需要解决,它在资本输出中得到解决,虽然资本输出本身并不是卡特尔化的结果。资本输出是一种与资本主义发展不可分离的现象。但是,卡特尔化使矛盾突然加剧,并使资本输出具有迫切性。"[①]

他将资本输出定义为:输出一种旨在国外产生剩余价值的价值;这种剩余价值要由国内资本来处理,假如一个德国资本家带着他的资本移民到加拿大,成为那里的生产者并且永远不返回德国,这将是德国资本的减少,是

---

① Rudolf Hilferding. *Finance Capital*, *A Study of the Latest Phase of Capitalist Development*, edited by Tom Bottomore. London: Routledge & Kegan Paul, 1981, pp.233-234.

德国资本的非国家化。这应该看成资本转移而不是资本输出,它使本国资本减少,外国资本增加。只有在国外使用的资本仍由国内资本来处理,它产生的剩余价值由国内资本来使用,这才能说是资本输出。[①]

金融资本输出资本要达到三个目的:"(1)建立最大可能的经济领土;(2)用建立保护关税壁垒的办法使这些领土同国外的竞争隔绝开来;从而(3)使它们成为国家垄断同盟进行剥削的地区。"[②]金融资本实行的这种政策,就是帝国主义。很明显,实行帝国主义政策,是由于金融资本输出资本时遇到剧烈的竞争。这一点,他的看法和霍布森相同。

现在的问题是,他怎样说明垄断的产生以及在他看来金融资本是什么。他说:"资本主义工业的发展使银行业的积聚得到发展。积聚的银行体系本身是达到资本主义积聚的最高阶段即卡特尔和托拉斯的重要动力。"[③]卡特尔和托拉斯又反过来影响银行业,使它合并和扩大,即使它也卡特尔化。这样,工业和银行的关系就进一步密切起来,因为卡特尔工业的资本并不全是工业资本家的,有相当大比例的资本是来自银行的。"由此可见,工业对银行的依赖是财产关系的结果。越来越多的工业资本不属于运用工业资本的工业家。他们只有通过银行才能支配资本,银行代表着这种资本的所有者。另一方面,银行也只好把自己越来越多的资本投在工业上,通过这种方式,银行家越来越变成工业资本家。我对通过这种方式,在货币资本形态中实际上已变成工业资本的银行资本,称为金融资本。"[④]换句话说,金融资本是属于银行家所有而由工业家使用的货币资本。这完全是一种财产关系,犹如土地属于土地所有者而由农业资本家使用是一种财产关系一样。因此,在他看来,金融资本的产生,不是由于生产中发生垄断,而是由于在流通中存在着工业家要使用银行家的货币资本这种关系。

他认为,随着垄断的发展,最终会出现由一个庞大的卡特尔囊括全部国民经济,从而竞争完全消灭的局面。他说:"独立的工业越来越从属于卡特

① Rudolf Hilferding. *Finance Capital*, *A Study of the Latest Phase of Capitalist Development*. Tom Bottomore ed., London: Routledge & Kegan Paul, 1981, p.314.

② Ibid., p.326.

③ Ibid., p.223.

④ Ibid., p.225.

尔化的工业,并最后被它们吞并。作为这个过程的结果,就会产生一个总卡特尔。整个资本主义生产由一个主管机构有意识地加以调整,这个机构决定一切生产领域的生产规模"。这样一来,"随着生产无政府状态的消失,商品价值对象性的幻象消失了,货币也消失了"。[①] 这就是所谓的纯粹垄断资本主义论,即全社会非垄断资本主义全部消灭,而囊括全部国民经济的垄断资本主义经济又属于一个庞大的垄断企业。如果情况确实是这样,商品生产和货币就真的可以说是消失了。但是,纯粹垄断资本主义论是错误的。因为第一,正如前面说过的,垄断企业要攫取垄断利润,就不能全部消灭非垄断资本主义经济;第二,垄断不消灭竞争,只要有竞争存在,就不可能出现一个总卡特尔囊括全部国民经济的局面。

在 20 年代资本主义经济处于相对稳定的时期,希法亭将纯粹垄断资本主义论发展为有组织的资本主义论。他在 1927 年 5 月德国社会民主党基尔代表大会上,作了一个题为《社会民主党在共和国中的任务》的报告,其中说及:"我们目前正处在这样的资本主义阶段,在这个阶段中,资本主义纯粹由盲目的市场规律所统治的自由竞争时代基本上被克服了,我们达到了资本主义对经济的组织化,也就是从各种力量的自由比赛的经济达到了有组织的经济。"如果问题仅仅是这样,这不过是纯粹垄断资本主义论的翻版,两者的错误相同。

新的问题在于:他认为这样一来,社会主义者就获得了领导经济的原则,而资本主义就自己放弃了它能够提出来攻击社会主义的主要反对意见,因为有组织的资本主义实际上意味着用有计划生产的社会主义原则来代替自由竞争的资本主义原则。认为计划生产就是社会主义原则,如前面已讲过的,是不正确的,因为在垄断资本主义经济中,是存在着计划生产的。由此出发,他就认为,资本主义经济在一方,国家组织在另一方,两者明显地对立起来,因此,只要把这个由资本家组织和领导的经济,变成一个由民主国家领导的经济,这就是社会主义了。因此,社会主义不过是由资本主义民主国家领导的纯粹垄断资本主义经济。

---

① Rudolf Hilferding. *Finance Capital*, *A Study of the Latest Phase of Capitalist Development*. Tom Bottomore ed., London: Routledge & Kegan Paul, 1981, p.234.

应该指出的是,自从希法亭提出计划生产是社会主义原则后,形形色色的资产阶级思想家都把垄断资本主义说成社会主义。

列宁曾经指出,写《金融资本论》时的希法亭还是个马克思主义者。这从他关于无产阶级应当怎样对待帝国主义的论述中,可以清楚地看出来。他说:"由于除了帝国主义外,资本不可能采取其他政策,无产阶级就不能用一种从工业资本统治时期产生的政策来反对它;用一种从自由贸易和反对国家干涉时期产生的旧政策去反对发达的资本主义政策,对无产阶级来说是没有用的。无产阶级对金融资本的经济政策——帝国主义——的回答,只能是社会主义。无产阶级政策的目标不可能是现在那种恢复自由竞争的反动理想。"[1]

关于实现社会主义的步骤,希法亭从其对金融资本的认识,即从工业资本完全是由银行所支配的这一点出发,认为"甚至在今天,占有柏林的六个大银行,就意味着占有最重要领域中的大工业",因而"完全没有必要将剥夺过程扩展到大部分的农场和小企业,因为掌握了它们久已依赖的大工业,其结果就是它们也间接地社会化了,恰如工业已直接社会化一样"。[2] 由于希法亭认为金融资本是在流通中产生的,是银行家所有而由工业家使用的资本,而帝国主义是金融资本的政策,这样,要反对帝国主义、实现社会主义,便只要在流通领域实行社会化,即将最大的银行实行社会化便可以了,其他的可以不动。这就是流通社会化社会主义论的萌芽。

第二节　卢森堡和考茨基的帝国主义理论

德国社会民主党的重要领袖卢森堡于 1912 年出版的《资本积累论》,离开资本输出的必要性,单纯从资本积累,即部分剩余价值变为资本所必需的条件,来论证帝国主义是一种政策。她写该书的目的,是为了说明即将爆发的战争是资本主义国家为了争夺用来进行资本积累的经济领地的战争,以

---

[1]　Rudolf Hilferding. *Finance Capital*, *A Study of the Latest Phase of Capitalist Development*. Tom Bottomore ed., London: Routledge & Kegan Paul, 1981, p.366.

[2]　Ibid., p.368.

便提高社会民主党对即将到来的战争性质的认识,使社会民主党议员在战争预算问题上投反对票。这个目的没能达到。该书出版后,环绕着资本积累问题,发生很大的争论。为此,1915 年当她在监狱时,写了一篇答辩的长文——《资本积累——一个反批判》。该文在她牺牲在敌人的屠刀之下以后,于 1921 年出版。这两本著作贯串着同样的思想。

《资本积累论》除原序外,共分三篇:一,再生产问题;二,本问题的历史发展;三,积累的历史诸条件。她在第一篇第七章《对马克思扩大再生产图式的分析》中,集中地批评了马克思的资本积累即社会资本扩大再生产理论;在第三篇第二十六章《资本的再生产及其社会环境》中,在进一步批评马克思的基础上,集中地提出她自己的资本积累理论,她的帝国主义理论就是其资本积累理论的逻辑结论。

她是在提出其资本积累理论后,作为一种结论提出帝国主义理论的。她的资本积累理论,是对马克思的社会资本再生产理论的批判。她完全理解马克思的社会资本扩大再生产的理论,即用于积累的剩余价值,可以在社会生产两大部类、在资本家和工人两个阶级中实现,从实现的条件来说,是不需要非资本主义的经济成分和资本家和工人以外的社会成分的,即不需要"第三者"的。因为用于积累的剩余价值,其物质担当者一部分是生产资料,另一部分是消费资料,在积累即进行扩大再生产的条件下,前者用作追加的生产资料,后者用作追加劳动力即工人的消费资料。这就是说,随着积累的进行,无产阶级的人数以及他们的消费也在增加。

她不同意马克思的理论,在第七章,她反驳说,用于积累的剩余价值给谁使用呢? 按照马克思的图式,第一部类采取主动,它用来生产更多的生产资料。那么,谁使用这些增加的生产资料呢? 这个图式回答说:生产消费资料的第二部类需要它。那么,谁使用这些增加的消费资料呢? 图式回答是第一部类,因为它现在雇佣更多的工人。这样,"我们简直是在兜圈子。为了维持更多的工人,因而生产较多的消费品,并为了使这些过剩的工人得到工作,因而生产较多的生产资料——从资本主义观点看来,这样做是荒唐的"。[①] 其实,这一

---

① 卢森堡:《资本积累论》,彭尘舜、吴纪先译,生活・读书・新知三联书店 1959 年版,第88 页。

点也不荒唐,因为竞争的压力迫使两大部类都要扩大生产。

她还认为,按照马克思的扩大再生产图式,用于积累的那部分剩余价值,资本家和工人都没有更多的货币去购买它,因而它不能实现。她显然认为,资本家用于个人消费的那部分剩余价值,资本家们是有足够的货币去购买的。这样提出和理解问题是不对的。正如马克思所指出的,不论有没有剩余价值生产,问题只能是这些全部商品价值借以进行交换的货币从何而来;它们是生产金银的资本家提供的,他们生产货币商品,其中的不变资本、可变资本和剩余价值都作为货币投入流通,从流通中取得商品。[①]

她不同意马克思的理论,在第二十五章反驳说:"从而,这些资本家们就成为一种为扩大生产而扩大生产的糊涂虫了。"[②]因为从积累中,资本家个人没有得到任何利益——用于积累的剩余价值,一部分用来购买生产资料,一部分用来雇佣工人,工人再用它来购买消费资料。其实,资本主义生产本身就是一种为了扩大生产而扩大生产的社会生产,因为在竞争的压力下,资本主义企业只有不断扩大生产才能存在和发展。

自以为"反驳"了马克思,卢森堡就提出了这样的理论:用于积累的剩余价值不能由资本主义经济本身、不能由资本家和工人,而要由非资本主义经济、要由资本家和工人以外的"第三者",如个体生产者来实现,即资本家将这部分剩余价值卖给"第三者",从"第三者"手中拿到货币,这样,剩余价值便实现了。但是资本主义再生产并没有扩大,因为这需要追加的生产资料和劳动力。卢森堡认为,资本主义生产存在的矛盾,使其工业发展快于农业,它扩大再生产所需的原料和其他农产品,要靠非资本主义经济来提供;她甚至认为,资本主义扩大再生产所需的劳动力,也要靠非资本主义社会成分来提供:这两者的来源都是非资本主义经济或"第三者"。于是,资本家又将实现了的剩余价值即手里的货币,向"第三者"购买用于扩大再生产的生产资料、劳动力,后者又将得到的货币在非资本主义经济中购买消费资料。资本积累的条件和过程,就是这样。

---

①　马克思:《资本论》(第二卷),载《马克思恩格斯全集》(第二十四卷),人民出版社 1972 年版,第 537 页。

②　卢森堡:《资本积累论》,彭尘舜、吴纪先译,生活·读书·新知三联书店 1959 年版,第 262 页。

因此,她的结论就是:"资本化的剩余价值……只有在资本主义外部,无条件地通过非资本主义生产和社会阶层及社会形态,才能找到购买者。"[1]由于这样,她就认为,"资本如果没有全地球的生产资料与劳动力,那是不成的"。[2] 换句话说,在她看来,资本主义生产必须是一个以其他经济成分为其存在条件的世界体系。

从分析中,我们看到,她虽然指责马克思的理论是一种把资本家看成为了扩大生产而扩大生产的糊涂虫的错误理论,但是,她自己提出的理论最终也回到这一点上来。因为按照她的公式,用于积累的剩余价值,同样没有给资本家个人带来利益,得到利益的是"第三者",他们生产的物质资料有一部分出售了,他们中的一部分人成为工人。所以,不管如何翻来覆去,资本主义生产不能不是一种为了扩大生产而扩大生产的社会生产。马克思在分析社会资本再生产的条件时,将国外贸易因素,将资本主义经济和非资本主义经济之间的交换予以舍象,是完全正确的。因为将这些因素拉进来,只起扰乱的作用,而无助于分析。这些非资本主义经济的再生产,从实质上说,也要按照马克思揭示的社会资本再生产的条件来进行。

卢森堡的帝国主义理论,不过是她的错误的资本积累理论的逻辑结论。她说:"'帝国主义'是一个政治名词,用来表达在争夺尚未被侵占的非资本主义环境的竞争中所进行的资本积累的。"[3]这就是说,资本主义需要一个非资本主义的环境来进行资本积累,当它可以独自自由地得到这样的环境,如一国在国内进行资本积累,或如英国一国在世界上进行资本积累,而没有其他国家同它进行竞争时,帝国主义是不必要的。帝国主义的产生,是由于争夺、竞争而引起的。在这一点上,卢森堡的分析和霍布森、希法亭的分析相同。

卢森堡当然知道,作为资本积累场所或环境的"第三者",即使是自然经济,随着积累的进行,它在同资本主义的交换过程中也会变成商品生产,而商品生产在一定的历史条件下,就会变成资本主义生产。这样,它原来是资

---

① 卢森堡:《资本积累论》,彭尘舜、吴纪先译,生活·读书·新知三联书店 1959 年版,第283 页。

② 同上书,第288 页。

③ 同上书,第359 页。

本积累的场所,现在反过来要求其他的非资本主义经济成为它的资本积累的场所。这样,发展到最后,所有非资本主义经济都变成资本主义经济,资本积累的场所就最终消灭了。资本主义经济由于没有积累的场所,积累不能实现,它就自动崩溃。因此,她又说:"帝国主义虽是延长资本主义寿命的历史方法,它也是带领资本主义走向迅速结束的一个可靠手段。"①这就是说,帝国主义这种政策,一方面为资本主义夺得资本积累的环境,因而延长资本主义寿命,另一方面使资本积累的环境变成资本主义,它也要求资本积累的环境,因而带领资本主义走向灭亡。

照这样说来,无产阶级是可以坐等资本主义的自动崩溃,而无需起来推翻它的。但是,卢森堡毕竟是一只革命之鹰,她认为资本主义自动崩溃的过程是非常缓慢的,因而她振臂高呼:"在正式达到这个资本自己创造的经济绝境之前,国际工人阶级起来反抗资本的统治已成为一件必要的事情了。"②她自己也在革命行动中献出生命。

如上所述,卢森堡认为要有一个'第三者',资本积累才能实现,这种理论是错误的。但这并不是说,她在分析过程中提出的一切论点都是错误的。不是的。我认为,由她明确地提出来的某些理论是正确的,科学的帝国主义理论应该将其吸收进来,以便更加完善。

我说的是卢森堡根据其资本积累理论,提出国内市场和国外市场这对新的经济范畴,或者说,对这对范畴予以新的含义。她说,从经济的观点看,"德国与英国在相互交换商品上,主要构成国内市场,……但德国工业与德国农民间的交换,就德国的资本上看,表现为国外市场的关系"。③根据她的理论,德国和英国两者的资本主义经济间的交换,即所谓的国内市场,显然不是资本积累所必需的条件;而德国资本主义工业和德国农民之间的交换,即所谓的国外市场,显然是资本积累所必需的条件。因此,她认为国外市场,从而国际贸易是资本主义经济存在的必要条件。根据我们的分析,这种看法当然是错误的。但是,将它用到垄断资本主义的分析上却是正确的。

---

① 卢森堡:《资本积累论》,彭尘舜、吴纪先译,生活・读书・新知三联书店1959年版,第359页。
② 同上书,第376页。
③ 同上书,第290页。

因为垄断资本主义赖以存在的垄断利润是来自非垄断资本主义经济的,而前者攫取垄断利润的主要方法,是在同非垄断资本主义经济交换商品时,运用各种形式的垄断价格。这样,垄断资本主义同非垄断资本主义之间的交换,即卢森堡所说的国外市场(她说的国外市场是资本主义同非资本主义之间的交换,这里的国外市场是垄断资本主义同非垄断资本主义的交换),便是垄断资本主义存在的条件。因此,垄断资本主义才是真正的世界体系。这也就是帝国主义的经济内容。

但是,我认为,为了准确起见,卢森堡所说的国内市场和国外市场,应该改称为内部市场和外部市场,这是从经济成分的交换来区分的:同种经济成分的交换构成内部市场,不同种经济成分的交换构成外部市场。卢森堡的原意,也不是从国家的角度来区分这两者的。

应该说,最初提出这个问题的是列宁。他在1899年出版的《俄国资本主义的发展——大工业国内市场形成的过程》中写道:"国内市场与国外市场的界限在什么地方呢?采用国家的政治界限,那是太机械的解决办法,而且这是否是解决办法呢?如果中亚细亚是国内市场,而波斯是国外市场,那么把希瓦与布哈拉列在哪一类呢?如果西伯利亚是国内市场,中国是国外市场,那么把满州放在哪一类呢?"①很明显,列宁的这些提法,只有从同种经济成分交换构成国内市场,不同种经济成分交换构成国外市场,才能理解。不过列宁没有这样明确地说。卢森堡在这个基础上明确地说了,这无疑是正确的。②

德国社会民主党和第二国际的重要领袖和理论家考茨基关于帝国主义的论著很多,其中,最集中地表明他对帝国主义的看法的,是1914年出版的《帝国主义》和1915年出版的《民族国家、帝国主义国家和国家联盟》。③后者是前者的继续和发展。

考茨基不是从输出资本的必要,而是从资本积累即社会资本扩大再生产的必要,来论述帝国主义是一种取代自由主义政策取得农业原料的政策。

他认为,任何社会生产(包括简单再生产和扩大再生产)都要有一定的

---

① 《列宁全集》(第三卷),人民出版社1959年版,第544—545页。
② 我个人认为,外部市场这个范畴是建立世界经济学不可或缺的范畴。
③ 两者都是刊登在《新时代》杂志上的论文。

比例关系,这种比例关系不仅存在于生产资料生产和消费资料生产这两大部类生产之间,而且存在于工业生产和农业生产这两大物质生产部门之间。资本主义的特性是扩大再生产,但是它的农业生产增长落后于工业生产的增长,资本主义越发达,这个矛盾越严重。如不解决,资本主义扩大再生产就不可能。

他早在1899年出版的《土地问题》中,就提出了资本主义农业发展落后于工业发展的问题。在分析了资本主义城市兴起、农村衰落之后,他写道:"资本主义生产方式在其继续发展中,在一切国家内迟早总要把工业变成输出的工业,不以国内市场为满足,而是要为世界市场而生产。在同一限度内,资本主义生产方式把农业降低到甚至不能给自己保证国内市场的那种生产的阶段上,农业生产的意义随着世界的生产而更加低落。"①这时的考茨基还是从资本主义生产关系方面来说明农业落后的原因。但在《帝国主义》中,他开始强调自然的或技术的原因了。他说,农业所从事的是活的机体的生产和再生产,不能通过增加所花费的劳动来随心所欲地加速或扩大这种生产和再生产。反之,工业只要拥有足够的原料和劳动力,就能不断地扩大。

只要资本主义工农业之间的比例失调这个矛盾不解决,它就有时表现为生产过剩,其原因是工业品在农业地区的销路不像工业生产增长那么快,这就构成工业危机;有时又表现为生产不足,其原因是农业提供的粮食和原料没有工业发展要求的那么多,这就引起物价高涨。

他认为,为了解决这个矛盾,资本主义工业民族必然产生扩大同农业地区的交换的意图。它必然要扩大同农业地区的交换,才能解决上述矛盾,才能进行扩大再生产。但是,实现这种意图可以有不同的经济政策。

一种是自由贸易政策。从历史上看,曾经是世界工厂的英国,就是通过自由贸易政策取得它所需要的粮食和农业原料。这时的英国供给各国工业制品,这些国家则供给英国粮食和原料。换句话说就是,这时的英国在工业生产、航运外贸上统治着世界,因此,它便实行自由贸易政策来解决工农业生产之间的矛盾。

---

① 考茨基:《土地问题》,梁琳译,生活・读书・新知三联书店1955年版,第350页。

但是,这种情况后来发生变化。西欧各国和美国东部各州同英国的工业相对立,从农业国发展成工业国。它们以保护关税来对抗英国的自由贸易。不仅如此,它们也像英国那样,要向农业地区取得原料。这些国家之间的竞争使自由贸易政策被另一种政策所取代。

这另一种政策就是帝国主义政策。由于竞争剧烈,资本主义国家就把农业地区加以统治,变成自己的殖民地,或者间接地当作势力范围,不让其他国家染指,并阻止当地发展工业,迫使它们只从事农业生产。这种取代自由贸易政策的政策,就是帝国主义政策。两者都是为了取得农业品和工业品销售市场,但产生于不同的历史条件,表现形式不同。

因此,他对帝国主义的定义是:帝国主义是高度的工业资本主义的产物。它体现在每个工业资本主义的这种要求中:征服和兼并越来越大的农业地区,不管其中居住着哪些民族。

从上述可以看出,认为资本主义国家之间的竞争加强,它们才分别实行帝国主义政策,这一点考茨基和霍布森、希法亭、卢森堡是相同的。

正如列宁所指出的,考茨基的帝国主义定义是错误的。因为帝国主义并不单是征服一个民族的问题,也不是兼并农业地区问题,而是要统治任何一个地区、民族和国家,说到底是为了取得垄断利润。考茨基所说的,恰好不是垄断资本主义的政策,而是自由资本主义的殖民政策。

考茨基也谈到资本输出促使帝国主义政策的实现。但资本输出的原因,并非由于垄断形成使资本发生过剩,而是由于要从农业地区运输粮食和原料,从 19 世纪 70 年代开始便要用现代化的运输工具,如铁路,修铁路的资本是工业民族供给的。他认为这就是资本输出。由于要保护这些资本,工业民族的资本家就让自己国家的政府来管理这些农业民族和地区。这就促成了帝国主义的形成。

他认为,帝国主义作为高度发展的工业资本主义国家统治和奴役农业地区的政策,只有当这些地区的居民或资本主义工业国家的无产阶级,已经强大到足以粉碎资本主义枷锁的时候,对这些地区的奴役才会结束。因此,帝国主义的这一面,只有通过社会主义才能被消灭。

但是,他认为帝国主义还有另一面,即占领和奴役农业地区的要求,引起资本主义工业国家间的尖锐对立,这是当时已成为事实的世界大战的根源。可是,世界大战结束后,就不会存在继续进行军备竞赛的经济上的必要性了,因为任何一个有远见的资本家都要向他的伙伴们大声疾呼:全世界资本家联合起来! 因此,从帝国主义大国的世界大战中,也能够产生其中最强大的国家的联合,它将结束军备竞争。从帝国主义的这一面看,由于出现世界和平,它便消灭了,因为帝国主义者的神圣同盟代替了帝国主义。

他认为,为了实现世界和平,不能将民族国家发展为多民族国家。这是因为,通过征服毗连的其他民族地区,将民族国家发展为多民族国家,虽然能扩大市场,但这种做法所付出的代价和包含的危险都很大,它同广大群众的民主要求背道而驰。国家联盟就不是这样。

考茨基还设想了这种国家联盟的过程和形式。他认为,资本主义的发展使民族形成,并以民族为基础组成民族国家,高度发展的资本主义工业国家,又发展为征服农业地区的帝国主义国家,以帝国主义国家为基础,可以组成各种国家联盟。

不列颠国家联盟是其中最大的一个。除不列颠外,它由两大支柱构成,即三大农业殖民地(加拿大、南非、澳大利亚)和东印度。但他认为加拿大和澳大利亚已经不是殖民地,而是现代民主的独立国家,即民族国家。而印度如不留在不列颠国家联盟内,则受到俄国的威胁,因此,它要留在不列颠国家联盟内,它自己组成印度联邦,然后与加拿大联邦、澳大利亚联邦和南非联邦一起团结在联合王国的周围,并且组成所谓举世无双的国家联盟。这是具有同等权力的国家联合成国家联盟。

他认为美利坚合众国、俄罗斯帝国也是一种国家联盟。

这种联盟可以采取多种多样的形式,它既可以是由一个若干联盟组成的联盟;也可以表现为一种富于伸缩性的国家形式,有无限的发展可能性,最终可以一直发展到世界联盟。

他还认为,从纯经济的观点来看,资本主义不是不可能再经历一个新的阶段,也就是把卡特尔政策应用到对外政策上的超帝国主义阶段。这就是,不同的金融资本集团日益发展的国际融合,使现在的帝国主义政策被超帝国主义政策代替,联合起来的金融资本对世界的共同剥削便可以代替它们之间的斗争。这样,世界和平也就到来。

考茨基这种国家联盟论和超帝国主义论,如列宁所指出的,事实上就是霍布森比他早 13 年提出的帝国联合论。列宁指出,他这种理论的真正社会意义只有一个:"拿资本主义制度下可能达到永久和平的希望,对群众进行最反动的安慰,其方法就是使人们不去注意现代的尖锐矛盾和尖锐问题,而去注意某种所谓新的将来的'超帝国主义'的虚假前途。"①

第三节　库诺和布哈林的帝国主义理论

德国社会民主党领袖库诺于 1915 年在《新时代》杂志上发表了《党破产了吗?——关于党内争论的一封公开信》,表明他对帝国主义的看法。

他同上述几个思想家不同,认为帝国主义不是一种政策,而是资本主义发展的一个阶段。他说:"我不得不承认,我几乎在任何地方都找不到这样的论述:新的帝国主义发展阶段同过去那些发展阶段例如大的机械工业的形成一样,也是一个从资本主义的新的、内部的、金融的生存条件中生长出来的发展时期,一个通向社会主义的必然的过渡的阶段。这个阶段不过是进一步的、加强了的资本主义,在其中起主要作用的不再像从前那样是原来的工业资本,而是当权的金融资本。"

认为帝国主义是资本主义发展的一个阶段,如工业资本主义阶段是工业资本占统治时期的历史阶段一样,帝国主义是金融资本占统治时期的资本主义历史阶段,这种看法是正确的。唯其他在这一点上是正确的,便引起主张帝国主义是一种政策的考茨基对它加以攻击。考茨基说,论述帝国主义的不同作者对这一政策的细节理解不同,但几乎全体一致地把帝国主义看成政治制度,不是"经济制度",不是"进一步的、加强了的资本主义",而是在其中占统治地位的资本家阶层的政策。

但是,库诺却将这个理论用来为垄断资本主义的统治辩护,在这样做的时候,他完全背离了马克思主义。

他说:如果帝国主义不是偶然的东西,而是通向社会主义的资本主义发展道路上的一个必然阶段,那么,认为我们必须铲除帝国主义,这个要求就

① 列宁:《帝国主义是资本主义的最高阶段》,人民出版社 1964 年版,第 108 页。

同机器大工业时期,工人要求毁掉机器,规定只许用手工方式生产一样,是非常可笑的。因此,他认为不能消灭帝国主义。

这是一种极其错误的理论。首先,不能将根据社会发展规律的趋势,提出消灭帝国主义的革命任务,同不认识社会发展规律、错误地毁坏机器的行动相提并论,前者是在认识了规律的客观性之后,发挥主观的能动性,并且帝国主义是非经推翻就不会自动消灭的。其次,历史发展的必然性并不意味着人们不应加速历史的发展,恰恰相反,认识它的必然性后,就能加速它的发展。

他认为,有些理论家提出帝国主义没有生存权的理由只是:资本占有着一个小阶层从帝国主义得到的利益,而工人、小手工业者、农民和中间阶层等大多数人没有从中得到利益。他认为这种说法是不对的,因为古代奴隶经济、罗马的大地产、隶农制经济、封建制度、行会制度、资本原始的积累等,对多数人来说都是不利的,可是它们都存在过。

当然,帝国主义必然要灭亡的原因,并不在于它对多数人是不利的,而在于它使生产社会化高度发展,而占有却是私人的、资本主义的,这就必然要求生产资料公有制代替私有制,以便同生产社会化相适应。

他认为无产阶级应当这样对待帝国主义,即无产阶级不断地加强对国家政权的影响,或者像通常所说那样夺取政权,并且把政权用于以下的目的:使经济发展的好处不仅对资本寡头政治有利,而且也由国家和工人分享越来越大的份额。因而这不是消灭帝国主义,而是保护帝国主义。

正因为这样,他虽然抽象地说帝国主义是资本主义的历史阶段,但是具体地却认为,当代的资本主义发展阶段决不是最后阶段,而是资本主义的一个新的更高的发展时期,并且带来了新的资本主义的经济结构。

列宁针对库诺这种辩护论调批评道:他认为"帝国主义是现代资本主义,资本主义的发展是不可避免的和进步的,所以帝国主义也是进步的,所以必须跪在帝国主义面前歌功颂德"![1]

俄国及其后的苏联布尔什维克党重要理论家布哈林的帝国主义理论,集中地表现在他于 1915 年写成、1918 年出版的《世界经济与帝国主义》一书中。这本书的简略本最早刊登在 1915 年出版的布尔什维克杂志《共产

---

① 列宁:《帝国主义是资本主义的最高阶段》,人民出版社 1964 年版,第 84 页。

党人》上。为了反对卢森堡的资本积累的帝国主义理论,他于 1925 年出版《帝国主义与资本积累》,其中,关于帝国主义的理论是前书有关理论的重申。

《世界经济与帝国主义》共分四篇:一、世界经济与资本国际化的过程;二、世界经济与资本国家化的过程;三、帝国主义是资本主义竞争的扩大再生产;四、帝国主义的未来与世界经济。

布哈林在该书中开宗明义,第一句就是:帝国主义是一个世界经济的问题;而世界经济则是"以世界为范围的各种生产关系以及与其相应的各种交换关系的体系"。① 他首创的这个世界经济的定义是正确的,因为世界经济当然不是各个国家的经济的总和,从这种总和是揭示不出经济规律的,只有研究各种并存的生产关系以及与其相应的交换关系的关系,才能揭示出与只存在于某一种生产关系的经济规律不同的另一些经济规律,这些规律赖以发生作用的经济关系便是世界经济。

尽管布哈林首创的世界经济的定义是正确的,但他对世界经济的增长的分析不完全正确。他认为,各民族间经济联系的增长,以及由它导致的以世界为范围的各种生产关系体系的增长,可以分为两种:一种是各民族间的联系在范围上扩大,扩展到那些尚未卷入资本主义生活的地区,这是世界经济在广度上的增长;另一种是它们向深度发展,越来越使自己加厚,这是世界经济在深度上的增长。他认为,在历史上世界经济同时朝着两个方向增长。其实,深度的增长并不能使不同的生产关系和交换关系的联系增加,因而按照世界经济的定义,它不应成为世界经济增长的一种方向。正确的提法应该是,资本主义向深度和向广度发展,相互促进,其结果是资本主义生产关系和非资本主义生产关系间的联系增长,从而世界经济增长。

他认为世界经济特别急剧的增长,尤其是 19、20 世纪之交的十年的增长,主要原因是世界资本主义生产力的异常发展,也就是技术的巨大进步。

帝国主义就是在世界经济增长中,资本出现国际化和国家化这两个过程的产物。

---

① Nikolai Bukharin. *Imperialism and World Economy*. New York: Monthly Review, 1929, pp.25-26.

资本主义的发展，必然使自己突破民族国家的界限，把非资本主义经济纳入资本主义经济的轨道，这个过程逐渐扩展到全世界。在其中充当物质手段的是铁路、海洋运输、电报、海底电缆。这样，资本主义的商品、劳动力和资本都在世界范围内流动，其结果就是资本的国际化。

对外贸易是资本国际化的重要内容。在论述这个问题时，布哈林从其对世界经济下的定义出发，针对卢森堡对国外贸易的解释，即认为国外贸易是资本主义和非资本主义之间的交换，加以评论："'外贸'一词不一定表明生产方式的区别"，最好改为"同非资本主义环境相交换"。[①] 在这里，布哈林提出了一个从世界经济的角度来看非有不可的经济范畴，即资本主义经济同另一种经济发生交换，这不应称为国外贸易或国外市场，但应称为什么，他没有明确回答。

很明显，单有资本国际化这个过程，帝国主义还不能产生。因为如果这个过程是顺利无阻地进行的，就当然不会出现帝国主义。但是，资本国际化过程的另一面，就是资本国家化过程。所谓资本国家化，说的就是随着垄断的产生和扩大，不仅一个民族国家的经济，完全由垄断资本和国家政权的结合体来掌握，而且在民族国家界限以外的、垄断资本在资本国际化过程中所到达的地区，也要由它来控制，这样，帝国主义就形成了。

关于从自由竞争中产生垄断，垄断完全消灭竞争，一个庞大的垄断组织囊括全部国民经济的理论，布哈林全部接受希法亭有关的论述。他也接受希法亭提出的金融资本这个范畴，但不同意它是一种银行资本家所有、工业资本家使用的货币资本，而认为"银行资本渗入工业，因而资本就变成金融资本"。[②] 这就是说，银行资本和工业资本日益混合生长，成为金融资本。列宁对此解释表示赞许。

相对于前人来说，布哈林对垄断问题有两点新提法。

第一，首创国家资本主义托拉斯，即国家垄断资本主义这个范畴及其理论。他认为，国家现在比以前更加是统治阶级的执行委员会。因为它不仅

---

① 罗莎·卢森堡、尼·布哈林：《帝国主义与资本积累》，柴金如、梁丙添、戴永保译，黑龙江人民出版社 1982 年版，第 258—259 页。

② Nikolai Bukharin. *Imperialism and World Economy*. New York：Monthly Review, 1929, p.70.

体现统治阶级一般的利益,而且体现他们集体表现的意志,它面对的再也不是统治阶级中的单个成员,而是他们的机构;政府变成企业家的代表们选举出来的委员会,成为由垄断组织和国家政权组成的国家资本主义托拉斯的最高指导机构。他认为存在着纯粹垄断资本主义,因此便认为国家垄断资本主义托拉斯存在着有计划的经济,不仅在不同生产部门的联系和相互关系方面,而且在消费方面也实行有组织的分配,这个社会里的奴隶取得他的一份口粮,他的一份构成总劳动产品的实物,他们取得的也许很少,但照样不会发生危机。

第二,认为竞争不存在于国内,只存在于国外。在国内,整个国民经济转变成一个在金融寡头和资本主义国家控制下的巨大联合企业,即一个垄断整个国内市场并为更高的社会形态进行有组织生产准备前提条件的企业,这样,竞争就不存在了。在国外,则与此不同。在那里,一方面是少数有组织的经济实体即最大的垄断同盟,另一方面则是落后的农业和半农业国家,前者当然要突破民族国家的界限去统治后者,但有障碍。"1.消除竞争,在一个国家范围内比在世界范围内容易得多(国际协定通常是在已经产生国内垄断的基础上产生的);2.现存的经济结构及由它导致的生产成本的差别,使这些协定对先进的国家不利;3.国家机器和国家疆界的紧密结合,成为一种日益发展的保护取得额外利润的垄断。"[1]这不外乎是说,越是发达的国家,其垄断组织越不想在国际上签订停止竞争的协定,一个国家制订保护关税,其他国家就无法渗入其领土,这样,竞争就在国际上进行;国际上的竞争就不容易消灭。其实,国内竞争同样是无法消灭的。在这里,布哈林的方法显然是二元的。

基于这样的认识,他便完全同意我们引用过的希法亭关于金融资本的政策要达到三个目的的论述,并且认为不可能有更好的论述,因而将它在其著作中重述一遍,然后接着说:经济领土的扩大,意味着农业地区和原料市场隶属于卡特尔,意味着销售市场和投资范围的扩大;保护关税政策的实行,便可能阻止国外竞争,攫取额外利润,并在外低价抛售商品;这整个制度使垄断组织的利润率迅速提高。金融资本的这种政策,就是帝国主义。[2] 从

---

① Nikolai Bukharin. *Imperialism and World Economy*. New York: Monthly Review, 1929, p.74.

② Ibid., p.107.

这一点看,这种理论不过是希法亭理论的复述。

但是,布哈林没有停留在这里,他要论证帝国主义是一个历史范畴。他说:"我们已经将帝国主义定义为金融资本的政策。我们同时揭示了这个政策的职能。它支持金融资本结构;它征服世界使其居于金融资本的统治之下;它使金融资本的生产关系代替前资本主义或资本主义的旧生产关系。正因为金融资本主义(必须将它和货币资本加以区别,因为金融资本已被说为银行和工业资本的同时存在)是一个历史时代,其范围被规定在最近几十年内,因此,作为金融资本的政策的帝国主义,是一个特定的历史范畴。"①

他还详尽地论证了帝国主义是特定历史条件下的征服政策。他说,帝国主义是一种征服政策,但并不是任何一种征服政策都是帝国主义;除了征服政策,帝国主义不可能实行别的政策,但海盗和商队也可以实行征服政策,因此,帝国主义意味着征服这是不言而喻的,但光是征服政策却说明不了问题;所以,重要的是要指出帝国主义是金融资本实行的征服政策,它包含着一系列的历史特点,最重要的就是,以金融资本的生产关系来代替前资本主义和资本主义的这些旧生产关系,即要指出在世界经济增长的历史条件下,金融资本实行的政策;所以,金融资本的征服政策表明帝国主义是一种存在于特定历史条件下的东西。他明确指出,金融资本主义时代是工业资本主义时代的历史继续,工业资本主义时代则是商业资本主义阶段的继续。②

尽管布哈林反复说明帝国主义是资本主义发展到金融资本主义这个特定历史阶段的、由金融资本实行的政策,尽管他的说明包含帝国主义是资本主义发展的一个历史阶段的意思,但是他并没有明确的认识。不仅如此,他有时又认为帝国主义同时也是一种意识形态。他说:"我们说帝国主义主要的是金融资本的一种政策。但是,别人也可以说帝国主义是一种意识形态。与此相似,自由主义从一方面看是工业资本主义的政策(自由贸易,等等),从另一方面看它则是一种完整的意识形态(个人自由,等等)。"③

---

① Nikolai Bukharin. *Imperialism and World Economy*. New York: Monthly Review, 1929, p.114.

② Ibid., pp.114-115.

③ Ibid., p.110.

这表明,随着 19 世纪 80 年代现代殖民帝国的产生而产生的帝国主义这个概念,人们最初只是按照在经济与政治生活中形成的含义去理解它,有人把它理解为经济政策,有人把它理解为意识形态(严格说来,经济政策也是一种意识形态,是另一种意识形态),即使思想家也是这样。对一个在生活中形成的概念,不按照生活常识那样去理解它,而要从科学的意义理解它,揭示它的本质,既要付出艰巨的劳动,又要运用正确的方法的。在这里,我们可以从马克思批判工资这个在日常生活中形成的概念,认为它不是人们所说的劳动价值,而是劳动力价值的转化形态,从这个政治经济学的伟大变革中得到启示。

布哈林从他的定义出发,批判意大利著名经济学家洛利亚关于帝国主义有两种类型的理论。他说,帝国主义这种政策意味着使用暴力,意味着战争,但这并不是说,只有扩张、征服并引起战争,才是帝国主义,问题在于是否反映金融资本的利益。为此,他便批判洛利亚。洛利亚认为,有两种帝国主义概念,它们包含着完全不同的关系,这就是经济帝国主义和商业或贸易帝国主义。前者的对象是热带地方的国家,后者则是其条件适合于欧洲人去殖民的国家;前者的方法是武装力量,后者则是和平协定;前者是毫无遮掩和不加区别的,后者则是有区别的:它们和母国两者,有的完全相同或实行统一关税制,有的不相同如实行特惠关税制,等等。布哈林批判说,两种帝国主义都是相同趋势的反映,关税问题最终会引起武装冲突,因此不应把"武装力量"和"和平协定"对立起来,何况我们也不能把经济帝国主义的产生只限于热带地方具有的性质,最好的证明就是南美、中国、土耳其和波斯的可能的命运。我们看得很清楚,洛利亚的论述当然是有缺点的,但其基本思想是要论证资本主义有两种殖民地,它们和母国或宗主国的关系不同,从这点看,他的论述是有意义的;布哈林虽然指出其缺点或错误,但不理解其基本思想,这是很不够的。

布哈林在其《帝国主义与资本积累》中全面地批判了卢森堡。他指出卢森堡关于帝国主义理论的错误。他说:她"奇怪地提出了资本主义扩张的经济根源的问题",并把"一切都归之为实现的可能性这个简单的公式。资本为什么需要一个非资本主义的环境呢?是为了实现在资本主义经济范围内实现不了的剩余价值。这样,实现问题就同更大利润问题分开了,从而同剥削非资本主义经济形式的问题也分开了"。① 这个批判尖锐、正确。针对卢森堡关于帝国主义的定义,他批判说:定义强调的是争夺尚未被侵占的非资本主义环境,这样,第一,争夺已成为资本主义的环境的,第二争夺已被侵占的所有环境的,就不是帝国主义了。这个批判同样尖锐、正确。

布哈林认为,帝国主义使无产阶级革命日益成熟。因为资本主义克服无政府状态的办法,是将它压到国家组织化的铁箍中,这样,在国内消灭了的竞争,却为世界厮杀大开方便之门,资本主义利用殖民地这个阀门以降低气压,来驯服工人阶级和减少社会矛盾,但这却为整个资本主义锅炉的爆炸准备了条件,资本主义用实行帝国主义征服的办法,使生产力的发展突破了以国家为界限的剥削,但用这种办法不可能解决问题,资本主义使武装冲突发生,使几百万人武装起来,他们觉悟了便转身把枪口对准资产阶级,把帝国主义战争变为国内战争。这时,金融资本专政将被革命的无产阶级专政所代替。

列宁对布哈林的《世界经济与帝国主义》评价很高。他看了手稿,便为其写序;序言指出:"布哈林这本书的科学意义特别在于:他考察了世界经济中有关帝国主义的基本事实,他把帝国主义看成一个整体,看成极其发达资本主义的一定的发展阶段。"②

---

① 罗莎·卢森堡、尼·布哈林:《帝国主义与资本积累》,柴金如、梁丙添、戴永保译,黑龙江人民出版社 1982 年版,第 263 页。
② 《列宁全集》(第二十二卷),人民出版社 1961 年版,第 94 页。

第十九章　列宁创立了无产阶级
帝国主义理论

从霍布森的《帝国主义》(1902年)到布哈林的《世界经济与帝国主义》(1915年),帝国主义的研究有了很大的发展,这主要表现为,不是单纯地把它当作一种政策来研究,而是把它看成世界经济中的基本事实,是资本主义发展到金融资本统治阶段所必然采取的政策来研究。虽然这样,这种已经取得很大的成绩的研究,还不是完全符合马克思主义的方法论的,因而在理论上还是有缺点的,换句话就是说,科学的无产阶级帝国主义理论尚待创立。列宁在1915年着手准备、1916年上半年写成、1917年出版的《帝国主义是资本主义的最高阶段》完成了这个任务。

第一节　列宁对帝国主义理论在方法论上进行的变革

列宁以前的帝国主义理论,在方法论上存在着很大的缺点。

前面已经谈到,霍布森和希法亭虽然看到垄断和由它产生的资本输出同帝国主义政策的实行有关,但说到底,他们并不认为这个政策是由垄断产生的。霍布森认为,资本输出虽然是由资本过剩引起的,但资本过剩的根本原因不是垄断,而是分配不当,即资产阶级占有的份额越来越大,而消费在这个份额中占的比重又越来越小,因此消费不了,发生过剩。所以,只要改变分配,提高人民群众的消费,帝国主义政策就是不必要的。希法亭虽然认为资本过剩是由垄断引起的,但垄断的形成不是生产发展引起的,而是流通中出现了巨大的信用机构即银行,它将社会上一切闲置的资本和货币集中起来,将巨额的货币资本借给工业家使用,工业才能以巨大的规模出现,才形成垄断。因此,说到底,垄断是流通引起的。所以,只要将巨大的银行实行国有化,工业垄断就自行消灭,帝国主义政策就是不必要的,社会主义就取代它。

卢森堡和考茨基和上述两人不同,他(她)们不是从分配或流通出发,而是从生产出发去研究帝国主义的产生,但又离开资本输出,只从社会资本积累和再生产的实现条件去说明帝国主义的产生。卢森堡从用于积累的剩余价值不可能在资本主义条件下实现,说明帝国主义就是资本主义为了争夺用于资本积累的非资本主义环境而实行的政策。其实,用于积累的剩余价值完全可以在资本主义条件下实现,即使将非资本主义环境硬拉进来,问题也不能解决,因为非资本主义最终也变成资本主义,这样,就必然导致资本主义自动崩溃论,即帝国主义政策自动消灭论。此外,她的理论不能说明这种政策必然具有的剥削性,因为它无法说明资本主义和非资本主义环境之间的交换必然包含着剥削与被剥削的关系。考茨基认为资本主义农业落后于工业,资本主义扩大再生产要向农业地区取得农产品,因而帝国主义只是一种政策,它是高度发展的资本主义工业国,取代自由贸易政策取得农产品的另一种政策。因此,只要全世界都在一个资本主义垄断组织的统治下,或组成国家联盟,就不必实行帝国主义政策,而只要实行自由贸易政策,高度发展的工业国便可以取得农产品。其实,实行帝国主义政策,不单是取得农产品,更重要是攫取垄断利润;不单要兼并农业地区,而要兼并任何地区。

库诺虽然认为帝国主义是从资本主义内部的、金融的生存条件中生长出来的,但是却离开垄断产生和资本输出来谈问题,并将其理论用来为帝国主义的永远统治辩护。

布哈林和所有上述思想家不同,他正确地从生产出发,从世界经济的增长出发,去说明帝国主义的产生,并认为帝国主义是世界经济中的问题。这是正确的,有创见性的。但是,他接受了希法亭的纯粹垄断资本主义论,认为垄断资本主义完全消灭了其他经济成分,一个庞大的垄断组织囊括全部国民经济,垄断完全消灭了竞争。这是错误的。他认为这只是国内情况。世界经济的增长,使资本主义经济必然突破民族国家的界限,出现资本国际化的趋势,这个趋势同时也是资本国家化的趋势,这样,在国家和国家之间,必然存在尖锐的竞争和冲突。这当然是正确的。但是,这种说法和否认国内存在竞争的说法，显然是自相矛盾的。其实，只要坚持从生产、从资本主义商品生产出发去分析问题，就必然要承认，垄断的产生不但不能消灭竞争，而且使竞争更为尖锐，在国内和在国外都是这样。

列宁坚持马克思的政治经济学的方法论，从生产出发去说明帝国主义的产生。《帝国主义是资本主义的最高阶段》的第一章《生产集中和垄断》，实质上是《资本论》（第一卷）最后一篇《资本的积累过程》的继续。因为资本积累引起生产集中，生产集中发展到一定程度便产生垄断，垄断是帝国主义的实质。由于垄断资本要求垄断利润，攫取不到垄断利润的过剩资本便要输到落后国家去，因为那里的利润率高，地价低，原料便宜，工资一般也低。资本输出已在经济上瓜分世界，进一步又在领土上瓜分世界。这样的垄断资本主义就是帝国主义，所以，帝国主义是从生产中产生的。

列宁坚持马克思认为资本主义是商品生产制度的论点，指出帝国主义既然是垄断资本主义，它就不能消灭商品生产，不能消灭由此产生的竞争，不能消灭非垄断资本主义的经济成分。他多次指出，正如工场手工业是从普通的小生产基础上产生出来的上层建筑物，并且不能消灭它的基础一样，帝国主义也是从旧资本主义基础上产生出来的上层建筑物，并且也不能消灭它的基础，正如没有纯粹的资本主义一样，也没有纯粹的垄断资本主义。

第二节　列宁对帝国主义理论的重要贡献

列宁对帝国主义理论的重要贡献，就是首先在经济上说明"帝国主义是发展到垄断组织和金融资本的统治已经确立、资本输出具有特别重大的意义、国际托拉斯开始分割世界、最大的资本主义国家已把世界全部领土分割完毕这一阶段的资本主义"。[①] 这个定义有两层意思，其一是，帝国主义是资本主义的一个发展阶段，其二是，帝国主义是垄断资本统治世界的世界体系。关于前者，列宁明确指出，帝国主义是资本主义的特殊阶段，至于把它称为垄断阶段还是称为金融资本主义阶段，那是次要的。关于后者，列宁明

---

① 列宁：《帝国主义是资本主义的最高阶段》，人民出版社 1964 年版，第 80 页。

确指出,帝国主义即现代"资本主义已成为极少数'先进'国对世界上大多数居民施行殖民压迫和金融扼制的世界体系"。[①]

在列宁以前,如上所述,思想家们就根据在生活中形成的概念,将帝国主义仅仅看成一种政策。而政策只是付诸实施的意识形态,从而是主观上的,这就意味着既可以实行帝国主义政策,也可以实行其他的政策,例如考茨基就是这样。在这里,列宁的伟大贡献在于,将帝国主义这个在生活中形成的概念加以改造,认为它是资本主义的一个阶段,在这个阶段上,垄断资本主义就是帝国主义,就是要实行殖民政策,建立殖民帝国,这个殖民帝国就是人们所说的实行帝国主义政策的结果。

应该指出,在列宁以前,没有哪一个思想家曾经有见识地指出帝国主义是资本主义的一个历史阶段。霍布森没有,这是由其资产阶级世界观决定的。希法亭没有,如上所述,他虽然指出"积聚的银行体系是达到资本主义积聚的最高阶段即卡特尔和托拉斯的重要推动力",但这里的阶段云云,指的只是资本积累的阶段,而不是资本主义生产发展的阶段。他的《金融资本论》的副题,是《资本主义发展最新现象的研究》,他研究的只是新现象而不是新阶段。考茨基曾斩钉截铁地说过,希法亭在 1910 年用"帝国主义"这个词来表示一种特殊的政策,而不是经济阶段。卢森堡没有,虽然她根据其资本积累论得出资本主义自动崩溃论时,曾经说过"这就是资本主义在其历史生命上的最后阶段——帝国主义——所表现的矛盾行动"[②],但她实际上并不意识这个提法有什么重大理论意义,以致错误地认为帝国主义只是资本积累的一种方法。考茨基极力为帝国主义是一种政策的说法辩护,当然不可能认为帝国主义是一个历史阶段。库诺虽然认为帝国主义或金融资本主义是一个历史阶段,但又将这种说法用于辩护,认为既然是历史阶段,就不能推翻;既然不推翻,则不是历史阶段,而是永恒阶段了。布哈林虽然如列宁所说的,把帝国主义看成极其发达的资本主义的一定的发展阶段,但布哈林这种认识并不牢固,并没有以此来统率他的著作,他接受的事实上是希法亭的帝国主义是金融资本所采取的政策的定义。

[①]　列宁:《帝国主义是资本主义的最高阶段》,人民出版社 1964 年版,第 7 页。
[②]　卢森堡:《资本积累论》,彭尘舜、吴纪先译,生活·读书·新知三联书店 1959 年版,第 333 页。

　　列宁并不是在《帝国主义是资本主义的最高阶段》中才提出帝国主义是资本主义的一个阶段的理论。就我个人接触到的文献看,他在 1914 年 9 月 28 日写的《战争与俄国社会民主党》中就指出:"资本主义发展最新阶段即帝国主义阶段先进国家争夺市场……促成这场战争"①;1915 年写的《社会主义与战争》中也指出:"帝国主义是资本主义发展的最高阶段,这个阶段只是在 20 世纪才达到的"②;其后,在《帝国主义是资本主义的最高阶段》中,便以这个思想来统率全书,并将著作定名为《帝国主义是资本主义的最高阶段》。

　　如果说,列宁以前的思想家不能真正地理解帝国主义是资本主义的一个历史阶段的话,那么,他们对于帝国主义或者实行帝国主义这种政策的结果是资本主义对世界的统治,即帝国主义是一种世界体系,则是有一点认识的。但是,他们不认识帝国主义是一个历史阶段,所以,他们对帝国主义这个世界体系的历史特点,即它和古代的和中世纪的帝国主义有何区别,是不了解的。例如,霍布森就认为,"无论我们把帝国主义看成这种更大规模的帝国主义(相对于罗马帝国而言——引者),或仅看成英国所采取的政策,我们发现它在很多方面非常近似罗马的帝国主义"。③ 他虽然努力区别古代的和现代的帝国主义,但他能够说明的只是:"新帝国主义和旧帝国主义的不同,首先在于对政治扩张和商业利益怀有同样贪欲的互相竞争的帝国的理论与实践,代替了单一的日益发展的帝国的野心;其次是金融势力或投资势力对商业势力所占有的优势。"④这里确实描绘了一些现象,但没有进而揭示其本质。布哈林尽管提出了帝国主义是世界经济中的问题,但是,对于现代帝国主义这个世界体系和古代、中世纪帝国主义的区别,他除了逻辑地说现代帝国主义是侵略或征服政策,但侵略或征服政策不一定就是现代帝国主义外,就没有其他说明了。他曾经极其接近揭示问题的本质,说帝国主义这种政策要再生产金融资本的生产关系,但又没有科学地说明它。

　　针对这些问题,列宁指出:"殖民政策和帝国主义在资本主义最新阶段以前,甚至在资本主义以前就已经有了。以奴隶制为基础的罗马就推行过

---

① 《列宁全集》(第二十一卷),人民出版社 1959 年版,第 10 页。
② 同上书,第 281 页。
③ 约·阿·霍布森:《帝国主义》,纪明译,上海人民出版社 1960 年版,第 289 页。
④ 同上书,第 241—242 页。

殖民政策,实行过帝国主义。但是,一般地谈论帝国主义而忘记或忽视社会经济形态的根本区别,这样的议论必然会变成最空洞的废话或吹嘘,就像把《大罗马和大不列颠》拿来相提并论那样。就是资本主义过去各阶段的资本主义殖民政策,同金融资本的殖民政策也是有重大差别的。"①金融资本的殖民政策同以前的殖民政策的不同,主要在于夺取输出资本的范围,从而夺取所有经济领土和一般领土,以便攫取垄断利润。这也就是作为一个世界体系的现代帝国主义,同古代的、中世纪的帝国主义的区别。

列宁对帝国主义理论的另一重要贡献,是在政治上指出帝国主义是无产阶级社会主义革命的前夜。这是他在经济上分析了帝国主义这个资本主义的垄断阶段后,在政治上得出的科学结论。把经济分析和政治分析结合起来,列宁指出帝国主义是垄断的、寄生的、垂死的资本主义。由于帝国主义是垄断的资本主义,而垄断的意义就是,一方面生产社会化高度发展,另一方面占有日益私人化,这从根本上说是妨碍生产力发展的,这就表现为生产关系妨碍生产力的进一步发展,即出现寄生的或腐朽的趋势,就表现为生产力的发展要求以生产资料公有制代替私有制,即表现资本主义要向更高级的社会形态过渡,即资本主义的垂死性。总起来就是,帝国主义是无产阶级社会主义革命的前夜。

对于列宁提出的帝国主义的寄生性或腐朽性,过去的理解有些片面,那是和下面将提到的斯大林的解释的片面性或绝对化有关。那就是认为在帝国主义阶段,生产力或技术的发展绝对地停止了。这就无法解释现实问题。但这是不符合列宁的原意的。列宁明确地指出,垄断资本主义经济有腐朽停滞和迅速发展两种趋势②;资本输出"只会扩大和加深资本主义在全世界的进一步发展"。③ 列宁论述这个问题时,还提到垄断资产阶级成为完全脱离生产过程的寄生者、工人阶级上层分子资产阶级化、越来越大部分的社会劳动为寄生者服务,这种浪费社会劳动并使工人阶级部分成员腐朽的论述,过去则注意不够。对垂死性的理解亦然。垂死就是过渡的意思。而过渡是不能自发地完成的,除物质或客观条件外,还要有精神或主观条件。垄断统

---

① 列宁:《帝国主义是资本主义的最高阶段》,人民出版社 1964 年版,第 74 页。
② 同上书,第 114 页。
③ 同上书,第 58 页。

治使生产高度社会化,客观条件是充分的;但垄断统治及由此产生的垄断利润,使工人阶级的上层分子资产阶级化,这是工人运动中的机会主义的经济基础,正是这一点使过渡的主观条件不具备。列宁是非常重视这个问题的①,他说:"私有经济关系和私有制关系已经变成与内容不相适应的外壳了;如果人为地拖延消灭这个外壳的日子,那它就必然要腐烂——它可能在腐烂状态中保持一个比较长的时期……但还是必然要被消灭的。"②

第三节 《帝国主义是资本主义的最高阶段》的主要内容

除两篇序言和正文开始处的一节文字也可看成序言外,该书共分两大部分:前六章说明帝国主义的经济特征,也就是通常所说的五大特征;后四章分析帝国主义的历史地位,即从人类社会发展来看,帝国主义所处的历史地位。前者的着眼点,是和自由竞争阶段的资本主义相比,说明垄断统治阶段的资本主义有哪些特点;后者的着眼点,是把垄断资本主义看成一个历史阶段,分析处在这个阶段上资本主义生产关系和生产力的矛盾,从而指出垄断资本主义的历史地位就是向社会主义过渡。关于这方面的详细内容,不准备多谈。现在只谈四点。

第一,五大特征都是垄断和垄断的表现,在第十章和其他著作中,列宁认为垄断是从四个方面产生或从四个方面表现出来。因此,重要之点不在于经济特征是五点还是四点,而在于理解垄断是帝国主义的经济实质。垄断企业必须攫取垄断利润,因此,垄断利润的攫取应该成为帝国主义理论中的核心问题,犹如剩余价值的生产是资本主义经济中的核心问题一样。

第二,在全书论述中,列宁事实上认为,垄断资本的统治已经使资本主义在资本主义生产方式范围内发生变质,即部分质变,或者说,垄断资本的统治标志着资本主义在自我扬弃。只是由于考虑到沙皇俄国反动的书报检查,列宁才没有这么说。这种论述最集中地表现在两个地方。一个地方是,

---

① 列宁:《帝国主义是资本主义的最高阶段》,人民出版社1964年版,第96—97页。
② 同上书,第116页。

列宁引述马克思关于银行的论述:"银行造成了社会范围的公共簿记和生产资料的公共分配的形式,但只是形式而已。"①列宁结合垄断股份企业的产生情况,对此补充说:"但是,生产资料的这种分配,就其内容来说,决不是'公共'的,而是私人的,也就是说,是符合大资本(首先是最大的、垄断的资本)的利益的。"②马克思明确地指出,信用制度和作为现代信用机构的银行制度,"扬弃了资本的私人性质,它本身,但也仅仅是就它本身来说,已经包含着资本本身的扬弃"。③ 因为小商品生产和资本主义生产虽然都是建立在生产资料私有制基础上的,商品生产所有权的规律都发生作用,但小商品生产发展为资本主义生产,商品生产所有权的规律就发展为资本主义占有规律。④ 虽然资本主义剥削仍然是建立在商品生产所有权的基础上的,因为资本是私人所有的,但是,信用的产生却使资本关系日益社会化,即可以运用别人的货币和资本当作自己的资本来使用,来生产和实现剩余价值。这就是资本主义生产关系的部分质变。但是,如果问题仅仅是这样,那么对于所有拥有生产资料的资本家来说,由于都能取得信用,在资本关系日益社会化方面,他们的地位还是平等的。现在列宁补充指出,在垄断资本条件下,它只对大垄断资本有利。资本关系社会化的内容又发生了变化,从对资本家来说的平等发展为不平等。这也是一种部分质变。

另一个地方是,列宁根据由股份公司而产生的参与制,批判"资本民主化"谬论,认为正是在股份公司制度下,"董事们能够把所干的冒险勾当瞒过普通的股东,而且使主要的当事人在冒险失败的时候,能够用及时出卖股票的办法来推卸责任,而私人企业家却要用自己的性命来替自己所做的一切事情负责"。⑤ 这就说明,建立在信用制度基础上的垄断股份公司,其股东们的地位也是不平等的,小股东受大股东即垄断资本家的欺诈。

---

① 列宁:《帝国主义是资本主义的最高阶段》,人民出版社 1964 年版,第 31 页。所引马克思的论述,参见马克思《资本论》(第三卷),载《马克思恩格斯全集》(第二十五卷),人民出版社 1974 年版,第 686 页。

② 列宁:《帝国主义是资本主义的最高阶段》,人民出版社 1964 年版,第 32 页。

③ 马克思:《资本论》(第三卷),载《马克思恩格斯全集》(第二十五卷),人民出版社 1974 年版,第 686 页。

④ 马克思:《资本论》(第一卷),载《马克思恩格斯全集》(第二十三卷),人民出版社 1972 年版,第 644 页。

⑤ 列宁:《帝国主义是资本主义的最高阶段》,人民出版社 1964 年版,第 44 页。

　　马克思指出,现代信用制度的产生,有助于资本主义自由竞争的展开,促使平均利润率的形成,使资本家都成为资本主义社会这个大企业中的一个股东,他们的地位是平等的。列宁在新的条件下指出,建立在现代信用制度上的垄断企业的产生,使资本家的地位从平等变成不平等。这样,我们便可以从资本关系社会化过程中的变化来说明资本主义发展的阶段性。

　　第三,列宁对资本输出的阐述,着眼点是垄断资本主义经济,向非垄断资本主义的甚至前资本主义的经济,输出资本以攫取垄断利润,因为在这些地方利润率和利息率都比较高。他的着眼点,不是国家与国家间的资本输出和输入,因为他的研究对象不是国家间的经济关系,虽然在分析问题时,有时不得不谈到某个国家的资本输出。有些人不是这样理解问题,因而对这个问题发生怀疑。例如,有人认为,第二次世界大战后,发达资本主义国家间的资本输入和输出额,大于它们对落后国家的资本输出额,由此就产生向落后国输出资本是否仍是帝国主义的经济特征的问题。其实,发达资本主义国家间的资本输入和输出,从经济内容看应该是垄断资本主义经济(假定资本投在这种经济中)中的资本转移,这种现象在一国内部也是存在的。这样分析,才是真正掌握了资本输出的方法论。

　　第四,对列宁所说的国外市场应如何理解。分析资本输出时,列宁说:"国内交换尤其是国际交换的发展,是资本主义的具有代表性的特征。"①分析资本家同盟分割世界时,他又说:"在资本主义制度下,国内市场必然是同国外市场相联系的。资本主义早已造成了世界市场。"②前面我们谈过列宁在《俄国资本主义的发展》中对国内和国外市场的理解,也谈过卢森堡对这两者的理解,即他(她)们将国内市场理解为资本主义经济的交换,将国外市场理解为资本主义经济和前资本主义经济的交换。现在列宁提出的国际交换或国外市场指的是什么呢? 我以为指的主要是资本主义和前资本主义的交换。他在谈国际交换时提到,英国是世界工厂,它供给各国成品,各国供给它原料作为交换,这里的各国包括或主要是前资本主义经济;他在谈国内市场必然同国外市场相联系时提到的资本主义早已造成的世界市场,指的

---

① 列宁:《帝国主义是资本主义的最高阶段》,人民出版社1964年版,第55页。
② 同上书,第60页。

主要是资本主义和前资本主义的交换。

这个问题的实质是，马克思在分析资本主义生产，即剩余价值的生产和社会资本再生产时，都没有涉及国外市场、对外贸易。马克思曾经说过，世界市场是资本主义生产方式的基础，也就是"资本主义离开对外贸易是根本不行的"。[①] 但是，这里的世界市场和对外贸易，指的是超越国界的资本主义交换。将国界去掉，就是资本主义生产本身。至于资本主义和非资本主义的交换，尤其是以地球为范围的交换，马克思则称为新的世界市场，它不是资本主义生产方式的基础，相反地，它是在资本主义生产方式的基础上产生的。[②] 这个新的世界市场，马克思分析剩余价值生产时，也不涉及，因为那里没有劳动力作为商品出售的条件，剩余价值便无法产生。在这个条件下，一方如有剩余价值，他方必然是不足价值。

列宁却与此不同。他分析的是垄断资本主义，他要说明垄断利润的来源。而垄断利润说到底是不可能从垄断资本主义经济内部产生的，它要来自资本主义经济和前资本主义经济，尤其是来自广大的落后农业国。由于这样，他说明垄断利润时，当然要涉及资本主义尤其是垄断资本主义和前资本主义、包括和广大的落后农业国之间的交换。这种国际交换和国外市场，指的就不是资本主义超越国家界限的交换了。

第四节　《帝国主义是资本主义的最高阶段》的主要目的

列宁写作《帝国主义论》的主要目的，是分析当时正在进行的世界大战，是帝国主义国家之间的战争，帝国主义战争的必然性，是由于帝国主义国家经济发展的不平衡，必然导致最终用武力重新瓜分世界领土；是分析当时正在工人运动中出现的修正主义的经济根源，考茨基主义是其重要代表，因此书中着重批判考茨基的帝国主义定义和"超帝国主义论"。在完成这些任务

---

① 马克思：《资本论》（第二卷），载《马克思恩格斯全集》（第二十四卷），人民出版社 1972 年版，第 508 页。

② 马克思：《资本论》（第三卷），载《马克思恩格斯全集》（第二十五卷），人民出版社 1974 年版，第 372 页。

时,列宁仅作"通俗的论述"。

很明显,列宁写作《帝国主义论》的主要目的,不是全面地、系统地分析发展到垄断阶段的资本主义的生产关系。列宁分析了帝国主义的经济特征,但是并没有透过这些特征全面说明垄断资本主义的经济关系。这和马克思不同,马克思说明资本主义生产的决定性特征是商品生产和剩余价值生产①,他的四大卷《资本论》都是说明这些问题的,尤其是说明剩余价值的产生、流通和分配。列宁没有用同样的方法来说明垄断资本主义的经济问题。这是因为他写《帝国主义论》的具体目的和马克思写《资本论》的具体目的不同。

由于这样,列宁对垄断资本主义经济的重要范畴(如垄断利润)就没有作详尽的分析,对于垄断利润的必要性、实体、来源以及它和价值规律的关系等问题都没有说明。他是把垄断利润当作已经存在的前提,然后论述其他问题的。这是由他的写作目的决定的。

列宁写《帝国主义论》的目的,并不在于写一本《资本论》的续篇。尽管希法亭的《金融资本论》出版时,许多人认为它是《资本论》的续篇,而列宁却清楚地看到它的缺点和错误,即在货币理论上犯错误和有某种把马克思主义同机会主义调和起来的倾向,看到它不能是《资本论》的续篇,但是,列宁自己从来没有认为《帝国主义是资本主义的最高阶段》是《资本论》的续篇。列宁的做法无疑是正确的,因为这两本著作的具体目的不同,写作方法也不同。

由于种种原因,长期以来《帝国主义是资本主义的最高阶段》被看作《资本论》的续篇。其具体表现,就是在一些政治经济学教科书中,研究资本主义的生产关系时,将资本主义的发展分为两段——自由竞争和垄断统治,前一段按照《资本论》的方法,即按照政治经济学的方法论,从生产、流通、分配三个方面加以研究,后一段则按照《帝国主义是资本主义的最高阶段》的方法或内容,即分为帝国主义经济特征和历史地位两部分加以研究。这样,第一,将政治经济学研究的某一生产关系分成两段,是违反政治经济学的方法

① 马克思:《资本论》(第三卷),载《马克思恩格斯全集》(第二十五卷),人民出版社1974年版,第994、996页。

的,因为政治经济学虽然是历史的科学,研究生产关系发展的历史,但研究某一生产关系时,却是将生产关系分成几个方面研究其发展的,而不是将生产关系的发展总的分成两段再加以研究的,例如,资本主义以前的生产关系就不是分段加以研究的。第二,在将资本主义生产关系总的分成两段加以研究时,两者用的具体方法又不相同,一段按生产关系三方面加以研究,一段则不是这样,而按经济特征和历史地位加以研究,两者不是由同一的方法来进行研究。这应该说是现在流行的政治经济学教科书常见的缺点。这样做,应该说是违反列宁的原意的。

总之,列宁的《帝国主义是资本主义的最高阶段》标志着无产阶级帝国主义理论的创立,因为它将帝国主义的研究安置在正确的方法论基础上,将帝国主义这个概念加以改造,认为它是资本主义的一个历史阶段——垄断阶段,并分析了在这个阶段上生产力和资本主义生产关系的矛盾,指出它必然被更高级的生产关系所代替。但是,不是从原理上而是从具体章节上将《帝国主义论》看成《资本论》的续篇,从而从章节上将它当作政治经济学教科书的组成部分,并不符合列宁的原意。根据列宁提出的原理,写出资本主义政治经济学教科书,这个工作尚待努力完成。

第五节 评反对列宁资本输出理论的论点

列宁并没有结束帝国主义理论。他的理论应当发展和允许评论。对列宁的理论加以解释和补充,并根据新的历史条件加以发展,有做得对与不对之分,这要在下面才论述。现在论述的,是那种认为列宁提出帝国主义理论的当时,有些理论就是错误的看法,这集中地表现为不同意列宁的资本输出理论。

美国激进派经济学家马格多夫认为,资本输出的原因在于资本主义是一种世界制度,而不在于资本过剩,也并非垄断资本主义时期才有。他认为,在商业资本主义时期,欧洲资本输到美洲等地经营种植园和矿山;在工业资本主义时期,欧洲资本贷款给东方国家,让它们购买欧洲的工业品,这些都是资本输出。资本主义由于是一种世界制度,资本输出总是存在的。

这是一种误解。欧洲资本输到美洲等自由移民的殖民地,这是资本的流动,如像资本在欧洲国家向边远地方流动一样,那里本来就没有资本或利润率存在,谈不上资本向有更高的利润率的地方输出。欧洲国家贷款给东方国家,这是借贷用以购买工业品的货币,货币在这里是购买手段或支付手段,这里并不是输出生息资本。这个例子说明的恰恰是输出商品,其中的贸易差额转化为货币借贷。

马格多夫对构成资本输出理论的前提的资本主义利润率有下降趋势的理论表示怀疑。列宁没有明白说前一理论要以后一理论为前提,但他认为攫取不到垄断利润的资本就是过剩的垄断资本,这种资本之所以不投在垄断资本主义国家中的非垄断的资本主义领域,而要输出到落后国家,其原因就在于落后国家的利润率和利息率,都比垄断资本主义国家中一般的利润率和利息率高。为什么有这种差别?说到底就是资本主义的利润率随着资本主义发展有下降的趋势。因此,列宁的资本输出理论在逻辑上是以资本主义利润率有下降趋势的理论为前提的。马格多夫和其他许多经济学家一样,认为看不出有这种趋势。应该指出,直到马克思写《资本论》(第三卷)时,这个趋势是很明显的,亚当·斯密和李嘉图提到它,并分别用资本增加因而竞争加剧、资本耕种的土地日劣因而农产品价格上涨导致工资增大来解释它,凯里和巴斯夏提到它,并同样把它说成剩余价值率下降的趋势,用来"证明"工人在生产物中占的份额日益增加。① 近百年来,这个趋势由于下述原因变得不明显了,这就是:发达资本主义国家以垄断价格出售产品给落后国家,并压低向落后国家购买产品的价格,这样一来,前类国家垄断资本的利润率提高了,全国平均计算的利润率不但不呈现出下降趋势,反而有的呈现出上升趋势,但这是没有剔除价格因素、不分垄断与非垄断计算利润率、并且是资本输出的结果。

对此表示怀疑的还有英国经济学家、《马克思主义的帝国主义理论——一个批判性的评述》的作者布鲁厄。他认为,用利润率下降趋势的"规律"作为证据来说明资本输出是不能接受的。因为列宁论述资本输出时谈到的资

---

① 马克思:《资本论》(第三卷),载《马克思恩格斯全集》(第二十五卷),人民出版社 1974 年版,第 169 页。

本已经"成熟过度","有利可图"的投资场所已经不够,这是以"农业不发达和群众贫困"为条件的。① 布鲁厄一口咬定,正是构成这个条件的两个因素,恰恰使利润率不会降低。在这里,他理解问题的角度是不正确的。问题不在于垄断资本主义国家的农业不发达和群众贫困,而在于落后国家的农业更不发达,更多地使用手工劳动,群众更贫困,这样,后者的利润率便比前者高,过剩的资本便输出到那里。

布鲁厄对农业不发达和群众贫困对利润率的关系的理解也不正确。他先说,农业不发达意味着农业资本的有机构成低,因而这应该提高平均利润率才是。之所以没有提高,他自己的解释是,农业资本有机构成较低产生的较多的利润,构成由马克思提出的使人"疑信参半"的绝对地租被土地所有者占去了。"疑信参半"是由于他没有读懂马克思的绝对地租理论,如果读懂了,他就应该说,由于土地私有权的存在,农业中由于资本有机构成较低而产生的较多的剩余价值,不参加社会平均利润的形成,转化为绝对地租,归土地所有者所有,这就当然不能提高平均利润率。他认为农业落后会使利润降低,是由于它使生活资料的价格提高,使劳动力的价值提高。② 他这里说的农业落后是绝对的落后,而不是相对工业来说的落后,即农业生产力的绝对降低,因而生活资料的价格便提高。情况不一定是这样。他的明显错误是,在谈这个问题时,不应将利润降低视为利润率降低。即使农业生产力像他所说的那样是绝对降低,货币工资因而提高,利润是降低了,因为利润和工资是由工人的劳动创造的价值分割成的两部分,一部分大了,另一部分就小了,但利润率不一定因此降低,因为利润率是利润÷(不变资本＋可变资本),不变资本中的工具、机器等,因工业生产力提高,价值降低,在其他条件不变的情况下,便能起提高利润率的作用。在这里,布鲁厄的错误就是李嘉图对利润率下降趋势的解释的错误。

布鲁厄说,如果农业不发达和群众贫困能够说明什么的话,那就只能说明消费不足,即资本积累是在缺乏市场的条件下进行的,而市场的缺乏,是

① 列宁:《帝国主义是资本主义的最高阶段》,人民出版社1964年版,第56页。
② 他认为劳动力价值提高,又被"群众贫困"所抵消,这样利润率便提高。这就是说,在他看来农业不发达和群众贫困这两者对利润率的作用相反。因为他将农业不发达看成农业生产力的绝对降低,这不符合实际情况,所以我们不评论他这里的观点。

由于群众贫困因而对生活资料的需求太低造成的。由于缺乏投资市场,资本便输出。但他认为这样一来,列宁这种解释便同他在《俄国资本主义的发展》中对国内市场的形成和扩大的解释相矛盾,因为在《俄国资本主义的发展》中,列宁认为群众贫困并不能阻止国内市场的扩大,不能阻止资本主义的发展,因为资本主义市场的发展并不直接依赖于群众的消费力,而直接依赖于生产资料特别是生产工具使用的增长。他由此断言,《帝国主义是资本主义的最高阶段》和《俄国资本主义的发展》两书的写作时间相距将近20年,在其间列宁已改变了自己的论点。列宁一直坚持,资本主义的市场可以不直接依赖群众的消费力而扩大的观点,在垄断资本主义条件下,市场也是这样。但国内市场扩大并不就意味着不会产生过剩的垄断资本,因为国内市场扩大是一个长期趋势,它是资本主义发展特别是向深度发展的产物,但在每一个特定的时间,都可能发生垄断资本的积累得不到垄断利润的情况,这时,过剩的垄断资本就要输出到落后国家,因为那里的利润率比发达国家中的一般资本主义的利润率高些。

第二十章　无产阶级帝国主义理论的演变

列宁以后的无产阶级帝国主义理论有两种发展趋势：一种是将列宁的帝国主义论或者再加上下面谈到的斯大林提出的资本主义总危机理论，加以解释和补充新的材料，这一种由于前面已经谈过和下面就要谈到，所以不单独谈；另一种是对列宁的理论予以新的解释，或者对帝国主义提出新的看法，这里谈的主要是这一种。

第一节　布哈林的帝国主义理论的发展

前面说过的布哈林的帝国主义理论，是就其 1915 年写成的《世界经济与帝国主义》来说的。其后，他 1920 年写了《过渡时期经济学》、1925 年写了《帝国主义和资本积累》、1928 年在共产国际第六次代表大会上作的两次报告，都论述和涉及帝国主义问题。

在这一时期，他接受了列宁关于帝国主义是资本主义的一个历史阶段的定义，抛弃了他从前接受的希法亭关于帝国主义金融资本的政策的定义。他说："虽然资本主义的最后阶段帝国主义阶段揭露出日益增长的内部腐朽的症状，虽然寄生倾向在资本主义体系内部越来越强烈地表现出来，但是在一系列资本主义国家里，特别是在最近时期内，强大生产力毕竟在发展，技术在成长。"[1]这里肯定了帝国主义是一个历史阶段，是布哈林帝国主义理论重大的变化。这里分析的是第一次大战后资本主义相对稳定时期的经济情况，虽然对生产力发展的估计可能过高，因为这时资本主义经济恢复和发展

---

[1]　《共产国际和共产国际的任务》，载《布哈林文选》（下册），人民出版社 1988 年版，第 386 页。

主要是由于管理方面的合理化,而不是技术的新突破,但是分析的方向还是正确的。

他对无产阶级世界革命中的殖民地问题,特别予以重视。他在谈到共产国际纲领草案时指出,拿殖民地和工业国对比,前者是世界农村,后者是世界城市。但是,实际上,如果从未来的观点看世界经济的全貌,那么,"强大的工业国在阶级关系上正是工业无产阶级的中心",而"殖民地外围区域或原来殖民地同这些工业中心比起来,乃是大农村,是农村外围"。因此,从经济观点看,"我们同殖民地人民的兄弟关系取决于强大的工业中心和广大农村之间的经济联系的绝对必要性"①,而从阶级观点来看,"在这方面就是在世界范围内提出世界工业无产阶级和……世界殖民地农民之间的相互关系问题"。②

布哈林从这个经济观点来考察资本主义世界体系的瓦解。他先指出,这个体系的崩溃,"是从最薄弱的、国家资本主义组织最不发达的国民经济体系开始的"③;然后认为,这个体系瓦解的最大因素,"是帝国主义国家同它们的无数殖民地之间的联系的瓦解"④,因为随着资本的国家政权的瓦解,必然出现殖民地的脱离,这可能表现为殖民地起义、民族起义和小型民族战争等。他只看到工业国无产阶级革命对殖民地解放、独立的意义,而没有看到殖民地的解放、独立对工业国无产阶级革命的影响,即减少垄断利润的来源,能促使工业国无产阶级革命化,其重要原因在于他没有如像列宁那样,在研究帝国主义时揭示了无产阶级上层分子资产阶级化的经济根源。

关于金融资本,布哈林始终坚持它是银行资本和产业资本的混合生长的正确看法,反对它是银行资本对产业资本的统治的错误看法。但是,在接受了帝国主义是资本主义的一个历史阶段的定义后,结合金融资本来考察这个阶段时,他又认为:"如果资本的个体所有制是帝国主义以前时代的特征,那么,在组织上互相联合起来的资本家的集体所有制,就是现时金融资

---

① 《在共产国际第六次代表大会上关于共产国际纲领草案的报告》,载《布哈林文选》(下册),人民出版社 1988 年版,第 381 页。
② 同上。
③ 布哈林:《过渡时期经济学》,余大章、郑异凡译,生活·读书·新知三联书店 1981 年版,第131 页。
④ 同上书,第 135 页。

本主义经济的特征。"①认为帝国主义或金融资本主义阶段的特征是资本家的集体所有制,而在这之前资本主义阶段的特征是资本的个体所有制,这是片面的。问题在于:股份企业这种资本家集体所有制在这两个阶段都存在,它是为了解决生产力迅速发展和个体资本积累较为缓慢这两者之间的矛盾而产生的。严格说来,只有在信用制度上产生了股份企业,资本主义的自由竞争才充分展开。其后,在股份公司的基础上产生了垄断,自由竞争就发展为垄断,由于攫取垄断利润,垄断资本主义就成为帝国主义。所以,区别资本主义两个阶段的,不是资本家的个体所有制和集体所有制,而是自由竞争和垄断统治。

在这个时期,布哈林谈得最多并且提出新的看法的,是国家资本主义托拉斯即国家垄断资本主义问题。从前,他是根据资本主义国家发生大战的情况来谈这问题的,现在,他已根据资本主义的正常情况来谈了。我认为,他的议论,除了上面已提到的国家资本主义托拉斯的商品生产(他现在认为已不是商品生产了,这一点马上就谈到)是一种不存在市场问题的生产,是正确的外,其余的大部分是错误的。

他说,不久以前,他提出这样的论点:"我们现在看到国家资本主义趋势的某种发展,并且这种发展采取的不是从前实行配给制和具有战争决定的特点的'战时资本主义'形式(各种各样的社会骗子把这种苦役般的战时资本主义无耻地叫作'战时社会主义'!),而是一种或者不如说几种新的形式。"②最重要的是资产阶级国家组织和经济组织融合,逐步变成由国家调节生产。这有两种重要形式:"一是通过生产领域中实行国家垄断,这主要出自财政方面……以及国家和军事方面的考虑……;二是通过所谓'混合企业'这种特殊系统。'混合企业'的共同占有者是国家和企业主经济组织。在运输部门也是这种情况。国家贸易垄断制的实行,国家和'私人'的信贷机构(银行)的融合,固定价格的实行,国家对产品分配的干预——这一切都意味着国家组织对经济生活的吞食。'国民经济'日益成为'国家经济',成

---

① 《帝国主义强盗国家》,载《布哈林文选》(下册),人民出版社 1988 年版,第 247 页。

② 《国际形势和共产国际的任务》,载《布哈林文选》(下册),人民出版社 1988 年版,第 372 页。

为'国家资本主义托拉斯'。"①这里说的和国家组织相融合的经济组织,只是垄断组织,其他非垄断的经济都消灭了,因此,这种论调是以纯粹垄断资本主义论为理论基础的。

现在要说明的是和经济组织相融合的国家组织。布哈林认为,"不单单是国家组织和资产阶级的经济组织结合在一起,一切其他的资产阶级的组织和有阶级性的组织也显示出同样的趋势。科学、政党、教会、企业主同盟都纷纷被纳入国家机构。这样就逐步形成一个单一的无所不包的组织,即现代帝国主义强盗国家这一占统治地位的资产阶级的万能组织"。② 它既拥有精神权力,又拥有物质权力。在分析资产阶级国家发展的历史辩证法时,他说:"国家最初是统治阶级的单一的组织,后来变成与其他组织并存的组织,最后又通过把其他一切组织合并进来变成一个单一组织。这就是当代的怪物,当代的利维坦——国家。"③这段话的目的在于说明现代资产阶级国家的政治统治越来越严酷,但为了说明这一趋势,竟认为国家曾经是与其他组织并存的组织,这是错误的政治多元论。国家是统治其他组织的统治阶级的工具。

值得注意的是,布哈林对国家资本主义托拉斯中的国家是上层建筑还是经济基础的看法。虽然他谈过在生产领域实行国家垄断和成立混合企业问题,但他断然指出:"国家是上层建筑,但是国家也可以支配生产过程。"④在这里,存在的是上层建筑和经济组织或生产这个经济基础的混合生长。

根据这种论述,布哈林实质上是在纯粹垄断资本主义论这个错误理论的前提下,把国家资本主义托拉斯中的国家组织看成管理机构,把其中的经济组织看成生产机构,因此,国家除对与其结合在一起的生产机构进行管理外,尽管这种管理具有二重性,即社会化生产的组织者和对劳动的统治者,但除此以外,它对内再也没有其他的职能了,垄断的经济组织不可能通过国

---

① 《帝国主义强盗国家》,载《布哈林文选》(下册),人民出版社 1988 年版,第 248 页。
② 同上。
③ 同上书,第 248—249 页。
④ 《在共产国际第六次代表大会上关于共产国际纲领草案的报告》,载《布哈林文选》(下册),人民出版社 1988 年版,第 381 页。

家机器为其从别的经济成分那里取得任何利润——因为别的经济成分已经全部消灭了。这不仅与实际情况不符(纯粹垄断资本主义论本来就与实际情况不符),而且与他提出的为了财政的目的国家便垄断生产的说法矛盾,因为这样一来,财政就是国家资本主义托拉斯这个国家经济内部的财务了。

布哈林在国家资本主义托拉斯的基础上,进一步论述资本主义国家内部竞争完全消灭,国家之间竞争更为激烈的问题。他说,从竞争的观点来看,国家资本主义意味着什么呢?"它意味着资本主义内部竞争的消亡和各资本主义国家之间竞争的极大尖锐化。"①换句话说就是,"现代资本主义经济的无政府主义性质正在转入国际经济关系的主要方面。市场问题、价格问题、竞争问题和危机问题,正在日益变成世界经济的问题,而在'本国'内部则为组织问题所代替。"②我们以前已指出,这种内部竞争消失论是错误的。

在这种错误的理论基础上,他提出在这个条件下,资本主义商品生产和经济危机消亡论。

关于商品生产消失,他指出:"当生产过程的不合理性消失的时候,也就是当自觉的社会调节者出来代替自发势力的时候,商品就变成产品而失去自己的商品性质。"③这样,他便认为,在国家资本主义托拉斯条件下,"在一国内有组织地分配的产品,只有当它的存在与世界市场的存在联系起来时,才成为商品"④,总之,对内已经不是商品了。

这种理论与事实不符。因为国家垄断资本主义条件下的产品事实上是分属各个不同的所有者的,它要通过交换才能进入生产消费和个人消费,它是商品。这种理论来自希法亭。希法亭认为垄断的发展,最终导致一个垄断组织囊括全部国民经济,所有产品属于一个所有者。假如情况确实这样,商品生产便消失了。但这也是纯粹垄断资本主义论,是错误的。

关于经济危机的消失,他写道:"拿西欧意义上的国家资本主义来说,在这种制度下,危机是不可能发生的,尽管工人们的'份额'可能日益减少。这

---

① 《资产阶级理论家对现代资本主义某些问题的看法》,载《布哈林文选》(下册),人民出版社1988年版,第406页。

② 《有组织的经营不善的理论》,载《布哈林文选》(下册),人民出版社1988年版,第417页。

③ 布哈林:《过渡时期经济学》,余大章、郑异凡译,生活·读书·新知三联书店1981年版,第115页。

④ 同上书,第8页。

种日益减少的'份额'是计划所能估计到的。"①这也是与实际情况不符的,原因还是纯粹垄断资本主义论是错误的。

现在的问题是他对无危机论的解释。那就是,尽管工人占有的份额减少,即存在生产发展与消费相对下降之间的矛盾,但是由于消费减少是有计划地进行的,所以没有危机的发生。因此,经济危机的原因是没有计划。他将国家资本主义托拉斯同没有奴隶市场的奴隶制经济相比,认为这两者极为相像,后者也没有危机。

这是错误的。首先,奴隶制经济是简单再生产,因此,奴隶消费即使很低下,也不存在发生经济危机的矛盾——生产发展和消费落后的矛盾,当然不发生危机。这个道理恩格斯在《反杜林论》里说得很清楚。国家资本主义托拉斯与此不同,即使按照布哈林自己的解释,它也要进行扩大再生产,因为它还要和国外的商品生产进行竞争。这就使得它发生生产发展和消费落后的矛盾,发生经济危机。计划化不能消灭经济危机。

其次,普遍过剩的经济危机的原因是生产与消费的矛盾,而不是生产盲目性、比例失调或缺乏计划。这些只能是局部危机的原因。当别人在这个问题上批评布哈林时,他回答说,生产与消费的矛盾,即"购买力同生产增长之间的比例失调和不同生产部门之间的比例失调,无非资本主义经济中缺乏计划性的表现"。② 将生产与消费的矛盾等同于购买力与生产增长间的比例失调是不对的,因为购买力包括对生产资料和消费资料的购买力,其含义比有购买能力的消费力大。他谈到这两种比例失调的关系时说:"一旦撇开居民的购买能力同生产力之间的相互关系问题,不同生产部门之间的比例或者比例失调这一概念就会毫无意义。"举例来说,"假如不知道生产多少纺织品(因为这些产品是同消费者有支付能力的需求相联系的),那怎么能够谈得上纺织品同制铁工业之间的比例或比例失调呢"?③

根据这两种比例关系有联系,就认为普遍的生产过剩的经济危机的原

---

① 《在共产国际第六次代表大会上关于共产国际纲领草案的报告》,载《布哈林文选》(下册),人民出版社 1988 年版,第 389 页。
② 同上。
③ 同上书,第 389—390 页。

因是比例失调,因而国家资本主义托拉斯的计划化便可以消灭危机,这种看法是错误的。我们就用棉布和钢铁这个例子来说。当棉布的需要已定时,根据一定的技术条件,钢铁的产量与它成一定的比例,如果过多,钢铁局部过剩,棉布不过剩。这是局部危机的因素。但资本主义是在竞争(国内外竞争)的压力下进行生产的,它本质上是扩大再生产,一切产品都是如此。这样,不仅棉布和钢铁之间可能比例失调,更重要的是,由于消费增长落后于生产增长,因此,棉布产量必然超过其需要量,部分棉布销售不掉,由此必然引起部分钢铁销售不掉,影响所及,一切消费资料和生产材料却部分销售不掉,这才是普遍危机。因此,普遍危机的原因不是生产部门的比例失调,而是生产发展和消费落后之间的矛盾,这个矛盾国家资本主义托拉斯不能消除,因此,它不能消灭危机。这还是从纯粹垄断资本主义这一角度来看的。如从垄断资本主义现实来看,就更加是这样。

经济危机在国家资本主义托拉斯领域中的表现有其特点。危机的实质是淘汰多余的生产力,企业倒闭是其形式。但国家资本主义托拉斯是由国家财政力量支撑着的,国家包买其产品,因此,企业可以不倒闭,但是产品(包括消费资料和生产资料)由国家包买后便可以浪费掉——用这种形式来淘汰多余的生产力。这对社会经济危机的形式当然发生影响。但这不是危机消失。

布哈林谈论过资本主义体系总危机和资本主义总危机问题。它指的都不是经济危机。他认为:"对资本主义体系总危机的分析是同总的论述作为资本主义体系本身矛盾再生产的结果的崩溃论相联系的。"①换句话说就是,和社会主义的产生相联系的。他还认为:"不应当把资本主义和资本主义体系总危机设想成这样:资本主义几乎在一切国家或者在大多数国家都正在垮台。"它只是意味着世界经济的变化,"加剧资本主义体系的一切矛盾而最终导致资本主义体系的灭亡"。② 但他有时又认为这就是资本主义

---

① 《在共产国际第六次代表大会上关于共产国际纲领草案的报告》,载《布哈林文选》(下册),人民出版社 1988 年版,第 386 页。

② 《国际形势和共产国际的任务》,载《布哈林文选》(下册),人民出版社 1988 年版,第 376 页。

总危机。他把资本主义总危机和资本主义矛盾的加深以及苏联的成长联系起来。[①] 这就引起不必要的混乱,因为资本主义总危机原来的含义就是普遍的经济危机。

第二节　斯大林的帝国主义理论体系

斯大林的帝国主义理论,从其和列宁的帝国主义理论的关系来看,便是对后者的补充和解释,以及在新的条件下对后者的发展,这几方面常常是结合在一起的;从其自身具有的特点看,便是把帝国主义当作一个世界体系来研究,并且已经形成一个理论体系。他的帝国主义理论,分见于各种著作和政治报告中,将其中有关的论点联起来就可以看出,他是从世界体系这一角度来研究帝国主义即现代资本主义的,并已形成一个理论体系,这就是:现代资本主义的基本经济规律、国家垄断资本主义的本质、帝国主义的基本矛盾、资本主义发展不平衡规律、资本主义总危机、两种对立制度的存在、两个平行的世界市场、资本主义再生产的特点、资本主义发展停滞。为了掌握整个理论体系,过去谈过的现在也简要地提一提。

虽然从研究帝国主义的历史过程来说,斯大林是最后才提出帝国主义即现代资本主义基本经济规律这一理论的,但是这一理论却是他对帝国主义进行长期研究的高度理论概括。从他对这一基本经济规律的表述中可以清楚地看到,他是把帝国主义看作一个世界体系的,因为帝国主义即垄断资本主义不仅要对宗主国的,也要对落后国的即前资本主义的经济成分和居民,攫取垄断利润。这一点和马克思分析剩余价值的来源只是来自工人的剩余劳动不同,因为垄断利润的来源,还有个体生产者的"剩余劳动"甚至必要劳动。我们知道,卢森堡错误地认为剩余价值的实现要有一个前资本主义的环境,并从而认为资本主义没有全地球的生产资料和劳动力是不成的,列宁和布哈林正确地批评了这种错误观点。在这个条件下,斯大林提出垄

---

① 《资产阶级理论家对现代资本主义某些问题的看法》,载《布哈林文选》(下册),人民出版社1988年版,第409页。

断资本主义不剥削资本主义、前资本主义是不行的,垄断资本主义是一个世界体系,在这样做的时候,又不重复卢森堡的错误,姑且勿论他对这个基本经济规律的表述尚有待于改进的地方,这个表述的基本思想本身就已经是他对帝国主义理论的伟大贡献。这样一来,列宁的帝国主义理论就更为完整了。

斯大林表述的基本经济规律有一个重要内容,就是用实行国民经济军事化的办法来取得垄断利润。国民经济军事化是要由国家机关来进行的。因此,他是把国家机关首先看成垄断资产阶级取得垄断利润的工具。由此出发,他便坚持马克思提出的现代政府两种职能中、以剥削和统治人民大众的职能占首位的理论,认为"垄断组织和国家机关的结合"这种提法只说明两者接近,而没有揭示这种接近的经济意义,是为垄断资本家取得垄断利润,因而提出要代之以"国家机关服从于垄断组织"这个提法。这里谈论的实质上是国家垄断资本主义的本质。在这个问题上,斯大林不同意某些经济学家歪曲列宁的原意,将国家垄断资本主义看成垄断资本和国家机器的结合,也不同意布哈林的国家资本主义托拉斯,是垄断的经济组织和包括一切政治组织的国家组织的结合的提法。

斯大林的现代资本主义基本经济规律的理论和帝国主义基本矛盾的理论,是密切相联系的。从他个人的认识经过来说,他先认识后者,后认识前者,或者不如说他从后者和其他因素概括出前者,从而便对帝国主义有一个本质的认识。虽然斯大林分析帝国主义基本矛盾的具体目的,是要说明列宁提出的帝国主义是垂死的资本主义这一命题,并且他说明问题的同一角度,并不能用来说明帝国主义是垄断的和寄生的或腐朽的资本主义,此外,他分析帝国主义基本矛盾时,有的地方有待于改进,尽管这样,我认为他的分析的意义要比这个具体目的大得多,因为他说明了作为一个世界体系的帝国主义的基本矛盾。我们知道,马克思分析资本主义生产方式的基本矛盾时,是从生产力社会化和资本主义所有制之间的矛盾来说明的;列宁研究垄断资本主义时,是从垄断使生产过程进一步社会化,而资本主义占有却更加私人化,来说明垄断资本主义使资本主义基本矛盾更为尖锐的。斯大林在分析帝国主义基本矛盾时,则突破了资本主义生产方式这个范围,分析作为一个世界体系的帝国主义的基本矛盾,这种方法论的变化,科学地反映了帝国主义同一般资本主义的不同,它是一种要剥削其他经济成分才能存在的世界体系这种本质。

帝国主义的基本矛盾,尤其是垄断资本集团和垄断资本主义国家相互争夺殖民地的矛盾,是通过资本主义发展不平衡这一规律的作用,才使帝国主义的战争不可避免。这个原理首先是列宁提出来的。霍布森虽然看到,一个帝国统治世界为几个帝国相互竞争所代替,是新帝国主义和老帝国主义的不同之处,但他无法说明为什么是这样。列宁指出,帝国主义的一个重要特点是几个大国都想争夺霸权,之所以如此,是由于资本主义发展不平衡,当一些落后的垄断资本主义国家追上来,和先进的垄断资本主义国家取得均衡时,就出现几个大国争霸的局面,就导致帝国主义战争。托洛茨基反对列宁的理论,认为资本主义发展不平衡在 19 世纪比 20 世纪更为严重,为什么那时不发生资本主义大战,现在反而发生,从而使社会主义革命有可能首先在一国胜利。斯大林反驳这种歪理,认为托洛茨基的错误在于:把帝国主义时期发展不平衡和资本主义发展水平的差别混为一谈;论证资本主义发展水平的均衡,恰恰是帝国主义时期发展不平衡的加强,即可以跳跃地发展的条件之一,正因为取得发展水平的均衡而又跳跃地发展,才导致重新瓜分世界领土的帝国主义战争。

因为社会主义首先在一国取得胜利,然后最终在全世界取得胜利,所以,资本主义制度的消灭是一个历史过程,斯大林将这个时期称为资本主义总危机。斯大林提出总危机这一理论,是为了说明资本主义在世界范围内被社会主义取代的规律,意义当然是非常重大的。但是,我认为它的意义实际上更大些。因为深入研究资本主义总危机,正如下面将要指出的那样,必然要研究两种不同的社会制度之间的关系,如果再将这种研究推进为研究垄断资本主义经济和落后国家的资本主义经济和前资本主义经济的关系,那么,这就是对世界经济的进一步研究。前面说过,布哈林认为,世界经济是在世界规模上的各种生产关系以及与其相应的各种交换关系的体系。我认为这个定义是可取的,因为它能揭示出不同的生产关系发生经济联系时所特有的经济规律,那种把世界经济看成各国经济的总和的定义,是不能揭示出任何特有的规律的。从这一点看,卢森堡研究过资本主义经济和前资本主义经济的关系,她是无意识地在研究世界经济;布哈林从他提出的定义出发,也研究过资本主义尤其是金融资本主义和前资本主义的关系,他是有意识地研究世界经济;斯大林提出资本主义总危机的理论,则为研究资本主义尤其是垄断资本主义和社会主义发生联系的世界经济,奠定了方法论基础。

但是,可惜的是,资本主义总危机这原来十分清楚、确定的概念,后来却变成十分模糊、很不确定的概念。斯大林是在分析 30 年代经济危机时提出这个概念的。1930 年,他说:"目前的经济危机是在资本主义总危机的基础上发展起来的,而资本主义总危机早在帝国主义战争时期就爆发了,它破坏着资本主义的基石,促进了经济危机的到来。"①接着他对总危机的含义作了说明,这就是"资本主义已经不是唯一的和包罗万象的世界经济体系,除资本主义经济体系外,还存在着社会主义体系,它日益成长着"②,这就是说,资本主义崩溃和社会主义胜利的历史时期,从第一次世界大战中发生的十月革命开始,将于资本主义制度最终全部消灭时结束,它指的不是经济危机。但 1938 年出版的《联共(布)党史》的提法却与此不同,他说:"战争原是资本主义总危机的反映"③,这里的总危机成为是促使第一次世界大战爆发的经济危机了。其后,斯大林又称经济危机为资本主义世界经济体系的危机,因此,它的第一次危机的结果引起第一次世界大战,它的第二次危机的结果引起第二次世界大战;又称资本主义总危机为资本主义体系总危机,因而认为第二次世界大战使它进一步加深。直到现在,除了《联共(布)党史》使用的概念同斯大林使用的概念有矛盾外,斯大林自己使用的概念并没有自相矛盾之处。

但是,后来情况发生了变化。他分析了第二次世界大战使世界资本主义体系总危机进一步加深后,认为第二次世界大战本身就是由这种危机产生的。④ 这样,资本主义体系总危机这个概念就变得模糊不清了,它好像是资本主义总危机,又好像是资本主义经济危机。

由于这样,苏联经济学家便向斯大林请教。斯大林最后的回答是:"世

---

① 《斯大林全集》(第十二卷),人民出版社 1955 年版,第 216 页。
② 同上。
③ 《联共(布)党史简明教程》,莫斯科中文版,第 224 页。
④ 《斯大林选集》(下卷),人民出版社 1979 年版,第 489 页。

界资本主义的总危机是否仅仅是政治危机或仅仅是经济危机呢？二者都不是。它是世界资本主义体系的总危机，是既包括经济、也包括政治的全面危机。"①这里的解释同斯大林开始使用这个概念时的解释，显然是不同的。

为什么会发生这种混乱呢？看来，为了表明资本主义逐渐崩溃、社会主义最终在全世界胜利这个历史时期，不应使用资本主义总危机这个概念，因为这个概念在苏联理论界原来指的是总的或普遍的经济危机，即总的生产过剩。例如，在共产国际第六次代表大会上就发生这样的情况：有人建议用另一种表述来说明"纲领中关于资本主义总危机的提法。这些意见的实质可以归结为：提出'总的生产过剩'来削弱或取消比例失调的因素"。②我们知道，比例失调只能说明局部生产过剩即局部经济危机的发生，而生产与消费的矛盾才使普遍或总的生产过剩即总的或普遍的经济危机发生。这样看，总危机就是总的生产过剩或普遍的经济危机。这就是《联共（布）党史》和后来的斯大林之所以说战争原是总危机的反映和总危机产生大战（第二次）的原因。苏联理论界对资本主义逐渐崩溃和社会主义最终在全世界胜利这个历史时期，是用资本主义体系总危机这个概念来说明的。这是一种说明：不应当把"资本主义体系的总危机设想成这样：资本主义几乎在一切国家或者在大多数国家都正在垮台"，这要有一个过程，"资本主义体系的一切矛盾……最终导致资本主义体系的灭亡"。③斯大林虽然有时也用资本主义体系总危机这个概念，但有时又用资本主义总危机这个概念，并且认为两者同一，但又常常受到总危机即普遍经济危机这个概念原有含义的影响，以致发生混乱。苏联理论界有人也从原有的含义去理解资本主义总危机，也发生混乱。看来，有必要用世界资本主义体系总危机这个明确概念，来代替资本主义总危机这个容易引起误解的概念。

在世界资本主义体系总危机这个时期中，存在两种对立的社会制度——资本主义制度和社会主义制度。斯大林问道，这对矛盾同帝国主义基本矛盾中的另一对矛盾——帝国主义国家之间的矛盾，哪一对矛盾更为剧烈。这个问题解决好了，当代国际关系的基本问题也就容易解决了。斯

---

① 《斯大林选集》(下卷)，人民出版社 1979 年版，第 582 页。
② 《布哈林文选》(下册)，人民出版社 1988 年版，第 388 页。
③ 同上书，第 376 页。

大林的看法是:"有人说,资本主义和社会主义之间的矛盾比资本主义国家之间的矛盾更为剧烈。从理论上讲来,这当然是对的"①;但是,从第二次世界大战的发生和发展情况看,"当时资本主义国家之间争夺市场的斗争以及它们想把自己的竞争者淹死的愿望,在实践上是比资本主义阵营和社会主义阵营之间的矛盾更为剧烈".② 应该说,后一看法是正确的。这是因为,认为资本主义和社会主义之间的矛盾比资本主义国家之间的矛盾更为剧烈,这个论断只有在资本主义和社会主义是作为一种意识形态,或其发展作为一种政治运动,以及作为在一个国家内的两种对立力量时,才是正确的,但将这两者作为不同的国家时,就不正确了。因为作为国家,社会主义不侵犯资本主义国家;资本主义侵犯社会主义国家时,也并不是将它作为社会主义的国家,而只是作为恢复或扩大它的市场、投资场所,正是这一点,决定了所有资本主义国家不能长期地联合行动,以统一的资本主义制度的身份或资格,去消灭作为对立制度的社会主义国家。历史已经一再证明,它们虽然打着反对共产主义、拯救"民主""自由"的旗号,以武装力量妄图消灭新建立的社会主义国家,但都在侵犯的过程中,因经济利益的冲突,即因占领的地盘(假定它们能占领)大小不一,导致散伙。这就证明,对立尖锐的不是两种不同的社会制度,而是不同的资本主义国家——结伙侵犯社会主义国家失败后,它们就散伙,然后又相互交战。

理论是实践的总结论。因此,理论上说资本主义和社会主义之间的矛盾比资本主义国家之间的矛盾更为剧烈,不一定正确。

斯大林认为,在两种对立的社会制度的基础上产生的两种对立的阵营,即资本主义阵营和社会主义阵营,导致统一的无所不包的世界市场的瓦解和两个平行的世界市场的产生。他认为,以美国为首的帝国主义国家对社会主义国家的经济封锁,促使社会主义国家间世界市场的形成和巩固。当然,他认为最根本的原因,是社会主义国家间的合作互助关系。曾经存在过的社会主义阵营,是否真的能形成一个新的世界市场,从而使统一的世界市场瓦解,是一个值得另行研究的问题,因为市场的发展,必然要冲破政治的

---

① 《斯大林选集》(下卷),人民出版社 1979 年版,第 564 页。
② 同上书,第 565 页。

障碍,趋向于扩大为一个更大的统一市场,但政治上又妨碍这样做,其中的矛盾如何解决,需要专门研究。

现在的问题是:斯大林认为,有两个平行的世界市场,各主要资本主义国家夺取世界资源的范围,就不会扩大而只会缩小,因此,资本主义的"生产的增长将在缩小的基础上进行,因为这些国家的生产量将要减缩下去"。① 这种论断不仅从事实上看,因为其后两大阵营中的社会主义阵营不复存在,从而社会主义国家的世界市场也不存在,是错误的,即使这一切都存在,从理论上看也是错误的。因为资本主义生产只要还存在,从趋势来看,它的生产增长不可能在缩小的基础上进行。因为它的资源范围缩小后,就要改变生产结构,其后就能提高资本的有机构成,市场深度就能扩大,生产就能增长,在扩大的基础上增长。看来,斯大林只把市场看成广度问题,而没有看到它还有一个深度问题。

根据上述,斯大林就断然地认为:列宁在1916年春天提出来的论点,即资本主义虽然腐朽,但"整个说来,资本主义的发展比以前要快得多"的论点,已经失效了。这当然不符合事实。但这个论断是以两个平行市场的存在为前提的。因此还要研究一下,如果两个平行市场存在,情况将会如何变化。我认为,根据前面的分析,经过生产结构的改变,资本主义生产还要发展,在第二次世界大战中开始的技术变革在战后被用到生产上,有一段时间仍使资本主义发展得比从前快,然后又慢下来。列宁的论点并没有失效。

---

① 《斯大林选集》(下卷),人民出版社1979年版,第581页。

第七篇
垄断资产阶级的经济与政治思想

第六篇研究的是无产阶级帝国主义理论的创立和发展,第七篇作为它的对立面,分析的是垄断资产阶级的经济与政治思想。

第七篇共五章。第二十一章对垄断资本主义以前的资产阶级经济与政治思想的演变,即它们如何从反对封建主义的革命学说,演变为维持腐朽的资本主义统治的反动学说,作一简要说明。值得注意的是,后来资产阶级反对的学说,正是从前他们提出来用以反对封建主义的学说。其原因是,这些学说经过无产阶级思想家的改造,已变成反对资本主义统治的武器。

第二十二章和第二十三章,从经济方面分别说明各种为垄断资本主义统治和国家垄断资本主义统治进行辩护的论调。其中特别值得注意的是,作为国家垄断资本主义意识形态的凯恩斯主义,自第二次世界大战以来,长期地成为垄断资本主义国家制定财政金融政策的理论根据。

第二十四章和第二十五章,从政治方面分别说明各种为垄断资本主义对外侵略、扩张、称霸进行辩护,对内反对无产阶级革命、反对以社会主义代替垄断资本主义提供理论根据的谬论。

第二十一章 资本主义垄断阶段前资产阶级主要经济与政治思想的演变

恩格斯指出,无产阶级最初用来反对资本主义的理论武器,就是资产阶级曾经用来反对封建主义的理论武器。在经济理论方面,就是劳动价值理论和剩余价值理论;在政治理论方面,就是平等理论。由于这样,当资产阶级反对封建统治的任务基本结束,资产阶级和无产阶级之间的矛盾上升为社会主要矛盾时,为了反对无产阶级,资产阶级就从提出变为反对劳动价值理论、剩余价值理论和平等理论。

第一节 资产阶级从提出劳动价值理论和剩余价值理论到反对它们

恩格斯说,在 19 世纪 20 年代,空想社会主义者"在为无产阶级的利益而利用李嘉图的价值理论和剩余价值理论来反对资本主义生产,以及用资产阶级自己的武器来和资产阶级进行斗争"。① 李嘉图的这些理论,是对亚当·斯密相关理论的继承和发展,而斯密的理论又是对重商主义和重农主义相关理论的批判的结果。剩余价值事实上是价值的一部分,因此,对价值的看法决定了对剩余价值的看法;剩余价值是抽象的,它总是具体地分割为利润、利息和地租,因此不能分别从利润、利息和地租去说明它们本身的产生和剩余价值的产生,而要从剩余价值的抽象形态去说明剩余价值的产生,

---

① 马克思:《资本论》(第二卷),载《马克思恩格斯全集》(第二十四卷),人民出版社 1972 年版,第 18 页。

然后说明它如何分割为利润、利息和地租。

最早对剩余价值进行考察的学派是重商主义。它大体上产生在资本原始积累时期。在重商主义者看来，所谓价值就是金和银，也就是货币；商业利润是贱买贵卖的差额，是在流通中产生的，这就是他们心目中的剩余价值。他们当然知道，在一个国家中，贱买贵卖的结果必然是：一方占便宜，他方就吃亏；一方的剩余价值，就是他方的不足价值，总起来价值没有增加。因此，一国要增加价值，就要开采金和银，如果没有金、银矿可供开采，就要通过对外贸易的顺差，从国外输进金和银。其实，顺差也不能增加价值，因为顺差部分是超出的商品价值，是原来就有的，不是新增加的。总之，价值和剩余价值都不可能从流通中产生。重商主义的这种理论，只是人们认识剩余价值的前史。对于这个理论，反对封建主义的古典政治经济学是批判的，为资本主义和垄断资本主义辩护的庸俗政治经济学不仅不批判，反而加以利用。

其次是重农主义。它产生在大革命前夕的法国，并且一般说来，只能产生在当时法国这样一个小农占优势、工业和航海并不发达的国家。在重农主义者看来，价值就是使用价值，因此，只有生产出来的使用价值大于生产这个使用价值而消耗的使用价值，才是生产的。他们认为，工业和商业都是不生产的，只有农业才是生产的，因为农业生产的比消耗的种子、肥料、工人和资本家的消费资料（工资和利润）要多，这个余额就是纯产品，也就是地租。它不是劳动生产的，而是农业中特有的自然力生产的。其实，农业生产中消耗的和生产的使用价值在质上是不同的，因而在量上不能比较，不能从物质形态上考察纯产品。但因为农业中的种子、肥料、口粮、衣服也是农业生产的，所以笼统地也可以说，农业中生产的使用价值比消耗的使用价值大。这种理论显然不适用于工业和航海都发达的英国。重农主义的纯产品理论有正确之处：纯产品或地租确实是在生产中产生的，由于当时法国的农业资本家还参加体力劳动，利润和资本家的工资便结合在一起，被看成如像工人工资一样是生产上的消耗；但它也有错误，这就是把使用价值看成价值，以致认为工业不能产生剩余价值，农业中的剩余价值是自然生产的。既然只有农业生产剩余价值，一切赋税都应由土地所有者负担，都应出自地租——重农主义就这样反对封建主义。

斯密是产业革命前夕的英国古典派经济学家。他既反对重商主义的理论、也反对重农主义的价值观，认为价值不是金银本身，也不是使用价值，而是一般劳动。他明确地提出生产商品投下的劳动决定价值的原理；并认为小生产者生产商品投下的劳动形成的价值，便是其工资。但是，他又认为，资本积累和土地私有权产生后，工人创造的价值便要扣出两部分来，分别成为资本家的利润和土地所有者的地租，因而这个扣除部分就是剩余价值。他认为工人出卖的是劳动，工资是劳动的价值，由于有了这个扣除部分，工资便小于劳动创造的价值，这是不可能的。于是他认为，从这时起，价值便改为由交换商品支配的劳动决定，这些劳动包括工资、利润和地租。这是错误的生产费用论。他认为这三者由于供求关系的影响，在自由竞争充分展开的条件下，有一种自然率，这时由这三者构成的是区别于市场价格的自然价格。这是错误的供求论。如果追问一句，这三者的泉源是什么，他便回答说：劳动创造工资、资本创造利润、土地创造地租。这是错误的生产三要素论。正确的理论是劳动创造的新价值分解为三种收入，现在则反过来认为价值是由三种有其泉源的收入构成的。这样一来，商品价值中的旧价值即 C 的存在就无法说明。斯密认为，C 说到底也是分解为 V＋M 的，这样他就混淆了生产物价值即 C＋V＋M 和价值生产物即 V＋M。这就是错误的斯密教条。斯密是以其自然价格论，即要求自由竞争的充分展开，来反对封建主义和行会制度的。

斯密的继承者李嘉图是英国产业革命时期的经济学家。他坚持斯密的生产商品投下的劳动决定价值的正确原理，反对交换商品支配的劳动决定价值的错误原理。但他又接受事实上由后者演化而来的自然价格论，即认为由自然的或平均的利润率构成的自然价格就是价值，并在这个基础上接受斯密教条。他和斯密的争论只是：斯密认为价值由收入构成，李嘉图认为收入由价值分解而来，但同样否认有 C 的存在。从价值分解为收入的原理出发，李嘉图认为，在其他条件不变的情况下，工资增大，利润便减小，反之亦然；农业地租不过是农业资本之间的超额利润。从自然价格等于价值的原理出发，李嘉图便看不到农产品的生产价格是低于价值的，其中的差额可以转化为绝对地租，所以他只承认级差地租，否认绝对地租。李嘉图认为，资本主义耕种土地是从优到劣，粮食价格和货币工资提高，利润减小，地租增大，这本是自然规律，是无可非议的，但如果有一种人为的方法助长粮价上涨,损害利润,于发展生产不利,这种方法便应废止。1815 年,英国酝酿修订的限制国外廉价粮食进口的谷物法就是这种人为方法。李嘉图就这样以其理论反对封建主义的尾巴。在这样做的时候,他事实上在分配领域上揭示了工人与资本家、资本家和地主的利益是对立的。

恩格斯指出,李嘉图学派有两大难关:第一,劳动创造价值,工人出卖劳动,得到其劳动创造的价值,这样,利润即剩余价值就没有泉源。斯密遇到这个问题,无法解释。李嘉图因接受自然价格论,便蒙混过关了。第二,劳动创造价值,等量资本在相同时间内支配的活劳动不同,便应有不同的价值和利润,但为什么有平均的利润。斯密因提出自然价格论,也蒙混过关了。李嘉图明显地觉得这是个问题,但由于他混淆了自然价格(生产价格)和价值,不但无法解释,反而认为,除劳动外,两种商品使用的资本构成不同、上市经历的时间不同,以及在上述两种不同下工资的变动(其反面是利润的相反的变动),都使价值(其实是生产价格)发生变动。这就等于承认劳动价值理论是错误的。很明显,不提出劳动力成为商品和价值转化为生产价格的理论,这两个难关是无法通过的,而要提出这两个理论,又是缺乏历史观点的资产阶级经济学家不可能做到的。1930 年,法英资产阶级终于取得政权,就转而把矛头对准无产阶级了。这表明,劳动价值理论和剩余价值理论再也不能在资产阶级界限内发展了。

其实,早在法国大革命之后不久,法国庸俗经济学的鼻祖萨伊,已经嗅觉灵敏地感到,无产阶级是一种潜在的威胁,便在 19 世纪初提出了反对劳动价值理论和剩余价值理论的三位一体公式:劳动创造并得到工资;资本创造并得到利润;土地创造并得到地租。其错误是把使用价值或财富或效用说成是价值,然后利用了斯密的生产要素论。

与李嘉图同时代的英国庸俗经济学的鼻祖马尔萨斯,是为了地主、贵族、僧侣的利益,维护谷物法,而反对劳动价值理论和剩余价值理论的。他极力攻击李嘉图学派的两大难关,认为利润是卖价高于成本的差额,即贵卖的结果。很明显,资本家之间不能由贵卖获利;资本家虽可贵卖给工人,而工人不能报复,但工人以其工资只能买资本家商品的一部分,其余部分便不能出售;资本家只能贵卖给地主、贵族、僧侣,他们只消费不生产,只购买不出售,他们以特权取得收入,他们的收入即地租越高,需求越强,资本家卖价便越高,利润就越大。结论是谷物法万万不能废除。这事实上是斯密的交换商品支配的劳动决定价值这个错误原理的翻版。问题在于:地主们的收入不是从天而降的,而是从资本家的口袋分去的,这样,资本家再以贵卖的办法把它骗回来,这怎能是产生价值和剩余价值的方法?

在回答李嘉图的论敌对李嘉图学派两大难关的攻击时,李嘉图的门徒完全背离了劳动价值理论和剩余价值理论。对第一难关,老穆勒(詹姆斯·穆勒)说,新产生的价值由资本家和工人之间的竞争,即由供求关系分割为利润和工资。那么,工人供给什么呢? 供给劳动! 供给劳动就是出卖劳动。这就是斯密遇到的那个问题。对第二难关,麦克洛库赫说,不论资本构成怎样不同,由于机械、牲畜和工人都同样劳动,都形成价值;老穆勒说,不论商品上市时间怎样不同,如新酒窖藏成陈酒,由于新酒是部机器,它能在生产陈酒中增加陈酒的价值:这样,等量资本在相同时间内,便生产相同的价值,有相同的利润。这是萨伊的生产三要素论。

从 19 世纪 20 年代开始,空想社会主义者中的李嘉图社会主义者,利用李嘉图的理论攻击资本主义生产。美国庸俗经济学家凯里和法国庸俗经济学家巴斯夏联合起来反对李嘉图,并为资本主义剥削辩护。凯里认为李嘉图的理论是煽动阶级仇恨的理论,甚至指控李嘉图是共产主义之父。他们都利用了斯密教条的错误,即在混淆 C+V+M 和 V+M 的基础上,混淆了利润率即 M÷(C+V) 和剩余价值率即 M÷V,然后将利润率的下降趋势说成剩余价值率的下降趋势,用以证明随着生产发展,工人占有的份额在日益增加,李嘉图认为阶级利益对立是错误的。

自从马克思在批判英国古典学派的基础上,创立了科学的劳动价值理论和剩余价值理论,揭示了社会主义必然代替资本主义的规律,使空想社会主义发展为科学社会主义,并以此指导共产主义运动以来,资产阶级庸俗经济学家便大肆攻击马克思的这些理论。这发生在 19 世纪 70 年代以后。

首先起来在方法论和理论上攻击马克思的是奥地利学派,该学派又被称为主观学派或边际效用学派。代表人物是维也纳大学教授庞巴维克。他认为,马克思既然说价值的实体是相交换的商品中共有的、而又非两个商品本身的第三物,即抽象劳动,那么按此逻辑,这个第三物为何不可以是效用呢! 这是错误的,由于商品的价值反映生产者的社会关系,这个第三物只能是社会的,而不能是自然的或个人主观的。庞巴维克深知,客观效用论(如萨伊的价值论)是站不住的,便转向主观效用价值论,即边际效用价值论。他认为,商品的价值取决于人们对其最后一个单位的主观评价,商品超过一定数量后,其数量越多,人们对其最后一个单位的主观评价越低。这无法解释百万富翁和穷光蛋对货币评价的不同,但为什么要以同样的价格购买面包。在边际效用论的基础上,他又提出补全财富价值论和归属论,来反对剩余价值理论。所谓补全财富,即要联合使用才有效用的财富,如针和线、笔和墨。假设它们联合使用的效用为100,二者的总价值便为100。如它们都有替代品,而且效用(价值)较小,如分别为40和50,那么其总价值即为90。假如其中有一个如后者没有替代品,那么其价值等于原总价值100减去替代品的价值40,即等于60。他认为生产三要素就是补全财富,资本、土地是没有替代品的,劳动则有替代品,因此,在总价值中扣除掉替代品劳动的价值后,余下来的就属于不能替代的资本和土地,分别成为企业收入和地租。这种归属论是萨伊的生产要素论的翻版。

美国庸俗经济学家克拉克将生产要素论和边际效用论结合起来,提出边际生产率论来反对马克思的理论。生产要素论虽然认为价值是生产三要素创造的,但是并不能回答每种要素创造的价值量如何决定的问题。为此,克拉克分别假定两个要素不变,增加另一要素,其产量的增加部分便是这增加的要素创造的。不过,他认为这样一来,三要素的比例被破坏,每增加一个要素,即边际要素,其产量便是递减的,由此决定,该要素分配到的收入是递减的。他由此说明工资取决于劳动边际生产率。他用图表(参见图6-1)说明如下:假设资本数量不变,劳动逐渐增加,以 AD 线表示,AB 为第一劳动单位的产量,A_1B_1 为第二劳动单位的产量,DC 为边际劳动的产量。从 C 划一线平行于 AD,与 AB 相交于 E。由此他就认为,既然劳动的边际生产率为 DC,而劳动是可以替代的,那么全体工人工资便都取决于 DC,总工资为 AECD。余额 BEC 则为利润。假设资本增加,劳动不变,则上图也可以用来说明利润;只是这时的总利润为 AECD,而 BEC 则为工资。由于土地有限,他就不能用增加土地的办法,以测定土地的边际生产率,并由此决定地租。于是,他就认为土地和劳动共同生产产品,既然劳动的边际生产率是降低的,上图中的 BEC 便是土地生产的,成为地租。这些错误说到底是把使用价

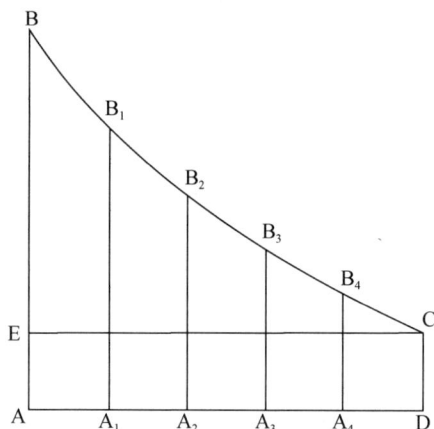

图6-1 工资与劳动边际生产率

值说成价值。

现代庸俗经济学的鼻祖英国的马歇尔集所有庸俗价值理论和分配理论之大成,来反对马克思的理论。他以均衡价格来代替价值。所谓均衡价格,就是需求价格和供给价格相均衡时的价格。从这一点看,这就是错误的供求价值论。但他认为需求价格是消费者为购买一定量商品所愿支付的价格,购买者如是工业资本家,需求价格仍以此为依据,消费者愿意支付的价格由商品的边际效用决定;供给价格是人们供给一定商品所要索取的价格,由生产费用构成,它分为真实生产费用和货币生产费用两种,前者指的是牺牲和节欲,后者指的是为此而支付的货币额,其大小由供求关系决定。他的国民红利分配论是以均衡价格论为基础的。均衡价格既然是相均衡的需求价格和供给价格,供给价格是由生产费用构成的,而生产费用又由各种生产要素,即为劳动的牺牲和资本的节欲支付的货币或价格构成,那么生产要素所有者获得的价格或报酬,就成为他们的收入即工资和利息。马歇尔认为,土地是自然产生的,土地的边际利用和有利利用之间有一个产量上的差额,就是地租。这种生产三要素论没有办法说明企业收入是怎样产生的。因此,马歇尔将三要素变为四要素,增加一个资本家的管理或组织这种劳动,企业收入就是其报酬。但这又无法说明企业收入为何不与"劳动"成比例,而与资本成比例。马歇尔是个过渡性的人物,他既是原有庸俗经济学的集大成者,又是现代垄断资本主义经济学的鼻祖。关于后者,下面再谈。

第二节　资产阶级从提出平等理论到反对它

恩格斯指出,在资产阶级为了反对封建主义而提出消灭阶级特权的要求的同时,无产阶级也提出了消灭阶级本身,它起初采取宗教的形式,以早期基督教为凭借,即以基督教只承认一切人的一种平等——原罪的平等为依据,以后就以资产阶级的平等理论为依据了:"无产阶级抓住了资产阶级的话柄:平等应当不仅是表面的,不仅在国家的领域中实行,它还应当是实际的,还应当在社会的、经济的领域中实行。"①资产阶级的平等理论,作为反对封建制度、封建特权和行会制度的理论武器,是在这样的社会经济条件下产生的:大规模的贸易尤其是新航路发现以来的世界贸易,使商品所有者是自由的、在行动上是不受限制的,他们作为商品所有者的权利是平等的,他们就根据平等的权利进行交换;手工业发展为资本主义工场手工业,使劳动者是自由的,既解脱了行会的束缚,又丧失了生产资料,他们可以和工厂主订立契约出租他们的劳动力,他们作为契约的一方和工厂主的一方是平等的;商品生产的发展,使所有生产者在劳动创造价值、价值由社会必要劳动时间决定这一点上的权利是平等的。总之,资本主义商品生产的发展,使资产阶级的平等理论必然产生。这种理论从萌芽、发展到法国大革命前夕,在卢梭的著作中得到了在资产阶级世界观范围内最完善的阐述。

与平等理论相关联的,是资产阶级的主权理论。这是因为,为了发展资本主义,资产阶级要最终取得最高的政治统治权。这个最高统治权就是本来意义的主权。资产阶级要将主权从封建主或其最高代表者国王的手中夺过来。国王拥有主权的依据是"君权神授",即他是天的儿子、上帝之子,与凡人不同,是代表神、上帝、"天"来统治凡人的。至于他的崽子为什么也是国王,在"君权神授"解释遇到困难时,便用"龙生龙、凤生凤"来解释,因为崽子到底是龙种,所以是国王。所有这种理论,在主张商品生产的意识形态即平等理论的新兴资产阶级看来都是谬论。因而他们主张"主权在民",不论

---

① 恩格斯:《反杜林论》,人民出版社1970年版,第104页。

是在全体人民也好,在人民的代表也好,总之是在民,而不在君。

资产阶级主权理论的另一面是民族主权。我们说过,民族是资本主义产生时的产物。为了自己的利益,资产阶级以民族为范围,建立民族国家,以保护自己的市场。民族有独立为国家的权力,这就是民族主权。民族独立为国家后,民族主权也就是国家主权。这是主权含义的发展。

一般说来,在阶级对抗的社会里,酝酿着一个阶级推翻另一个阶级的统治的政治革命时,在主权理论斗争上表现为主权谁属问题①;当一个国家侵略和压迫另一个国家和某一民族时,在主权理论斗争上则表现为主权有无或应否削弱问题。

主权问题上升为理论,最初是法国政治思想家博丹在其《共和国》(1576年)中提出来的。他将主权定义为:主权是驾驭公民和臣民的不受法律限制的权力,这个权力是最高的、无限制的。这反映出,在当时的教权和王权的斗争中,博丹拥护王权。其后,德国古典哲学家黑格尔在其《法哲学原理》(1821年)中,将主权定义为"自我规定",即为所欲为,因为君主主宰有一切的权力即主权,所以,国家的主权就是君主。这两个定义有相同之处:主权是至高无上、为所欲为,这是正确的。缺点是讳言它是属于统治阶级的。至于黑格尔,如像他将物质与精神的关系颠倒过来一样,他将主权与君主的关系也颠倒过来了:因为是君主,便拥有最高统治权即主权,并不是拥有国家主权,就是君主。在颠倒关系的基础上,黑格尔的主权理论表明他对封建专制制度的崇拜。

以上的主权理论不能说明平等理论。恰好相反,它事实上是以人与人之间应该不平等来说明主权的。法国大革命前夕的政治思想家卢梭的理论则不同。他在《社会契约论》(1762年)中指出,人类从自然状态进入社会状态时有一种约定,这就是每个结合者及他们自己的一切权利全部都转让给整个集体。这样,"基本公约并没有摧毁自然的平等,反而是以道德的与法律的平等来代替自然所造成的人类之间的身体上的不平等;从而,人们尽可

---

① 蒋介石在其政权被推翻前说:"只要神圣的宪法不由我而违反,民主宪政不由此而破坏,中华民国国体能确保,中华民国的法统不致中断……则我个人更无复他求",就是要确保其大地主、大买办阶级的最高统治权。

以在力量上与智慧上不平等,但由于约定并且根据权利,他们却是人人平等的"。① 由于契约的结合,就产生一个道德的与集体的共同体,以代替每个订约者的个人,这个由全体个人结合成的公共的人格,以前称为城邦,现在则称为共和国或政治体,"当它被动时,它的成员就称它为国家;当它主动时,就称它为主权者","至于结合者,他们集体地就称为人民;个别地,作为主权的参与者,就叫作公民,作为国家法律的服从者,就叫作臣民"。② 卢梭之所以说他"生为一个自由国家的公民并且是主权者的一个成员"③,原因就在这里。既然凡公民都是主权者的一个成员(这本来是同义反复),他们之间当然都是平等的了。

卢梭认为,每个个人作为人来说,可以具有个别的意志,而与他作为公民所具有的公意相反或者不同;他的个人利益可以使他完全违反公共利益。卢梭所说的公意是相对于众意来说的。按照他的解释,它们的区别在于:"公意只包括人们相同的意志,而众意则是人们相同的与不相同的意志的总和。可以说,公意是众意的最大公约数。"④根据这一点他又指出:社会公约赋予政治体以超乎其各个成员之上的绝对权力,这种权力受公意指导时,就获得主权这个名称,既然主权要受公意的指导,它就不可转让,也不可分割;而"任何拒不服从公意的人,全体就要迫使它服从公意:这恰好是说,人们要迫使他自由"——这就是卢梭的革命理论的依据。

卢梭的这些理论,即人是生而自由平等的;国家只能是自由的人民自由协议的产物;如果自由被强力所剥夺,也就是个别意志违反了公意,则被剥夺了自由的人民可以根据公意进行革命,用强力夺回其自由;国家的主权在人民;最好的政体应该是民主共和国;等等,是美国独立战争和法国大革命的理论依据。恩格斯指出,"可以表明这种人权的特殊资产阶级性质的是美国宪法,它最先承认了人权,同时确认了存在于美国的有色人种奴隶制"。⑤ 不仅如此,恩格斯又说,卢梭的理论在法国大革命的时候以及在大革

---

① 卢梭:《社会契约论》,何兆武译,商务印书馆1980年修订版,第34页。
② 同上书,第22页。
③ 同上书,第5页。
④ 同上书,第36页注①。
⑤ 恩格斯:《反杜林论》,人民出版社1970年版,第103页。

命之后,"起了一种实际的政治的作用,而今天差不多在一切国家的社会主义运动中仍然起着很大的鼓动作用"。①

应该说,自从阶级社会产生后,被剥削阶级最初用来反对剥削阶级的思想武器就是平等思想。奴隶与农奴就是以平等思想为武器,指向奴隶主和封建主的。陈胜、吴广起来革命时说:"王侯将相,宁有种乎。"这是对剥削者拥有最高统治权的依据的挑战,其思想基础是人人平等;中世纪的农民革命,多以平等思想为依据,以平分土地为纲领,列宁说:"在反对旧专制制度的斗争中,特别是在反对旧农奴主大土地占有制的斗争中,平等思想是最革命的思想。"②但这时的平等思想,多半是和宗教上的平等概念结合在一起,基督教的原罪平等思想在其中起很大的作用。这还不能说是对这时尚未产生的资产阶级的平等理论和主权理论的运用。

最初的无产阶级革命运动就不是这样。无产阶级最初是追随资产阶级,同资产阶级一道用资产阶级的平等理论和主权理论,来反对封建主义的。这在法国大革命中表现得最为清楚。但革命的结果是资产阶级共和国代替封建专制国家制度,无产阶级受剥削、受压迫情况依然如旧。由于这样,在资产阶级革命中终于失望而又提高了认识的无产阶级,便拿起资产阶级用来反对封建主义的平等理论和主权理论,来反对资产阶级。

恩格斯曾经概括地描述了这个历史过程:每次资产阶级运动或革命,相应地都有无产阶级的运动或革命,虽然其成熟程度有所不同:例如,德国宗教改革和农民战争时,爆发了再洗礼派和闵采尔运动,英国大革命时爆发了平均派或掘地派运动,法国大革命时爆发了巴贝夫运动,它们越来越摆脱宗教的影响,而有其相应的理论表现。例如,在 16 世纪和 17 世纪有莫尔关于乌托邦和康帕内拉关于太阳城这种理想社会制度的空想性的描写,在 18 世纪有摩莱里和马布利关于共产主义的理论,19 世纪初则有圣西门、傅立叶和欧文的空想社会主义。这些思想和实践可以归结为:平等的要求不仅限于政治权利方面,而且扩大到每个个人的社会地位上,证明必须予以消灭的不仅是阶级特权,而且是阶级差别本身了,随着阶级的消灭,任何政治权力,更

---

① 恩格斯:《反杜林论》,人民出版社 1970 年版,第 100 页。
② 《列宁全集》(第十三卷),人民出版社 1963 年版,第 217 页。

不用说是资产阶级的最高统治权，当然就不存在了——这就是空想社会主义者的平等理论。

由于这样，资产阶级思想家就必然起来反对他们的前人提出过的平等理论。首先起来担负这种任务的，是法国思想家、圣西门的学生孔德。他反对自由、平等和人民主权的学说，认为平等是一种教条，本质上具有无政府的特征；自由是一种错觉，其结果将归于幻灭；人民主权则使优秀者屈服于低劣者，把神圣的权力转让给人民，指责卢梭的理论是无政府学派。他根据当时正在迅速发展的生物学知识，用类比法把社会看作与生物有机体相类似的一种有机体，他称之为社会有机体或集合有机体。从这里出发，他认为生物有机体的构成要素为细胞，社会有机体的构成要素则为家庭。随着社会的发展，分工越来越细，除家庭外，社会便要建立国家和政府，其主要任务在于维护社会的统一，社会越发展，国家和政府越不可少。他认为社会现象的一切变化，都是由知识的精神支配的。知识的精神有三个发展阶段：神学阶段，神的意志支配人间，国王代表神，君权神授，人民不得反抗；形而上学阶段，人们以理性代替神的意志，大赋人权说和社会契约说由此产生；科学即实业阶段，人们以经验代替理性，实业支配一切，因而指导科学研究和从事实业经营的人，成为社会中最主要的人物，即资产阶级的统治是必要的。

资产阶级革命和资本主义发展，作为它的对立面，除了有无产阶级的社会主义运动外，还有被资本主义宗主国或母国压迫的民族的民族独立运动——首先是移民垦殖殖民地的独立运动。发生在法国大革命之前的美国独立战争，其理论依据就是从资产阶级平等理论或卢梭的天赋人权理论产生的民族主权理论。其后，英国资产阶级虽然居于其"世界工厂"的垄断地位，主张自由贸易，并在这个意义上主张"解放"殖民地，但他们仍然想维护宗主国的利益，即当英国与"解放"了的殖民地发生经济利益冲突时，便要侵犯这些殖民地的主权，维护英国的利益。庸俗经济学家老穆勒主张英国的殖民地只能成为自治领，并参与这个活动，主张以卢梭的公意理论为核心制定国际法，设立国际法庭，名为解决国际纠纷，实则侵犯别国主义，否认被压迫民族有独立为国家的权力，以确保英国的利益。它是否认民族主权的征兆。

在工人运动的基础上，马克思对英国古典政治经济学进行了批判，建立了无产阶级的政治经济学,从而揭示了社会主义必然代替资本主义的规律性,科学的社会主义也就代替了空想的社会主义。同空想社会主义相反,科学社会主义认为,阶级斗争是社会主义取代资本主义的政治力量,而阶级斗争必然导致无产阶级专政,只有无产阶级变成统治阶级,掌握了最高统治权,才能消灭生产资料私有制和消灭阶级差别,最终实现人人在经济上和政治上的平等,因而也就是最终导致平等和最高统治权,即无产阶级专政的消灭,实现共产主义。这种理论成为国际共产主义运动的指导原则。

首先起来反对这种理论的,是英国思想家斯宾塞。他的理论是孔德的理论的继续。换句话说就是,社会有机体论到了斯宾塞手里才告完成。他认为,社会是个有机体,它的关系是均衡的,只有均衡的社会,才是个完全的社会,人类才能从中得到完全的幸福。在他看来,构成均衡社会的根本条件,就是实现平等自由的规律。这个规律指的是天赋的自由权对于任何人都是平等的。但他的平等自由观与卢梭的不同。他认为这是上帝赋予人的,人都有发挥其被赋予的权力以满足上帝意志的义务。但每个人都这样做时,从全社会看就必然存在一种限制,即人们彼此不能妨碍其自由,这样才是平等的自由,才是社会的均衡。在这基础上,他认为社会有机体和生物有机体相同:两者都有维持系统,在生物为营养系统,在社会为生产系统;都有分配系统,在生物为循环系统,在社会为运输系统;都有管制系统,在生物为神经系统,在社会为政府和军队。但他认为这两种有机体也有差异:在生物,其构成要素是没有意识的,它们之间的均衡或协调,是在神经系统的参加下强制地达到的;在社会,其构成要素是有意识的,因为每个人都是自由意识的主权者,使他们之间达到均衡或协调,在不同的历史条件下其方法是不同的。他将社会发展分为两个阶段:在军事社会里,个人没有地位,协调是强制的,像士兵服从军官一样;在产业社会里,个人在商品货币关系上都是平等的,协调是自发的。这就是说,不存在阶级斗争,只存在个人的自由竞争,社会要在保证产业利益的基础上协调起来。

19世纪最后30年,随着资本主义过渡为垄断资本主义,资本主义宗主国对国外殖民地的剥削加深,统治加强,要将它们置于宗主国的统治之下,宗主国发展为殖民帝国。在资本主义国家的移民垦殖和奴役土著这两种不同的殖民地中,前者由于是资本主义母国生产关系和民族的延续,并逐渐成为殖民帝国中的自治领,因而相对于后者而言,宗主国对其统治不成为严重问题,后者就不是这样。除了加强经济、政治和武装的力量外,欧洲资本主义宗主国还制造种族论,即白种人是优秀的种族,有色人种是低劣的种族,然后根据进化论中的优胜劣汰原理,认为白种人应该统治非白种人。鼓吹这种谬论最起劲的是最老的殖民帝国主义——英国,和发展最快的帝国主义——德国,前者认为盎格鲁-撒克逊种族是最优秀的,后者认为雅利安种族是最优秀的,应该是统治者,其他的种族尤其是奴役土著殖民地的人民该受其统治。这实质上是对民族主权理论的否定。以后我们就会看到,帝国主义思想家公然否定民族主权,认为它是建立理想国际经济关系的严重阻碍。

第二十二章　为垄断统治辩护的垄断经济学

第一节　为垄断资本主义辩护的垄断经济学

垄断经济学的理论基础,就是马歇尔的垄断理论。前面我们说过,马歇尔将垄断定义为只有一个供给者的状态,并在这个基础上论述垄断价格是怎样决定的。现在,在论述了他的均衡价格理论之后,我们再来看看他怎样说明垄断价格比非垄断价格更低些。

他以其均衡价格理论为基础,先指出:"如果垄断者所生产的销售量是如此之大,以致它的供给价格……等于它的需求价格,则他会失掉他所有的垄断收入。提供最大垄断收入的产量总是大大小于这一数量。因此从表面上看来,仿佛垄断产量总是小于竞争产量,它对消费者的价格总是大于竞争价格。但事实却不然。"①

其所以如此,他认为是:假如不是垄断,则生产分由许多企业进行,它们势必彼此竞争,以广告招徕,从而用于各种广告的费用总额必然比一个垄断的企业大得多;它们不善于利用大规模生产所带来的各种节约;特别是它们拿不出像一个垄断企业那么多的钱来改进生产方法和机器。由于这样,他认为"非垄断产品的供给表所表示的供给价格比……垄断供给表要高些;因此,在自由竞争下所生产的商品的均衡产量小于需求价格等于垄断供给价格的那一产量"。② 换句话说,他认为垄断企业是庞大的企业,大生产具有经

---

① 马歇尔:《经济学原理》(下卷),陈良璧译,商务印书馆 1965 年版,第 160 页。
② 同上书,第 162 页。

济上的优越性,它的供给价格无论在哪一点上,都比非垄断企业的供给价格低,因而它和需求价格相均衡的价格,也比非垄断企业的供给价格和需求价格相均衡的价格低,由这个较低的垄断价格决定的产量,也比由非垄断企业的较高的均衡价格决定的产量大些。

照这样说,这个垄断价格不仅较低,而且不包含垄断利润,因为它之所以较低,是由于垄断企业的经济优越性使它的供给价格较低,这种供给价格并不包含垄断利润。垄断价格而不包含垄断利润,这就不是垄断价格。这实质上是否认垄断的存在。

不仅如此,他还认为,"垄断者为了他的企业的未来发展,或出于对消费者福利的直接关心,可以降低他的价格"。① 这样说来,消费者反而应该感谢垄断资本家了。其实,假如有这种情况发生,那是由于实行倾销的办法,以便打倒对手后再大大提高垄断价格。

张伯伦和罗宾逊夫人的垄断经济学是马歇尔的垄断理论的发展。他们两个人的论点实质上相同。从马歇尔关于垄断是只有一个供给者的状态的定义出发,张伯伦认为,这种状态是纯粹垄断,罗宾逊夫人则认为是完全垄断,事实上是不存在的;存在的在张伯伦看来是双头垄断和寡头垄断,即垄断竞争,在罗宾逊看来则是不完全竞争。由于存在着竞争,像纯粹垄断条件下的那种垄断价格便是不可能的,从而与此相应的垄断利润也是不可能的。

张伯伦的垄断竞争论认为,垄断的原因是产品的差别,这种差别可以由产品本身的技术特点、包装、出售时的服务和出售地点等产生,这就或者将垄断看成由技术原因产生的,或者将垄断企业和中小生产者甚至小商人(出售地点差别)混为一谈,这就抹杀了自由竞争和垄断统治的根本区别。在这个基础上,就把由这些原因产生的、具有相对流动性的超额利润看成垄断利润,它几乎是每个生产者和经营者都能获得。

罗宾逊夫人用其不完全竞争论来为资本主义剥削辩护。她根据生产要素论把剥削定义为:"如果一个生产要素是按小于它边际生产力的价格雇用的,该生产要素就遭到剥削"②;然后以此为基础,大谈其对劳动的剥削。她

---

① 马歇尔:《经济学原理》(下卷),陈良璧译,商务印书馆 1965 年版,第 163 页。

② 乔安·罗宾逊:《不完全竞争经济学》,陈良璧译,商务印书馆 1961 年版,第 234 页。

认为这来自劳动市场和商品市场的不完全竞争。关于前者,如果劳动市场是完全竞争的,她说,那么"工人们从这一企业转到另一企业的完全自由会迫使雇主们对劳动竞相出价,直到工资等于所雇人数的边际纯生产力时为止"①,这样,工会的作用就不在于为工人议价,而在于使劳动的供给有完全竞争(她的真正用意是工会恰好妨碍了这一点)。关于后者,她认为由于存在着不完全竞争,企业家增加雇佣一个工人,其边际生产力是降低的,如果工资等于这降低了的边际生产力,劳动便没有受剥削,可是,商品增加,要降低价格才能多出售商品,因而边际收益小于劳动边际生产力,工资要取决于边际收益,这样,工人因得不到全部劳动边际生产力生产的价值,便受剥削了。

我们不能看到罗宾逊夫人"承认"劳动被剥削,便以为她是接受马克思的经济理论的。不是的。第一,生产要素论是错误的,这在前面已经论述过。第二,她认为在劳动市场存在着完全竞争的条件下,工人的工资等于边际劳动生产力,便没有剥削,这是错误的。边际概念不能用来说明阶级关系。作为一个阶级,全体工人的劳动创造的价值大于工人得到的价值,这就是劳动遭受剥削。第三,她的真正用意是,工人不仅要随着边际劳动生产力的降低而降低其工资,更要根据市场上存在着不完全的竞争的情况,使工资降到边际劳动生产力以下,合理地接受剥削,如果坚持工资仍要等于边际劳动生产力,就必然使企业家的利润减少到低于资本的边际生产力,而按照剥削的定义,这就是资本遭受"剥削"了。

垄断经济学的一个分支,是加尔布雷思的抗衡力量论。所谓抗衡力量是指,垄断组织的产生必然随着产生同它相抗衡的力量,因而或者抵消其垄断力量,或者均沾其垄断利润。这是错误的。

他认为,这种抗衡力量在消费品市场上的表现是:垄断组织以垄断价格供应消费品,消费者虽然自己不组织抗衡力量,但要求零售商利用其地位为消费者的利益发展抗衡力量,这样就可以较低的价格出售消费品给消费者。其实,情况恰恰相反,零售商是受垄断组织控制的。在生产资料市场上的表现是:作为买主的垄断组织有力量钳制作为卖主的垄断组织,假如情况确实

---

① 乔安·罗宾逊:《不完全竞争经济学》,陈良璧译,商务印书馆 1961 年版,第 235 页。

如此,它们之间是有一番较量的,但这并不说明利用这种生产资料生产的产品就不以垄断价格出售了。事实上,许多垄断组织或者自己生产生产资料,或者向中小企业和个体生产者、向落后国家购买原料,而这些非垄断者则要向垄断组织购买生产资料,尤其是机器,在这情况下,根本不存在什么抗衡力量。

更为错误的是,他认为在劳动市场上也出现抗衡力量,这就是在劳动供给方面出现了工会。他将工会看成垄断组织,它不仅能提高工人同雇主的议价能力,而且能够从垄断利润中分得一部分,即利益均沾。他说,议价能力都掌握在工会这一边,资方变成一个涨价机构,通过涨价把它们的协议转嫁出去,这样对于双方都是有利的。

这种论调从经济理论上说是完全错误的。按照此说,工人通过经济斗争提高货币工资,但其结果是提高了物价,这样,工人的这种斗争是毫无意义的。其实,工资是工人的劳动创造的价值的一部分,另一部分是利润,工资增加,利润减少,反之亦然。因此,从经济理论上说,工人增加工资不会提高价格水平。马克思说,如果资本家可以"利用工资的任何提高作为借口,在更大得多的程度上提高商品价格,从而把更大的利润放进自己的腰包,那么,资本家阶级就永远不会反对工联"。① 这里说的是自由竞争条件下的情况。在垄断条件下,垄断企业能够根据工资的提高而提高垄断价格,其目的在于维持一定的垄断利润率。因而这时垄断价格的提高,就不是由于工资的提高,而是由于要攫取垄断利润。这样一来,工人提高货币工资的好处就化为乌有。因此,如果认为工会是抗衡力量,理论的彻底性就要求认为工会有力量冻结价格,而这是不可能的。

这种论调从政治理论上说也是完全错误的。这里,我们不说他把工会说成垄断组织是一种污蔑。我们要指出的是,在垄断资本主义条件下,由于无产阶级上层分子的资产阶级化,许多工会其实是垄断组织的附庸,当然不是什么抗衡力量;就是不属于这种情况的工会,在垄断资产阶级掌握的国家机器统治下,它虽然为无产阶级谋利益,但绝对不可能成为与垄断组织分庭

---

① 马克思:《资本论》(第二卷),载《马克思恩格斯全集》(第二十四卷),人民出版社 1972 年版,第 378 页。

抗礼的抗衡力量,其原因在于国家机器维护垄断组织、压迫真正的工人的工会。

在这个问题上,加尔布雷思事实上是在宣扬政治理论的多元论,这种理论认为,国家、工会、各种组织都是具有同等权力的,资产阶级国家并不拥有最高的统治权。我们下面就谈到这种谬论。

第二节　将垄断资本主义说成人民资本主义的几种论调

人民资本主义论的基础,是第二国际的领袖、最早的修正主义者伯恩斯坦提出来的。他全面修正马克思主义:反对劳动价值理论,贩卖主观效用理论;反对剩余价值理论,贩卖三位一体公式,贩卖资本生产力理论;反对资本积累理论,首倡资本民主化理论;反对经济危机理论,认为计划因素增长可以消灭经济危机;反对无产阶级革命和无产阶级专政理论,鼓吹社会民主主义论。这里主要谈他反对资本积累理论。

他认为,股份公司的产生意味着财产不是在集中,而是在分散,资本在民主化,有产者在增加,在各个阶级中都出现了资本家。

这种理论露头不久,列宁便在《帝国主义是资本主义的最高阶段》中予以批评。列宁指出:"所谓股票占有权的'民主化',虽然资产阶级的诡辩家和机会主义的'也算是社会民主党人'期望……它会造成'资本的民主化',会加强小生产的作用和意义等,可是实际上它不过是加强金融寡头实力的一种手段而已。"①其理由前面已经说过了。列宁还进一步指出,当时的德国法律不允许发行1 000马克以下的股票,而英国法律却允许发行1英镑(约20马克)的股票,因此,德国的垄断资本家就羡慕不已,认为"1英镑的股票是不列颠帝国主义的基础",因为股票面额越小,买者越多,大股东就控制更多的小股东,并将投机获利归己,投机失败归人。列宁最后讽刺地说,商人对于这个问题的理解,同那些所谓的马克思主义者比起来,显然要深刻得多。

---

① 列宁:《帝国主义是资本主义的最高阶段》,人民出版社 1964 年版,第 43 页。

他还认为,随着资本主义劳动生产力和社会财富的增长,资本家的胃口再大也不可能消费掉其占有的不断增加的份额;既然这样,其消费不了的部分就必然归无产阶级和所谓的中产阶级所有,因此,国民收入的分配将有利于无产阶级,他们的幸福将不断增长。

按照这种理论所包含的逻辑,似乎剩余价值完全是由资本家用于消费的,不用于积累,并且这种消费仅是肠胃的消费。马克思说,只有在以生产使用价值为目的的剥削制度下,剥削者榨取被剥削者的剩余劳动才受到其肠胃的限制,相对于以生产价值和剩余价值为目的的剥削制度来说,其剥削可以不成为过度的;"因此,在古代,只有在谋取具有独立的货币形式的交换价值的地方,即在金银的生产上,才有骇人听闻的过度劳动"。① 但是,资本主义是生产价值尤其是生产剩余价值,因而资本家榨取工人的剩余劳动,就完全不受其肠胃需要的限制。不仅如此,竞争的压力迫使资本家把越来越多的剩余价值用于积累。剩余价值用于个人消费的部分,虽然在资本主义初期,资本家为了增加积累,不得不对个人消费实行"节欲",但随着资本主义的发展,"已经习以为常的挥霍,作为炫耀富有从而取得信贷的手段,甚至成了'不幸的'资本家营业上的一种必要。奢侈被列入资本的交际费用"。② 至于在垄断资本主义条件下的那种完全脱离生产的、过着寄生生活的食利者,过的是声色犬马的生活,不仅其本人的消费,而且被其作乐寻欢者的消费,都是来自剩余价值。在这个条件下,能说资本家胃口再大也消费不了其占有的份额吗? 如果有人把被食利者、垄断资本家玩弄的人的生活称为无产阶级的幸福,那是食利者寄生虫的逻辑。

人民资本主义就是以伯恩斯坦的谬论为基础的。它包括资本民主化论、经理制度论和收入革命论三部分。

凯尔索和阿德勒写了一本《资本家宣言》,大肆宣扬资本民主化论。他们说,通常所说的关于美国资本主义、现代资本主义或人民资本主义,看来正同马克思和恩格斯所说的19世纪的资本主义相反;在前者那里,将是真正的无阶级的社会,它达到了经济民主的理想;一度被斥为剥削和压迫工人的

---

① 马克思:《资本论》(第一卷),载《马克思恩格斯全集》(第二十三卷),人民出版社1972年版,第263页。

② 同上书,第651页。

资本主义,已经进化为具有如像被夸耀过的社会主义的优点那样的制度。他们认为社会主义不符合美国的需要,并把它作为美国生活方式的对立物而加以拒绝。现在,由于发生了资本民主化的趋势,他们就自欺欺人地说,这使大家都满意。他们的论据不外乎就是所有权分散,人人都可以买股票,无产者日益变成有产者,即重弹伯恩斯坦的老调。

不仅如此,他们还认为,在所有权分散中,资本分配到的份额日益小于资本生产的,劳动分配到的份额日益大于劳动生产的。在他们看来,其原因在于:随生产的发展,资本(机器)这个生产要素占的比重日益增大,贡献日益增大,劳动这个生产要素的情况则相反,但在财富分配中,劳动占的份额却大于资本占的份额。结论是:这是不公平的,要减少劳动占的份额。

凯尔索和阿德勒在此处的错误是很明显的:重弹萨伊的生产三要素论,并在这个基础上认为,机器的使用既然在代替活劳动,那么它的贡献就日益增大,这是以使用价值的生产来代替价值的生产;利用垄断资本主义国家的经济统计资料,将某些实质上属于剩余价值的收入认为是工资,由此认为劳动的收入比重增加,资本的收入比重减少。这种所谓收入革命论的错误,下面将说明。

所谓经理制度论是指,管理庞大的股份企业的不是资本家而是经理人员,他们管理企业考虑的是企业的长远利益,这也就是社会的利益,尤其是他们对工人产生责任感,因为他们认识到工人是企业的基本成分。其结果就是收入的分配越来越对工人有利。这种理论最初出现在1932年贝利和米恩斯合著的《现代公司和私有财产》一书中。1941年,白恩汉出版了《经理革命》,该书认为经理们在相当大程度上仍然是大资本家的代表或仆人,但是当仆人们感到自己已经很强大,认识到不再需要他们的主人时,夺取权力的事情就会发生,爆发了所谓的"经理革命"。其后,以此为基础,所谓的经理会违背资本家的意愿、为社会的利益去管理企业的著作就很多了。

首先,资本家的管理具有二重性:社会化大生产的组织者和雇佣劳动的压迫者,其职能在于剥削日益增加的剩余价值。资本主义管理的这种性质,不论由资本家本人或由其代理人,即由他雇佣的高级工资劳动者来担任管理职能,都不可能发生变化。

其次,庞大的股份企业的产生,一方面是由于股东人数众多,不可能人人参加管理;另一方面是由于企业庞大,需要有专门人才来管理,因此,由经理人员代替资本家来管理企业是一种必然的趋势。经理人员是由企业的董事会聘请的,而董事会是由最大的股东组成的,这样,对董事会负责的经理就是企业中最大的股东的代表,他无论如何是不能违背大股东的利益的。

现代资本主义企业管理已经经历了两个阶段:从榨取工人血汗的科学制度——泰罗制度,到目前的行为科学方法。后者的特点在于"关心工人",使工人以厂为家,吸收工人的合理化意见,即让工人参加管理,并一般地都加以奖励——用这种办法剥削更多的剩余价值。这就是经理们认识到工人是企业的基本成分的实质。

所谓经理们较为重视企业自身的利益是怎么一回事呢? 在股份公司的条件下,优先股大体股息固定,小股东购买优先股或一般股票,为的是取得可靠的收入,以保生活,普通股的股息不定,企业赢利多,其股息便大增,股票行市也大涨,大股东可以从中多获利,而这要以企业发展为前提。所以,企业自身发展的利益就是大股东的利益。至于说企业发展了对社会有利,这不过是业当·斯密的利己也利他的资产阶级哲学观点的重申。

收入革命论说的是,在国民收入中,工资占的比重越来越大,利润占的比重越来越小,劳动者的福利日益增长,其中的一个原因就是经理们关心工人。以上的分析已经说明这种理论是错误的。但是,它是以一定的数据、以统计资料为根据的。统计资料似乎表明工资的比重日益增大。美国经济学家库兹涅茨带领一批人,花了十年时间写成《高收入阶层在收入和储蓄中所占的份额》一书,该书表明,1919 年至 1928 年,美国最高收入的百分之一的人口占个人收入的 13.42%,但 1939 至 1948 年,他们的收入已下降为 9.9%。这就是他们所说的"收入革命"。

撇开在统计时玩弄的手法,即有的是根据纳税前的数字,有的是根据纳税后的数字不谈,这里特别需要指出的是,统计中的工资有一部分从个人看虽然是属于工资,但从社会看却属于剩余价值,把这部分原属于剩余价值的看成工资,这样就得出工资比重增长的结论,这是歪曲事物的本质的。

这里特别要谈一谈经理人员的工资的经济性质。我们已经知道,作为资本家的代理人的经理人员,其劳动和资本家的劳动一样具有二重性:作为社会劳动的组织者,马克思指出,这种性质的劳动是生产劳动。① 因而是创造价值的②;作为雇佣劳动的监督者,这种性质的劳动是为了进行剥削而耗费的,也就是说剥削到底是要花气力的,它当然不创造价值。这样,从理论上说,参加经营管理的资本家的收入实质上有两个构成部分:他的生产劳动创造的价值;他的监督劳动则剥削剩余价值。当然,随着生产的发展,在日益增加的收入中,前者的比重不断降低,后者的比重不断增大。马克思说,资本家的收入(利润)与所投的资本大小成比例;而利润中的另一部分即由资本家的生产劳动创造的部分,却与资本的大小成反比例,"对大资本来说,那是小于近于没有的,对小资本来说,也就是,在资本主义生产不过徒有其名的地方,利润的这个部分就会大得吓人"。③ 这样,资本主义企业越是庞大,参加经营管理的资本家所取得的收入,就"恰好等于他占有的别人劳动的量,并且当他为进行剥削而亲自花费必要气力的时候,还直接取决于对这种劳动的剥削程度,而不是取决于他进行这种剥削所作出的并且在他支付适当的报酬时可以让一个经理去作出的那种努力的程度"。④

很清楚,随着股份公司的产生,产业资本家变为货币资本家,将其经营管理企业的劳动转到经理人员的身上,这种劳动的性质不会因此而发生变化。经理人员的劳动虽然仍然具有二重的性质,但他们的收入(工资)是由资本家从利润中支付的,而这利润如上所述,随着企业的发展,越来越来自对劳动的剥削,管理劳动中的生产劳动创造的价值在利润中占的比重越来越小,这样,他们的工资有极大部分是从剩余价值分出来的,当资本家对经理加以犒劳时,尤其是这样。因此,经理人员的收入从个人看是工资,在形式上和一般雇佣工人的工资相同,但从社会和经济内容看,绝大部分是剩余价值。

同样的道理,一切为资本家寄生生活、糜烂生活服务的人的收入,从个人看是工资,从经济内容看是剩余价值。这部分人的数量增加和收入总量

---

① 马克思:《资本论》(第三卷),载《马克思恩格斯全集》(第二十五卷),人民出版社 1974 年版,第 431 页。

② 同上书,第 430 页。

③ 马克思:《剩余价值学说史》(第三卷),郭大力译,人民出版社 1978 年版,第 399 页。

④ 马克思:《资本论》(第三卷),载《马克思恩格斯全集》(第二十五卷),人民出版社 1974 年版,第 435 页。

增加,恰好是剩余价值增加的一个标志。

至于企业中的董事和监事,正如马克思所说的,他们的"管理和监督实际上不过是掠夺股东、发财致富的一个借口而已"[①],他们的收入就当然不是工资,而是剩余价值。

从理论上看,收入革命论就是将例如上述的剩余价值看成一般的工资,然后以统计数字证明工资的比重在增加,——就是用这种方法编造出来的。

人民资本主义论还有一个亚种——资本主义社会中间阶级化论,因为如果资本主义社会果真中间阶级化了,这也就是人民资本主义了。所谓中间阶级化就是:白领工人的比重增加,蓝领工人的比重减少;专业人员和技术人员增加,非技术工人减少;非生产人员增加,体力劳动生产人员减少。他们所说的白领工人和蓝领工人是非常模糊的概念,大体前面指的是专业技术人员、经理、高级职员、办事员、销售人员,后者指的是技工、工头、机械操作工、非农业的杂工。总结起来就是,资本主义社会的阶级结构像橄榄核那样,中间大两头小,中间阶级越来越大,资产阶级和无产阶级越来越小。这种论调是完全错误的。它实质上是在垄断资本主义的条件下,将无产阶级内部阶级结构的变化说成中间阶级化。

首先要指出,在资本主义社会是存在一个中间阶级的,这就是真正的独立生产者,即拥有生产资料、基本上不雇佣工人、以个人劳动进行生产的劳动者,他们在价值规律的自发作用下向两极分化,在垄断资本主义剥削下多数在灭亡。只是由于要保留垄断利润的来源,垄断资本主义国家才对它们实行扶植政策,它们才得以生存。这里当然不存在什么中间阶级化。

中间阶级化论描绘的实质上是:随着资本主义生产力的发展,在物质生产劳动者中,脑力劳动者的比重增大,体力劳动者的比重减少;随着垄断资本主义的发展,阶级矛盾增加,商品实现困难增加,因此,管理人员如经理、工头、监工在增加,经营人员如推销员、跑街人员在增加,广告企业的从业人员在增加,商业店员和银行人员在增加,等等。所有这些人从经济地位来说都是无产阶级,和体力劳动的工资劳动者共同构成无产阶级,他们并不是什

---

① 马克思:《资本论》(第三卷),载《马克思恩格斯全集》(第二十五卷),人民出版社 1974 年版,第 438 页。

么中间阶级。至于他们中的一部分人，由于以前说过的原因，经济生活甚至世界观资产阶级化了，那是属于另一种性质的问题，不能认为他们是中间阶级。

将无产阶级阶级结构的变化说成中间阶级化时，资产阶级思想家使用的方法是：不从生产资料所有关系方面来划分阶级，而从收入水平方面来划分阶级。这是错误的。在垄断资产阶级实行使工人上层分子资产阶级化的政策时，这是尤其错误的。按照此说，在奴隶社会中，从事文化、艺术、监督劳动的奴隶，由于有较好的经济生活，便将他们说成不是奴隶，这岂非犯了常识的错误。

总之，无产阶级是一个整体，他们内部构成的变化并不是中间阶级化，他们的团结战斗是促使垄断资本主义灭亡的条件。

第二十三章　为国家垄断资本主义辩护的两种论调

随着国家垄断资本主义的产生和发展，为其辩护的论调也就产生和发展。它的种类有很多，其中影响最大和流毒最广的是凯恩斯主义和混合经济制度论，前者产生在30年代经济危机中，后者产生在战后国家垄断资本主义迅速发展时。

第一节　以鼓吹实行通货膨胀政策为中心的凯恩斯主义

前面曾经说过，国家垄断资本主义要以通货膨胀为其经济支柱。凯恩斯主义的主要内容，就是为实行通货膨胀政策提供理论依据。

20世纪30年代发生的、席卷所有主要资本主义国家的、空前严重的经济危机，使资产阶级经济学家再也不能说经济危机是偶然发生的了。凯恩斯承认它的发生，但又认为完全可以防治它。

在凯恩斯看来，发生经济危机的原因在于：资本边际效率（利润率）降到利息率以下，即资本边际效率突然崩溃，于是，投资中止，危机发生。

凯恩斯信奉斯密的教条，因而认为价值分解为收入，收入用于消费和投资。由于存在消费倾向降低这一条心理规律，即随着收入的增加，消费在其中占的比重在减少，这样就发生消费不足，即消费品过剩。但是，他认为如果能够增加投资，使对投资品（生产资料）的需求增加到抵消了消费不足的程度，即减少消费品生产，增加生产资料生产，危机便能避免。

他认为投资由投资引诱决定。投资引诱由资本边际效率（利润率）和利息率决定。他用主观主义的方法来解释利润率的降低，即资本家对未来的估计是悲观的,因而利润率在降低。但这和我们现在的研究没有什么关系,就不细说了。为了我们的目的,我们要指出的是,他实质上是用供求理论来说明利润率的下降的。他认为,利润是卖价超过成本的余额,这原是马尔萨斯的庸俗利润论,他拿来用了。这样他就认为,随着生产的增加,因供求关系变动,即产品供给增加,卖价降低,劳动需要增加,工资增加,因而卖价超过成本的余额减少,利润率随着生产的发展而下降。

他认为利息率的变动与利润率不同。他将利息理解为货币借贷的价格。由于自然条件的限制,货币(金币)的供给增加很慢,而货币的需要存在人们对于货币的灵活性有偏好这条心理规律,即货币能随时购买商品和用于投机,而用于储藏时既不易损耗,又需要极少的保管费用,因此,在一切价值物中,人们最爱的是货币,对货币的需求是个无底洞,货币供给增加很慢,需要却非常强烈,利息率就很难下降,或下降很慢。

由于这样,当利润率下降到利息率以下时,资本家就中止投资,经济危机便发生了。其实,利润率之所以下降,利息率之所以反常地高于利润率,都是由于已经发生危机的缘故。由于危机,物价因商品销售不掉而下跌,利润率才陡然下降;企业无法还债,许多企业要借钱还债,利息率才反常地上涨到高于利润率的程度;于是,投资中止,危机深化。凯恩斯关于危机原因的分析是错误的。

既然危机的最终原因是利息率不易下降,即金币增加困难,问题的出路就是废除金本位,实行纸币本位制,由政府视需要印刷纸币,以调节利息率,即增加纸币和信用货币的供应量,以降低利息率,便能增加投资,便能防治危机。正是这样,凯恩斯主义从这一点看就是"通货膨胀有理"论。

我们曾经指出,通货膨胀之所以成为国家垄断资本主义的经济支柱,是由于它降低了货币的购买力,使工资劳动者的收入打折扣,从而国家便集中一笔巨大资金,满足一部分垄断资本家攫取垄断利润的要求,这是劫贫济富。

凯恩斯认为,增加货币供应量,以降低利息率,从而增加投资,生产增加,此时,物价虽然慢慢上涨,但不是通货膨胀,工资劳动者不但没有损失,反而得益,因为这时物价上涨的原因是工资增加。他的论证如下:在投资增加、生产增加过程中,对生产要素的需要在增加,其他生产要素的价格因其产量增加便不会增加,但劳动这个要素不同,失业者逐渐就业后,工资便增加,成本增加,在生产恢复的过程中,成本增加会使物价上涨。这种因成本增加而导致的物价上涨,就不是通货膨胀,其中,工人的工资提高是原因。

这种理论是错误的。我们暂且后退一步,同意凯恩斯的说法,即工资提高了,但工资是工人的劳动创造的价值的一部分,另一部分是剩余价值或利润,工资增大了,利润便减少,反之亦然,价值或价格不因工资或利润的这种变动而变动,这是李嘉图早就说明过的。因此,这时的物价上涨并不是由于工资上涨(何况工资并不一定上涨),而是由于货币购买力降低,这就是通货膨胀。

凯恩斯认为,只有达到了充分就业,即非自愿失业者已完全就业,只有在此时增加货币的供应量,由于不能增加劳动供给,生产不能增加,物价才比例于货币供应量的增加而上涨,即增加的货币不是用来增加工资,而是直接用来提高物价,这才是通货膨胀。这当然是通货膨胀,但凯恩斯的解释是错误的。他实质上认为,在这里货币是没有价值的,商品也是没有价值的,它们两者只有数量之间的关系,即假如商品为 100 单位,并且无法再增加,在货币为 200 单位时,每单位商品的价格为 2,在货币增为 400 单位时,每单位商品的价格便增为 4。这就是错误的货币数量说。其实,这时价格上涨的原因,同前面的一样,也是货币购买力降低。

无论凯恩斯如何狡辩,通货膨胀的经济内容始终是降低货币的购买力,劫贫济富,损工人,益垄断资本家。

第二节 混淆社会主义经济和资本主义经济的 混合经济理论

将资本主义的国营企业(包括地方国营的、市政的企业)说成社会主义,这种理论最早出现在 19 世纪 70 年代的德国。当时,在普法之战中获胜的普鲁士索取了大量赔款,铁血宰相俾斯麦为了向外侵略,便用此款办国营钢铁企业和铁路,为了软化正在兴起的工人运动,又开始实行福利政策。对于这种资产阶级政策,当时在大学任教的经济学教授(新历史学派诸子)称之为国家社会主义。其后,80 年代英国最有教养的资产阶级知识分子,目睹资本主义社会的矛盾而又害怕科学的社会主义,便组织改良主义团体费边社,与科学社会主义相对抗。费边派称市政企业为市政社会主义,并宣称从 19 世纪上半期英国开始实行的工厂立法、捐税制度、市政建设就是一部社会主义发展史。德国新历史学派的国家社会主义,后来成为希特勒纳粹党的民族社会主义;英国费边派的市政社会主义,则是英国工党的理论基础。

首先将最初从私人垄断资本主义中产生的计划化因素说成社会主义的是希法亭。他用曲解马克思和恩格斯的著作的手法来达到这一目的。1864 年,马克思在由其执笔的《国际工人协会成立宣言》中指出,在英国,由立法限制工时引起了激烈的斗争,这除了引起资产阶级的惊慌外,还涉及一个大的争论:构成资产阶级政治经济学实质的供求规律的盲目统治和构成工人阶级政治经济学实质的由社会预见指导社会生产之间的争论,因此,10小时工作日法律不仅是一个重大的实际的成功,并且是一个原则上的胜利,资产阶级政治经济学第一次在工人阶级政治经济学面前公开投降了。

马克思这里说的是怎么一回事呢? 原来,1814 年拿破仑战争结束后,英国产业资本家酝酿取消有利于地主阶级的、对廉价谷物进口收税的谷物法,两个剥削阶级之间存在尖锐的矛盾,由于产业资本家在议会的势力日大,此法势在必废,工人阶级利用了它们的矛盾,利用了地主阶级要进行报复的心理,掀起一个将工作日从 11.5 小时减缩为 10 小时的运动,并取得胜利——制定为法律。在这个过程中,资本家开始时十分惊慌,面授机宜,要庸俗经济学家西尼尔炮制"最后 1 小时"论,即认为利润是 11.5 小时工作日中最后的一小时创造的,如果工作日减为 10 小时,纯利润就消灭了,工业也消灭了,此外,还叫嚷这种立法是对神圣的供求规律的破坏,其结果不堪设想。但是,10 小时工作日法的实行并没有减少利润,相反地,由于劳动效率的提高,利润倒增加了。这时,资产阶级经济学家改口了,正如马克思所指出的:"'政治经济学'上的伪善者现在也宣称,认识法律上规定工作日的必要性,是他们这门'科学'的突出的新成就。"①这就是说,资产阶级政治经济学第一

---

① 马克思:《资本论》(第一卷),载《马克思恩格斯全集》(第二十三卷),人民出版社 1972 年版,第 328 页。

次公开投降了,工人阶级政治经济学提出的原则胜利了,即在自发的供求规律以外,用具有计划因素的法律来指导资本主义生产也是可以的。

其后,恩格斯在《反杜林论》中更加明确地指出,资产阶级的国家不得不承担起对生产的领导;在《社会主义由空想发展为科学》中更进一步指出,在托拉斯中,自由竞争变为垄断,资本主义社会的无计划生产向未来社会主义社会的有计划生产投降。这里只是说,在垄断资本主义中存在计划化生产的因素,但计划化本身并不就是社会主义。

希法亭曲解马克思和恩格斯的论述,认为计划化本身就是社会主义。他在 1927 年德国社会民主党基尔代表大会上说:"有组织的资本主义实际上是用有计划生产的社会主义原则来代替自由竞争的资本主义原则。既然这样,那么有组织的资本主义,即资本主义的计划化,就变成社会主义了。"

1934 年,英国著名的资产阶级作家威尔斯访问美国并和罗斯福总统会面后,再访问苏联,他对斯大林说,苏联搞计划经济,是社会主义;罗斯福的"新政"是计划经济,也是社会主义。

第二次世界大战中,许多主要资本主义国家创办国家垄断资本主义的国营企业,国家对经济的统制加强;战后,英国工党政府对煤矿和铁路等实行资产阶级国有化政策,法国将沦陷区里德国的和法国的企业收归国有;某些工党和社会党执政的国家实行国有化政策,日本、法国等在经济建设中强调计划指导。另一方面,在社会主义国家中,尤其是 60 年代以来,在原来的由计划经济构成的国民经济中,出现了市场调节的因素。垄断资本主义国家经济的变化和社会主义国家经济管理体制的变化,在资产阶级经济学家看来,都是向混合经济发展。

所谓混合经济,就是一方面是国营经济和计划经济,这是社会主义经济;另一方面是私人经济和市场经济或市场调节,这是资本主义经济,社会主义经济和资本主义经济的结合,就是混合经济,即第三种经济。美国经济学家萨缪尔森说:"我国的经济是一种'混合经济',在其中,国家机关和私人机构都实行经济控制。"[①]在这里他将垄断资本主义的国营企业、计划化因素,看成同资本主义经济、市场机制相异的因素,然后将这两方面构成混合

---

① 萨缪尔森:《经济学》(上册),高鸿业译,商务印书馆 1981 年版,第 59 页。

经济。

混合经济论的实质，不仅是将垄断资本主义国家的国营企业和计划因素错误地看成社会主义，而且将社会主义的市场调节错误地看成资本主义，因而不论是西方还是东方，都走向混合经济，即都走向资本主义和社会主义的混合。所不同者仅在于：在西方是先有资本主义，后有社会主义；在东方是先有社会主义，后有资本主义，两者殊途同归。这就是目前在西方泛滥成灾的混合经济论。

这是大错特错的。

首先，这种理论的成立，要以科学地说明什么是资本主义、什么是社会主义为前提，而科学地说明了这两者，就否定了这两者能混合成一种经济的可能。社会主义要发展为共产主义，市场调节不能永存是毫无疑问的。就是资本主义的私人经济、市场机制，同它的国营经济、计划化因素，也是不能永远地混合成一种经济的。因为这两者实质上是不同类型的资本主义经济，最终都要被社会主义取代。

其次，如果说混合经济论说的不是永远地混合，而是短期并存，那也是不对的。虽然在资本主义社会里，除资本主义、垄断资本主义经济外，还可以有前资本主义经济的存在，但它无论如何不可能有社会主义经济的存在，因为社会主义经济只有推翻资产阶级政权之后才能产生。在社会主义社会里，当然有社会主义经济存在，但资本主义经济是不能长期存在的。

最后，这种理论的方法论基础是：国家没有阶级性，因而凡国营企业或国营经济，无条件地都是社会主义经济；计划经济或计划因素，没有社会内容，因而凡是计划化，无条件地都是社会主义经济。我们已多次指出，垄断资产阶级国家的国营企业或者是国家资本主义企业，或者是国家垄断资本主义企业，它们的计划化是为了攫取更多的剩余价值和垄断利润，这丝毫也不是什么社会主义。

第二十四章 为垄断资本主义国家侵略、称霸服务的论调

第一节 为垄断资本主义国家侵略奴役土著殖民地辩护的经济成长阶段论

垄断资本主义经济要攫取垄断利润。为垄断资本主义提供垄断利润的经济成分和社会阶层,我们称为殖民地或殖民对象。它可以相对地分为国内的和国外的两种:国内的就在垄断资产阶级政权的统治之下,要为其提供垄断利润是必然的;国外的问题较为复杂。第二次世界大战后,殖民体系开始瓦解,这就是说原受资本主义和垄断资本主义宗主国剥削和统治的国外殖民地,其中的移民垦殖殖民地已经发展为资本主义国家,有的甚至发展为垄断资本主义国家,再也不是殖民地了;其中的奴役土著殖民地(包括附属国),绝大多数在政治上已经独立,在经济上也朝着独立的道路前进。其中的社会主义国家,由于有无产阶级政党的领导,制定了一条正确的路线,在独立自主、自力更生的前提下,首先是在社会主义国家的相互支援下,完成了国家的工业化,实现了经济独立;其中的民族独立国家和没有获得独立的国家,情况就不是这样,它们由于不是无产阶级政党领导的,对帝国主义殖民政策没有深刻的认识,再加上对本国存在的社会矛盾无法妥善地解决,要制定一条正确的发展路线就相当困难。在这种情况下,垄断资产阶级除了使用经济、政治手段外,亟需有一种足以引这些国家上钩的理论,以便继续统治它们。罗斯托的经济成长阶段论就是为此服务的。

美国经济学家罗斯托写了大量的经济学著作。1960 年,他写的《经济成长的阶段》的副题是《非共产党宣言》。其矛头是对着马克思主义的,其目的

则是要那些在经济上据说不可能自行现代化的国家,要接受垄断资本主义国家的帮助。

罗斯托将社会发展分为五个阶段,划分的标准是经济规模。这五个阶段是:传统社会、为发动创造前提条件阶段、发动阶段、向成熟推进阶段、高额群众消费阶段。

首先要指出的是,这种划分社会阶段的方法就是反对马克思主义的。罗斯托用他的社会发展五阶段论来和马克思主义的社会发展五阶段论相对抗。不过,这并不是他的新发明,他不过是拾德国新历史学派的牙慧。德国历史学派最初是英国古典政治经济学的对立物。德国经济发展原落后于英国,它当然不能接受古典派的自由贸易思想,它要实行保护关税政策。这要有理论依据。历史学派的理论依据是:德国经济发展所处的阶段与英国不同。相对于其后的新历史学派来说,这是旧历史学派。新历史学派产生于19世纪80年代,即俾斯麦宰相加紧向外扩张和对抗工人运动之时。因此,新历史学派和旧历史学派不同,其矛头不是指向另一国的资产阶级,而是指向马克思主义及其指导下的工人运动。但它和旧历史学派有相同的方法论,即把社会发展划分为阶段。它的划分标准因各思想家而异,但基本上以流通,即交换有无、交换范围的变化、货币经济到信用经济的变化等为标准,以此来和马克思主义的生产方式划分法相对抗,使人们看不出在社会发展中,人们之间的关系有何变化,剥削和被剥削关系如何产生和变化,从而从方法论上取消了要建立生产资料公有制的社会来代替资本主义社会的问题。此外,它又将道德、政治、法律等上层建筑的作用和经济的作用等量齐观,从而抹杀经济规律的作用。这是一种最巧妙的反对马克思主义的方法——从方法论上反对马克思主义。

罗斯托的经济成长阶段论的方法论也是这样。以经济规模来划分社会阶段,正如下面将指出的,其实有时是以技术尤其是从工业的有无和发展来划分阶级,有时是以人均消费为标准来划分社会阶段。这种方法论虽然是从新历史学派那里拾来的,但却后退一步,因为新历史学派的方法论虽然是错误的,然而却是一元的——以流通为划分标准,罗斯托的方法论不仅从反对生产方式来划分这点上看是错误的,而且从它本身既从技术又以消费来划分来看,这种二元论或多元论也是错误的。

　　他以这种错误的方法论来反对马克思主义。他将共产主义污蔑为一种不合人情的政治组织形式，是一种病症。他认为它所以能够产生，只是由于在为发动创造前提条件的阶段中，没有产生为数众多、有企业心的中产阶级的缘故。因此，要防治共产主义，就要创造这个条件。他就以防治共产主义为名，让垄断资本主义国家继续统治殖民地。

　　他是以下述的论述来说明这个问题的。

　　传统社会——它的结构是在生产能力有限的情况下发展起来的，是以牛顿以前的科学和技术以及牛顿以前的对物质世界的认识为基础的。主要特点是，生产以手工劳动为主，农业居于首位，消费水平很低，等级制、家族、种族起很大的作用。换句话说，这是科学技术产生前的社会。

　　为发动创造前提条件阶段——这是一个过渡的阶段。发动阶段的前提条件最初是在 17 世纪后期和 18 世纪初期在欧洲发展起来的，当时世界市场的扩大和国际争夺世界市场是它的推动力，这样，现代科学在农业和工业生产中发生了新的作用。如此说来，这种推动力应该是传统社会内部产生的。但是，他却认为，现代史的较为普遍的情况是，创造前提条件阶段不是从内部引起的，而是较为先进的社会外来侵略所引起的；而这里的所谓侵略不过是一种比喻性的说法，指的只是使传统社会受到震动，加速其崩溃，使传统社会产生新的思想感情，它足以使现代社会代替传统社会。在这里，他已经为以后的结论埋下伏笔——先进社会"帮助"传统社会发展。但是，他无法说明第一个先进社会当它成为先进社会时靠的哪一个社会的"帮助"？牛顿无法解释宇宙运动的第一推动力是什么，最后只好说是上帝。罗斯托怎样解释社会发展的第一推动力呢？他认为英国第一个开始发动是由于偶然因素起作用。

　　在这个阶段，每年的国民收入要有 5％至 10％用于积累和投资，要有人掌握现代科学技术，以降低产品成本；要有人提供借贷资本，以满足企业需要；要有人懂得经营管理，以完善企业生产；广大的人民则必须懂得怎样在有纪律的组织中，担任分派的专门工作等。

　　发动阶段——它是妨碍不断成长的旧障碍物和阻力最后已被克服的时期。复利增长规律成为社会习惯和组织结构的一部分。在英国和栖息着主要来自英国的居民的世界上得天独厚的地方，即美国和加拿大等，刺激它们进入发展阶段的最直接的力量最主要的是技术。这时储蓄和投资要占国民收入的10％以上。① 这个阶段往往是从某一工业部门作为突破口开始的：在英国是纺织业，在瑞典是木材工业，在丹麦是乳品肉类工业，这些部门积累了资本后，再带动其他部门。按照历史，这个阶段在英国是1783年以后的20年，在法国和美国是1860年前的几十年，在德国是1850年至1875年，在日本是19世纪的最后25年，在俄国和加拿大是1914年以前的25年，而印度和中国则在20世纪50年代沿着不同的道路开始。

向成熟推进阶段——它是超出原有的、推动它发动的各种工业之外，而把当时的现代技术有效地应用于它的大部分资源的时期，新的工业代替发动阶段的旧工业。这时投资约占国民收入的20％，以便使生产的增加超过人口的增加。从历史上看，在发动阶段开始后约60年，也即发动阶段结束后的40年，一般就到了成熟阶段。

高额群众消费时代——主导部门转移到耐用消费品和服务业方面，按人口计算的实际收入增加到使为数众多的人可以在基本的衣、食、住以外还享用其他消费品的程度，劳动力结构的改变不仅使城市居民的比重增加，而且使在办公室里工作和从事工厂熟练工作的人的比重也增加了。社会不再认为推广现代技术是一个比一切都重要的目标，正因为这样，便将更多的资源用于社会福利和社会保障事业。在这里有决定作用的因素是生产供群众使用的廉价汽车。这一点据说具有革命性的影响。它是如此的重要，以致罗斯托在书末附有"私用汽车普及情况"表，公布某些国家从1900年至1958年拥有的私人汽车总数和每一百万人使用的私人汽车数。发达资本主义国家已处于这时代。

这就是我们从历史学派的著作中常见的经济史流水账。

罗斯托的历史发展外因论，即从所谓的传统社会过渡到所谓的发动阶段，除历史发展第一推动力英国的发展，是由所谓的偶然因素引起外，一般的都是由于接受先进社会的刺激，引起震动，才向前发展的。同所有历史发展外因论一样，罗斯托的外因论本来就可以成为垄断资本主义国家侵略国外殖民地的理论根据，但他觉得这并不能说明垄断资本主义国家在道义上

---

① 其所以是10％，据说是由于只有这样，投资率的增长才超过人口增长率。

有责任去帮助落后国家的发展。他要努力说明这一点。他认为共产主义是一种不合人情的政治组织形式,当发动阶段在政治、社会和经济上还没有完成和巩固之前,共产党阴谋夺取政权是最容易的,而现在的传统社会(落后国家),还由于有特殊原因,无法自行发展为发动阶段,存在由共产党阴谋夺取政权的危险。基于道义的考虑,先进国家亟须帮助落后国家发展,以防止共产主义的蔓延。

俄国共产党在一个资本主义落后的国家里取得政权,中国共产党在一个半封建半殖民地的落后国家里取得政权,是由于帝国主义的世界大战消耗了垄断资本主义国家的力量,而俄国共产党和中国共产党又利用这个条件,在一条正确路线的指导下,进行革命斗争的结果,这绝对不是什么阴谋夺取政权。

罗斯托认为现在的传统社会无法自行过渡到发动阶段,除一般原因即历史发展要由外力推动力外,还有一个特殊原因,或者说历史发展外因论要增加一个内容。这个特殊原因是,现在(50年代末期)世界主要不发达地区每年的人口增长率为:拉丁美洲为2.5%,南亚为1.5%,中东为2.3%,远东为1.8%,非洲为1.7%,远远超过欧洲国家处于相同历史阶段时的人口增长率。根据前面关于积累率的增加要超过人口增长率的分析,不发达国家要过渡到发动阶段,其积累率就要比当时的欧洲国家高。根据他的计算,人口多增加1%,就要从国民收入中多拿出3%作为投资,因而这种较高的人口增长率造成了一种紧张情况,并提出了新的挑战。其结果就是农业承受的人口压力特别大,没有什么剩余可供积累,运用资本从事生产的阶级不易产生。在这个条件下,不但不能过渡到发动阶段,而且使共产党容易阴谋夺取政权,这是多么可怕的事情啊。唯一的出路就是,传统社会要接受先进国家的帮助,才能过渡到发动阶段,才能避免共产党夺取政权。

按照他的计算,要使整个亚洲、中东和拉丁美洲进入正常的成长,使按人口平均计算的收入每年增加1.5%,每年就需要增加大约40亿美元的外援。据此,他呼吁:"除非我们在民主的北方的人尽到我们全部的道义义务,把我们的全部精力和资源拿出来,正视和应付目前世界成长阶段所隐含的挑战,否则,剩下来需要保全的文明可能就不多了。"换句话说,如果"民主的北方"不对那些奴役土著的殖民地(南方),加以援助,那么它们由于不能过渡到发动阶段而被共产党夺取了政权,文明就近于毁灭了。这是以防治共产主义为名实行新殖民主义。

以所谓的人口压力来说明所谓的传统社会不能发展和发生革命,这不过是马尔萨斯人口理论的翻版。这种陈词滥调,我们在中国革命过程中从敌人那里听到不少。例如,新中国成立前夕,美国国务卿艾奇逊就说,中国人口在18、19两个世纪增加了一倍,土地受到不堪负担的压力,由于人口太多才发生革命。认为革命的发生是由于人口太多,是错误的。美国之所以爆发独立战争,革英国统治的命,显然不是由于人口对于土地来说太多了。社会革命的发生,是由于生产关系妨碍了生产力的发展。

现在的问题是,要说明人口增长率和社会经济发展的关系问题。首先要指出,不受生产关系、社会制度制约的、抽象的人口规律是没有的;在阶级对抗的社会里,剥削阶级和被剥削阶级的人口规律也是不同的。马克思指出,产业革命的结果,使资本消费劳动力非常迅速,以致工人到了中年通常就已经衰老或过早地死亡了,这样就需要工人一代一代地迅速更替,这种社会需要是通过早婚这一大工业工人生活条件的必然后果,并通过榨取工人子女,以奖励工人生育子女的办法来得到满足的;"这个规律对人口中的其他阶级是不适用的"。[1] 罗斯托指出,50年代末期,一些处于传统社会的国家的人口增长率,大于欧美国家向发动阶段过渡时的人口增长率,由于这一原因,它们无法积累资本为发动准备条件。按照此说,传统社会人口增长率很低时,就可以向发动阶段过渡了。根据瑞士日内瓦大学教授保罗·贝罗赫所著的《一九〇〇年以来第三世界的经济发展》的统计,第三世界的人口,从1900年以前很久到1920年左右,每年增长率还不到1%,因为出生率和死亡率同样都很高。[2] 这个数字同我国社会学家言心哲统计的旧中国20年代的农村人口增长率为1.11%[3]基本相同。这个数字比罗斯托所说的欧美国家当时的人口增长率还要低些。那么20年代时,它们为什么不能向发动阶段过渡呢?

---

① 马克思:《资本论》(第一卷),载《马克思恩格斯全集》(第二十三卷),人民出版社1972年版,第704页。

② 贝罗赫:《一九〇〇年以来第三世界的经济发展》,复旦大学经济系世界经济教研组译,上海译文出版社1979年版,第17页。

③ 言心哲、何炳松、刘秉麟:《中国乡村人口问题之分析》,商务印书馆1935年版,第36页。

第三世界人口增长率的增大,明显地是从 50 年代开始的。这是由于第二次世界大战后,许多原来的奴役土著的殖民地取得独立,努力发展经济,程度不同地改善了人民的生活。因此,从根本上说,是经济发展制约人口发展。罗斯托在根本问题上把因果关系颠倒了。

因此,奴役土著的殖民地只要革了帝国主义和封建主义的命,在这个基础上制定一个正确路线,独立自主、自力更生,就能发展经济,这是内部力量决定的。当然,由于国际经济的发展,使国家之间的关系日益密切,在坚持上述原则下,实行对外开放政策,接受外援,也是需要的,但这不是经济发展的决定力量。至于人口增长问题,第三世界视经济发展情况完全可以自己解决。帝国主义思想家利用所谓的人口压力问题,企图控制落后国家,这种伎俩是拙劣的。

第二节　为垄断资本主义国家争夺世界霸权服务的世界主义

我们曾经说过,随着资本主义商品生产的发展,新兴的资产阶级就要求建立民族国家,因而提出民族有独立为国家的民族主权,国家有对外独立的国家主权。这种民族主权、国家主权和资产阶级作为一个统治阶级对内有最高的统治权的主权,实质上是资产阶级拥有的最高权力的两个方面。但是,资产阶级以民族为基础建立了单一民族国家和多民族国家以后,随着商品生产和商品交换的发展,随着货币发展为世界货币,资产阶级作为商品生产者也发展为世界主义者。它要冲出民族国家的界限、开拓和占据更大的市场,取得更多的货币。马克思形象地说,商品就其本身来说,是不受宗教、政治、民族和语言的限制的,它们的共同语言是价格,它们的共同形式是货币;如果一块黄金,先以美洲鹰币的形式在欧洲登陆,变成英镑,三天后在巴黎当作拿破仑币来流通,几个星期后又在威尼斯变成杜加币,它变化的只是印在黄金上的国家铸币的印记,而总是保持同一个价值,那么,在商品生产者看来,所谓民族性不过是某些相互不同的印记而已。从这点看,资本主义商品的充分发展,在必然产生平等主义的同时,也产生世界主义。世界主义随着资本主义的发展,其经济内容也有所变化。在自由竞争阶段,它要求国家间、民族间能自由地进行贸易,把整个世界作为一个市场,按生产价格进行交换,在这点上看是平等的;在垄断统治阶段,垄断资本主义国家向落后国家和民族输出商品和输出资本,都是为了攫取垄断利润,平等关系被破坏了。在后一种情况下,落后国家和民族以主权理论来维护自己的利益,垄断资产阶级则否认国家主权和民族主权,鼓吹世界主义。

在垄断资本主义阶段首先起来反对主权理论的,是法国著名的资产阶级法学家莱翁·狄骥。他在《宪法论》中为当时的帝国主义的工具国际联盟吹嘘,说什么"一种国际公务已经成立,它已经存在而且发生作用,目的是以正义来确保国际和平,这就不管我们愿意不愿意,终于排除了主权概念"。①

狄骥是所谓的社会连带主义国家学说的创始人。这个学说其实是孔德和斯宾塞的社会有机体或国家有机体学说的翻版。所谓的社会连带主义,说的是社会成员之间存在相互依赖关系,即连带关系,这包括两方面:第一,人们有共同的需要,这种需要只有在共同生活之下才能得到满足,这是求同的连带关系;第二,人们又有不同的需要和技能,这种不同的需要只有各人发挥其技能,以便相互交换,才能得到满足,这是分工的连带关系。在我们看来,所谓的社会连带关系,在阶级对抗的社会里是不存在的,如果硬说确有这种关系,这就只能是那种抽掉阶级关系的、空洞抽象的社会成员之间的分工合作关系。从这里出发去考察阶级对抗社会的经济政治问题,其方法论就是错误的,由此得出的理论当然也是错误的。

他认为法律就是维持和促进这种社会连带关系的行为规范,只要有人类,就有这种关系,就有法律。所有社会成员都要遵守这种行为规范,都要服从法律,因而大家都是平等的。他极力反对马克思关于法律是统治阶级的意志的表现的理论。

从人人都是平等的,即否定统治阶级要将其意志强加于被统治阶级,要后者服从其统治这一点出发,他否认主权的存在,认为国家主权对内对外都是不存在的。

---

① 莱翁·狄骥:《宪法论——法律规则和国家问题》(第一卷),钱克新译,商务印书馆1959年版,第517页。

狄骥认为,如果主权是发号施令、为所欲为的权利(主权当然是一个统治阶级的这种权利),就不可能有主权,其理由有三。

第一,如果国家有这样的权力,就没有办法说明它的起源问题。他说:"主权的起源问题就是怎样说明某些人有权将自己的意志强加于他人的问题。"①确实如此。正如剩余价值的起源对资产阶级经济学家说来是一个爆炸性的问题一样,主权的起源问题对资产阶级法学和政治学家来说也是一个爆炸性的问题。一切资产阶级思想家都不能科学地回答这问题。狄骥看到,这个问题的解决要以承认"发号施令的意志对命令所指向的意志有一种天赋的优越性"②为条件,而这是否认阶级对抗的狄骥所不能承认的。在我看来,掌握国家政权的统治阶级的意志,对被统治阶级的意志来说确实具有优越性。当然,它不是天赋的,而是两个对抗阶级进行阶级斗争、反复较量的结果。

第二,如果国家有这样的权力,就无法说明它的限制问题。他说:"或者国家是主权者,因而永远只为他自己的意志所决定,它不可能服从限制(它)的命令规则;或者是国家服从一种限制(它)的命令规则,因而它就不是主权者。"③我们知道,主权既然是统治阶级的最高统治权,它当然是不受任何限制(包括不受法律限制)的,因为法律就是统治阶级制定的。但是,在资产阶级思想家看来,如果认为主权是不受限制的,这就等于承认存在一个统治阶级对被统治阶级的专政,对统治阶级来说这种说法是不利的,因此他们在还承认主权的时候,总是说它是受限制的,诸如自己限制自己、道德限制主权等。这是说不通的,因为自限也是为所欲为,道德也是统治阶级的道德。由于从前的资产阶级思想家都讳言主权的阶级性,其后狄骥就利用这一点来否认主权的存在。

第三,如果承认国家有主权,就不能解决主权的主体,即主权谁属的问题。主权谁属的问题,是资产阶级革命准备时期资产阶级思想家大谈特谈的问题。他们极力说明主权不应属于皇帝、君主,而应属于资产阶

---

① 莱翁·狄骥:《宪法论——法律规则和国家问题》(第一卷),钱克新译,商务印书馆 1959 年版,第 393 页。
② 同上。
③ 同上书,第 450—451 页。

级,但因讳言主权的阶级性,便只好论什么主权属于议会、国家、国民和民族,卢梭认为主权在民时,这个主权是受公意指导的。对此,狄骥都不同意。

他认为主权不可能属于议会。他反问道:"根据什么理由认为议会握有这种权力呢?"理由不能从社会里找,因为根据他的社会连带主义,社会一切成员无条件地是平等的;也不能从自然界找,因为自然不会赋予某些人有此权力。如果一定要找理由,就只能从超自然、从神那里找①,这虽然是荒谬的,但是是唯一合乎逻辑的。

他认为主权不可能属于国家。他认为如果这样,国家就具有人格,这意味着国家或统治者是制定法律的,它们和被统治者的关系是不平等的,即"一个是主权者,而另一个是非主权者;一个是上级和发号施令的人格,另一个是下级和服从命令的人格"②,这是和他那个否认阶级对抗的社会连带主义相矛盾的。

主权属于国民和民族。这种见解认为主权属于国家和民族的所有成员,从这点看,应该是符合狄骥的社会连带主义的辩护要求的,他理应同意才对。但这种理论有可能并且事实上已被剥削阶级和被压迫民族所利用,对垄断资产阶级非常不利。例如,1924年中国国民党和中国共产党合作时,孙中山先生在《中国国民党第一次全国代表大会宣言》中对"三民主义"予以新的解释,他说:"近世各国所谓民权制度,往往为资产阶级所专有,实为压迫平民之工具。若国民党之民权主义,则为一般平民所共有,非少数人所得而私也"。如果真的是一般平民共有,那就可以用来反对一切反动阶级的统治。至于孙中山先生的民族主义,则是反对垄断资本主义在中国的统治的。由于这样,狄骥便认为主权不可能属于国民和民族。

狄骥反对卢梭的主权在民、主权受公意指导的理论。所谓公意,就是国民的共同意志。他反驳说:"假定有这种共同意志,我们也不可能由此证明这种共同意志合法地强迫个人服从。……作为集体来说,团体的意志仍旧

---

① 后来,法国天主教政治思想家马里旦果然从上帝那里找主权存在的理由。这样,资产阶级的主权理论就从反对君权神授发展为主权在民。再回复到主权神授。

② 莱翁·狄骥:《宪法论——法律规则和国家问题》(第一卷),钱克新译,商务印书馆1959年版,第444页。

是一种人的意志,我们不能证明一个人的意志能强加于另一个人的意志。"①这还是讳言主权是统治阶级的最高统治权。

他同样反对民族主权。承认国民主权或主权在民,必然要承认民族主权。主权在民学说认为,民族先于国家,民族具有主权,具有独立为国家的权力。在垄断资本主义条件下,狄骥反对这种资产阶级在上升时期提出过的革命学说,他气愤地说,在第一次世界大战后,"许多民族都是以这种学说的名义来要求世界上承认他们的地位,确认他们享有行使主权、推出代表来行使这种主权而成为国家的权利"。② 他极力反对这种民族解放运动的理论。据说,这样一来,就有双重的主权:国民主权和民族主权,因为民族成员也是国民,而按照主权是发号施令的权力的定义,它就不可能双重地存在。因此,他的全部理论是:主权无论对内对外都是不存在的。

他的目的很清楚:根据他的社会连带学说,他认为这在各国内部已建立的军事、警察、司法等公务,在国际范围内也建立了,但是,"如果主权概念在整体上维持下来,那这个制度是不可能实现的"。③ 总之,国家主权和民族主权是垄断资本主义国家夺取世界霸权、统治世界的障碍,狄骥务必使其去之而后快。

英国费边社社员、工党领袖和重要理论家拉斯基也宣传世界主义,反对国家对外具有独立性,反对有主权国家的存在。从这一点说,他和狄骥相同。他和狄骥不同的是:狄骥从根本上反对主权概念,国家无论对内对外都没有主权;拉斯基则认为国家对外没有主权,至于国家对内,他起初认为没有主权,后来又认为有主权,自相矛盾,前后不一。在哲学上他是实用主义者。他说:"承认真理的多面性,不是更为明智吗? 承认了真理的多面性,不也意味着对于事实的解释有无限制的发表自由吗?"④他的关于主权的种种论调,就是以实用主义的哲学为基础的。

资产阶级的主权理论有一个从资产阶级世界观带来的根本缺点,即讳

---

① 莱翁·狄骥:《宪法论——法律规则和国家问题》(第一卷),钱克新译,商务印书馆1959年版,第416页。
② 同上书,第434页。
③ 同上书,第516页。
④ 拉斯基:《现代国家中的自由权》,何子恒译,商务印书馆1959年版,第78—79页。

言主权的阶级性。在这个前提下,它又可分为一元论和多元论两种。一元论产生在资产阶级革命时期,资产阶级不能满足于商会的权力,而要夺取国家的最高统治权,因而主张一元论;多元论产生在无产阶级革命时期,资产阶级认为工人的工会和国家一样,都是主权者,妄图以此来取消工人夺取国家最高统治权的革命斗争。

拉斯基在第一次世界大战前后反对主权一元论,主张主权多元论,或者说是主权多元论的集大成者。他认为,国家内部有各种各样的社团,如国家、教会、工会和其他经济团体、职业团体、文化团体等,它们都是主权者,谁也不能管辖谁;国家是世界组织之一员,应该服从世界利益。

主权多元论实质上是否认主权的存在,因而是错误的。正如马克思所说的,主权既然是主宰一切的权力,"这个概念本身就不可能有双重的存在"。① 就上例来说,资产阶级的国家是统治工会的。工人当然不能满足于组织工会,而不夺取国家政权。此时的拉斯基既否认国家对内有主权,也否认国家对外有主权,即否认主权国家,虽然在理论上是错误的,但在逻辑上却没有不一致的地方。

在 30 年代经济危机时,拉斯基却改变腔调,认为国家对内有主权,即认为国家要统治其他的社团,但仍然否认国家对外有主权,这样在逻辑上就不一致了。

拉斯基关于国家对内主权的看法为什么发生变化,以后再说明,这里说明他一贯反对国家对外有主权,否认主权国家的原因。

在第一次世界大战后,他说:"国家主权论不先消灭,国与国间的理性生活,终不可能。"②他宣传世界主义,认为应成立国际组织,以统一解决疆界、军备、关税率、国际投资等问题,为垄断资本主义国家效劳。当时,国际联盟已成立,美国没有参加,他为英国垄断资产阶级献策,在"理论"上说明,英国应该控制国际联盟,与美国争夺世界霸权。

他反对民族主权。他说:"一个民族变成国家、并坚持国家特权的历史,

---

① 马克思:《黑格尔法哲学批判》,载《马克思恩格斯全集》(第一卷),人民出版社 1956 年版,第 279 页。

② 拉斯基:《政治典范》(第一卷),张士林译,商务印书馆 1930 年版,第 70 页。

是与维持和平所依赖的条件不相容的历史"①,以此来反对民族解放运动。他甚至露骨地说:"一个民族存在的事实,并不就使这个民族具有……全副武装的权利"②,以此来消灭民族解放运动。

他认为,"国际秩序想要有效,必须控制如币制、关税,劳动标准,移民,原料供应,落后区域的开发等事项,但要控制这些事项,它必须能够废止现有的种种用国家主权作保障的既得利益"。③ 这个所谓国际秩序,就是垄断资本主义国家霸占世界的秩序。

由于这样,当第二次世界大战还在激烈地进行的时候,拉斯基就已为垄断资本主义国家筹划好在战后统治世界的方案。他认为在战后必须成立一个国际政府,来解决世界各国的问题,它有四个总的机构:国际法庭、国际立法机构、行政组织和文职官员。④ 这就是说,要让垄断资本主义国家所掌握的世界政府去统治落后国家。他甚至明目张胆地说,在这个国际政府统治下,"地质学家必须以国际官员的身份在中国勘探石油,就跟他们过去代表大石油公司勘探石油一样自然"。⑤ 其目的是很清楚的。

---

① 拉斯基:《现代国家中的自由权》,何子恒译,商务印书馆1959年版,第147页。
② 同上书,第151页。
③ 拉斯基:《国家的理论与实际》,王造时译,商务印书馆1963年版,第160页。
④ 拉斯基:《论当代革命》,朱曾汶译,商务印书馆1965年版,第260—261页。
⑤ 同上书,第262页。

第二十五章　反对无产阶级革命的
几种谬论

第一节　从政治方面反对无产阶级革命和
无产阶级专政的几种论点

帝国主义的基本矛盾日益尖锐，使无产阶级进行社会主义革命的条件日益成熟，社会主义制度开始产生。在这个条件下，为垄断资产阶级统治服务的反对无产阶级革命和无产阶级专政的谬论必然产生。

狄骥的社会连带主义国家学说，从一方面看，是为垄断资本主义国家称霸世界、反对民族解放运动服务的，这在前面已谈过；从另一方面看，又是反对无产阶级革命的，这是现在要谈的。

狄骥认为，由于有了法律，就要有一个执行法律的机构，这就是国家。因此，国家的目的在于实现法律。法律是维持社会连带关系，即维持人们的分工合作关系的规则。这样，他在否认法律是统治阶级意志的体现的基础上，便否认国家是阶级压迫的工具，认为它只是执行法律，而不制定法律。这都是错误的。

他又认为，国家就是指"统治者和被统治者之间所存在的这种分化，从而存在有一种政治权力的社会本身"。[①] 他甚至说："有时人们以开玩笑的口吻，说国家是刽子手的斧头、宪兵的军刀。如果把刽子手的斧头和宪兵的军刀作为强制权力的象征，那么这种说法是正确的，因为按照定义来看，国家

----

① 莱翁·狄骥：《宪法论——法律规则和国家问题》（第一卷），钱克新译，商务印书馆 1959 年版，第 382 页。

是由强制权力所构成的。"①

　　一方面说国家是执行维持人们的分工合作关系的规则,即执行法律的机构,另一方面又说国家是由强制权力所构成的,这两种说法是自相矛盾的。因为如果法律是维持人们的这种关系,由于这种关系不是阶级对抗关系,那就不需要用强制权力来维持。例如,在原始社会里,社会成员的共同生活准则不是靠政治权力,不是由这时尚未产生的国家来维持的,而是靠习惯、舆论、氏族组织领袖的尊严来维持的。

　　现在的问题是,他怎样说明国家中所存在的统治者和被统治者的分化。他认为,由于有了法律,就要有执行法律的人,这些人由于是执行法律的,就成为统治者,他们的职责只是执行法律,以维持社会成员之间的分工合作关系,他们不可能"享有一种权力来运用力量,以强迫他人服从其意志"②,其他人就成为被统治者。在他看来,统治者和被统治者都要服从法律。他说:"统治者和其他人一样,都是个人;因此,他们同各该集体的一切成员一样,都应服从这个集团的客观法。"③所谓客观法,也就是社会法,是以社会连带关系为基础的。他认为这是同卢梭等所主张的以天赋人权论为基础的自然法相区别的。自然法的理论由于受到空想社会主义者的天才的讽刺和马克思的批判,已经破产了,因此,狄骥以社会法的理论来代替它。

　　在狄骥看来,如果说在国家中是有压迫者的话,它就是统治者和被统治者都要服从的、独立于他们两者的意志之外的所谓客观法,即社会法。可以看出,他实质上认为,一个国家的统治者和被统治者的关系,就像一个合唱团的指挥和其他成员的关系一样,他们都要服从乐谱。这是否认国家和法律的阶级性、否认统治者是阶级压迫者的必然结论。在阶级对抗的社会里,统治阶级之所以也服从法律,是因为这些法律是他们制定的、反映他们的意志的、保护他们的利益的。如果有些法律由于过了时,再不符合他们的利益了,他们便或者将其废止,或者公然违反。

---

　　①　莱翁·狄骥:《宪法论——法律规则和国家问题》(第一卷),钱克新译,商务印书馆 1959 年版,第 382 页。

　　②　《宪法精义》,读者之友社,第 23 页。

　　③　莱翁·狄骥:《宪法论——法律规则和国家问题》(第一卷),钱克新译,商务印书馆 1959 年版,第 479 页。

　　狄骥一方面否认国家和法律的阶级性,否认统治者是具有政治权力的特定的压迫阶级,另一方面又认为国家这个只是执行法律的机构的物质基础是斧头和军刀,这种理论上的自相矛盾之处,都是出于维护垄断资产阶级统治的需要。前一种说法,是给垄断资产阶级这个统治阶级涂上保护色,妄图使无产阶级看不出它是统治阶级;后一种说法,是使垄断资产阶级得以合法地挥动武器来镇压无产阶级革命。

　　出于同样的目的,狄骥认为,"统治者过去和现在一直是而且将来也永远是实际力量最强的人们"。[①] 这些实际力量最强的人们,他认为是物质上、宗教上、经济上、精神上、智力上或数量上最强的人。这里最值得注意的是"数量上最强的人"这种提法。他说,统治者就是"选民团体的数字上的多数"。[②] 这句话的真正含义是,迄今为止,统治者虽然都是物质上、宗教上、经济上、精神上、智力上最强的人,工人不是这样的人,但是,工人数量多,通过议会选举,他们就能取代其他人,成为统治者。其实,只要统治者已经掌握了斧头和军刀,工人的议会选举活动是受斧头和军刀限制的。只要垄断资产阶级一挥动武器,议会选举活动便化为乌有。前面所说的法西斯主义便是这样。

　　拉斯基的主权理论,也是用来反对无产阶级专政和无产阶级革命的。前面说过,他关于国家对内具有最高统治权即主权的问题,前后看法不一,都可以从这里得到解释。

　　第一次世界大战后,他反对资产阶级传统的一元主权论,主张多元主权论,即主张主权消灭论,其目的除为英国夺取世界霸权服务已见上述外,则是反对当时成立不久的无产阶级专政——苏维埃政权。当时,苏维埃政权亟须彻底打碎在其国土内的各种反革命组织。但是,按照拉斯基的谬论,苏维埃既然和俄国国内各种反革命的政治组织、宗教组织和文化组织一样,都是主权者,它就无权镇压这些反革命组织的活动,也不能解散这些反革命组织,它实质上就不是一个主权者。拉斯基说:"除非国家和教会各走独立的

---

　　① 莱翁·狄骥:《宪法论——法律规则和国家问题》(第一卷),钱克新译,商务印书馆1959年版,第467页。
　　② 《宪法精义》,读者之友社,第93页。

道路,否则,自由就遭牺牲。"①这就是说,俄国境内的教会有权无视苏维埃的法令,可以任意进行反革命活动。

但是,自从资本主义爆发了1929—1933年的经济危机后,拉斯基就逐渐改变腔调,主张国家对内具有最高的统治权,即主张一元主权论,虽然作这样主张时,他仍然否认国家对外有主权,否认主权国家,以便继续为垄断资产阶级争夺世界霸权服务,以致使其主权理论陷于自相矛盾的境地。他为什么这样做呢?这是因为,这时的苏维埃政权已完全确立了自己的统治,再指望反革命组织用暴力来颠覆它是不可能了。与此相反的是,在严重的经济危机下,资本主义世界的情况十分不妙,无产阶级革命随时可能爆发,在这个条件下,如果仍然说工会等组织是主权者,共产党组织是主权者,那岂不束缚了垄断资产阶级的手脚,使他们不能取缔工会的活动,不能解散共产党,不能实行法西斯主义吗?于是,拉斯基便改换腔调。

他说:"一个社会,假如其中的各个人和各个团体必须遵守的生活方式,是由一个统辖他们全体的具有强制的权威来规定的,那它就是一个国家了……这种权力就叫作主权;国家因拥有主权,所以和其他一切人类的组织是相反的。"②他还说:"国家主权的基础通常就是有时需要运用国家的武装部队,以强迫人民服从它的意志的那种权力。"③相对于多元主权论来说,这种一元主权论当然是正确的。它的根本缺点在于,同所有资产阶级一元主权论一样,没有指出主权是统治阶级的最高统治权。

拉斯基的国家理论也是用来反对无产阶级革命的。在第一次世界大战前后,他认为国家是没有阶级性的。他说:"国家者,人类之结合,以公共生活之恢宏为目的者也。"④他又说:"国家之责,将社会中生活之需求,若交通,若教育,若卫生,为个人所共享者,善于分配,使得各享人生之乐而已。"⑤这种论调同狄骥的社会连带主义国家理论没有什么不同。

30年代经济危机时,他开始改变腔调,口头上认为国家是有阶级性的。

---

① 拉斯基:《现代国家中的自由权》,何子恒译,商务印书馆1959年版,第105页。
② 拉斯基:《国家的理论与实际》,王造时译,商务印书馆1963年版,第5—6页。
③ 同上书,第9页。
④ 拉斯基:《政治典范》,张士林译,商务印书馆1930年版,第33页。
⑤ 同上书,第76页。

他说:"国家永远是供社会内占有生产工具的法定所有权那个阶级驱使的。它所制定的法律,便是为他们利益着想的法律。"①按照此说,此时已经参加英国工党并成为工党著名理论家的拉斯基就理应指出,无产阶级只有起来夺取国家政权,才能实现社会主义。但拉斯基却认为,无产阶级无论如何不能用武器来夺取政权。这是因为,"革命成功所必需的各项武器,如飞机、毒气、重炮、机关枪等,是那些妄图夺取国家的人实际上无从取得所必需的数量的",因而国家"在与一班组织不良的群众斗争时总是占着无限优势"②,无产阶级万万不能冒险起来革命。他完全不了解,武器是人掌握的,替反动统治者拿枪的大多数是被压迫者,他们一旦觉悟,便会调转枪口。

他实际上认为国家是没有阶级性的。因此,无产阶级完全可以用民主的方法来实现自己的目的。他认为,第一,"阶级的界限是混乱而不鲜明的,资本主义之经济发展已使一部分工人阶级'资产阶级化'了"③,这是重弹伯恩斯坦的资本民主化论的旧调;第二,民主政治没有阶级性,政府没有阶级性,在民主制度下,"人们有机会来设立自己在其下生活的政府",它"能殷切地满足那些把命运委托于它的人民的愿望"④,这是鼓吹实行两党制的人惯用的宣传口号;第三,法律没有阶级性,在民主政治下,"一个国家的公民选择一些人来制定支配他们自己生活的法律","制定法律过程的实质也就在具有利害关系的人们的同意"⑤,这是宣传民主政治是没有阶级性的必然结论。他总结地说:"只要把多数的选民转变为共产主义信仰者,国家权力就能用来实行共产主义。……所以,共产主义是可以在宪政主义范围以内来实行的。"⑥他用反对暴力革命的方法来保卫资本主义。

拉斯基把自己打扮成民主的捍卫者,"耽忧"法西斯主义的统治使人类返回"黑暗时代"。他的谎言骗了不少人。其实,从他最后提出的国家理论和主权理论来看,他是一个狂热的法西斯主义的宣传者。他虚构了一个资本主义经济与民主政治之间的矛盾,认为这个矛盾在经济危机时会发展为

---

① 拉斯基:《国家的理论与实际》,王造时译,商务印书馆1963年版,第105页。
② 同上书,第208—209页。
③ 同上书,第187页。
④ 拉斯基:《现代国家中的自由权》,何子恒译,商务印书馆1959年版,第46—47页。
⑤ 同上书,第48、64页。
⑥ 拉斯基:《我所了解的共产主义》,齐力译,商务印书馆1961年版,第70页。

对抗性的:享有民主权利的工人提出的种种要求,资本家没有办法满足。这个矛盾的解决有两种可能:资产阶级"或者向群众的权力让步,寻求民主的所有权和生产资料管理权;或者转向压制民主,把它当作和资本主义的本质绝不相容的生活原则"。① 他认为在通常情况下,资本家是不可能向群众让步的,最可能的是转向压制民主,即实行法西斯主义。他之所以说国家是有阶级性的,就是威胁工人说,资产阶级有刀有枪,你们要乖乖地交出仅有的权利,接受法西斯主义的统治;他之所以说国家是有主权的,就是让资产阶级国家下令取缔和解散工人组织和民主组织,实行法西斯主义。在这个条件下,认为工人可以凭人数众多,以多数选票取胜,实现社会主义,岂非笑话!

考茨基的社会民主主义论,即认为资本主义的民主是全体社会成员享有的,不是资产阶级专政的一种形式的理论,同样是反对无产阶级革命和无产阶级专政的。

他认为,社会主义必然性的前提,不是资本主义的矛盾,而是由于生产发展,无产阶级壮大,人数越来越多,实行民主政治,和生产机构越来越简化,工人知识和技术提高,完全有可能代替资产阶级的结果。他重弹伯恩斯坦的老调,认为随着资本主义的发展,需要的投资越来越少,工人越来越幸福,阶级矛盾被阶级协调所代替,工人不会起来冒险进行革命。

由于这样,早在1909年,他在《取得政权的道路》一书中便认为,究竟是武力在决战中起作用,还是借助于经济的立法手段来解决问题,这是无从谈起的,但后一个手段更为优越。但他在1918年的《无产阶级专政》中断然地认为,越是资本主义,就越民主;民主是多数人的统治,所以,越是民主的地方,政治革命越可能是和平革命;资产阶级革命需要经过内战,因为封建主义没有民主;无产阶级革命不需要经过内战,因为资本主义有民主;资本主义越发展,从民主政治而言,就越接近社会主义。这是一切把资本主义民主看成全社会的民主,而不是资产阶级专政的一种形式的观点的必然结论。

从社会民主主义思想出发,他认为应当如像反对无政府主义一样,也应当反对无产阶级专政。他认为,专政就是消灭民主,无产阶级专政就是把工

---

① 拉斯基:《现代国家中的自由权》,何子恒译,商务印书馆1959年版,第9页。

人阶级以外的人当作贱民。这是他对无产阶级专政的恶意攻击。无产阶级专政同时就是社会主义民主,在这种政治制度下,工农劳动大众以及和工农结成统一战线以反对垄断资产阶级统治的中小资产阶级,是享有民主权利的,在他们中间实行无产阶级领导的民主集中制,成为专政对象的只是极少数垄断资产阶级和反对无产阶级专政的反动分子。

他反对马克思关于无产阶级专政是无产阶级和资产阶级进行阶级斗争的结果,以及在资本主义社会与共产主义社会之间,有一个从前者变为后者的革命转变时期,同这个时期相适应的也有一个政治上的过渡时期,这个时期的国家只能是无产阶级的革命专政的理论。在他看来,无产阶级专政是资产阶级民主制发展,是社会民主主义发展,而工人人数又较多的结果,是资产阶级法律的产物;马克思所说的无产阶级专政只是这样的政治情况,不是指的有什么样的国家宪法。

他最后表明他背叛马克思主义的态度。他说,如果他确信无产阶级生活条件的改善将不断缓和阶级矛盾,那么他会感到有责任放弃社会主义事业;他将非常痛心地这样做,因为他必须承认,他一生工作的方向是错误的。

第二节　一种从经济与政治两方面将垄断资本主义说成社会主义的谬论

英国工党理论家斯特拉彻从经济与政治两方面将垄断资本主义说成社会主义,因而认为无产阶级革命是不必要的。他的《现代资本主义》是一本集现代资产阶级庸俗政治经济学和政治理论之大成,将垄断资本主义说成社会主义的著作。贯穿全书的是这5种论点:1.现代资本主义不是垄断资本主义;2.现代资本主义经济是可以调节的,所以是更加稳定的;3.现代资本主义是人民资本主义;4.现代民主制是全民民主;5.现代资本主义和平发展为民主社会主义。可以看出,所有这些论点都是从别人那里拿来的。不过,在拾人牙慧时,斯特拉彻也有些发明创造,这是我们需要谈的。

他从马歇尔关于垄断是只有一个供给者的状态的定义出发,认为没有垄断的存在,因为在"主要工业中还没有一种工业已经成为一个包罗万象的企业独家经营的。"①尽管他用歪曲垄断概念的办法来否认垄断的存在,但在现代资本主义社会内,却明显地存在着卡特尔、辛迪加、托拉斯、康采恩等垄断组织和垄断企业,这些庞然大物不是垄断组织,那是什么呢? 他认为,这是"单位大而少的经济"。②

他认为只要取消"垄断"这个名词,而用"单位大而少的经济"来代替它,就不仅可以否认垄断的存在,而且也可以改变人们对垄断的认识。从哲学上说,这就是实用主义者所信奉的语义哲学。这派人认为,社会问题、社会冲突都是由于用词不当而产生的,只要改变用词,这些问题和冲突就不会发生。于是,庸俗经济学家便用"商业循环"来代替"危机、萧条、复苏、高涨"的经济危机周期,或者用"不景气"来代替经济危机。斯特拉彻也是这样。"垄断"一词不仅肯定了垄断的存在,而且表明从自由竞争发展为垄断统治,资本主义发生了部分质变,固有的矛盾激化了,新的矛盾产生了。"单位大而少的经济"一词,不仅否定垄断的存在,而且能使人看不到资本主义矛盾的发展,因为它只意味着资本主义经济单位数量的变化。

不仅如此,他还要论证"单位大而少的经济"是不能起垄断作用的,理由是工会组织"能以相当真实的讲价力量和雇主的组合抗衡"。③ 这不过是加尔布雷思的抗衡力量论的翻版。

在斯特拉彻看来,"单位大而少的经济"使计划生产、计算总产品、计划分配成为可能。因此,"我们的现代社会从整体而言,比之19世纪自由放任的资本主义,是一个更稳定,更易控制和管理的有机体"。④ 这种说法是错误的。我们说过,垄断资本主义是存在计划化的因素的,国家垄断资本主义更能通过国家政权再分配国民收入,但这一切都是为了攫取垄断利润,甚至在国家为某些企业提供一个有保证的市场时,其目的也是这样。这一切说到底是劫贫济富,它只会加深资本主义生产和消费的矛盾,这样,其经济怎么能更稳定呢?

---

①　约翰·斯特拉彻:《现代资本主义》,姚曾庚、寿进文、徐宗士译,上海人民出版社 1960 年版,第 17 页。
②　同上书,第 12 页。
③　同上书,第 24 页。
④　同上书,第 218 页。

斯特拉彻宣扬的"人民资本主义论",属于他独创的有两点,其一是,由于实行福利政策,资本主义国家已成为福利国家,工人已日益非无产阶级化,他们在"国家上有了一份"。① 我们已经说过,这种政策始于 19 世纪 80 年代俾斯麦当政的德国,其目的在于使工人运动走上歧途;现代资本主义实行这种政策,则加上使垄断资本主义能够实现垄断利润这个新目的。这恰好不是使无产阶级在"国家上有了一份",而是使他们更加受垄断资产阶级国家的奴役。

其二是,股份公司不由资本家管理,而由经理管理之后,经理由于只负责经营而不占有企业,为了企业的利益,他便违反资本家的意志,尽量少分股息给资本家,为企业多留积累,这样,股份公司便逐渐变成不是资本家的财产,积累"转移到半集体的基础上"②进行。我们说过,垄断的股份企业一般有普通股和优先股两种股票,后者的股息固定并略高于银行利息,以吸引更多的购买者,即中小股东;前者的股息不定,企业发展后,赢利增加,大股东便可多得股息,出售股票时,股票行市便能提高。企业发展以积累增加为条件,因此,增加积累是有利于大股东的。至于说,这样一来,积累就"转移到半集体的基础上"进行,这里的"半集体"意思是有社会主义的因素,这是错误的。只要无产阶级没有起来夺取政权,并利用政权对垄断企业实行社会化政策,这里的"半集体"其实只是"集团的资本主义",它虽然为社会主义准备了物质条件,可是它并不存在社会主义的因素。

斯特拉彻全部接受考茨基的社会民主主义思想,认为"现代民主制即权力的普及于全社会"。③ 这样,选举中的竞争就"迫使所有的政党都要照顾到大多数人口的利益"。④ 从这里出发,他认为现代民主制必然使工人富裕起来。这是所有主张实行资产阶级两党制和多党制的政治家和思想家常说的。他甚至认为,由两党制产生的政府,"不致和人民所愿支持的政府相差

---

① 约翰·斯特拉彻:《现代资本主义》,姚曾庚、寿进文、徐宗士译,上海人民出版社 1960 年版,第 298 页。

② 同上书,第 28 页。

③ 同上书,第 186 页。

④ 同上书,第 277—278 页。

太远"。① 在这里,他小心翼翼地避开了在两党制下,劳动人民只能根据"两害相权取其轻"的原则进行选择和投票的问题。

他认为现代民主制的发展结果就是社会主义。为了传播考茨基这种谬论,他虚构了一个所谓的现代资本主义的矛盾,这就是:"我们的政治生活趋向权力普及,我们的经济生活则趋向权力集中。"②这个矛盾是虚构的,因为实际情况正如我们在前面已说明的,垄断资产阶级正是通过普选权、两党制、多党制这些所谓的民主政治来加强自己的统治,以适应他们在经济上的统治。在这里,不存在他所说的矛盾。对斯特拉彻来说,他虚构这个矛盾是和他以前的论述自相矛盾的。按照他的关于人民资本主义的谬论,工人可以买股票成为资本家,股份公司的积累已经不属于资本家所有,这不是经济生活趋向权力分散吗? 它和所谓的政治生活趋向权力普及不是很调和的吗? 哪里有什么矛盾?

根据他的设想,这个所谓的矛盾是这样斗争的:资本主义经济要有人来管理,现代民主制则提出要按照人民的利益来管理。斗争的结果是,民主制保持下去,"必然将最后阶段的资本主义消灭"③,发展为民主社会主义。所谓按照人民的利益来管理经济,就是实行凯恩斯主义。他认为,"这类政策是可以称之为社会主义的——就它们含有政府方面对于经济事务有更大程度的干涉和指导而论"④。认为由政府指导经济,即经济中存在计划化因素就是社会主义,这种谬论来自希法亭。

他列了一个民主社会主义的公式:当前的工业技术＋建立在这种技术上的生活水平＋国民总产品的合理分配(包括对股票所有权和股息收入的保证)＋全社会民主的权力普及＝社会主义。⑤ 我们看得很清楚,这个所谓的社会主义其实是垄断资本主义。

斯特拉彻毫不掩饰他宣传这套谬论的目的,在于反对无产阶级革命和无产阶级专政。他露骨地说:"当前的社会必须改造",而改造时"唯一能最

---

① 约翰·斯特拉彻:《现代资本主义》,姚曾庚、寿进文、徐宗士译,上海人民出版社 1960 年版,第 171 页。

② 同上书,第 188 页。

③ 同上书,第 266 页。

④ 同上书,第 241 页。

⑤ 同上书,第 310 页。

后击败共产主义的方法就是以民主的手段来实现这种不可避免的改造"。① 他威胁地说:"以民主手段来实现的社会主义和以专政和压迫所实现的社会主义,必然是根本不同的东西。"②关于以民主手段实现的社会主义的内容,我们已经看到了。

《现代资本主义》是一个标本,它说明资产阶级思想家为垄断资本主义辩护时已经拿不出什么新东西了,他们能够拿出来的,全是现代庸俗政治经济学和政治思想,再加上一点修正主义的货色。

---

① 约翰·斯特拉彻:《现代资本主义》,姚曾庚、寿进文、徐宗士译,上海人民出版社 1960 年版,第 290 页。
② 同上书,第 291 页。

译　名　表

阿道夫·奥古斯都·贝利	Adolf Augustus Berle
阿道夫·希特勒	Adolf Hitler
阿尔弗雷德·马歇尔	Alfred Marshall
阿尔文·汉森	Alvin Hansen
阿尔文·托夫勒	Alvin Toffler
阿吉里·伊曼纽尔	Arghiyi Emmanuel
阿希尔·洛里亚	Achille Loria
爱德华·伯恩斯坦	Eduard Bernstein
爱德华·哈斯丁·张伯伦	Edward Hastings Chamberlin
爱德华·吉本·威克菲尔德	Edward Gibbon Wakefield
安德烈·冈德·弗兰克	Andre Gunder Frank
安东尼·奥古斯丁·库尔诺	Antoine Augustin Cournot
安东尼·布鲁厄	Anthony Brewer
奥尔本·威廉·菲利普斯	Alban William Phillips
奥古斯特·孔德	Auguste Comte
奥托·爱德华·利奥波德·冯·俾斯麦	Otto Eduard Leopold von Bismarck
奥托·鲍威尔	Otto Bauer
保罗·安东尼·萨缪尔森	Paul Anthony Samuelson
保罗·贝罗赫	Paul Bairoch
保罗·冯·兴登堡	Paul von Hindenburg
保罗·斯威齐	Paul Sweezy
保罗·亚历山大·巴兰	Paul Alexander Baran
鲍勃·萨克利夫	Bob Sutcliffe
贝尼托·阿米尔卡雷·安德烈亚·墨索里尼	Benito Amilcare Andrea Mussolini
本杰明·迪斯雷利	Benjamin Disraeli

布鲁诺·希尔德布兰德	Bruno Hildebrand
查尔斯·傅立叶	Charles Fourier
大卫·李嘉图	David Ricardo
德怀特·戴维·艾森豪威尔	Dwight David Eisenhower
德斯蒙德·克里斯托弗·马汀·普拉特	Desmond Christopher Martin Platt
迪安·古德哈姆·艾奇逊	Dean Gooderham Acheson
厄尔·罗素·白劳德	Earl Russell Browder
弗拉基米尔·伊里奇·列宁	Vladimir Ilyich Ulyanov, Lenin
弗拉季斯拉夫·伊诺泽姆采夫	Vladislav Inozemtsev
弗朗斯瓦·魁奈	Francois Quesnay
弗雷德里克·巴斯夏	Frédéric Bastiat
弗里茨·斯特恩堡	Fritz Richard Oskar Stern
弗里德里希·恩格斯	Friedrich Engels
富兰克林·德拉诺·罗斯福	Franklin Delano Roosevelt
格奥尔格·威廉·弗里德里希·黑格尔	Georg Wilhelm Friedrich Hegel
格奥尔基·阿波斯托尔	Gheorghe Apostol
格奥尔基·季米特洛夫	Georgi Dimitrov Mikhailov
格尔哈特·冯·舒尔采-格弗尼茨	Gerhard von Schulze-Gävernitz
哈里·S·杜鲁门	Harry S. Truman
哈里·马格多夫	Harry Magdoff
哈罗德·安德伍德·福克讷	Harold Underwood Faulkner
哈罗德·约瑟夫·拉斯基	Harold Joseph Laski
汉斯-乌尔里希·韦勒	Hans-Ulrich Wehler
河上肇	Hajime Kawakam
赫伯特·乔治·威尔斯	Herbert George Wells
赫伯特·斯宾塞	Herbert Spencer
亨利·阿尔弗雷德·基辛格	Henry Alfred Kissinger
亨利·查理士·凯里	Henry Charles Carey
亨利·乔治	Henry George
华尔特·惠特曼·罗斯托	Walt Whitman Rostow
加布里埃尔·邦诺·德·马布利	Gabriel Bonnot de Mably
加德纳·科伊特·米恩斯	Gardiner Coit Means

简·斯坦杰斯	Jean Stengers
杰克·奥得尔	Jack O'Dell
杰里米·边沁	Jeremy Bentham
卡尔·海因里希·马克思	Karl Heinrich Marx
卡尔·考茨基	Karl Kautsky
卡尔·伦纳	Karl Renner
卡洛斯·佩纳·罗慕洛	Carlos Pena Romulo
克劳德·昂利·圣西门	Claude-Henri de Rouvroy，Comte de Saint-Simon
肯尼斯 J. 塔尔巴克	Kenneth J. Tarbuck
莱翁·狄骥	Léon Duguit
赖塔·兴登	Rita Hinden
劳尔·普雷维什	Raúl Prebisch
理查德·坎蒂隆	Richard Cantillon
理查德·威廉·约翰生	Richard William Johnson
列夫·达维多维奇·托洛茨基	Lev Davidovich Bronschtine
鲁道夫·希法亭	Rudolf Hilferding
路易斯·亨利·摩尔根	Lewis Henry Morgan
路易斯·凯尔索	Louis Kelso
罗伯特·欧文	Robert Owen
罗伯特·托伦斯	Robert Torrens
罗杰·欧文	Roger Owen
罗纳德·林德利·米克	Ronald Lindley Meek
罗纳德·罗宾逊	Ronald Robinson
罗纳德·威尔逊·里根	Ronald Wilson Reagan
罗莎·卢森堡	Rosa Luxemburg
马尔科姆·考德威尔	Malcolm Caldwell
马修·德克尔	Matthew Decker
迈克尔·巴勒特·布朗	Michael Barrat Brown
米哈伊尔·伊万诺维奇·杜冈-巴拉诺夫斯基	Mikhail Ivanovich Tugan-Baranovsky
摩莱里	Morelly
莫蒂默·杰罗姆·阿德勒	Mortimer Jerome Adler

纳骚·威廉·西尼尔	Nassau William Senior
尼古拉·弗拉基米罗维奇·烈美佐夫	Николай Влади́мирович Ре́мизов
尼古拉·伊万诺维奇·布哈林	Nikolai Ivanovich Bukharin
欧根·冯·庞巴维克	Eugen Bohm Bawerk
普拉巴特·帕特内克	Prahat Patnaik
乔治·F.凯南	George Frost Kennan
乔治·伯纳·萧	George Bernard Shaw
琼·罗宾逊	Joan Violet Robinson
秋泽修二	Akizaua shuji
让-巴蒂斯特-柯尔培尔	Jean Baptiste Colbert
让·巴蒂斯特·萨伊	Jean-Baptiste Say
让·博丹	Jean Bodin
让·沙尔列奥尔·西蒙德·德·西斯蒙第	Jean Charles Léonard Simonde de Sismondi
让-雅克·卢梭	Jean-Jacques Rousseau
萨米尔·阿明	Samir Amin
塞西尔·约翰·罗兹	Cecil John Rhodes
斯蒂芬·弗兰德·科恩	Stephen Frank Cohen
斯托克利·卡迈克尔	Stokely Carmichael
汤姆·堪普	Tom Kemp
托马斯·荷德金	Thomas Hodgkin
托马斯·康帕内拉	Tommas Campanella
托马斯·罗伯特·马尔萨斯	Thomas Robert Malthus
托马斯·莫尔	St. Thomas More
万一科尔	Hendrick Van Kol
威廉·阿瑟·刘易斯	William Arthur Lewis
威廉·卡尔·约瑟夫·库诺	Wilhelm Carl Josef Cuno
威廉·配第	William Petty
威廉·泽布伦·福斯特	William Zebulon Foster
温斯顿·伦纳德·斯宾塞·丘吉尔	Winston Leonard Spencer Churchill
翁贝托·梅洛蒂	Umberto Melotti
西蒙·史密斯·库兹涅茨	Simon Smith Kuznets
夏尔·安德烈·约瑟夫·马里·戴高乐	Charles André Joseph Marie de Gaulle

亚当·斯密	Adam Smith
亚里士多德	Aristotle
亚历山大·希笛尼·甘亚-福斯纳尔	Alexander Sydney Kanya-Forstner
亚历山大·亚历山德罗维奇·波格丹诺夫	Alexander Aleksandrovichc Bogdanov
叶甫盖尼·阿列克谢耶维奇·普列奥布拉任斯基	Преображенский, Евгений Алексеевич
叶甫根尼·萨姆伊洛维奇·瓦尔加	Евгений Самуило-вич Варга
伊曼纽尔·莫里斯·沃勒斯坦	Immanuel Maurice Wallerstein
约翰·阿特金森·霍布森	John Atkinson Hobson
约翰·贝茨·克拉克	John Bates Clark
约翰·卡尔·洛贝尔图斯	Johann Karl Rodbertus
约翰·肯尼思·加尔布雷思	John Kenneth Galbraith
约翰·雷姆赛·麦克库洛赫	John Ramsay McCulloch
约翰·梅纳德·凯恩斯	John Maynard Keynes
约翰·斯特拉彻	John Strachey
约翰·斯图尔特·穆勒（小穆勒）	John Stuart Mill
约瑟夫·维萨里奥诺维奇·斯大林	Joseph Vissarionovich Stalin
詹姆斯·德哈姆·斯图亚特	James Denham Steuart
詹姆斯·白恩汉	James Burnham
詹姆斯·凯尔·哈迪	James Keir Hardie
詹姆斯·穆勒（老穆勒）	James Mill
詹姆斯·威廉·吉尔巴特	James William Gilbart
兹比格涅夫·卡济米尔兹·布热津斯基	Zbigniew Kazimierz Brzezinski